卓越

源于理念

王芮文　编著

江苏大学出版社

图书在版编目(CIP)数据

卓越源于理念/王芮文编著. —镇江:江苏大学出版社,
2009.6(2009.8 重印)
ISBN 978-7-81130-069-7

Ⅰ.卓… Ⅱ.王… Ⅲ.企业管理 Ⅳ.F270

中国版本图书馆 CIP 数据核字(2009)第 106582 号

卓越源于理念

编　　著/王芮文
责任编辑/汪再非　郭　杰　常　钰
出版发行/江苏大学出版社
地　　址/江苏省镇江市梦溪园巷 30 号(邮编:212003)
电　　话/0511-84446464
排　　版/镇江文苑制版印刷有限责任公司
印　　刷/丹阳市教育印刷厂
经　　销/江苏省新华书店
开　　本/787 mm×1 092 mm　1/16
印　　张/19.75
字　　数/430 千字
版　　次/2009 年 6 月第 1 版　2009 年 8 月第 2 次印刷
书　　号/ISBN 978-7-81130-069-7
定　　价/44.00 元

本书如有印装错误请与本社发行部联系调换

序 一

　　1978年,中国的大门向全世界敞开,中国经济发展掀开了崭新的一页。30年来,我国经济迅猛发展,共和国经历了一个前所未有的快速发展过程,中国经济保持着9%以上的年平均增长率,同时中国成为世界上经济增长最快的国家,并在人类历史上创造了空前的记录。无论是英国的工业革命、日本的战后崛起还是德国的经济起飞都无法与之相比!

　　在这30年中,我国企业管理发展的速度是惊人的。20世纪初,日本经济学家小官隆太郎来到中国考察后说:中国没有企业。而如今,中国经过对企业进行改革和重组,一个个优秀的企业在中国崛起并为世界瞩目。这些企业创造了中国企业管理的全新理念。

　　在建设行业,20世纪90年代是我们告别吃大锅饭的年代,90年代末,工程企业体制改革基本结束,建设市场全面放开,工程企业在行业发展中迅速壮大,企业之间的竞争也随之展开。就拿高速公路建设市场来说,到2008年年底,我国高速公路总里程突破6万公里,巨大的建设成就培养了一个又一个优秀的施工企业。工程施工企业之间的良性竞争使工程质量大幅度提高,一条条环境优雅、安全舒适的高速公路不断地出现在神州大地……

　　工程质量在提高,企业管理水平也在提高,但从近年来我国一些地区的公路、桥梁质量事故中我们不难看出企业管理仍存在一些弊端:对工程质量重视程度仍然不够,没有把工程质量当成企业核心竞争力;企业服务意识不强,企业不重视服务质量;企业管理者心态浮躁,管理粗放,不精细;企业领导集体管理思想守旧,变革和创新能力不足;企业学习力不强甚至没有学习;企业没有危机意识;企业执行力不足;企业对员工的培训和教育投入不足……这些弊端正在阻碍着企业管理向更高层次迈进。

　　要使企业管理上一个更高的台阶,就必须学习如何对自身管理进行变革,因为企业要发展就必须要变革。美国通用电气公司前CEO杰克·韦尔奇说:"如果你想让列车再快10公里,只需要加一加马力;而若想使车速增加一倍,你就必须要更换铁轨了。"可见彻底的变革是多么的重要!自2008年以来,为了减小金融危机对国民经济的冲击,拉动内需,使国民经济尽快走出低谷,国家对交通等基础设施的投入加大,这既是一次国家经济发展的机会,也是一次工程企业提高竞争力的绝好机会。

本书是一本可以改变企业 DNA 的管理学读本，是一本企业领导和员工培训的最佳教材。书中案例生动，所讲述的是国内甚至是国际上最为先进的管理理念，作者用这些理念给企业发展至少提出了三个策略思考：

第一，掀起企业全员培训教育的热潮。凡是世界上优秀的企业，没有一个不重视员工教育的，教育的实质是对人力资源这一核心资源进行重新整合。企业员工学习的投入，将会给企业带来丰厚的回报，其效益是巨大的、长远的。企业教育是为了增强员工爱岗敬业的意识，发挥员工的潜能，而不仅仅是知识的拓展。通过企业教育会给企业带来无穷无尽的活力。

第二，切实提高企业的执行能力。执行力是多年以来企业研究的核心话题，本书作者运用了大量的案例透彻地分析了企业执行力不足的原因并提出了改进方案，这值得企业管理者去思考、去变革。

第三，创新管理，更新理念。现代企业参与市场竞争，光凭硬件根本不可能占有绝对优势。现代企业的竞争，其实是软件的竞争，是管理的竞争。谁学习力强，谁就能创新管理；谁管理理念先进，谁就能超越对手，就能比竞争对手抢先占领制高点，就能在竞争中取胜。书中提及的先进管理思想，如超越顾客期望理念、六西格玛管理、学习型组织理论都是世界上最前沿的理论；施工企业精细化管理的肯德基模式更是提供给企业的最新的管理模式。肯德基精细化管理模式是施工企业变革、提高工程质量和提升企业服务水平的一个新观念，值得企业进一步细化研究并应用。

这本书的现实意义在于，它给我国工程企业管理提供了一个全新的思考方式。我有理由相信，如果我们把这些理念引进我们的日常管理，将会为我们的企业和社会带来巨大的效益。

江苏省镇江市交通工程建设管理处处长
江苏省镇江市交通城市建设指挥部副总指挥
研究员级高级工程师　　　　戴嘉平

2009 年 6 月

序　二

从 20 世纪 90 年代末开始,在市场竞争的压力和自身生存发展的要求下,我国很多企业都纷纷实施了全面品质管理(TQM),进行 ISO 系列标准认证,以逐步与国际接轨。特别是 2002 年我国加入 WTO 以来,企业更加注重自身的建设,国外一些先进的管理思想传到了国内,并经过诸如海尔、联想、华为等优秀企业实践,证明了这些管理理念确实是医治企业管理病症的良方。

在建设行业,特别是公路施工企业,由于长期受计划经济的影响,企业变得老化、迟钝,对外界的反应不够灵活,管理者思想保守,不思变革。企业虽然也在逐年发展,但究其发展的原因就会发现,这些年来我国对交通基础设施建设加大投入,企业在这样的拉力下被动向前推进,一定程度上掩盖了自身管理的缺陷与弊端。

为什么这样说呢? 2008 年由美国次贷危机引起的席卷全球的金融危机,使不少行业的发展陷入低谷,世界经济走向低迷,我国中小型企业在 2008 年就倒闭 10 多万家,这是一个多么庞大的数字呀!那么这次金融风暴对工程企业有着怎样的影响呢?这场风暴确实给工程企业带来了影响,很多本该实施的建设项目由于资金筹措途径受阻不能及时上马。但这样的境况到年底就改变了,为了拉动内需,国家计划在 2010 年以前投入 18 000 亿元进行基础设施建设,建设行业随即迎来了又一个建设高潮。然而,虽然海面上风平浪静,海底却可能孕育着一场海啸。随着基础设施建设的逐步完善,施工企业竞争必将加剧,在今后的 5 ~ 10 年里,谁能居安思危,谁能寻求变革,谁能管理创新,谁能提高服务水平,谁能提高工程质量,谁就会在行业中脱颖而出,谁就会在竞争中取胜。虽然未来建设市场会出现"僧多粥少"的现象,但如果企业自身体魄强健,必然能抢得一杯羹!

企业需要学习,需要管理创新,工程企业作为国家国民经济发展的先行军,不仅要在国民经济硬件上铺路搭桥,更应该在管理理念上起到标杆作用。企业已经到了必须学习和创新的时候了!

作者在本书中介绍的诸如精细化管理理念、有效执行理论、企业变革与创新理念、学习型组织理论、全面品质管理理论、超越顾客期望理念、"5S"管理理念、六西格玛管理、肯德基模式等都是目前最前沿的管理理念,如果把这些理念导入我们建设施工行业并坚持执行,那么我相信,我们的企业必然会处于攻无不克战无不胜的绝对领先地位。当然,对于其他企业也是如此。

正像本书中提到的,"学习是进入 21 世纪的一把金钥匙"。这本书是包括交通工程行业在内的工程建设企业管理队伍的学习教材,也为其他企业经营管理提供了一个良好的借鉴范本。我希望这本书的出版,能对我国企业的发展变革和管理创新起到有力的促进作用。

江苏省常州市交通局计划处
副处长、高级工程师

2009 年 6 月

目录

第三部分　企业危机与变革

第四部分　理念震撼世界

第一部分
PART ONE

细节与执行

第一讲　精细化管理理念

> 精细化管理是中国未来十年的必由之路。
>
> ——万科董事长　王石

随着我国市场经济的不断发展和完善,各种所有制企业不断吸收国外先进技术和管理经验,我国企业的管理水平日益提高,管理理念更新速度日新月异,产品质量和服务水平也在不断提高。但不可否认的是,与发达国家相比,我国企业的管理水平还存在着一定的提升空间,还需要进一步努力完善,因为我们的管理还不够精细。在国际竞争激烈的 21 世纪,精细化管理已经成为企业强身之宝。

1　细节的内涵

2004 年,一本名为《细节决定成败》的图书创造了管理类畅销书的奇迹,到 2008 年年底,这本书已经连续加印了 40 次。作者汪中求先生首次提出"精细化管理时代——细节决定成败"的理念,开启了中国精细化管理的新时代。这本书的畅销,说明了作者的理念被众多的管理者认可。书中客观地陈述了当今国内外众多企业的弊端和企业内部管理的不足,企业中不注重细节的现象普遍存在。各大企业纷纷把这本书作为自己员工的培训教材。这本书的出版,给企业以至于全社会的浮躁穴位上插了一枚"银针"。

>>>> 细节是一项修炼

企业管理的实质是一个系统的过程,系统是由很多相互联系、相互制约的小系统构成,而这些小系统又是由若干个元素组成,这些小的系统和元素,我们都称之为"细节"。细节在企业管理中无处不在,虽称之为"细节",但它所起的作用可能会很大。细节管理是企业管理的根本和企业管理的精髓。

　　过去,我们的企业管理者喜欢抓"大的方向",不注重更深一层的管理,官僚作风严重,思想浮躁。企业管理的结果就成了"大事做不好,小事没人做",看上去管理者整天在忙,可企业管理并不见成效。管理者不掌握企业本身管理的细微变化,不在细节上革除企业管理的弊端,最终会使这个企业业绩下滑,甚至被竞争对手打败。

　　现代管理者认为,"管理无大事"。管理大师德鲁克先生认为,管理好的企业,总是单调乏味,没有任何激动人心的事件,那是因为凡是可能发生的危机早已被预见,并已将他们转化为例行作业了。可见,一个管理好的企业,每天所做的正是这些细小的、琐碎的事情,正是这些重复的工作在推动着企业前进,为企业赢得效益。

　　汪中求先生说过,芸芸众生,能做大事的实在太少,多数人在多数情况下只能做一些具体的事、琐碎的事、单调的事,也许过于平淡,也许鸡毛蒜皮,但这就是工作,是生活,是成就大事不可缺少的基础。

　　成也细节,败也细节。不论做什么工作,都要重视小事,关注细节,把小事做细、做透。正所谓**"成大业若烹小鲜,做大事必重细节"**。

　　管理的精细化,是指在一定层面上的精细,对于一个管理者,要正确理解细节,不要走进细节管理的误区,精细化管理不是事无巨细、事必躬亲、眉毛胡子一把抓的无条理管理。

　　现代企业,粗放管理已经被时代所遗弃,取而代之的是精细化管理。

　　细节是一项内功的修炼。某年夏天,鲍威尔在一家汽水厂当杂工,除了洗瓶子外,老板还要他抹地板、搞清洁等等,他毫无怨言地认真去干。一次,有人在搬运产品时打碎了50瓶汽水,弄得车间一地玻璃碎片和团团泡沫。按常规,这是要打翻产品的工人清理打扫。老板为了节省人工,要干活麻利爽快的鲍威尔去打扫。当时他有点气恼,欲发脾气不干,但一想,自己是厂里的清洁杂工,本来这也是分内的活儿。于是,鲍威尔尽力地把满地狼藉的地面打扫得干干净净。过了两天,厂里的负责人通知他,他被晋升为装瓶部主管。自此,他记住了一条真理:凡事悉力以赴,总会有人注意到自己的。不久,鲍威尔以优异的成绩考进了军校。后来,鲍威尔官至美国参谋长联席会议主席,衔领四星上将;又曾任北大西洋公约组织、欧洲盟军总司令的要职以及由布什总统组阁的国务卿。

　　细节也体现着一个人的形象。1966年周恩来总理到邢台慰问地震灾民时,发现群众面对西北风而坐,就坚持要求改变会场布置,让卡车开到南头,作为临时讲台,他登上卡车,迎着大风对着麦克风发口令,请几千名群众"起立!""就地向后转!""坐下!"人们开始摸不清是怎么回事,当背风而坐后,看到呼呼风沙扑打着周总理的衣襟和面颊时,才陡然明白过来,千万颗心为之震颤。人民总理爱人民的崇高风范,正是从这样一些细节中体现出来的。周总理和他同时代的人一起,创造了辉煌的历史。在他波澜壮阔的一生中,这些小事微不足道,但每每想起这些小事,都会令人感动不已。细微之处见精神,这些小事反映了周总理真心热爱人民、处处为人民着想的伟大情怀,细节中体现的是他的修养。

2008 年 9 月 25 日"神舟七号"载人飞船发射升空,在电视转播过程中,细心人会注意到一个细节,中共中央总书记、国家主席胡锦涛在发射现场讲话完毕,与在场的所有工作人员一个不落地握手,那种认真的神态不仅仅表达的是对工作人员出自内心的慰问,更体现了党和国家领导人的一种卓越的修养。

这里有一个小故事,说的是全美最大的化妆品公司——玛丽凯化妆品公司董事长玛丽凯的故事:

玛丽凯化妆品公司的徽标上两个字母 P 和 L 的含义是盈与亏(Profit and Loss),两者就像昼与夜一样主宰着这个世界。弄不好,就会与 L(亏)握手;把握得当,就会与 P(盈)拥抱。玛丽凯却对这两个字母作出了另一番解释:它们也意味着人与爱(People and Love),若以这种方式与 P、L 打交道,自然会受到盈利的青睐。

玛丽凯在发达之前,是一名推销员。有一次,一个著名的销售经理在大礼堂作了场精彩的演讲,这演讲非常鼓舞人心。演讲结束后,大家都希望同这位著名的销售经理握握手。跟经理握手的人排成了一条长队,玛丽凯也在这些沸腾的人群中,一开始,经理还认真地跟每一位握手,可半个小时、一个小时过去了,经理的手已经握得麻木。玛丽凯足足排队等了 3 个小时,终于轮到她与经理见面。经理在同她握手时,甚至连瞧都不瞧她一眼。经理用眼去瞅她身后的队伍还有多长,甚至没意识到他是在与谁握手。善良的玛丽凯理解他一定很累,可是,自己也等了 3 个小时,同样很累呀!自尊心受到伤害的玛丽凯暗下决心:如果有那么一天,有人排队等着同自己握手,自己将把注意力全都集中在站在面前同自己握手的人身上——不管自己多累!

正是凭着这样的决心,玛丽凯虽是化妆品行业的门外汉,但她不断去握化妆品专家的手,去握广大美容顾问的手,终于创建了玛丽凯化妆品公司,在世界上声名鹊起。同时玛丽凯也赢得了她心中那种握手的机会。

她多次站在队伍的尽头同数百人握手,常常持续好几个小时。无论多累,她总是牢记当年自己排那么长的队等候跟那位销售经理握手时所受到的冷遇,总是公正地对待每一个人。如有可能,总是设法同对方说点亲热话。也许只同对方说一句话,比如"我喜欢你的发型"或"你穿的衣服多好看哪"等等。她在跟每一个人握手时,总是全神贯注,不允许任何事情分散自己的注意力。

这样的握手,会使所有人都觉得自己是世界上最重要的人。所有重要的信息也会反馈给玛丽凯,她的公司就这样成为了全世界知名的公司之一。

"你希望别人怎样对待自己,你就必须怎样对待别人",这是《圣经》上的话。在握手的时候,这句话得到了即时和永远的印证。玛丽凯由于遭遇了一次不被尊重的握手,发现了成功的秘诀——秘诀就是那些应当注意而不被引起重视的细节。

>>>>> 细节体现国民职业素质

我们日常接触的精工产品中,最好的品牌多产于日本和欧美,其中一些知名品牌已有数十年甚至上百年的历史了,这些企业之所以会在百年竞争中依然处于绝对的优势,无一不是精细化管理的成果。精工产品的制作要求是精细的,每一个零部件,任何一个小的差错,都有可能造成整个产品的质量问题,这就要求制作者必须具有一定的技术水平和注重细节的素质。大家都知道,日本及欧美等许多国家的国民素质是很高的,讲究细节、遵守规则是他们职业生涯的基本素养,而我们许多企业在这些方面还是跟这些要求有很大差距。

做铁钉很简单,小作坊就能做,铁条取段,模具一压,一头成锥形,一头戴个帽就成。或许是因其制作简单,钉子的价格很便宜,几块钱一斤,少则数十枚,多则几百枚。

日本产的铁钉同样简单,但它在锻压的过程中多一道工艺:在锥尖的后面多一道或是几道坎,像叠起来的梯形,前部细,后部与钉子的直径一致,如同渔钩渔叉的倒挂须。有了倒挂须,鱼一旦上钩就难以挣脱。同样,有"倒挂须"的钉子,一旦钉上,就更不容易退出。

大家都有体会,凳子上钉了钉子,日子久了,"嘎吱嘎吱",钉子很容易顶出一截,凳子就成了"老虎凳",将屁股咬一口是常有的事。想必用带有"倒挂须"的钉子,凳子变成"老虎凳"的几率会低得多。

钉子多一道或两道"倒挂须",其实只是工艺设计上多了一个细节,生产流程也许并不会更复杂,同样可一次成型。只是在工艺设计、技术规定等细节方面,多为用户着想了一点,质量显然就有很大差异。

看小小一枚钉子,不难想象,日本的汽车、电器等走俏全世界,原因在哪里?

从小小一枚钉子是不是感觉到了日本人做事精细的传统呢? 汪中求先生在日本考察后写了一篇文章——《透过细节看日本》,让我们深刻地了解到了日本人的职业素质。

国民职业素质的提高,不是一朝一夕的事,而职业素质会直接影响到精细化管理程度,因此,我国企业的精细化管理,还需要一个过程,在这个过程中,最主要的就是职工素质的提高。

>>>> **做一个注重细节的人**

○ *福特把美国人放在了汽车轮子上*

一个微不足道的动作,或许会改变人的一生,这绝不是夸大其词,可以作为佐证的事例随手便能拈来。美国福特公司名扬天下,不仅使美国汽车产业在世界占居鳌头,而且改变了整个美国的国民经济状况,谁又能想到该奇迹的创造者亨利·福特当初进入公司的"敲门砖"竟是"捡废纸"这个简单的动作? 那时福特刚从大学毕业,他到一家汽车公司应聘,一同应聘的几个人学历都比他高,在其他人面试时,福特感到没有希望了。当他敲门走进董事长办公室时,发现门口地上有一张纸,就很自然地弯腰把它捡了起来,看了看,原来是一张废纸,就顺手把它扔进了垃圾篓。董事长对这一切都看在眼里。福特刚说了一句话:"我是来应聘的福特。"董事长就发出了邀请:"很好,很好,福特先生,你已经被我们录用了。"这个让福特感到惊异的决定,实际上源于他那个不经意的动作。从此以后,福特开始了他的辉煌之路,直到把公司改名,让福特汽车闻名全世界。

福特下意识的动作出自一种习惯,而习惯的养成来源于他的积极态度,这正如著名心理学家、哲学家威廉·詹姆士所说:"播下一个行动,你将收获一种习惯;播下一种习惯,你将收获一种性格;播下一种性格,你将收获一种命运。"

亨利·福特是一个勤于思考和注重细节的人。有一次,他把一辆汽车卖给一位医生。一个看热闹的工人对同伴打趣道:"不知哪一年我们才能买得起汽车。""这很简单!从现在起,你不吃饭,不睡觉,一天干 24 小时,我想只要 5 年,你便能拥有一辆汽车。"这句话使在场的所有人都哄笑起来。然而,福特听了,却没有笑,他决心研制出一种"连擦皮鞋的人也能买得起的汽车"。

有一天,福特乘火车出差。在火车上,他看到乘务员在向乘客卖牛肉,从车尾向车头方向卖,一个顾客买一片,乘务员就切掉一片,下一个顾客买一片,他又切掉一片,就这样,一大块牛肉从车尾卖到车头,正好卖完。福特采用逆向思维,他想,如果把刚刚卖掉的牛肉从车头向车尾每人收回一片,不就把这大块牛肉恢复原形了吗?于是他便组织研制了流水式装配线。

福特参观屠宰场,发现每一大片牛肉都用钩子悬吊在房顶的轨道上,于是他通过想象研制出了移运大部件的天吊。

4 年后,福特的 T 型汽车问世了,流水式装配线和天吊的应用,取代了原来手工制作汽车的工艺,从而使生产一辆汽车的时间和制造成本大大降低。价格比其他汽车公司的产品便宜 80%,每辆车只卖 575 美元,投放市场后,供不应求。福特感慨道:"**只要你留心思考,任何细节都可能触发你的经营灵感。**"留心思考、认真对待,使福特这位一心要把汽车变为所有人都能够用得上的代步工具、有着强烈社会责任感的企业家,从寻常的细节中看出了不寻常的商机。从此,福特真正把美国人放在了"汽车轮子上"。

在后来的生产中,福特不断总结和改进,继续使用低成本战略,最终使过去 12.5 小时出一辆 T 型车,降到 9 分钟出一辆。1924 年,每辆 T 型车售价已降到 240 美元,1926 年福特汽车产量已占美国汽车总产量的一半。

○ 最佳的路径

世界著名建筑大师格罗培斯设计的迪斯尼乐园,经过了 3 年的施工,马上就要对外开放了。然而各景点之间的道路该怎样连接还没有具体的方案。施工部打电话给正在法国参加庆典的格罗培斯大师,请他赶快定稿,以便按计划竣工和开放。

格罗培斯大师从事建筑研究 40 多年,攻克过无数建筑方面的难题,在世界各地留下了 70 多处精美的杰作。然而建筑中最微不足道的一点小事——路径设计却让他大伤脑筋。对迪斯尼乐园各景点之间的道路安排,他已修改了 50 多次,没有一次是让他满意的。

接到催促电报,他心里更加焦躁。巴黎的庆典一结束,他就让司机驾车带他去了地中海海滨。他想清醒一下,争取在回国前把方案定下来。汽车在法国南部的乡间公路上奔驰,这里是法国著名的葡萄产区,漫山遍野到处是当地农民的葡萄园。一路上他看到人们将无数的葡萄摘下来提到路边,向过往的车辆和行人吆喝,然而很少有人停下来。

当他们的车子进入一个小山谷时,发现在那里停着许多车子。原来这儿是一个无人看管的葡萄园,你只要在路边的箱子里投入五法郎就可以摘一篮子葡萄上路。据说这座葡萄园主是一位老太太,她因年迈无力料理而想出了这个办法。起初她还担心这种办法能否卖出葡萄,谁知在这绵延百里的葡萄产区,她的葡萄总是最先卖完。她这种给人自由选择的做法使大师格罗培斯深受启发。他下车摘了一篮葡萄,就让司机调转车头,立即返回了巴黎。

回到住地,他立刻给施工部发了一封电报:撒上草种提前开放。施工部按要求在乐园撒了草种,没多久,小草出来了,整个乐园的空地都被绿草覆盖。在迪斯尼乐园提前开放的半年里,草地被踩出许多小道,这些踩出的小道有窄有宽,优雅自然。第二年,格罗培斯让人按这些踩出的痕迹铺设了人行道。1971 年在伦敦国际园林建筑艺术研讨会上,迪斯尼乐园的路径设计被评为世界最佳设计。

○ 一元钱找了一份如意的工作

一个人的成功无不是从一点一滴做起的,一个性格马马虎虎的人是一定做不成大事的,细节是一种修养和一种品味。

在一个会计招聘会上,有位姑娘仅用一元钱就叩开了求职大门。当考官问完她问题之后,又说了一句:“如果你被录取了,我们会打个电话给你的。”话音刚落,就听到女孩用清脆的声音说:“请你无论如何,打个电话来,即使我失败了。”一边说一边递过去一元钱。考官充满了好奇:“你为什么要这么做?”“因为如果我被录取了,这打电话的钱不该公司出;如果我没被录取,这打电话的钱更不该公司出。”考官告诉她:“你已经被录取了。”此后,女孩在自己的岗位上做得很出色。

“打电话支付一元钱”,从这个细小的环节中,考官作出决定也绝非心血来潮:首先,能明确公私财产是一个会计应具备的素质;其次,在失败后能去思考自己的不足,说明她是一个积极进取的人。因此,女孩用一个细节,打动了考官,自己也获得了成功。

在当今社会中,想成功的人很多,但愿意把小事做好的人很少。须知伟业固然令人神往,但构成伟业的却是许许多多毫不起眼的细节。只有做好每一个细节,才有可能成就伟业。我们唯有改变心浮气躁、好高骛远的毛病,脚踏实地,从小事做起,注重细节,方能成功。因此,要成功,就必须注重细节。

>>>> 要树立品牌必讲求细节

东盟营造工程有限公司由中国最大的路桥施工企业之一的中国交通集团第二公路工程局和中怡控股份有限公司合资组建成立,具有中国建设部颁发的公路工程施工总承包一级资质,中国交通部颁发的公路工程施工一级资信,通过了 ISO9001 质量管理体系、ISO14001 环境管理体系和 OHSAS18001 职业安全健康管理体系认证。

作为专业化的路桥施工企业,工程项目分布于全国多个省市,包括沪宁高速、沪杭高速、潍莱高速、京沪高速、京沈高速、京珠高速、沿江高速、乍嘉苏高速等一大批国家大型重点工程，多项工程被评定为国优、部优、省优，并获得了政府、主管机构和建筑业界颁发的多个奖项，其中包括"鲁班奖"、"詹天佑奖"等。公司于2000年被评为"全国优秀施工企业"。2002年，全国有8项工程获交通部优质工程一等奖，其中东盟营造就有3项工程获此殊荣。

那么，东盟营造在国内公路施工市场是凭什么取胜的呢？经过深入了解，发现该公司除具有长远的战略目标、正确的决策、先进的管理理念、完善的制度措施外，最值得学习的是该企业管理者对细节的关注。东盟营造凭着对细节的追求和关注，每一项工程都给人留下了深刻的印象。

精细化管理是提高企业管理水平和效益的有效途径。东盟营造在各施工项目全面推行精细化管理，并由此确立了"零缺陷、低成本"战略。2005年，东盟营造在镇溧高速公路镇江项目部提出了"三零"管理方法，即"质量零缺陷、业主零投诉、员工零抱怨"。项目领导在管理方面，严于自律，项目领导做到"五勤"（脑勤、眼勤、嘴勤、腿勤和手勤），全体员工对外形象做到文明办公"五个一"（一声您好、一声请坐、一杯茶水、一张笑脸和一声再见）、"三个好"（胸卡佩戴好、资料摆放好、环境保持好）。实施精细化管理，推行零缺陷和低成本战略，进度、质量、安全、文明施工一直保持良好状态，充分体现企业技术和管理水平，驻地建设和现场管理呈现出浓厚的企业文化氛围，员工形象及精神面貌充分展现出企业风采，业主对项目各项管理高度满意，在每次劳动竞赛评比中均获得优异的成绩，使项目成为镇溧高速公路全线施工管理的典范。

在项目成本管理工作方面，以成本计划为基础，以过程控制为重点，以经济活动分析为手段，关注影响成本的关键过程和关键要素，分析各个工序细节和工作环节的成本产生情况。从事前预防、事中控制、事后改进三个管理环节，从生产经营和项目管理各个阶段挖潜，取得了良好的经营成果。他们还定期召开"项目精细化管理研讨会"，将各项目的创新亮点作充分的总结和交流，建立起一个良好的创新交流平台，使精细化管理向纵深层面持续推进。一些项目经过不断提炼，在项目管理策略创新、经营创新、业务创新、技术创新、文化创新等多个层面形成了独特的创新思路和创新成果；一些项目从文化建设层面进行创新，以"三零文化"为切入点，推行"模块化流程式网络管理体系"，实现了业务模块细化、量化和操作层管理的标准化；一些项目从"流程和机制"层面进行大胆创新，实施"流程再造"，取得了直接的效益。这些创新起到了很强的示范和启发作用。

某高速公路施工公司，由于施工技术水平不精，内部管理混乱，偷工减料现象时有发生，对业主和监理的要求置若罔闻，你提你的意见，他做他的事，根本不遵守文件、规范，精细化施工达不到业主的要求，在业主组织的多次劳动竞赛中，每次都是排名最后。在这种情况下，施工单位不知道反思整改自己的错误，反倒怪业主和监理找茬，产生抵触情绪，破罐子破摔，认为这个工程做不好没关系，只要经济效益有了就行。这种思想对于企业发展其实是极其不利的，是企业管理中一个危险的信号，业主是顾客，企业应想尽一切办法提高工程质量以赢得顾客。据统计结果表明：如果全球市场中的 1 个消费者对某产品或服务的质量满意，会告诉另外 6 个人；如果不满意，则会告诉另外 22 个人，从中可见失去一个顾客和赢得一个顾客对企业的影响。事实上，**任何企业要想在市场上成功，就一定要不遗余力地重视细节的改进、改进、再改进，以不断地赢得顾客。**

2 蝴蝶效应

>>>> 蝴蝶振翅的威力

在中国企业史上，三株是一个绕不过去的名字。在短短的 3 年时间内，它打造出了迄今无人超越的保健品帝国；它创造出了一种独特的、前无古人的行销模式，至今仍具有相当大的借鉴价值；它曾经无数次地许下宏誓：要在 20 世纪内将人类的寿命延长 10 年。可是，它自己的"寿命"却不过短短的六七年。为何"三株帝国"如此脆弱？三株构建了一张中国第一营销网的同时，其恐龙式的结构同样带来了机构重叠、人浮于事、互相扯皮的问题。在公司总部，几大体系是大中心套小中心，各体系之间，各中心之间画地为牢，互成壁垒，各自扩充人员，增加职能，争权夺利，形成了一个个割据分立的小诸侯，而这些足以让企业致命的细节问题在三株的鼎盛时期就已经蔓延，但没有被公司决策层重视……1996 年湖南常德发生了所谓的"3 瓶三株要了一条人命"的索赔诉讼案，使三株集团从 1997 年开始，销售额急剧下跌，比 1996 年减少了 10 亿元。从此三株便节节败退，一蹶不振。1998 年 3 月诉讼案一审宣布三株败诉，一段时间内各地方销售者拒买三株口服液，药店和医院也拒卖三株口服液。此外，大量应收账款没有收回，有的经销商拒绝回款，各种市场风波汹涌而至，其销售量顿时滑入低谷，大量媒体借机大肆炒作，给三株集团造成了致命的打击。虽然在 1999 年春天常德法院二审宣布三株胜诉，但是三株公司在大众心目中的信誉与形象已经大打折扣，昔日的辉煌战绩如"黄鹤一去不复返"，其生存与发展已经受到严重的威胁，销售前景一片萧条、冷清。

1997 年，三株集团董事长兼总裁吴炳新在年终总结大会上，总结了三株 15 条大失误：

（1）市场管理体制不适应经营需要，集权与分权的关系没有处理好；

（2）经营体制没有完全理顺；

（3）大企业病严重，部门林立，程序复杂，官僚主义盛行，信息流通不畅，反应迟钝；

（4）对市场形势分析过于乐观；

（5）市场营销策略不适应市场需求；

（6）分配制度不合理，激励制度不健全；

（7）决策的民主化、科学化没有得到进一步加强；

（8）部分干部的骄傲自满等问题，导致许多工作不到位；

（9）浪费问题严重；

（10）山头主义盛行，自由主义严重；

（11）纪律不严明，对干部的问题处理较少；

（12）后继产品不足，新产品未能及时上市（没有核心技术）；

（13）财务管理出现严重失控；

（14）组织人事工作与公司的发展严重不适应；

（15）法纪制约的监督力度不够。

就是这些细节把三株的基业给毁了！

某路桥公司，具有公路施工一级资质，并具有对海外承揽项目的能力，1997年以前，在国内的项目较少，其项目基本都在国外。20世纪90年代末，这家公司开始参与了国内某省的高速公路建设施工。由于本身的技术人员数量不足，所以，在每个项目经理部只设了为数不多的几个管理人员，所承揽工程全部采用分包的方式，以包代管，各分包队基本都是个体私营企业，这些分包队伍没有资质，管理混乱，各自为政，根本没有"路桥公司"这个集体责任感，工程质量、进度难以满足要求，给业主留下了很不好的印象。

同时，该公司对员工的教育不够，公司职工每天打着自己的小算盘，部分管理人员和技术人员还购买了机械设备租给本工地下属分包队使用，而公司自有的设备却闲置没有人用，员工们以自我为中心，只顾个人的利益，不顾集体的利益，根本没有人会想到公司利益。由于这种心态不断蔓延，自2004年开始，该公司明显走了下坡路，公司内部连年亏损，对外则资信等级降低。自2004年至今，公司没有接到过任何高速公路施工项目。这样一个国有大型公司，在本行业的鼎盛时期，就这样濒临灭亡了。

作为企业的管理者，在管理过程中，如果发现任何潜在的危机和问题，不论问题严重与否，都必须及时加以纠正和解决，绝不能让这些管理问题蔓延，否则会到无法收拾的地步。

"冰冻三尺，非一日之寒"，任何企业的衰落都不是一朝一夕的事，都是问题不断积累达到一定程度产生的结果。任何一件不起眼的小事，出现后如不被重视，就可能引起事态的巨变，这就是蝴蝶效应。

蝴蝶效应是美国麻省理工学院气象学家爱德华·罗伦兹1963年提出来的，它属于混沌学范畴。

为了预报天气，爱德华·罗伦兹用计算机求解仿真地球大气的13个方程式，意图是利用计算机的高速运算来提高长期天气预报的准确性。在1963年的一次试验中，为了更细致地考察结果，他把一个中间解0.506取出，提高精度到0.506127再送回。而当他喝了杯咖啡回来再看结果时大吃一惊：本来很小的差异，结果却偏离了十万八千里！再次验算，发现计算机并没有毛病，罗伦兹发现，由于误差会以指数形式增长，在这种情况下，一个微小的误差随着不断推移造成了结果的巨大差异。他于是将之认定为

"对初始值的极端不稳定性"，即"混沌"，又称"蝴蝶效应"，并形象地解释为亚洲蝴蝶拍拍翅膀，将使美洲几个月后出现比狂风还厉害的龙卷风！

产生蝴蝶效应的原因是，蝴蝶翅膀的运动，导致其身边的空气系统发生变化，并引起微弱气流的产生，而微弱气流的产生又会引起四周空气或其他系统产生相应的变化，由此引起连锁反应，最终导致其他系统的极大变化。

此效应说明，事物发展的结果，对初始条件具有极为敏感的依赖性，初始条件的极小偏差，将会引起结果的极大差异。

混沌规律只能洞察、揣摩、推测，而不能揭示、推演和精确描述。我们可以用西方流传的一首民谣对此作形象的说明：

> 丢失一个钉子，坏了一只蹄铁；
> 坏了一只蹄铁，折了一匹战马；
> 折了一匹战马，伤了一位骑士；
> 伤了一位骑士，输了一场战争；
> 输了一场战争，亡了一个帝国。

马蹄铁上一个钉子是否会丢失，本是初始条件的十分微小的变化，但其"长期"效应却是一个帝国存与亡的根本差别，这就是军事和政治领域中的所谓"蝴蝶效应"。有点不可思议，但是确实能够造成这样的恶果。**一个明智的领导人一定要防微杜渐，看似一些极微小的事情却有可能造成集体内部的分崩离析，那时岂不是悔之晚矣？**

我们再算一道简单的算术题，更能体现出细节在整个庞大系统中的作用：

假设一张普通纸的厚度是 0.01 毫米，世界最高峰——珠穆朗玛峰的海拔高度是 8 848 米，那么这张薄薄的纸片怎样才能跟珠穆朗玛峰相比较呢？请你计算，如果能把纸对折 30 次的话，它的厚度是多少？把结果跟珠穆朗玛峰高度比较一下。

计算的结果是 $0.01 \times 2^{30} \times 10^{-3} = 10\ 737.4$ 米，比世界最高峰还要高。

地球距太阳的距离是 1.521 亿千米，把这张厚度为 0.01 毫米的纸对折 54 次，这时的厚度可达 1.8 亿千米，长度足可到达太阳。

从这个小小的算术题，我们不难看出"小"和"大"其实是很相近的。**任何小细节，在不经意的时候，就会影响到全局。**

当水温升到 99 摄氏度时，还不是开水；若再加一把火，在此基础上温度再升高一度，水就会沸腾。一度之差，可以让企业步入天堂，也可以让它从此踏进地狱。"差之毫厘，谬以千里"，只差一点点，往往是导致最大差别的关键。

>>>> **可以悲痛，但不能原谅——忽视细节付出的代价**

○ **空难的警示**

忽视细节，会付出惨痛的代价。2004 年 11 月 21 日，中国东方航空公司云南分公司 MU5210 航班执行包头飞往上海的任务，在包头机场附近坠毁，造成 55 人（其中 47 名乘客、6 名机组人员和 2 名地面人员)遇难,直接经济损失达 1.8 亿元。事故原因是:飞机起飞过程中,由于机翼污染使机翼失速、临界迎角减小。当飞机刚刚离地后,在没有出现警告的情况下飞机失速,飞行员未能从失速状态中调整出来,直至飞机坠毁。事故调查组认为,飞机在包头机场过夜时存在结霜的天气条件,机翼污染物最大的可能是霜。按常规,在这样的气候条件下,飞机起飞前应对飞机的各部位进行除霜(冰)处理,东航云南分公司在日常安全管理中存在薄弱环节,而恰恰是这一细节,导致了这场悲剧!

近 12 年来中国的空难还有:

1997 年 5 月 8 日,中国南方航空公司深圳分公司一架波音 737 飞机在深圳机场落地滑跑时失事,机身解体,机上有 35 人遇难;

1999 年 2 月 24 日,中国西南航空公司一架图-154M 客机在温州机场降落时坠毁,机上 61 人全部遇难;

2000 年 6 月 22 日,武汉航空公司一架从湖北恩施飞往武汉的运 7 客机在武汉郊区坠毁,机上 42 人无一生还;

2002 年 4 月 15 号,中国国航 CA129 航班在韩国釜山坠毁,死亡人数为 126 人;

2002 年 5 月 7 日,中国北方航空公司一架麦道 MD-82 客机在大连坠毁,112 人遇难。

发生空难基本原因归纳起来各种各样,除了故意破坏外,许多原本都可以避免,只需工作多做一点,做细一点。

○ 熔于钢水的生命

2007 年 4 月 18 日 7 时 45 分左右,辽宁省铁岭市清河特殊钢责任有限公司装有 30 吨钢水的钢包在吊运至就位处 2~3 米时,钢水包突然滑落倾覆,钢水洒出,红彤彤的钢水温度高达 1 500 多摄氏度,涌进车间内的一间房屋,此刻,32 名员工正在这里开班前会,瞬间殒命于炽热的钢水中……

经专家调查分析,事故的原因有 4 个:第一,生产车间起重设备不符合国家规定,按照《炼钢安全规程》的规定,起吊钢水包应采用冶金专用的铸造起重机,而这个公司却擅自使用一般用途的普通起重机;第二,设备日常维护不善,如起重机上用于固定钢丝绳的压板螺栓松动;第三,作业现场管理混乱,厂房内设备和材料放置杂乱、作业空间狭窄、人员安全通道不符合要求;第四,违章设置班前会地点,这个车间长期在距钢水铸锭点仅 5 米的真空炉下方小屋内开班前会,钢水包倾覆后造成人员伤亡惨重。

○ 一堆扫帚烧掉 5 亿元

2008 年 1 月 2 日 20 时许,乌鲁木齐市钱塘江路德汇国际广场突发大火。经过消防部门连续 40 多个小时的紧急抢救,大火基本被扑灭。火灾导致 5 人死亡(其中 3 名消防官兵在搜救被困群众过程中不幸牺牲,另 2 名是德汇国际广场员工),顷刻之间至少有价值 5 亿元的财产化为灰烬。

2003 年底开业的德汇国际广场位于乌鲁木齐市钱塘江路,是一个大型综合商品批发市场,建筑包括地下一层和地上 12 层总面积 10 万平方米,大约有 2 000 家商户,经营着包括服装、儿童玩具、五金建材、化妆品等商品。很多新疆其他地区甚至中亚、俄罗斯的客商都从这里订货。此次火灾主要是从大楼底层着火后迅速蔓延,整个市场商品几乎全部被烧毁。火灾过火面积 6.5 万平方米,涉及经营商户 1 046 户。

经调查取证,此次大火居然是一个经营扫帚生意的临时摊位的一堆扫帚起火所引起。一堆扫帚起火,导致这么大的损失,我们再看看该广场的安全防范平时是怎么做的。

（1）明火取暖。

火灾是由一家临时摊位的煤炭明火引起的。由于一楼消防通道口非常冷,通道内也没有任何电源插头,无法插电暖气,商贩为取暖都纷纷买来小煤炉,这在所有人眼里似乎是司空见惯的事。

（2）易燃品多。

这座大楼属于综合批发市场,主要经营塑料制品、服装、针织等商品,多属易燃物,而且市场内摊位多,结构复杂,给火灾防范带来难度。

（3）流于形式的安检。

商场一直是当地的重点防火地区,各种防火消防检查隔三差五就会进行一次,但人们不能理解的是,这些检查是怎样进行的,市场的管理者们又是怎样应对这些检查的。

（4）消防通道不通。

自 2007 年 6 月临近德汇国际广场的温州商城拆迁后,德汇集团在国际广场二期与三期商业楼之间的一楼消防通道走廊,以及在一期的商业楼旁边违章建起了 90 多家临时摊位。尽管在一次消防大检查中这些临时摊位被要求拆除,但实际只拆除了 30 多个,还有 60 多个没有按要求拆除。

据商户们反映,平时消防人员来大检查时,广场的工作人员就会提前通知消防通道口的临时商户,让其将货物撤走。而消防人员前脚走,这些临时摊位的商户们后脚就又摆上了货物。是什么让德汇的管理者视消防如儿戏,和消防检查大玩"猫抓老鼠"的游戏呢?

（5）消防水枪是摆设。

当时德汇国际广场一期商楼里的消防水枪根本喷不出较大的水量,而二期商楼的水枪索性就喷不出水来。

德汇国际广场的内部人士解释,喷水枪内没水主要有两个原因,一是 2006 年在温州商贸城被拆迁后,2007 年又重新准备建起,施工当中必须将德汇广场内的消防输水管道截断,以便建设工程顺利进行;二是由于市场内屋顶上的消防龙头时常漏水,淋湿了商户们的货物,为此,许多商户多次找到广场工作人员,要求给予赔偿,工程部迫于无奈就将消防总阀全部关闭。

往往对一个细节的忽视就像癌细胞一样,如不加以控制它就会迅速扩散……

○ **桥梁施工事故的惨痛教训**

看了由于细节做得不到位而引发的触目惊心的案例,再回过头看看近几年桥梁施工中的安全和质量事故。

2005年12月22日,四川省都江堰至汶川县高速公路C合同段董家山隧道右线隧道工地发生特大瓦斯爆炸事故,造成44人死亡、11人受伤。

调查组在现场查明,发生爆炸事故的右线隧道对旋风机,风筒出风口距掌子面30米左右,与《公路隧道施工技术规范》规定的不大于15米不相符,且风机的2台电机事故前只有1台风机在中档运行,喷射混凝土时只有1台电机在低档运行,无法完全稀释掌子面有害气体,易造成瓦斯聚集。尤其是右线隧道在打右矮边墙时,还需要移动模板台车,修补、延长风筒,均要停风。更有甚者,施工队带班人员为节约电费还擅自停过风机,2005年11月份已停风3次。

此外,该工程瓦斯检测员使用的是便携式瓦斯报警仪,在检测高处瓦斯时一般将仪器绑在一根长2~3米的竹竿上举起来检测,达不到规定的检测高度,并且还存在减少检测次数等违规情况。另外,右线隧道仅有的一台瓦斯传感器,安装高度也不符合规定要求。2005年10月19日至12月5日,右洞隧道掌子面拱顶瓦斯浓度经常超过0.5%,最大值还曾达到4.12%,但这台瓦斯传感器自安装以来却从未报过警。

与在安全投入上"精打细算"同时存在的,是工程层层转包所埋下的种种隐患。目前,建筑市场供求不平衡,施工企业为了生存采取低价、让利、垫资施工方式竞争,经营风险就转嫁给劳务企业。有些施工企业为追求利润,允许以挂靠形式承接工程或将工程转包给低资质的企业,以包代管。这种转包有两种情况,一种是包工,即工头只负责召集民工,具体的质量监管、技术、机械、材料都由施工单位提供,但这种包工一般要求劳务成本不超过工程总造价的10%~20%;第二种就是包工包料,中间人提成,提成比例按照工程总造价和单价确定。这不仅使建设资金被层层盘剥,而且还使工程项目缺乏有效的管理。如果这些原因当初被人重视,多少个家庭就可以避免生离死别的痛苦!

2007年8月13日16时45分左右,湖南省凤凰县正在建设的堤溪沱江大桥发生特大坍塌事故,造成64人死亡,4人重伤,18人轻伤,直接经济损失3 974.7万元。

堤溪沱江大桥工程是湖南省凤凰县至贵州省铜仁大兴机场凤大公路工程建设项目中一个重要的控制性工程。大桥全长328.45米,桥面宽度13米,设3%纵坡,桥型为4孔65米跨径等截面悬链线空腹式无铰拱桥。大桥桥墩高33米,且为连拱石拱桥。2003年6月,湖南省交通厅批准了凤大公路工程项目初步设计,并于同年12月批复了凤大公路项目开工报告。堤溪沱江大桥于2004年3月12日开工,计划工期16个月。事故发生时,大桥腹拱圈、侧墙的砌筑及拱上填料已基本完工,拆架工作接近尾声,计划于2007年8月底完成大桥建设所有工程,9月20日竣工通车,为湘西自治州50周年庆典献礼。

建设单位湘西自治州凤大公路建设有限责任公司(以下称"凤大公司"),隶属于湘西自治州人民政府,为国有独资公司。设计和地质勘察单位是华罡设计院,为全民所有制,隶属长沙理工大学。该院具有公路行业甲级工程设计证书、甲级工程咨询资格证书和甲级工程勘察证书。

施工单位湖南路桥建设集团公司是国有独资大型企业,下辖28个分公司、参股公司。具有建设部颁发的公路工程施工总承包特级资质、公路路基工程专业承包一级资质、公路路面工程专业承包一级资质、桥梁工程专业承包一级资质、公路交通工程专业承包资质、交通安全设施建筑企业资质证书,2006 年 7 月取得《安全生产许可证》。公司实行三级管理体制,堤溪沱江大桥的具体施工任务由二级机构道路七公司负责。湖南路桥建设集团公司施工的九江大桥曾在 2007 年 6 月 15 日遭运沙船撞击垮塌。

监理单位湖南省金衢交通咨询监理有限公司是由 45 位自然人股东持股的有限责任公司,具有公路工程甲级监理资质。

经过调查认定,这是一起责任事故,事故发生的直接原因与主要原因如下:

(1) 事故的直接原因。

由于大桥主拱圈砌筑材料未满足规范和设计要求,拱桥上部构造施工工序不合理,主拱圈砌筑质量差,降低了拱圈砌体的整体性强度,随着拱上荷载的不断增加,造成 1 号孔主拱圈靠近 0 号桥台一侧约 3～4 米宽范围内,即 2 号腹拱下的拱脚区段砌体强度达到破坏极限而坍塌,受连拱效应影响,整个大桥迅速坍塌。

(2) 事故的主要原因。

一是施工单位湖南路桥公司道路七公司凤大公路堤溪沱江大桥项目经理部,擅自变更原主拱圈施工方案,现场管理混乱,违规乱用料石,主拱圈施工不符合规范要求,在主拱圈未达到设计强度的情况下就开始落架施工作业;二是建设单位凤大公司项目管理混乱,对发现的施工质量问题未能认真督促施工单位整改,未经设计单位同意擅自与施工单位变更原主拱圈设计施工方案,盲目倒排工期赶进度,越权指挥,甚至要求监理不要上桥检查;三是工程监理单位湖南省金衢交通咨询监理有限公司,未能制止施工单位擅自变更原主拱圈施工方案,对发现的主拱圈施工质量问题督促整改不力,在主拱圈砌筑完成但强度尚未测出的情况下即签字验收合格;四是设计和地质勘察单位华罡设计院,违规将勘察项目分包给个人,地质勘察设计深度不够,现场服务和设计交底不到位;五是湖南省、湘西自治州交通质量监督部门对大桥工程的质量监管严重失职;六是湘西自治州、凤凰县两级政府及湖南省有关部门对工程建设立项审批、招投标、质量和安全生产等方面的工作监管不力,州政府为了向“州庆”50 周年献礼,盲目赶工期。

类似的案例还很多:

1999 年 1 月 4 日重庆市綦江县虹桥垮塌;

2000 年 5 月 27 日浙江省宁波市新虹桥倒塌;

2000 年 11 月 27 日深圳市盐坝高架桥坍塌;

2001 年 11 月 6 日湖北省宜宾市南门大桥突然断裂;

2002 年 7 月 19 日湖北省仙桃市西统河大桥垮塌;

2004 年 6 月辽宁省盘绵市辽河大桥挂孔塌落,10 天后深圳龙岗矮江桥塌陷;

2009 年 1 月 15 日 21 时 30 分,青海省西宁市正在建设中的西宁过境公路工程一高架桥支架倒塌。

惨痛的教训告诉我们,**细节疏忽不得,大意不得**。

天下大事必作于细。重视细节,体现着认真负责的态度。有强烈的责任感,就会始终以如履薄冰、如临深渊的态度对待每一项工作,尽心竭力,唯恐有半点差错和闪失,就会重视细节,彰显严谨细致的作风。工作不应当"马大哈",不搞"想当然"、"大概"、"也许"、"凑合",要思维缜密,谋事周全,行事严谨。重视细节,也是一种本领和才能。像科学研究一样,愈是在细节处,愈容易捅破"窗户纸",探得奥秘,进入别有洞天的佳境。

>>>> **100 - 1 = 0**

这个算式在数学上完全是错误的,但在我们精细化管理时代,这个算式却是一种理论和理念。100可以表示做事的次数,可以表示100项工作,也可以表示完美的工作结果……而1则可以表示一次失误、一项错误的决定……100 - 1意味着无论多么完美,如出现仅仅一次失误就有可能导致完全的失败!

这就是著名的"墨菲定律"。定律指出,任何一件事情,如果客观存在着发生某种事故的可能性,不管这个可能性有多么小,但是如果重复去做这件事时,事故总会在某一时刻发生。也就是说,只要有发生事故的可能性,不管其可能性有多么小,这个事故迟早会发生,这就是100 - 1 = 0的启示。

一公里长的一条线路,任何一个小地方出现损坏,哪怕只有零点几毫米,都会使整个线路不通而出现断电;一个人全身无数条血管,如果有一条不通就会出问题,甚至导致死亡……

在安全生产工作中,有些小的隐患和违章行为在一次或几次过程中也许不能导致事故的发生,但在多次重复性的劳动中终究会导致问题出现。在生产中,人们总有一种错误的想法,认为有些工作做不到位出现事故的可能性很小,小违章没什么,如外出巡查设备不戴安全帽,认为不会那么凑巧,空中就有东西掉到头上;不按照规定的时间和路线检查或者检查马虎、不认真,认为设备不会出现问题,形成了一种侥幸和麻痹思想。但是很多血淋淋的教训向我们警示,事故发生前都是有原因、有前兆的,都是当事人在工作中不按程序做,走"近路"、图省事造成的。违章酿成事故,侥幸闯下大祸,到时后悔也来不及了。

某高速公路施工单位的一个桥梁灌注桩施工队的一名起重人员,总喜欢在上夜班时喝酒,这一习惯持续了多年,同事们都知道,也多次奉劝,但他就是不听劝阻。在一次值夜班时,因喝了酒,他不慎被卷入到钻机的转盘上,当被发现时,已经血肉模糊了。

高速公路路面施工是全封闭的,社会车辆和可能引起路面污染的车辆是不允许驶入的。某高速公路路面施工单位在交通管制方面一直做得很好,就在路面施工全部结束后的第十天,由于入口看守人员疏忽,一辆油箱损坏了的农用车开上了已施工结束的路段,这辆农用车边行驶边漏洒柴油,刚施工好的近1公里的沥青路面受到严重柴油污染,由于没有其他的处理办法,只得把这1公里的沥青上面层铣刨重铺,而此时沥青混凝土拌和楼和摊铺机都已经撤离工地,只能请邻近标段的施工单位帮助施工,造成直接经济损失近80万元。

"墨菲定律"告诫我们：**百分之一的错误往往会导致百分之百的失败。小事成就大事，细节成就完美。**

现实社会中，有很多年轻人好高骛远，不能踏踏实实地工作。工作中出现一些小问题也不愿深究，听之任之。实际上这种观点是错误的。工作无小事，更不能有小错。美国在一次探月行动中，飞船已经到达月球却无法着陆，最终以失败告终。事后，科学家们在查找原因时发现，原来是因为一节价值 30 美元的电池出了问题。起飞前，工程人员在做检查工作时重点检查了"关键部位"却把它给忽略了。结果，一节 30 美元的电池让几十亿美元的投资和科学家们的全部心血付诸东流。

任何一个小错误都有可能引起严重的后果，造成不可挽回的损失。

细节的放大效应对组织系统的运行影响深远。往往是一个小小的差错，都会导致一个灾难性的后果，甚至导致企业的破产，用"失之毫厘，谬以千里"来形容细节的放大效应再合适不过了。

3 避免工程管理的细节缺失
——以高速公路建设为例

改革开放 30 年来，我国公路事业的发展取得了巨大成就，特别是近 20 多年来，我国高速公路建设突飞猛进地发展，同时，施工企业管理也随着公路的建设，不断地学习进步。这期间高速公路建设管理经历了一个由低级阶段到高级阶段的转变。目前，我国高速公路建设程序不断规范，施工工艺不断改进，施工设备不断更新，在严格管理下，公路建设的整体水平不断提升，各参建单位的质量意识和管理水平也在不断改善。

然而，这一条接一条的崭新的高速公路的出现，是不是就意味着我国高速公路建设管理水平已经达到完美无缺、登峰造极了呢？答案当然是否定的，在高速公路施工建设及运营过程中，还存在这样那样的问题，有些问题甚至还很严重，比如高速公路的早期损坏是我国高速公路建设中普遍存在的现象，这是值得我们管理者思考并应当注意改进的。我们可以断定，如果在我们的高速公路建设实施阶段，各参建单位做得再好一点、多一点、细一点，那么高速公路质量肯定比目前的水平更高，更能让人民放心。

施工单位在企业管理和高速公路建设过程中，存在很多细节问题，如果这些问题不被重视，不加以改正，恐怕我们的公路建设质量难以保证，企业会在竞争中失败，甚至被淘汰。

比如，根据招标文件，参加我国高速公路施工的施工企业均应具备公路施工一级资质，其管理水平在同行业中应该属上等水平。但如果我们认真地观察、研究这些企业，就会发现大部分企业的管理并非名副其实。

WTO 总干事长穆尔说："中国企业的管理水平，相当于 30 年前的日本，相当于 100

年前的英国。"我国公路建设行业,由于长期的计划经济的影响,思想和理念并没有达到国际的先进水平,用穆尔这句话推论,高速公路参建单位(主要指施工企业)的管理水平跟发达国家比,应该还是非常落后的。

那么,我们施工企业的管理水平跟国外管理先进的企业差距在哪里呢? 从与国外的一些成功企业的管理对比中我们不难发现其中的差距根源。

第一,差距不在于我们的硬件设备。我们公路施工所用的设备有很多都是国际上的名牌产品,都非常先进,如路面摊铺机、沥青拌和楼、桥梁检测车、路拌机等,这些设备都是目前国际上普遍采用的先进设备。

第二,差距不在于技术。我国高速公路采用的设计、施工技术在世界上并不落后于其他国家,甚至有些还排在世界前列,比如说江阴长江大桥、润扬长江大桥、苏通长江大桥,其跨度之大、施工难度之高都足以跟其他国家桥梁建设相媲美。

第三,差距不在于众多的管理理论和管理方法。相信我们企业的管理者都听过、学过,甚至应用过世界上众多先进的管理方法和管理理论。

差距在哪里? 差距在于我们施工企业管理者心态浮躁、好高骛远、"抓大放小";在于我们行动迟缓、思想封闭守旧,开放程度不高;在于不懂或不注重程序,不严格执行制度;在于我们忽略企业自身的修养,企业缺乏内涵;在于管理粗放,精细化管理不到位。

万科董事长王石说过"精细化管理是中国未来十年的必由之路",纵观中国众多企业的沉浮,再看看我们公路施工企业在高速公路施工过程中的管理,在每一条完美的高速公路背后,我们的施工管理水平在精细化管理方面仍有很大的提升空间。

>>>> 合同意识需加强

在市场经济条件下,承发包双方的权利义务关系主要是通过施工合同来确定的。施工合同是发包方(建设单位或总包单位)和承包方(施工单位)之间,为完成商定的建筑安装工程,明确双方相互权利、义务关系的协议。由于建筑工程具有规模大,工期长,材料设备消耗大,产品固定,施工生产流动性强,受自然条件、地质条件和社会环境因素影响大等特点,使施工合同具有履行期限的长期性、合同内容的多样性和复杂性;加上目前建筑市场"僧多粥少",建筑市场过于向买方倾斜,竞争激烈,条件更加苛刻,部分施工单位为了得到工程项目,不顾及客观实际情况竞相降价,不公平竞争使施工企业承担了过多的风险。为了能在激烈竞争的建筑市场中立于不败之地,施工企业必须重视合同管理,增强合同意识,组成一支既懂工程技术,又懂法律、经营、管理、造价、财务等专业知识的精干专业的合同管理队伍,在施工合同签订前后对合同进行全面管理,才能有效地降低工程风险,增加企业利润。

而目前,部分施工单位的合同意识有待提高,在执行合同时,不兑现承诺或不执行合同条款的现象随处可见。

○ 兑现投标承诺

投标书中拟投入的人员、设备在中标后不能进场，人员变更现象严重，且变更后的人员技术资质或施工经验达不到原标书的水平，无法达到合同的要求。

某高速公路路面工程施工单位系一个持有交通部公路工程施工一级资质的企业，但实际技术力量薄弱。在标书中承诺的项目经理和项目总工等技术人员具有丰富的施工经验和具有满足招标文件各项规定的资质，可是进场后，人员全部更换，并且变换后的人员技术资质明显下降，原标书中工程师以上职称的技术人员是 19 人，实际只到场技术人员 11 人，项目经理没有标书规定的资质，且工作能力不强，质量意识淡薄，更换后的项目总工也是一样。经业主和监理在施工过程中考察，该单位施工管理混乱，施工精细化管理意识缺乏，工程质量自控能力差，质量保证体系不能有效运转，工程难以满足高标准要求，给监理工作带来很大困难，在施工过程中多次停工整顿，但效果不佳。

像这样的人员变换存在于很多高速公路施工企业中，变换后的人员资质与标书相比有所降低。特别是一些中小企业，编制投标文件时，拟投入的人员技术力量很强，目的是为了中标。而这些企业本身技术力量确实很薄弱，符合招标文件的技术人员匮乏，一个符合资质的人员甚至在 2~3 个项目上挂要职，标书上一套人马，实际施工又是一套人马。这直接影响了施工管理的优质实现，给监理管理工作带来难度，同时对企业本身的信誉也造成了严重的负面影响。

投标人在投标书中对拟投入本合同段的施工人员的承诺，除响应招标文件对参与施工生产的管理技术人员的施工技术管理经验、技术职称、工作年限等条件的要求外，要充分考虑施工单位在建工程的实际情况，确保所承诺的施工技术管理人员在工程中标后抽调出来参与施工生产管理。如果由于种种原因，曾承诺参与该工程的施工技术人员不能抽调出来参与该工程施工生产管理就构成违约，轻则按不到场人员进行罚款，支付违约金；重则被甲方清退，前功尽弃。比如某招标文件规定，承包人中标后更换原投标书中承诺的项目经理，须支付违约金 20 万元，更换其他人员支付违约金 5~15 万元不等。

兑现合同中承诺的人员、设备是给业主的第一印象，因此对于人员、设备的承诺应相当谨慎，特别是那些技术人员缺乏、技术水平不佳、依靠弄虚作假获得相应投标资质的不正规的企业更应引起重视！

○ 执行合同条款

施工单位对于招标文件的条款规定，应逐条认真落实，而我国的施工企业在这方面却做得很不到位。

为了树立高速公路文明施工形象和保证工程质量，高速公路建设指挥部在招标文件专用条款或招标文件补遗书及澄清函中有一项关于对料场和施工便道的要求，要求硬化料场，不得积水，便道要平整，做到晴雨无阻。可是某些施工单位为了节省这些临时设施费，不愿硬化场地，结果导致场地积水严重，便道标准低，雨天根本无法使用。

对于高速公路的工程分包，《公路工程国内招标文件范本》(2003 版)第 4.1 条规定:"事先未报经监理工程师审查并取得业主批准,承包人不得将本工程的任何部分分包出去。"规定对于分包人资质、分包工程的数量等要求都有非常详尽的说明,而我们的施工单位在实际操作中是怎样实施的呢?

据不完全统计,有近八成的路基土方承包人和近五成的桥梁施工承包人存在违规分包现象。高速公路某标段全长21公里,包含湿喷桩处理130万延米,小构通道71道,大中桥共16座计2 500延米,土方量360万方,施工队伍划分为:软基施工6个队,小型构造物施工6个队,桥梁施工9个队,土方路基施工11个队,这些队伍除一个桥梁队具有独立法人资质,一个路基队是承包人自身施工队外,其余的各队全部都是没有任何施工资质的个体老板承建。承包人没有上报分包申请,对外则宣称是自己长期合作队伍或劳务分包或者干脆说成是自己的直属队伍,如果不深入了解,外人是不会知道内情的。这些项目的分包单价也在激烈的竞争中越压越低,而这些小队伍要生存,又要获得利润,那么这些利润从哪里来就可想而知了。

某大桥路段是国家重点工程,刚通车70多天,桥面上就出现了一个大窟窿,窟窿周围的混凝土也都成了碎块。据事后调查,在破损处,不仅混凝土的厚度和强度都低于设计标准,而且还缺少钢筋,据专家估计,大桥实际上只有1/3的设计承载能力。但是没有达到要求的还不止这一处,据交通科学研究所检测,发现该桥的桥面整体平均厚度低于设计标准,尽管表面非常平整,但桥面的厚薄不均,相差最大的地方达到了10厘米。

按《公路工程国内招标文件范本》规定,主体工程不得分包,据了解,该桥的总承包单位应该是某公路工程总公司,但现场组织施工的是其下属的第二工程公司,而具体在现场施工的却是第三家工程公司。这第三家工程公司的资质为公路二级,根本没有资格承担高速公路主体工程建设施工。项目业主发现这个问题后,并没有采取任何措施,留下了该公司继续施工,从而也留下了事故的隐患。

高速公路存在如此大的管理漏洞,这种将工程主体层层转包,在施工单位资质上层层降低,在工程建设费用上层层扒皮的现象,使得最终的利润只有从工程质量上"做文章"获得,导致了严重的质量问题。

○ 企业要诚实守信

对于索赔事件的发生与索赔程序、时间的规定,有很多承包人不认真执行,超时限索赔,并找了许多牵强的理由,甚至是虚假的证明,这些问题普遍存在。为了杜绝这些情况,一是要求承包人要以诚信为本,另一方面要求高素质的监理单位对其严格审查。

某施工标段由于业主原因,推迟了施工单位进场时间,在工期不变的条件下,为了加快施工进度,施工单位投入了一定的力量以保证工期。事后承包人提出索赔,提供了一些虚假的发票合同和不准确的机械台班数。经监理认真审核、取证,核减了近80%的金额,原来上报的索赔220万元减为39万元,可见其中的虚假成分之多。

2000年某高速公路路面施工过程中,承包人工地遗失了很多井盖、泄水孔盖、波形梁立柱、隔离栅等,由于怀疑是当地居民所为,承包人认为是业主没有提供一个良好的施工环境,因此向业主提出经济补偿。这显然是一种无理索赔,因为合同条款对工程的照管与维护的规定很明确,这一点承包人肯定是明知不合理而故意为之的。

在众多施工企业中,并不乏一些施工单位或其下属的施工队把眼光一直盯在经济利益上,而损害国家的利益,他们偷工减料,弄虚作假,夸大虚报工程量,甚至利用有些监理人员利欲熏心、贪图小利、不负责任的心理,跟监理人员相互勾结,共同损害国家利益。

河塘清淤,一直是个别施工单位有机可乘的"发财"的机会,他们串通监理,弄虚作假,这也是施工单位和众多管理人员心知肚明的"秘密"。一名监理曾经突击检查一个小河塘,其清淤的数量最多只有150方,而实际上监理和业主测量人员现场签认的数字竟达到780方,一个小小的河塘竟然有如此大的悬殊,那么大河塘会怎样呢?

有一次,施工单位正在填一个小河塘,这个小河塘看起来跟其他的河塘有些不一样,它的四周很整齐,好像有人为修饰过的痕迹,于是监理找现场人员了解,原来图纸上在该位置有一个河塘,可现场没有,施工单位为了能计量到这个河塘的数量,竟然人工造了个水塘出来!

大家想想,像这样的施工单位还有合同意识吗?还讲究诚信吗?还能造出高质量的高速公路吗?

>>>> 提升执行力

众多企业都发现了存在于企业内部的一个严重的问题,就是"政令"在下达过程中层层打折、走样,结果是"政令"执行不到位,甚至事与愿违。因此近年来,企业讨论最多的就是如何将组织的执行力提升,各行各业也因此制订了自己的执行力"升级"计划。

在我们的公路施工过程中,规范执行不到位,指令得不到落实,文件被当成废纸的现象几乎是每个单位司空见惯的事。

桥梁橡胶支座安装质量近几年来已经被越来越多的人所重视,业主和监理单位都下发过各类文件、通知,并经常组织检查。但实施效果怎样呢?施工人员在施工中仍然马马虎虎,随心所欲,仍然有未安放不锈钢板的F4滑板支座,仍然有脱空的橡胶支座,仍然有活动方向反置的单向活动支座……这是什么原因呢?是因为他们不懂支座的重要作用?不!是因为施工单位执行上述文件不到位或根本不执行,或没有细致的技术交底、没有实施过程的检查制度。

我们常会发现,往往上级的指令以及会议要求、文件传达到承包人就立刻被打折,再传到施工队就几乎走样,而现场施工工人就更加一无所知了,试想这样的执行结果,能不出问题吗?

某标段在通道施工时,基础施工已完毕,当监理验收时,发现通道的方向与设计不符,立即下指令给承包人,要求停工改正,但这指令并没下到现场人员,现场人员继续施工,项目经理部技术人员和监理人员在此期间没有到现场,直到这座通道施工已完成。结果这条做错的通道只有返工处理了。

详细的技术交底是保证信息不打折的一个重要环节。某路面标段在桥梁防水层施工技术交底中规定"中小桥的桥面防水层采用乳化沥青喷涂,箱梁桥和大桥防水层采用FYT防水层进行喷涂",这一技术交底没有进行进一步明确的解释,结果现场施工人员把一座箱梁的中桥防水层用了乳化沥青,这种材料一旦喷涂在水泥混凝土上,想返工谈何容易呀,只能把桥面整体抛丸处理了。

有信息的下达而无信息的反馈是指令得不到落实的一个重要原因,良好的检查和信息反馈制度是保证"政令"畅通的途径,信息下达后,要保证顺利、完全地传递,必须要有落实,有检查,并有反馈。否则,对下级则指令不能通达,对上级则无法知道指令实施的效果。

为了确保指令能落实,提升执行力,管理者对下级下发指令时要采用"复述"制,即当面交代给下属一件事后,让下属当面作一下陈述,把你交代给他的工作让其再说一遍,这样就能及时指出不正确或违反原意的地方,以防止信息在下达过程中的走样和失真。

>>>> 克服经验主义

新的管理理念与管理方法,已被众多先进的施工企业接受,但一些思想封闭的中小企业,不愿改变现状,不接受新事物,因此也没有持续发展的生命力。

近年来的细节管理新思想在各条高速公路施工中已有体现,如镇溧高速公路为实施精细化管理下发了一系列文件,实行了管理的程序化和表格化,是江苏省高速公路精细化管理的一个样板。这一套程序涵盖了路基路面工程的合同管理、质量控制、安全生产与文明施工以及环境保护等一系列详细条款,具有极强的操作性。一些大企业如东盟营造、华祥国际、江苏省交通工程总公司等单位都极力支持并学习落实,但也有一些单位认为程序繁琐、小题大做、吹毛求疵,而不愿意实施,甚至存在抵触情绪,像这样的施工单位,不知道如何提高自己的管理水平,以后怎样在这竞争激烈的市场环境中生存和发展呢?

思想保守,经验主义严重,不愿意改变经验做法是部分高速公路参建单位存在的弱点。

《公路桥涵施工技术规范》规定,当混凝土倾落高度超过2米时,应通过串筒、溜管或振动溜等设施下落,目的是防止混凝土离析,但有的施工人员却说:"我们以前从不用串筒浇筑墩柱,浇筑完成的混凝土并没有发现任何缺陷。"

某路面施工时,摊铺沥青混凝土时遇雷阵雨,摊铺的40米左右的混合料遭受雨淋,温度急剧下降,来不及碾压,监理要求立即停止施工,已摊铺的混合料作废弃处理。施工单位总工在现场指挥,不听从现场监理的指令,强行施工,告诉现场监理说他们以前遇到暴雨都是这样处理,凭他的经验不会出现任何问题,并说你们监理没施工经验,不懂得施工。其实,这位总工的工作经验如何呢?两年前,此君刚刚参加工作,初级职称还谈不上,还谈什么经验?如果施工单位都凭借所谓的经验来做工作,那么还要规范和标准做什么?

有关混凝土浇筑前的准备工作和混凝土浇筑养生以及混凝土施工缝的规定很明

确,那么一些施工单位是怎样执行的呢？混凝土浇筑前,不认真检查钢筋、模板,钢筋与模板接触,会造成钢筋保护层不足,模板支立不牢固会导致漏浆或跑模;混凝土浇筑完成后养生不到位,致使构件产生裂缝而影响其耐久性;混凝土施工缝在后续混凝土施工前不凿毛,不按规定清洗表面,不涂抹黏结水泥浆或水泥砂浆……

某一公路施工单位在进行空心板梁安装施工中,采用两台不同起重量的汽式吊车(一台起重量16吨,另一台25吨)同时进行操作起吊同一片梁,事前没有作精确的计算和周密的施工安排,凭借着经验施工,在安装板梁时,由于力分布不均,导致两台吊车倾斜掉到桥下,一人当场死亡,吊车严重受损、多片板梁受损,造成直接经济损失达80万元。

这些施工技术人员,凭着自己所谓的经验,他们想怎么做就怎么做,根本不管什么规范。如果你拿规范来要求他们,他们不是认为你不懂就是认为你是故意找他的麻烦,在这些施工人员的眼中,那些由众多专家编写的规范只是一条一条的摆设。

>>>> 不能经济利益第一,忽视安全与质量

某施工单位在一次大桥现浇箱梁施工中,为节省安全投入开支,桥边缘只用了单根铁丝作为警示标志,没有按监理要求全桥设防落网。结果一个工人不慎落到桥下当场死亡,致使经济损失30万元。

某路面施工时为降低成本,施工单位凭借"施工经验",下面层厚度以规范中各面层总厚度允许差值的 −5% 的下限进行控制,致使多个段落厚度不足。经计算如果中上面层依然控制不好,便有总厚度不合格的危险,如果总厚度不足,依规范应返工处理。于是在监理的强烈要求下,施工单位才勉强同意用中面层加厚的方法补足,但由于施工单位"以节约成本"为宗旨的指导思想,中面层仍然有厚度不足的现象。

路基压实度控制也是如此,图纸要求为 96% 的压实度,检测结果是平均值刚好达96%,甚至达不到95%,能合格吗？石灰土路基要求灰剂量5%,一些施工单位想方设法降低石灰剂量:石灰掺量先掺2%,在监理抽检时,弄虚作假,趁检测人员不注意往样品里加石灰,这样,有时实际灰剂量2%的样品测量结果能达到6% ~7%;如果被监理发现作弊,检测结果不合格要求返工,那么再加点灰,加到3%,再报验……总之,施工单位是不会一次性把石灰剂量加到图纸要求的水平的,如果监理检测不认真就可以蒙混过关了……

只讲利益,只求赚钱,这在高速公路施工中的中小企业或分包队伍中屡见不鲜,而这些单位的施工段由于短期内的质量问题不能暴露,各分项工程经各方评定综合得分还很高,完美的结果把存在的问题掩盖了,这些施工企业的施工资信等级还在一路攀升,这就是我们高速公路施工管理中存在的弊端。

>>>> 有布置也要有检查

某桥梁型式为 5m×35m 的后张法先简支后连续的预应力混凝土箱梁结构,提交的

安装方案是用120吨架桥机,其两条运行轨道分别设在两片相邻的箱梁腹板顶面以上部分,经监理审核,计算无误。而在实施过程中,工人擅自将一根轨道移至顶板中部,施工技术人员和监理人员都没有认真检查,结果在安装第一片梁时,支撑梁顶板受压后破损,因及时发现进行了补救,避免了重大损失。

该桥的10片箱梁在压浆时,由于工人偷懒,只把进出浆孔道用水泥浆封闭,制造出了已压浆的假象,施工技术人员和监理在事后也没有认真检查,直到安装时,一名监理人员才偶然发现,及时予以纠正,否则后果将是很严重的。

某现浇箱梁的单向活动支座安装时,检查不到位,竟把支座的活动方向反置,直到箱梁浇注完成并已通车后才发现。

这些事例都说明了我们的施工技术人员、监理人员的责任心不强,监控不力,假设这些类似问题不及时被发现,将会给公路的营运安全埋下隐患。

>>>> 坚持实事求是原则

谎言是天大的罪恶,有的技术人员为了摆脱自身责任或出于对本单位的"忠诚",在监理和业主面前,对出现的问题总是千方百计地找借口,编理由,甚至说谎话。而这些谎话给决策人的决策带来困难,甚至会带来严重后果。

有一次笔者检查某地方公路项目施工质量,在一个桥梁施工现场,板梁湿接缝施工刚刚结束了两个小时,笔者问现场技术人员浇注时的坍落度、水泥用量及配合比等指标,当问及是否制备了混凝土强度试件时,他回答说试件在施工过程中就已经做好了,现在桥底下养生。笔者请他带着去看看制作的试件数量是否满足要求,他便领着笔者围着桥转了一圈,没有看见混凝土试件。于是他跟笔者说,试件刚被拿到工地试验室养生去了。笔者很好奇地问:"混凝土试件还没凝固就移走,这合适吗?"他说:"没问题,工人用手推车小心移动的。"笔者说:"这样没凝固就移动试件是不符合试验规程要求的……我们到养生室看看吧。"技术员又把笔者带到了养生室,那里没有新制的试件。养生室的技术人员告诉笔者说试件刚被监理组拿走了。于是驱车到了监理组,监理组也没有!他们都在说谎!根本没有做试件。湿接缝这样重要的部位施工不留存混凝土强度试件,如何评定强度?更有甚者,不做试件,还说谎想蒙混过关!这样的事虽然发生在地方项目上,但绝不排除在高速公路施工中也存在。

有时,对于同一件事,施工人员说得次数多了,或者说的人多了,那么谎言便成了真的了。比如说用石灰土回填河塘,规范要求从河塘底部到原地面,必须分层填筑,且每一层的松铺厚度不大于30厘米,这项规定如果在河塘路段土质较好时是可以做到的,但如果河塘路段土质软弱,特别是淤泥质土,底部这30厘米厚度层如何碾压?压路机能开到河塘底部吗?如何确保不出现"弹簧"?如何能确保压实度达到要求?有很多对施工过程不熟悉的人都认为能做到。而事实上,对于软弱土路段,河塘底部第一层分层回填的厚度低于70厘米甚至100厘米,是肯定达不到压实度要求的,必然会出现"弹簧"现象。压路机无法碾压施工,要想保证河塘回填的质量,方法一是用厚度60厘米以上的碎石土填筑,不要求压实度;二是第一层增加松铺厚度最多可到 70~100 厘米,同样不要求压实度,只要求挖掘机或推土机履带碾压,目的是让底部的石灰土稳定,避免因底部石灰土未完全压实而在土体内形成容易使毛细水上升的孔隙,从而形成"弹簧"现象。

面对质量问题,为了自身利益不受影响,有时施工单位、监理单位会一起编造谎言欺骗业主,这种现象并不少见。为了解决这一问题,唯一的途径就是对监理的授权,业主对监理单位和施工单位真正地做到独立考核,不能一味地把施工单位所犯的错误追加到监理单位头上。

第二讲 塑造无与伦比的执行力文化

> 执行力就是在每一个阶段，每一个环节都力求完美，切实执行。
>
> ——戴尔公司董事会主席 迈克尔·戴尔

微软前任总裁比尔·盖茨说："微软未来 10 年内所面临的挑战就是执行力。"目前我国工程施工企业大多是 20 世纪 90 年代之前的国有、集体企业，或是由这些企业转制而来的一些民营企业，企业内部管理模式免不了传承了一些"大企业病"，近年来虽然也吸收了一些其他行业的先进管理方法和管理理念，但由于工程施工产品的复杂性，以及人们的思想转变需要一些过程，企业管理凸显出来的弊端仍然存在。其中，"执行不力"的现象在施工企业管理中普遍存在。2004 年初，海信集团董事长周厚健接受记者采访时称："**执行力低下是企业管理中最大的黑洞。**"彼得·德鲁克也说：管理是一种实践，其本质不在于知，而在于行。

1 什么是执行力

执行力是指贯彻力度。"执行"就是做，就是保质保量、不折不扣地做。要做的事复杂程度不同，需要的做事能力也不同。个人执行力整体上表现为"按质按量完成自己的工作和任务的能力"，对于项目（企业）中不同的人要完成不同的任务需要不同的具体能力，有人认为个人执行力包含了战略分解力、时间规划力、标准设定力、岗位行动力、过程控制力与结果评估力，是一种合成力。但通俗简单地说，执行力就是在制度的框架下，按时、保质、保量地完成工作任务的能力，反映了计划的贯彻程度。

如果我们把计划目标和实施的结果分别看成两个球，而执行力就好比连接起这两个球之间的锁链，如果不能将计划目标的信息完整无损地传递到实施结果，就是执行力这条锁链上一环或多环缺失，表现在工作上就是不能圆满完成工作。

○ 执行力是企业战略的保证

企业经营要想成功,战略与执行力缺一不可。许多企业虽有好的战略,却因缺少执行力,最终失败。我国工程建设市场竞争日益激烈,在大多数情况下,施工企业与竞争对手的差别就在于双方的执行力。如果对手在执行力方面比你做得更好,那么它就会在各方面领先。有关调查表明:成功的企业,20%靠战略,60%靠企业各级管理者的执行力,其余是运气等因素。我国的企业已经纷纷认识到"执行"的重要性,并以"执行"的好坏来判断企业或个人的"执行力"高低。

○ 执行力是一种工作态度

一个企业是否有活力,就看这个企业是不是执行力强,而执行力的通常表现就是工作态度。在企业里,所有的员工工作态度端正,敬业心强,执行力就强。因此,执行力是一种工作态度,一种员工特有的品质。

○ 执行力是一个系统的组织工作

从一条指令的下达到收到满意的结果,需要经过一个系统的过程,即下达指令——落实责任人——责任人跟进——落实具体实施人——实施人跟进并不折不扣地执行指令——责任人在实施人实施过程中检查及反馈——实施结束——实施效果检查。这是一个系统的流程,在这个流程中,无论哪个环节执行有误,都不可能得到完美的结果。

○ 执行力是一种文化氛围

不难想象,在一个没有贯彻力度的组织里,一项制度怎样实施,领导怎样安排工作,员工怎样完成工作。相反,执行力强的团队里,员工爱岗敬业,领导关心员工,团队奋力拼搏,组织高效和谐。在这样一个组织里工作,这种文化气息让员工心旷神怡,那是一种文化,一种执行的文化。

○ 执行力是未来企业的核心竞争力

未来企业之间的竞争,可以是经营战略之间的竞争,可以是成本之间的竞争,可以是设备之间的竞争,也可以是产品之间的竞争。一个实力强的企业,可以凭借这些跟对手竞争,我们称它有竞争力,但这些竞争力不是核心竞争力。

1990年,美国著名管理学者普拉哈德和哈默尔提出了核心竞争力的概念,他们认为,在世界格局发生着巨大变化的今天,企业之间的竞争日益加剧,竞争环境不断地趋于恶化,而每一个企业和企业生产的产品都存在一个生命周期,且这个周期正在不断缩短。另外,经济的全球化和一体化也在逐步加强。这些改变都意味着企业正在面临着一次变革:那种短暂和偶然的产品开发或灵机一动的市场战略不会再给企业带来成功,企业的成功是企业核心竞争力的外在表现。按照他们的说法,核心竞争力就是能使企业为顾客带来特殊利益的一种独有技能或技术。美国企业核心竞争力研究权威詹姆斯·迈天博士认为,核心竞争力是蕴涵于企业内部,与企业融为一体的独特的技能和技术组合,是企业内部集体的学习和创造能力,而不是某个单一的、独立的技能和技术。

核心竞争力的本质是一种超越竞争对手的内在能力,是企业独有的特质。核心竞争力有以下特点:

第一,企业核心竞争力能够很好地实现顾客所看重的价值。比如,能显著地降低成本,提高产品品质和服务效率,增加产品效用,从而给企业带来竞争优势。索尼公司的"迷你化"产品就是它的核心竞争力,它的特点是方便携带;联邦快递的极高水准的物流管理是它的核心竞争力,它的特点是即时运送。

第二,在短期内无人可以替代,也就说是企业拥有着领先技术。像微软的软件技术,英特尔的 CPU 核心技术,这样的核心技术是没有人能替代的。参与高速公路施工的企业有许许多多,是不是你施工的公路桥梁工程项目其他企业不能做呢?是不是你拥有的公路施工技术别的企业没有呢?如果这样,那就可能是你的核心竞争力所在。

第三,产品或服务难以被人模仿。仔细想想,在我们的施工企业管理过程中,什么样的本领是别的企业不能模仿的?

对比这三条特点,总结一下我们的施工企业,就明白什么才是核心竞争力。

核心竞争力是企业的服务质量,是工作态度,是企业的内涵,是企业的核心文化,归根到底是企业的执行力! 未来的工程施工企业的竞争对垒,不再是施工设备的对垒,转而是管理的对垒,说具体一点,是企业之间员工素质的竞争,是企业员工的工作态度的竞争,是企业内部执行力的竞争。

平安集团股份有限公司董事长马明哲在 2004 年最具影响力的企业领袖中排名第十五位。他如是解读执行力:**核心竞争力就是所谓的执行力,没有执行力,就没有核心竞争力,没有执行力做保障,就不会有核心竞争力。**

JIT 管理是日本丰田汽车在 20 世纪 60 年代实行的一种生产方式,其核心是"零库存"的思想,也就是通过生产的计划和控制及库存的管理,追求建立一种无库存或库存达到最小的生产系统。美国人知道后派人员到丰田学习,丰田的管理人员热情地接待了他们,在参观工厂时,管理人员说:"你们尽情地看吧。"随后又悠悠地说了一句:"但日本人的工作精神是难以模仿的。"丰田正是因为拥有执行力这样的工作精神,才能连续数年在汽车行业排行榜上名列前茅,也正是它的这种核心竞争力使它的产品及服务品质不断改进。

2 企业家对执行力的解读

>>>> 中子弹杰克

杰克·韦尔奇 1935 年 11 月 19 日出生于马塞诸塞州塞勒姆市。1960 年 10 月,加入通用电气(简称 GE)塑胶事业部,任化学工程师,从事 PPO 塑料产品的研究工作;1981年 4 月,成为通用电气历史上最年轻的董事长和 CEO。他凭借多年来对通用电气情况的熟知和对通用电气的热爱,从入主通用电气起,在短短 20 年间,将一个弥漫着官僚主义气息的公司,打造成一个充满朝气、富有生机的企业巨头。在他的领导下,通用电气的市值由他上任时的 130 亿美元上升到了 4 800 亿美元,排名也从全美上市公司排名第十发展成盈利能力位列全球第一的世界级大公司。他构筑了 GE"数一数二和三环"战略(核心、技术、服务),实现通用电气公司"六西格玛管理、全球化、电子商务、服务"的四大创新。2001 年 9 月退休后,他被誉为"最受尊敬的 CEO"、"全球第一 CEO"、"美国当代最成功最伟大的企业家"。杰克·韦尔奇是这样解读执行力的,他说:"GE 最痛恨官僚主义,我们杜绝将资源浪费在行政体系上的做法,摒弃所有仅有美丽外壳的计划与预算。"可见,他认为,**执行力就是消灭妨碍执行的官僚文化**。

20 世纪 80 年代初,杰克·韦尔奇对通用电气长期以来官僚主义弥漫的状况进行初期整顿以提高通用的执行力和竞争力。他总结出,企业应该有一系列的悖论思想:

(1)花费数百万美元建设不能直接带来产出的楼房,而把不具竞争力的生产厂关掉。这样做可以吸引和留住最优秀的人才,同时为消费者提供最低成本的产品和服务。

(2)支付最高水平的薪资,却拥有最低水平的工资成本。雇佣最优秀的人,给他们最高的薪金,但付出的成本却是最低水平的。自 1981 年至 1986 年,短短的 5 年时间里,大约 1/4 的员工离开了 GE,总数达 118 000 人,而换来的是更优秀的人才。

(3)管理长期,却"吃掉"短期。GE 应该具有更长远的目标,不能以未来的发展为代价来削减成本。

(4)为变"软",就需要变"硬"。只有意志坚定的人才有资格谈论诸如"卓越"或者"学习型组织"等所谓的软价值。没有强硬的措施,软方面就不会奏效。软价值只有在以行动为基础的公司文化中才能实现。

对这些截然相反却相辅相成的观念,杰克·韦尔奇努力把它们落实到行动中去。事实上,由于公司内部的纷争太大,这些言论都流传到了公司外面。1982 年年中的时候,《新闻周刊》首次公开使用"中子弹杰克"这个绰号,暗讽他是个一边解雇员工一边盖宾馆大楼的家伙。

不过,没多久,GE 改变了,使人厌恶的官僚作风和浪费行径慢慢瓦解,无聊数字满天飞的公司总部以及涡轮业务部那低得可怜的利润额一去不返了。他大刀阔斧改革之后,迎来的是公司的转机,他强硬的手腕证明了他的正确。为此,他真正地接受了"中子弹杰克"和"美国最强硬的老板"这样或褒或贬的称呼。

杰克·韦尔奇在工作上还有一个习惯,经常跟底层的员工接触、交谈,检查他们的工作;他实行"走动管理",他每天至少有一半的时间花在跟员工沟通相处上;他与员工谈话,了解他们在想什么,解决他们的问题,"在他们表现不好的时候,还痛骂他们"。

"便条式管理"又是杰克·韦尔奇管理的另一个亮点,他改变了以往使用长篇累牍的文件的工作方式,用便条随时布置任务、解决问题,最终改变了 GE 长期以来的官僚作风。

>>>> **执行力的重点在于提升员工的士气**

荣获中国内地"最佳雇主"第一名的上海波特曼丽嘉酒店副总裁狄高志先生这样认为：**执行力的重点在于提升员工的士气。**

在1998年之前,上海波特曼丽嘉酒店与这个城市中的任何其他五星级酒店并无不同之处,员工与宾客满意度徘徊在70%～80%之间,财务表现也很一般。1998年初,丽嘉酒店公司接管了酒店,自此,情况发生了变化。在总经理狄高志的管理下,酒店的员工满意度和宾客满意度都大幅提高,财务表现也大为改善。通过卓有成效的经营模式和人力资源管理创新,狄高志和丽嘉酒店公司仅用了短短几年时间就将酒店的水准提上了一个新台阶。最近几年,波特曼丽嘉酒店因其成功的经营模式连连获奖,其中包括:连续3年被翰威特咨询公司评为"亚洲最佳雇主";连续3年被彭博电视评为"亚洲最佳商务酒店";5次被《亚洲商业》杂志评为"中国最佳商务酒店"。在全球60家丽嘉酒店中,波特曼丽嘉酒店的员工满意度连续5年排名第一,2008年更是高达98%。亚洲酒店业的员工流动率为29%,而波特曼丽嘉的员工流动率仅为15%～16%。

在中国,很多跨国公司正面临人才持续短缺以及员工流动率居高不下的问题,波特曼丽嘉酒店是如何应对这些挑战,确保持续增长的呢?其他跨国公司觉得当地员工的服务态度和技能尚有不足,而波特曼丽嘉酒店又是怎样确保与其所有连锁酒店相一致的高质量的宾客关系的呢?狄高志和他的领导团队究竟是如何使一家普通的酒店一再荣获"亚洲最佳雇主"奖,并实现在全球丽嘉酒店中最高的员工满意度的呢?

执行涉及很多问题,但首先是人的问题。**要发挥执行力,首先要提升员工的士气。**很难想象若一个企业的员工士气低落,该企业将如何取得成功。企业管理者们都知道,提高员工的士气,营造一个良好的企业氛围对于企业来讲多么重要。很多员工的素质非常好,但是他们却未能把才智充分发挥出来,所以很难为企业创造更大的价值。其次**企业要关心员工**。因为是员工在执行企业的策略,反馈企业的文化。狄高志先生说:"我们有餐厅,有客房,可关键我们产品是提供服务,是由员工来提供给顾客服务。漂亮的大厦、崭新的设施、昂贵的家具,这都会吸引顾客。只有企业关心员工,员工才能关心顾客,顾客才能保持对酒店的忠诚度。所以关心员工就是执行本身。"波特曼的执行力,在这一观念的落实上得以充分体现。

>>>> **选拔具有执行力的人**

柳传志说:"积极选拔合适的人员到恰当的岗位上,还要锻炼员工队伍的执行能力。"

过去,联想最为人称道的就是其强大的执行力,这与柳传志所受的军事教育是一脉相承的。联想最津津乐道的就是每年都要举办的全国市场活动,每次都是几百个城市同时举行,足见其巨大的运作和控制能力。这种以高效运作体系为基础的执行力,也正是联想在 PC 市场崛起乃至保持霸主地位至今的最重要的杀手锏。但种种迹象表明,联想手中的这一利器,似乎正一点点失去它原本的威力。

执行力是指企业贯彻落实领导决策、及时有效地解决问题的能力,是企业管理决策在实施过程中原则性和灵活性相互结合的重要体现。一个企业有无执行力,关键看有没有选对人。**从某种意义上说,选对人意味着企业领导者成功了一大半。**因此,为应对执行力的流失,柳传志先生找到了一名"得力大将",这就是联想公司的总经理杨元庆。

联想公司找到的执行者杨元庆,1964 年 11 月出生于安徽,1986 年毕业于上海交通大学,1988 年在中国科技大学取得计算机硕士学位,在《周末画报》杂志评选的 2003 年中国十大杰出企业家中位列第一。杨元庆先生领导的联想集团在 1996 年的 PC 市场份额上占据了中国第一名,一举打破了国内个人电脑市场多年以来被国外品牌霸居第一的局面,树立了中国品牌 PC 主导中国市场的信心和决心。

杨元庆有今天的作为,可以说是柳传志先生提拔了他,而他贯彻了柳传志的主张的结果。杨元庆曾经这样说:对他成长影响最大的,一个是他的父亲,一个就是柳传志。所以杨元庆不折不扣地执行并完善着柳传志的主张,而从柳传志的观点来看,就是他选择了杨元庆这样会执行的人,在一个适当的岗位上任用了他。

如何才能选对人? 对此,管理学大师彼得·德鲁克有如下总结:

第一,不要冒险给新来的干部安排新的重要工作;

第二,仔细推敲任命,尤其要把握好任命的核心和性质;

第三,着眼于一定数目的候选人并扬长避短;

第四,与几个曾和候选人一起工作过的人讨论每一位候选人;

第五,确保被任命者了解职位;

第六,及时纠错。

✦3✦ 中国企业执行力不强的深层原因

>>>> **布置等于完成——执行过程缺乏检查**

一项指令或指示传达以后要得到好的落实,少不了过程中的检查。检查对于执行过程显得非常重要,因为"人只有在知道自己的工作成绩有人检查的时候才会倍加努力",这是英国管理学家 H·赫勒提出的有名的"赫勒法则"。他指出,没有有效的监督,就没有工作的动力。也就是说管理者要形成一个过程检查的良好习惯,著名的细节管理大师汪中求说过的一句名言"布置不等于完成",真是经典之极呀!

从本质上来说,人都是有惰性的。管理之所以成为必要,一部分原因也就在此。管理的主体是人,客体也是人,**要真正达到调动员工的工作热情,提高员工的工作积极性,就要很好地运用起你手中的激励和监督机制,调动好你的指挥棒。**

企业不仅要建立起科学有效的激励机制,还必须进行科学的实施和监管,监督各项工作的顺利进行。有效的激励机制能大大提高员工的工作主动性和热情。但光有激励是不够的,建立一个有效的监督机制,是让你的员工"动"起来的一个重要问题。

美国著名快餐大王肯德基国际公司的连锁店遍布全球 60 多个国家和地区,总数多达 9 900 多个。然而,肯德基国际公司在万里之外,又怎么能相信它的下属能循规蹈矩呢?

有一次,上海肯德基有限公司收到 3 份国际公司寄来的鉴定书,对他们外滩快餐厅的工作质量分三次进行了鉴定评分,分别为 83、85、88 分。公司中外方经理都为之瞠目结舌,这 3 个分数是怎么评定的?原来,肯德基国际公司雇佣、培训了一批人,让他们佯装顾客,秘密潜入店内进行检查评分。这些"神秘顾客"来无影、去无踪,而且没有时间规律,这就使快餐厅的经理、雇员时时感受到某种压力,丝毫不敢懈怠。正是通过这种方式,肯德基在最广泛了解到基层实际情况的同时,有效地实行了对员工的工作监督,从而大大提高了他们的工作效率。

麦当劳公司实施的"走动式管理"与肯德基的这种做法有异曲同工之妙,只是一个在暗,一个在明。"走动式管理"本来是针对管理者们习惯于躺在舒适的靠背椅上指手画脚,把许多宝贵的时间都耗费在抽烟和聊天上而提出来的解决方案,但谁又敢说这不是麦当劳的老板对下面员工工作进行监督的一番苦心?不管动机如何,经理们常下基层客观上会给基层的员工一种监督的压力,促使他们好好工作。同时,亲临现场指导员工解决问题不但能使管理者知道谁在干活,而且当管理者向员工请教、咨询问题时,员工们会有一种受到尊敬和重视的感觉,从而会很骄傲地描述他们的工作,显示他们的技艺,这更是从积极的方面激发了员工的工作热情,从而能收到一举两得的效果,这正是麦当劳老板的高明之处。

>>>> 对执行偏差没感觉,个性上不注重细节,不追求完美

随着我国科学技术的发展,一些高端科技成果不断地涌现。2008 年 9 月 25 日至 28 日,中国成功实施了"神舟七号"载人航天飞行,并首次实现了太空行走。这是我国第三次把人送向太空。

火箭上天,卫星上天,可是常常马桶做不好,小小的螺丝钉做不好,电池做不好,灯泡做不好……这是什么原因?是因为我们做事不认真,不用心,不注重细节,不追求完美!是因为我们不下决心做好!

企业里,我们太需要的是追求完美的人,他们把工作中的小小失误当做敌人看待,他们把工作做到了最好!

有一个刚从日本回国的中国人,打算开一家日本料理店。他对城市进行了详细的调查分析,选定了 5 个合适的地址。之后,又请了调查公司进行详细的调查、预测,并加以对比分析,终于选定了满意的地点。

地址确定之后,他依据自己的想法和设计,对房屋进行装修。装修进行得一丝不苟,门厅、走廊,甚至是卫生间的每一个角落他都考虑到了,稍有不合适的地方,他都要求重新来做。朋友都觉得惊奇,在国内时那么粗心的一个人,何以变得这样认真细致。装修进行了很长时间,朋友们甚至开始厌烦了,他怎么会变成了这样婆婆妈妈的一个人,要是别人,早就开店挣钱了。装修结束,所有的人进去,第一感觉是舒服,第二感觉还是舒服,确实是无可挑剔,你想到的,他全想到了,你想不到的,他也想到了。

但他仍然没有开业,朋友们不解。他说:"还要进行一个星期的试验。这一周之内,你们可以随便来,全部免费,但是有一个条件,你们吃完了都要给我提一条意见。因为我在日本做过调查,前十天进入一家店的顾客往往会成为你的长期顾客。而一旦他们发现问题,便再也不会来了。同时,你只有一次机会,因为顾客只给你一次机会,你只要骗他们一次,他们就再也不会和你交往了。我不能等顾客来发现问题。"

对我们每个人来说,关注细节,力求完美,才能够避免在工作中出现问题。在工作中,不可有任何马虎之心。

大部分人在工作中都存在这样的情况:他们往往不肯把事情做得尽善尽美,只用"足够了"、"差不多"来搪塞了事。结果因为他们不用心做事,事情总是给人以"不够好"的印象。

工作我们应该用心去做。劳动模范李素丽说过:"认真做事只能把事情做完,而用心做事才能把事情做好。"可见,用心才能达到完美。

深圳的威尼斯酒店的房间里没有像其他酒店的那样空洞的意见表,只有一张客房维修单,上边写着:"为了使客房保持在最好的使用状态,请您协助填好这张表格,告诉我们房间中需要弥补的细节!"他们对自己的要求高到这种程度!

2004年5月,从广州飞往上海的MU5318航班起飞半小时后,飞行员突然发现飞机轮胎爆裂,紧急返回白云机场;2004年7月28日,东方航空公司山东分公司CRJ200型飞机执行连云港至北京航班任务,10:04时机组报告,飞机前起落架转向系统发生故障,飞机落地滑跑刹车时主起落架轮胎刹爆,人机均安全。两次事故发生后的4个月,2004年11月21日上午8时20分,从包头直飞上海的MU5210航班,在起飞后10秒钟,便坠毁在距离机场不远的南海公园,机上的47名乘客与6名机组人员,2名地面人员在这次空难中罹难。我们不知道飞机爆胎与空难有没有必然的联系,但是我们至少知道东航对这两次爆胎没有接受更多的教训,随后的几年里多次的爆胎事故更说明了这一点。

2005年4月22日晚7时15分许,东航MU271航班在日本成田机场降落后,位于主翼部分起落架的4个轮胎爆裂,73名乘客和机组人员无人受伤。当时爆胎的是一架空客飞机。

2006年5月13日,从韩国首都首尔飞往上海浦东机场的MU5042航班降落时,飞机后部12个轮胎全部爆裂。

2007年1月2日下午,东航从青岛飞往上海的MU5538航班在虹桥机场降落过程中,飞机的4个轮胎发生爆裂,虹桥机场受到影响,整个机场全部关闭,所有飞上海的航班全部降落在浦东机场。

据了解，飞机爆胎的原因主要有内部发热爆裂和外来物刺伤两类。爆胎故障多发于飞机滑行、起飞阶段的三点滑跑、两点滑跑，或着陆阶段的两点滑跑、三点滑跑中。轮胎爆裂后，会造成飞机起飞、着陆滑跑方向难以保持而偏出跑道；如果收轮以后爆胎，甚至可能使得位于起落架舱内的液压系统被轮胎碎片打坏，飞机失去液压，造成飞机在空中的操纵障碍；留在跑道上的碎片，也会被其他飞机卷起打坏轮胎甚至其他的系统。

但能否减少或避免这些事故呢？只要工作人员把事情做细一点，完美一点，这类事故是完全可以避免的。

做事注重细节，不但能够使一个人、一个企业迅速进步，并且还将大大地影响一个人的性格、品行和自尊心以及爱岗敬业的工作精神。无论到哪里，一位工作注重细节的人，总是受人欢迎的。所以应该努力把任何细节处理得至善至美。对于任何事，你都要倾注全部精力去做！

对于企业管理，作为管理者，追求完美必将会使你的企业与众不同，因为你的企业员工有着完美的执行力！追求完美是细节管理的最高境界，而要达到完美，有时我们只需要多走一步。李嘉诚先生说："要成为领袖，无论从事什么行业，都要把事情做得完美，都要比竞争对手做得好一点。"

而事实上，在执行力的问题上，如果我们对执行偏差没有敏感性，也不觉得很重要，万事不注重细节，不追求完美，不注重纠正小的偏差，会带来严重的后果。

想做大事的人太多，而愿把小事做完美的人太少。一个做事不追求完美的人，是不可能成功的，而要做事完美，就必须注重细节。

然而，环顾我们周围，大而化小、马马虎虎的毛病随处可见，"差不多"先生比比皆是，"好像"、"几乎"、"似乎"、"将近"、"大约"、"大体"、"大致"、"大概"、"应该"、"可能"等等，成了"差不多"先生的常用词。就在这些词汇一再使用的同时，许多重大决策都停留在了纸上，许多重点工作都落实在了表面上，许多宏大的目标都成了海市蜃楼。

>>>> 制度本身不合理且朝令夕改

一个企业的管理是否成功，有一个非常关键的因素，那就是企业的制度是否完善，制度执行得是不是到位，制度的严密合理与制度的持久不变对企业管理的稳定起着非常重要的作用。经常会有这种情况，企业制度制定以后无法实施，或实施起来困难重重，原因是制度不合理！

国内的企业中，许多制度之所以得不到执行，是因为制度本身缺乏人情味或不够合理，导致无法执行。比如，国内企业规定8点上班，管理严格的企业规定，迟到一次就重罚或者迟到3次就开除，看似管理严格，但不适应中国的国情。一方面，中国的职员职业心态还不到位，他们认为别的企业管理不那么严，为何自己的企业管理得如此之严，这本身对员工就是一种付出，需要相应的成本回报；另一方面，中国的交通不确定因素也太多，谁知道今天会不会交通堵塞，不可能每天都提前一个小时动身去公司。最后变成制度刚开始严格执行几天，以后就是总经理想起来抓一下，想不起来就放任自流了，久而久之,公司的制度都变成了纸上谈兵。而在真正管理得好的公司,管理制度具有人性化,但执行相当严格。还是以考勤管理为例,有的公司就规定,如果9点上班,迟到15分钟到公司的,一个月3次以内不算迟到,第4次就重罚,员工也很拥护,执行得很好。

因此,在中国的企业内,**制度的执行不是关键,关键是制定制度的时候要考虑周全**。

美国宪法200年可以不改变,而我们企业的制度往往一出来就不能实施、过时或不合理,计划赶不上变化。

企业家的执行能力与企业的执行能力是两个完全不同的概念。企业家的执行能力是个人能力,而企业执行能力是组织能力或制度性的能力。企业家的执行能力是"人治",而制度性执行能力是"法治"。人治的企业家能力通常是用"能人",背后的哲学思想是"疑人不用,用人不疑"。而制度性执行能力背后的哲学思想是:人是一定会犯错的,所以用人就一定要疑,要建立一套制度来规范和约束人们的行为。

美国著名管理学家、《基业长青》一书的作者吉姆·柯林斯从400多位声名显赫的美国企业巨头中评选出了美国有史以来最伟大的10位CEO。令人意外的是,许多赫赫有名的人物并未入选,如世界首富微软总裁比尔·盖茨、通用电气公司前CEO杰克·韦尔奇等。

相反,上榜的10位企业家中有人当初根本就没想到自己是当CEO的料,例如波音公司总裁比尔·艾伦。柯林斯认为,这十大CEO的伟大之处在于:他们建立了在自己卸任之后,公司依然能够长久兴旺发达的企业机制;他们专心致志地构建一种庞大而持久的制度,并不刻意成为伟大的领袖;他们奠定了企业长盛不衰的基础,使企业能够持续发展。

到现在我们就知道了柳传志为什么会选择杨元庆为他的继承者,就因为杨元庆不会对柳传志的主张作相反的改动。在企业里,肯定会有领导离职情况,那么,在他"执政"期间的制度会不会被后来者延续?很难说。因为国人的特点之一就是喜欢"否定",认为否定才体现出自己的与众不同,才能表现出自己的水平超常!

>>>> 缺乏标准或标准不明确

缺乏执行的标准或标准不明确,是妨碍企业执行的另一个原因。让我们先从一些事例来看看标准的重要性。

○ 态度好罚50元,态度不好罚200元

一次,笔者开车去某地,车开到一个小镇上时顿觉口渴,看看路左边有一超市,于是左转弯将车停在了路左边去买矿泉水,车头朝向前进方向。一分钟后回到车边,这时有位交警站在车前,很有礼貌地敬了个礼,要求出示驾照和行车证,笔者一边出示证件一边向他说好话表示自己没看见"禁停"标志,停车时间又不长,请求谅解。交警接过证件,要求罚款50元,并且强调,这里可以停车,罚款是因为"逆向停车"。按规定,逆向停车要受到50～200元的处罚或扣2分的处罚。笔者由于心里不服气,嘴里也就流露出来了一句:"你们这些警察,就知道罚款创收是吧。"没想到警察听后发火了,一把抢过笔者正要签字的罚款

单,说:"不服气? 改罚 200。"惹祸了,这回无论笔者怎么赔礼,都是罚 200 元!

这个事例不是说被罚款了冤枉,不冤枉,因为确实违章了,但是罚款的数额依据人的态度而定,这就有些牵强了。罚款的标准应该统一,这罚款 50～200 元,中间的跨度如何界定? 什么情况罚 50 元? 什么情况罚 60 元? 什么情况罚 100 元? 什么情况罚 200 元? 没有一个统一的标准,因此执行起来受人为性影响就太大了。

○ 标准不明确,导致执行困难

让我们来做一个简单的游戏:拿出一副扑克牌,把参与游戏的人分成两组,A 组每人从中选取自以为最好看的两张;请 B 组每人选取两张红桃,并对点数作出明确的要求。最后,请两组人员把牌亮出来,出现了下面的结果。

A 组:黑桃 2、方块 A、黑桃 8、草花 Q……

B 组:红桃 A、红桃 K、红桃 Q、红桃 J……

两组的结果是完全不同的,A 组是一副杂牌,B 组却是一手红桃同花顺。为什么会这样呢? 这是因为,A 组没有接到明确的指令,所以 A 组的人都是按照各自不同的审美观念来选牌。我们不必评判他们的选择孰优孰劣,但很显然,他们每个人的做法都是一种个人行为。再看看 B 组,清一色的同花顺,这才是明确指令得到的最终结果。

能拿一副杂牌去打败对手的同花顺吗? 当然不能。所谓"世有三亡,以邪攻正者亡,以逆攻顺者亡,以乱攻治者亡"。如果公司的领导不能及时下达明确的指令,部门就会各自为政,企业离办"后事"也就不远了。

如果现在公司员工处于 A 组的状态,这不是员工的过错,而是决策层有问题。如果你想要得到一副同花顺,必须达到两个条件:第一,决策层一定要思路清晰;第二,要给员工发出明确的指令。否则,员工们要么茫然失措,要么各行其是,就像刚才的游戏一样,形成一手杂牌。这就是同花顺原理,反映了明确的标准对执行的重要性!

○ 荣华鸡跟肯德基决斗,还没有交手就败下阵来

有一天,一只猫来到森林里,看见了百兽之王老虎在发号施令,分发食物,小动物们见了老虎毕恭毕敬,便非常羡慕老虎的气派。当猫偶尔来到河边,发现自己水中的倒影酷似老虎时,便想效仿老虎。于是,猫趁老虎外出觅食时,在森林里四处招摇,号称自己是兽王。令猫得意的是,自己的身后也有了一些追随者:松鼠、鹳、果子狸、土拨鼠。猫率领着这些小动物,到处游逛,吆五喝六,发号施令,俨然成了兽中之王。突然,有一只狼扑向了猫,吓得猫弓起背,毛发尽竖,只会"喵喵"乱叫。此时,老虎咆哮一声冲了过来,狼夹着尾巴灰溜溜地逃走了。老虎拍拍猫的头说:"小家伙,你看你脑袋上有'王'字吗? 猫就是猫,不是声称自己是老虎就会成为老虎的。我们从前都是猫,但后来我们经过一代又一代的拼搏,才成了百兽之王。"

模仿本身并没有错误,但你要模仿出样子就必须一步一个脚印地去做。苏州观前街曾经有两家快餐店生意相当好,一家是肯德基,一家是荣华鸡,两家的环境设施和服务看不出有什么明显的差别。

那时,荣华鸡刚刚步入市场两年,规模也不算大,但雄心壮志让人感到振奋,"肯德基开到哪,我就开到哪"。然而,正当肯德基稳步前进的时候,荣华鸡却败走麦城。

是什么原因使这只具有"远大理想"的"中国鸡"过早地败下阵来呢?对标准不坚持!

荣华鸡既然学习肯德基,应该学习它的标准,并坚持。

肯德基有多年总结积累下来的一系列十分细致的操作规程和标准,并有保障这套标准和规程严格执行到位的体系。从开店地点的选择,到产品原料的生产、供应,到店堂环境的要求、店员的服务规范、每种食品的制作等,每一个环节都有着严格的质量标准。包括配送系统的效率与质量,每种佐料搭配的精确分量,烹煮时间的分秒限定,清洁卫生的具体打扫流程与质量评价量化,点单、换单、结账、送客,遇到不同问题的文明规范用语,每日各环节差错检讨与评估等等,上百道工序都有严格的规定。而这一系列标准、程序、规定的背后凝聚着大量的调研、考察、测算和积累。靠着这细致、严格的程序和标准,以及一丝不苟的执行,肯德基至今在全世界开了近万家分店,无论开到哪里,都能保证良好的品质和效率。

而与肯德基不同的是,"荣华鸡"的发展却缺乏管理上深厚的底蕴和细致化的标准。美食烹调,本来是我们中华民族的最擅长之处,然而我们的烹调全凭厨房大师傅的掌勺技巧和感觉,而这些感觉和经验又没有经过研究和分析总结,没有形成一套标准化的规则,因而无法大面积地普及和推行。今天换一个厨师,菜的味道便不一样,甚至同一个厨师若情绪不同,做的咸淡也不同,扩展到徒弟就更不一样了。开一家店也许还行,当要在各省市开成百家分店时,由于对所用原料质量及来源缺乏严格的限定标准,对每道菜、汤的每种佐料搭配、分量、烹煮时间没有精确的标准限定,对店堂的环境、布置、清洁卫生等没有具体的标准要求,对员工的文明规范缺乏细致的规章要求,对上述各环节也没有严格的质量评价体系,自然店就越开越走样。

这并不是说中式快餐就一定比不过洋快餐,是说必须得补上细致化、标准化、程序化的一课。香港的中式快餐"大家乐"在香港受欢迎程度甚至超过了肯德基。原因就是"大家乐"吸取了洋快餐的优点,下足工夫研究总结出了一套包括原料供应、食品烹煮、店堂环境、服务品质、营养搭配、半成品配送等许多环节的细化的标准和规程,各个分店严格按标准和规章执行,保证了众多"大家乐"分店拥有同样优良的品质。

人们往往追求一举成名、一夜骤富,一蹴而就,却对成名致富之前的无数积累、细功不感兴趣。**计划往往宏大高远,而具体的实施细节却无人潜心研究;路线、方针、政策或许都对,但由于缺乏具体的落实程序和对细节的坚持,最后难免走样、变形,甚至失败。**

>>>> **管理者没有常抓不懈,制度不执行或执行不到位**

○ **不能坚持**

戴姆勒公司总裁及旗下梅赛德斯-奔驰汽车业务负责人迪特·泽臣说:"作为领导,

一旦启动计划,就必须始终如一地坚持执行,并且要明确人人有责,绝不允许袖手旁观。"

1996 年,为了"中国第一店"的美誉,也为了更好地发展壮大,北京王府井百货公司的高层领导在谋求变革的路上迈出了第一步,邀请了著名的麦肯锡公司为其设计连锁经营方案,请安达信咨询公司开发了计算机管理信息系统。第二年,王府井又请麦肯锡公司进行了市场营销和广告总体规划。但是,这所有的一切都仅仅是纸上谈兵,耗巨资请麦肯锡做的战略规划方案没有贯彻执行下去。领导者的不坚持、不实践,使得王府井失去了在市场上重塑"中国第一店"的机会。

在施工企业里,我们也不时地发现类似的问题,当一项计划制订了,也布置下去了,可问题就是没有坚持到底。某项目经理部书记发现很多技术人员喜欢睡懒觉,早晨上班迟到,经常是工人有事却找不到技术人员。项目经理部针对这一问题,制定了一项管理制度,对一周迟到超过 2 次的即扣除当月奖金。这一制度实施后,效果还不错。可一两个月过去了,执行考勤的人记录不认真了,大家逐渐又恢复先前的样子,甚至连项目经理自己也睡懒觉!问题出在哪里?一是没有人坚持,二是领导者率先破坏制度。

在管理中,许多领导者把缺乏执行力的原因归咎于其他人而忽略了自己的责任,就像自己不应该受制度的约束一样,制度是给下边人制定的,而自己是掌握权力和掌握制度的人,就无需遵守。试想,在企业管理中,如果领导不以身作则那怎样服众?带兵打仗的军官必须身先士卒才可能取得战斗的胜利。

领导者有时怕担责任,也是执行力度不足的原因。在企业中,互相推诿扯皮的现象层出不穷,甚至一点小事都要推卸责任,造成企业内没有人负责的状况。

领导者不坚持,管理制度执行不严格,长此以往,企业员工就会没有压力,习惯于松懈,或习惯于"雷声大雨点小",造成了员工的不信任,或者是新制度无法实行,制度最终只是一纸空文。

一个优秀的有执行力的领导决定了本组织内部的执行力的强弱。因此,作为一个领导者,必须做到一贯地坚持主张和制度,发挥管理团队的示范作用,激发凝聚效应,从而更加有效地激励员工和管理员工,共同实现组织目标。

○ 对制度无人进行解码

一项好的政策、制度推出后,要得到很好的落实,就必须有人进行解码、分析,然后拟定细则来实施。

近几年,经常看到关于城管野蛮执法的新闻报道,其实不看报道也知道,城管的某些粗暴行径可以说随处可见。经常可以看到城管追赶小商小贩,经常可以看到城管蛮横地没收小商小贩赖以生存的摊位,有时甚至会出现城管在执法过程中打人的场面,整个过程让人感觉不是执法,而是"抢掠"。

那为什么会出现这种情况?我们绝不相信城管作为一个政府部门,没有严格的执法程序。我们也绝不相信,这些执法部门没有学过"三个代表"重要思想。但可以肯定的是,很多城市的城管部门学习"三个代表"重要思想时有太多的形式主义,没有对它进行解析领会！

在我们的企业中,同样存在对制度的无视和缺少解码的情况,那么为了使制度能够很好地实施,应该怎样去做呢? 作为企业管理制度,不能具有高度概括的条文语句。一个企业的制度,必须通俗易懂,简洁明了,才能让人更好地理解掌握并执行。所以管理制度不能含糊其辞,只有语句简洁明确才易懂。同时,下属要对制度的条款主动解码,认真分析研究,才能使制度执行起来不遗漏、不偏离。

○ 制度太多,但不执行

我国的各类企业,无论大小,都有自己的管理制度用以规范企业行为。我国企业制度建立之多据说是世界上最齐全的,当检查各企业的规章制度的建立与完善情况时,很少会发现企业少了哪些制度,甚至拥有的制度比要求的还多。但当问及员工对制度的执行情况的看法时,员工可能甚至不知道这些制度的存在。据笔者调查,施工企业的某些管理制度,有将近85%的员工不知道它们的存在(即便是与员工息息相关的制度)。有一次,问及现场开起重机的一名员工:"你们项目经理部对起重机操作下发了很多管理办法,其中一项是《起重机吊装板梁施工的管理办法》,这个办法你们是什么时候开始实施的?"他一脸很吃惊的样子,然后说:这个制度可能是安全部门为了应付检查编写的,并没有实施!

在各式各样的组织中,50%的制度被变通着执行或者打了折扣执行;30%的制度有始无终,最后不了了之;15%的制度根本没有执行;最后还有5%的制度真正发挥了作用。

我们不禁要问:这么多制度为什么不落实? 企业制定这些制度究竟要发挥什么效用呢?

这些制度要么没有执行,要么在执行过程中被"精明"的人钻空子,甚至篡改,再就是执行的力度不足,效果不佳。分析其原因,一是制度本身的可控制性不强,阐述不明确;二是人们对制度有抵触情绪而不愿遵守;三是制度过多过乱使人们思想麻痹;四是制度在执行过程中不公平,让人产生反感。

《细节决定成败》一书的作者汪中求先生指出:中国绝不缺少雄韬伟略的战略家,缺少的是精益求精的执行者;绝不缺少各类规章、管理制度,缺少的是对规章制度不折不扣的执行。

为了提升企业规章制度的执行力度,可以通过以下途径:

(1) 减少制度,将制度改为程序,然后进行员工程序化培训。

一个企业的规章制度如果太多,员工来不及学习和理解,就会导致制度不能实施;另一方面,太多的制度有时会导致员工的抵触情绪,甚至明知故犯。

企业管理制度是要求企业员工共同遵守的行为准则,也就是要求员工必须遵守、必须做的,如果员工不这样做会受到处罚,具有强制员工做事的意义,这是制度的含义。没有人愿意被强制着工作,你越约束我,我偏不那样做,人的心理大概都是这样的。那么对于这些制度,我们究竟该怎样落实呢?

改制度为程序。程序是指做事的先后次序,也就是要员工应该怎么做,应该做什么,是教员工正确做事的方法。把制度改为程序也就是把"要员工不要做什么,如果做了会受到处罚"改为"员工应该怎样去正确地做事",把制度里的条文改成一般操作程序并通过强制训练得以实施。

(2)不要让制度成了少数人破坏企业的理论依据。

一项制度的出台总是要经过深思熟虑的,不能有半点疏漏,否则就会让"精明"的人钻了空子。

1997年某新建的一级公路K标段有一横穿公路的改河开挖分部工程。当时由于设计图纸存在疏漏,总监下发了一项变更指令,指令说如果全线各标段对原图纸的原地面设计标高有异议的可以在分部工程开工前请总监确认。该项目经理部收到这个指令后,对全线进行施工前原地面复测,没有发现与设计图纸不符的路段。该标段的项目总工是一个非常精明的人,他把原施工技术方案的路线内河塘清淤采用挖掘机开挖淤泥的方法改成了泥浆泵清淤,将改河附近的河塘清淤所清的泥浆全部清到了改河处,使改河处的地面高程比实际高程高出25厘米。改河开挖开工前,他通知总监办测量人员复测高程,测量工程师误以为是水稻田,把泥浆层计入了开挖工作量。光这一项,施工单位的泥浆外运的运输费、堆放泥浆需征用的土地费以及改河工程量增加的费用保守估计就达70万元!

这种钻空子的现象估计每个人都见到过,要想避免钻空子,就必须使制度完善。

>>>> 执行力打折或偏差

○ 执行力为什么打折或偏差

指令、政策下达后往往收不到预期的效果,这种现象存在于我国的各行各业以及政府机关。2007年"两会"期间,温家宝总理在政府工作报告中提出,要"全面提高行政效能,增强政府执行力和公信力"。他认为在我国的政府机构存在着"执行力打折"的问题。

事实上,中央政策在一些地方确实没有得到很好的落实,安全生产事故频发,"节能减排"推进不力,土地"红线"一再被某些地区突破,农民工工资清欠后又新增拖欠,住房保障推进不力,房价几经调控仍然居高不下等等,都显现出中央政令在执行过程中被打了折扣,没有得到应有的效果。不久前,国家环保总局通报了82个严重违反环评规定的项目,涉及投资1 123亿元,都是大项目大企业,被地方视为财政支柱,这些项目很多都得到了地方政府的强力支持,一些项目虽然受到了环保等部门的处罚,却得不到执行。

企业中这种执行打折和执行偏差也很严重,各部门或组织各自为政、我行我素、有令不行、有禁不止,是企业执行中的突出问题。一个很好的例子,高速公路防护工程施工往往得不到重视,砌石边沟渗水、预制空心板强度不足、浆砌片石砌体灌浆不饱满……上级是严格要求了,到监理组打了折扣,项目经理部打了折扣,施工队打了折扣,到了现场施工人员又打了折扣,最终的结果就是防护工程质量较主体工程差。

什么原因导致政令的层层打折或偏差呢?归纳起来有7点:

第一,各自为政,为了各自的利益,主观上不愿实施;

第二,没有人严格地监督检查;

第三,自以为是,认为上级的指令不合理,擅自改动;

第四,有意不实施,对指令抵触;

第五,责任人不清,没人承担责任;

第六,执行过程没有进行有效解析或解析错误;

第七,指令本身不明确。

○ 关注细节、多做 0.02

为了营造执行力文化,某航天材料及工艺研究所提出了"关注细节、多做0.02"的口号,号召全体员工从自我做起,从现在做起,从点滴做起,从基础做起,从细节做起,在执行中每人都多做0.02,并且永远都多做0.02,铸就一流企业。

他们通过以下两个算式来解释"多做0.02"的含义。

一个算式是:

$0.99 \times 0.99 = 0.980\,1$

$0.99 \times 0.99 \times 0.99 = 0.970\,299$

$0.99 \times 0.99 \times 0.99 \times 0.99 = 0.960\,596\,01$

$0.99 \times 0.99 \times 0.99 \times 0.99 \times \cdots = \cdots$

如此乘下去结果是越来越小,无数个0.99的相乘,就会接近于无限小。在执行过程中,如果标准的工作是"1",那么"0.99"所代表的就是"还行"、"还凑合"、"还不错"、"差不多"。看起来,0.99和1的差距也不是很大,但在无数的"还行"、"还凑合"中越办越差,导致最终的失败。

另一个算式是:

$1.01 \times 1.01 = 1.020\,1$

$1.01 \times 1.01 \times 1.01 = 1.030\,301$

$1.01 \times 1.01 \times 1.01 \times 1.01 = 1.040\,604\,01$

$1.01 \times 1.01 \times 1.01 \times 1.01 \times \cdots = \cdots$

如此乘下去结果是越来越大,无数个1.01相乘,就会接近于无限大。我们执行工作也是如此,如果本职工作比标准要求的多做一点点,多想一点点,在基础、细节上多关注一点点,不是做"1"就行了,而是做到"1.01",那么企业就会在每个人的努力工作中蒸蒸日上,越做越大。

0.99与1.01之间的差距是0.02,就是我们所说的执行细节。关注工作细节、基础细节、服务细节、协作细节、沟通细节,在细节执行上保持永远"多做0.02"的工作态度和工作作风,一定会让企业永远立于不败之地。

由此我们得到的结论是,**把事情做到百分之百不算是完美,只能算是完成,要想做到完美,必须多做一点,要做得比百分之百多一点,哪怕只多百分之一,也叫完美。**这就是执行的最高境界。

4 如何提升执行力

只有战场没有将军、只有战略没有执行是大企业必须解决的两大难题。那么怎样才能提升企业执行力呢？

>>>> 提升执行力首先要消除官僚作风

官僚产生于组织，是组织结构不合理的一个结果，在通用电气进行改革的时候，最主要的一项就是改革臃肿的机构。

官僚主义的最大特征就是无法制定正确的规则，更无法产生效能。没有效率就没有效益，没有效益就没有利润，所以官僚主义应该是被企业深恶痛绝的。

我们说过，杰克·韦尔奇认为提高执行力就必须消除官僚作风，那么如何才能消除这些妨碍执行的官僚作风呢？

在特殊的历史文化和现实背景下，我们企业的金字塔结构却比发达国家的更为牢固，可以说，我们还没有成为真正的大企业，倒得了真正的"大企业病"。官僚作风不一定产生于当权者，它可能存在于每一级组织的每一个环节的每一个人中。所以，必须彻底消灭官僚作风，使企业在管理过程中不再受伤痛。

（1）创建和谐的企业文化。

一流的企业是靠文化管理的，而创立平等的企业文化，可以使企业员工间都感觉到一种平等，让公司的信息自由流通，让每一个员工都有主人翁的责任感。公司、领导和员工都自觉追寻卓越的文化，有接受批评的胸怀、承认错误的勇气和扭转劣势的魄力。官僚作风的根源在于法定权力在企业中的弱化，这样的现实通常和等级森严的企业文化一脉相承。比如国有企业普遍存在"唯上是从"的企业文化，这就决定很多国企很难打破官僚机制的束缚。为此，企业破除官僚机制的前提是要打造平等沟通的企业文化。成功的企业家能非常明确地意识到，观念上的老化、官僚化要靠价值观和企业文化来约束。

（2）组建"扁平化"的组织机构。

机构精简才能杜绝官僚作风，在知识经济和信息经济的时代里，大企业必须建立"扁平化"组织结构。"扁平化"组织结构是一种通过减少管理层次、压缩职能机构、裁减人员而建立起来的紧凑而富有弹性的新型团体组织，它具有敏捷、灵活、高效、快速等特点。这将是企业组织的一次深刻革命。组织机构"扁平化"的大企业，直线管理者的管理技能更加多样，下属的成熟度更高，知识团队成为组织运行的基础，授权赋能更加深入。总之，它更有利于企业战略的实施，精髓是企业内部"观点、能力和资源可以自由流动，流向最需要之处"。

（3）通过制度约束公司管理干部。

在组织机构设置上,切勿千篇一律或照搬他人,而应根据企业本身的性质、发展阶段以及外部环境的变化而及时进行调整。结构上应考虑精简机构及有效管理跨度,避免官僚主义,减少等级层次,提高组织的效率;另外,还应尽量减少垂直(上下)和水平(横向)的界限,提高反应速度和决策的灵活性。对于大企业而言,由于部门太多,应设置协调和整合部门,以加强边界管理。决策方面,应注重统一指挥与权力制衡,平衡好集权和分权的关系,并尽可能授权下面或前线员工作决定。这不但可以让员工们尽快成熟,也能增加其对公司的信任感、自我满足感和成就感,从而有利于企业目标的达成。同时,借助互联网资源,每个部门所掌握的信息资源,完全可以在部门间共享,不需要企业或个人重复提供,这样可以减轻办事机构的压力和企业的负担。

(4)民主与集中要落地,权力适度下放。

如今,企业在授权与分权问题上已经不再摇摆,大致已克服了学步期的盲目与混乱,创业者开始有意识寻找职业经理人,这表明企业正向成熟期过渡。此时,就需要放权,实现企业由学步期的感性管理向理性化管理转变。此时,职业经理人的素质要求他们在知识素质上博中有专,能力素质上必须突出组织指挥能力,并且要有良好的风格作风。

管理者要身先士卒,不干扰经理人工作,而且给经理班子以充分的信任,并做到努力接受制度束缚,支持其为公司管理所作的每一步努力。

(5)进行调查研究,实行走动管理。

官僚主义弥漫的企业缺少调查研究,掌握实情不够;缺少科学态度,尊重规律不够;缺少认真精神,执行制度不够;缺少工作韧劲,持之以恒不够。这些企业经常是决策想当然,部署空对空,检查走过场,落实听汇报,缺乏针对性和实效性,最终给工作带来被动。

要克服官僚主义行为,领导者就要转变工作作风,走出办公室、会议室,深入基层、生产现场加强调查研究,及时了解和全面掌握真实情况,为开展工作积累第一手资料,增强感性认识,增强决策的科学性,避免盲目性。同时,要加强管理网络建设,形成横向到边、纵向到底、责任明确的管理体系,做到层层有人管,事事有人抓,处处有监督,人人有专责。要建立健全具有针对性和可操作性的管理规章制度,并以坚决的态度严格执行到位。

>>>> 提升执行力首先要从领导开始

○ 强势领导有利于提升执行力

杰克·韦尔奇说:管理者的执行力决定企业的执行力,个人的执行力则是个人成功的关键。关注执行力就是关注企业和个人的成功。

强有力的领导对执行力的提升起着至关重要的作用。我们来看看一些企业在执行力不足时采取的措施。

(1)平安与强势接轨。

2003年2月底,刚刚被任命为中国平安首席运营官的汤美娟被宣布免职。首席运营官相当于平安的第二把交椅,免职的原因没有向外界透漏,但有一点,汤美娟是从香港请来的，肯定是平安发现汤美娟在这个位置不适合，文化观念不一致。宣布免职充分说明平安领导的魄力和强硬，这个领导就是平安董事长马明哲。

马明哲，1955 年出生，货币银行学博士，南开大学兼职博士生导师。曾任香港招商局社会保险公司副总经理，1988 年担任中国平安保险公司董事、总经理，1994 年至今任中国平安保险股份有限公司董事长兼总经理（现为中国平安集团董事长），亚洲唯一出任美国中央高科技保险公司的独立董事。保险圈子里的人说"马明哲不是人，是神"。一位国内保险公司的董事长称马明哲是其"偶像"，他说："我最佩服的人是平安的董事长马明哲，我想到的事他肯定想到了前面，我没有想到的事他也想到了。他做事总是具有前瞻性。"

平安在 1988 年成立之初，总收入只有 418 万元，利润 190 万元。如今平安年保费收入已达到 700 亿元，增长速度为全国各大保险公司之首。平安的不良资产远小于 1%，是亚洲资产质量最好的金融企业，目前已成为全国第二大保险公司。平安表现出来的高成长性和巨大发展潜力引人瞩目。平安之所以取得这般成就，马明哲当然功不可没。

2003 年 2 月，在马明哲的指挥下平安集团分业重组落幕，正式更名为"中国平安保险（集团）股份有限公司"，"一拖四"框架完全显现。集团控股设立中国平安人寿保险股份有限公司、中国平安财产保险股份有限公司、中国平安保险海外（控股）公司、平安信托投资公司。平安信托投资公司依法参股平安证券有限责任公司，使平安形成了以保险为主，融证券、信托、投资和海外业务为一体的紧密、高效、多元的集团控股经营架构。取得的这些成就均与平安的"强势领导"有关。

（2）拿不下山头就撤职。

说到企业的强势文化，不能不提任正非和他掌舵的华为公司。华为的文化是强硬和激进的，这正是军人出身的任正非雷厉风行的性格和军事化作风的深刻体现。

资源的稀缺、惯有的危机意识让任正非选择了"狼"式生存法，"我们是一群饿狼，只有让狼性爆发才能生存"。狼有三大特性：一是敏锐的嗅觉；二是不屈不挠、奋不顾身的进攻精神；三是群体奋斗。

华为在创业期，价值标准是"只以成败论英雄"。"一个团打山头，你打不下来，当场就把团长撤了，让连长当团长，最后山头真的打下来了，这个团长就给连长当了……小公司必须靠高层行政管理的决心来推进公司前进。"任正非以军队的冲山头比喻培养干部，用教父般的执著与坚韧调教出一群凶猛的"土狼"，不断蚕食"狮子"周围的领地。

就像弹簧一样，人的弹性和张力是有限的。任正非靠"铁腕"推行的"狼性文化"让每一个员工无论在精神上还是体力上，都已经延展到了最大限度。

（3）市场施压，麦当劳换帅。

2002 年 12 月，全球最大快餐连锁集团麦当劳宣布，由于公司在美国和欧洲的业务均出现下滑，加上关闭海外 175 家快餐连锁店需要巨额费用，第四季度公司出现亏损。这是麦当劳公司成立 47 年以来首次出现亏损。

有人认为，将麦当劳拖入困境的原因主要有两个，一是销售额大幅下降，二是关闭分店和公司重组需要 3.9 亿美元巨额费用。销售额下降的情况在欧美等地表现得尤为明显。在美国，竞争对手"汉堡王"抢走了麦当劳不少市场份额；在欧洲，疯牛病恐慌使很多人放弃了牛肉汉堡包。世界各地的反美情绪也给麦当劳带来了麻烦，例如在中东地区，麦当劳第四季度销售额同比下降了 5%。

这些都源于时任首席执行官杰克·格林伯格出现的一连串失误，在董事会的强烈要求下，格林伯格被更换，麦当劳又请回了在 2002 年年初已经退休的吉姆·康塔洛甫。2003 年 1 月，吉姆在麦当劳一次重大管理层调整中被任命为该公司董事长兼首席执行官。此前，他已经为麦当劳效力了 28 年。2004 年起，麦当劳的股票上升 10.6%，成为道琼斯工业指数中表现第二好的股票。

可惜吉姆在 2004 年 4 月 19 日凌晨因心脏病突发，在佛罗里达州的奥兰多市去世，享年 60 岁。吉姆辞世后，2007 年，麦当劳迎来了 52 年来的第二次亏损，这次亏损的主要原因是金融危机。

○ 破坏制度都是从领导开始的

如果我们把一个企业比喻成一棵大树，那么领导在一个企业里就相当于大树的根基，大树的郁郁葱葱，枝繁叶茂源于阳光和水，而水又是由根吸收并输送的。如果一棵大树枝枯叶凋，就是根的问题，没有把水分输送到目的地，根死树必枯。

领导不仅仅制定战略，更要执行战略；不仅设计制度，更要执行制度，因为下属在不时地看着你，并以你为楷模。

有这样一个小故事，名叫《关机》。这是笔者 2004 年在常州汪中求先生的"细节决定成败"的讲座中听到的，很有感触。某日公司开会，齐聚一堂，满屋子的人。领导讲话："同志们，今天我们开个……""滴铃铃铃……"手机响起，有人忙着翻看，有人外出打电话，也有人拿着手机弯下腰在轻轻地通话。足足两分钟才恢复宁静。领导无奈地摇摇头，清了清喉咙："同志们，今天我们开个……""滴铃铃铃……""铃铃铃……"手机又争先恐后地响了起来，又有人外出，有人拿出手机。领导脸色一沉，说："都给我听着，各就各位坐好，把手机给我统统关机，要是谁的机子再响，我就处罚谁！"于是大家忙着关机，足足又花了两分钟。领导颇有点得意，干咳一声："同志们，今天我们开个……""滴铃铃铃……"不知谁的手机又响了起来，领导的威信似乎受到了严重的挑战，他一拍桌子："谁大胆放肆，是谁？"其火辣辣的眼光像探照灯般向每个人射过去。大家都悄悄地检查着自己的手机，都轻轻地摇摇头。看到没人敢承认，他火冒三丈："真是无法无天了，还想骗我。"正当他想采取下一步措施时，"滴铃铃铃……"声又起，大家一愣。有人说："领导，是你的手机在响。"

领导的手机响了！也许，领导是在要求别人时自己确实忘记关机了，也许是这个领导认为自己的地位特殊，不受自己制定的规矩约束，不管怎样，都违反了会场的规则，都应该受到处罚。规矩破坏了，谁的过错？

2000 年某国有施工单位在某高速公路从事桥梁施工，由于管理不善，造成混凝土强度不足，90 片先张法板梁报废，给企业造成了 100 多万元的经济损失。试想，这么大的损失,项目的领导者有没有责任?该不该受到制度的处罚?当然该受到处罚了。可结果呢,除了现场的施工技术员被处以每人 500 元的罚款外,项目经理、项目总工则没有受到任何处罚。损失由企业买单,领导者本人还牢牢地坐在那个位置上,一个国有企业,制度的执行竟然到如此地步!其实,我国大多数工程企业都存在这种现象,工程返工,损失由企业埋单,对领导者不追究任何责任。

　　管理者往往都会把缺乏执行力的原因归咎到各个方面,却忽略了分析自己,没能从自己身上发现根源。事实上执行力是管理者意志的体现,倘若管理者自身的管理能力本身较差,后面有关执行力的所有事情将无从谈起。"上梁不正下梁歪",领导者在工作中宽以待己,严于律人,自己不做好表率,怎样要求别人?**企业要想强化执行力,必须在每个方案出台时引起管理者的高度重视,凡是牵扯到管理者的方面一定要率先示范,做出表率才行。**

○ 领导者要身先士卒,做出表率

　　奥康集团是一家以皮鞋为主业,并涉足商贸、房产、生物制品等领域,跨行业、跨区域发展的全国民营百强企业。董事长兼总裁王振滔 1988 年以 3 万元起家,将一家家庭作坊发展成为中国最大的民营制鞋企业,企业主导产品"奥康"皮鞋成为中国皮鞋行业的唯一标志性品牌。由于经营有方、业绩突出,王振滔当选为第 15 届"中国十大杰出青年",在中国民营企业家中第一批荣获"全国五一劳动奖章",并荣获"中国民营工业企业行业领袖"、"中国十大魅力英才"、"中国最聚人气企业家"、"中国民营经济十大风云人物"、"中国慈善特别贡献奖"等多项殊荣,并受到胡锦涛、江泽民、温家宝等党和国家领导人的亲切接见。王振滔之所以能取得这些荣誉,与他的工作作风和作为领导的带头作用密不可分。王振滔是一位俭朴、谦虚的老总,不吸烟、不喝酒,出差吃方便面、面包是"家常便饭",在公司与员工们同吃 3 元的快餐。奥康对员工与领导一视同仁,如穿着统一、走斑马线,任何领导或员工都必须遵守,否则将面临罚款、打入黑名单甚至开除的处罚。

　　作为领导,必须在任何时候都要做出表率,要求下属做到的,自己必须首先做到。执行力就是靠这种推动作用来实现的。只有身先士卒,率先垂范才能有效地激励员工,才能受到尊重。

　　GE 的杰克·韦尔奇赢得了大多数员工的尊重,不仅仅是因为他对 GE 作出的巨大贡献,更多的是他作为总裁与下属的有效沟通和示范。他经常手写一些"便条"并亲自封好后给基层管理者甚至普通员工,他能叫出 1 000 多位通用电气管理人员的名字,亲自接见所有申请担任通用电气 500 个高级职位的人。正是通过这些简单而有效的办法,韦尔奇的策略才有效地贯彻了下去,形成了一个具有强大执行力的优秀团队。

　　要强化制度的执行,制度是铁的,对谁都一样对待,对谁都一样严厉。特别是对领导者,领导者既是一个组织中发号施令的人,也是这个组织中的排头兵,所有的成员都向领导看齐。在军队里,领导应该身先士卒,以身作则;在现代企业里,管理者更应该如此。**一个领导的执行力是下属执行力的上限。**在 IBM,流传着这样一个故事:IBM 的蓝色标志是公司的象征,进入公司的每个人,必须佩戴蓝色的身份标志。一天,董事长托马斯·沃森忘记了佩戴标志,被安保小女孩露西拦在安全线外。沃森的陪同人员很不满意,走过来对小女孩说:"敞开大门,你知道这是谁吗?"小女孩微笑着向沃森行个礼,说:"您好,尊敬的沃森先生。"然后转身对陪同人员说:"可是公司对我的教育不是这样。"沃森听了,很感动,立即派人回去拿了身份标志牌。当大门敞开时,沃森亲切地对小女孩说:"你是对的,很棒!"这个故事的精彩之处不仅在于刻画了一个极具戏剧冲突的画面,更在于传播了一条重要信息——即使是董事长也必须遵守企业规章。

中港二航局三公司(现为中交二航三公司)在镇溧高速公路的项目经理部对管理制度执行很严格。在执行过程中,不管是谁,只要出了质量问题,一律按工程质量责任惩罚制度规定处罚,绝不姑息。有一次,因通道返工事件,某项目经理被罚款现金 5 000 元,某项目总工被罚款 3 000 元。

执行是没有大小事之分的。**所有事情,无论大小;所有人员,无论职位高低,只要是既定的规则,都要执行。**

>>>> 第一次偏差就应该全力调整

我们在检讨企业的执行力时,通常会遇到一种怪现象:企业执行力不佳,高层怪中层,中层怪基层,基层反过来怪高层,形成了一种互相埋怨的恶性循环。

为了使执行有效,不发生偏差,我们必须要研究和重视偏差的根源。在企业管理中,制度执行的偏差往往是从副总开始的。

一个 7 层的组织机构,执行力偏差如图 2-1 所示。一项工作指令从总经理发出,向下经过副总经理、经理、副经理、主任、副主任等 5 层,最后到达员工,当高层的愿望为 OA

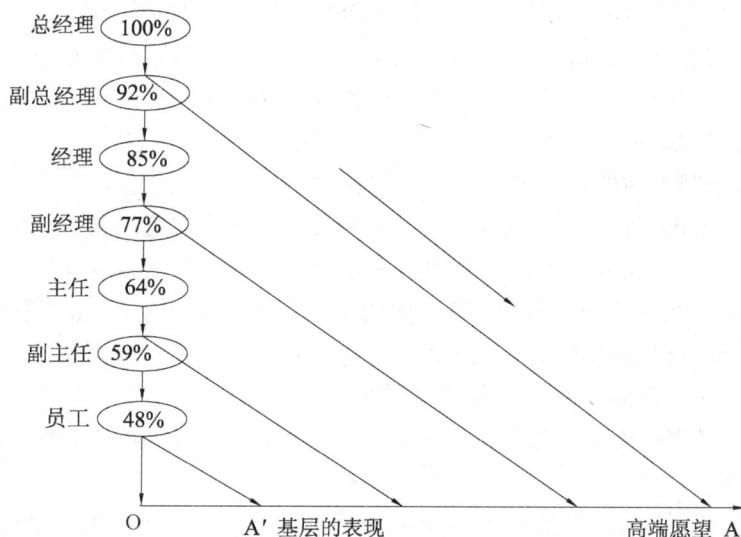

图 2-1　执行力偏差图

（100%）时，从副总经理就产生了偏差，打了折扣，员工实施完毕时，这项指令由 OA 变成了 OA′，打折到了 48%。

第一次偏差发生得越晚，就越有利于执行。控制和纠正第一次偏差对企业执行力的提高就显得非常重要。第一次发生偏差的层次越高，偏差到达基层后就会越大。因此，当我们发现第一次偏差时就必须全力调整。

○ 破窗效应

美国斯坦福大学心理学家菲利普·辛巴杜于 1969 年进行了一项实验，他找来两辆一模一样的汽车，把其中的一辆停在加州帕洛阿尔托的中产阶级社区，而另一辆停在相对杂乱的纽约布朗克斯区。停在布朗克斯区的那辆车，他把车牌搞掉，把顶棚打开，结果当天就被偷走了。而放在帕洛阿尔托区的那一辆，一个星期也无人理睬。后来，辛巴杜用锤子把那辆车的玻璃敲了个大洞。结果，仅仅过了几个小时，它就不见了。

以这项实验为基础，政治学家威尔逊和犯罪学家凯琳提出了一个"破窗效应"理论，认为：如果有人打坏了一幢建筑物的窗户玻璃，而这扇窗户又得不到及时的维修，别人就可能受到某些暗示性的纵容去打烂更多的窗户。久而久之，这些破窗户就会给人造成一种无序的感觉。结果在这种公众麻木不仁的氛围中，犯罪就会滋生、猖獗。

○ 发现第一次偏差就要进行调整

一间房子如果窗户破了，没有人去修补，不久，其他的窗户也会莫名其妙地被人打破；一面墙上如果出现一些涂鸦没有被清洗掉，很快墙上就布满了乱七八糟、不堪入目的更多涂鸦。在干净的街道，人们不会扔垃圾；在安静的图书馆，人们不会大声喧哗；洁白的墙壁，人们不会去涂鸦；修剪整齐的草坪，人们不会随意踩上去；一尘不染的客厅，客人会自动套上鞋套或脱下鞋子。

但是，如果干净的街道出现了第一片垃圾而没有得到及时的清洁，很快地上将布满垃圾；如果图书馆的第一次喧哗没有得到及时制止，整个图书馆将很快变得闹哄哄；如果墙上出现了一个办假证的电话号码，没有得到及时的清洗，很快就会写满各种"书法"作品；如果有人踏进草坪没人管，一定就会有第二个、第三个人踏进去；如果你在自家客厅的地上扔一个烟头，你的客人就会把烟头扔在地上。

如果你第一次吸毒没有被制止，你可能就吸上了；如果你第一次抽烟没有被制止，你可能就抽上了；如果你的孩子玩游戏到深夜你不管，他可能就认为可以玩到深夜；如果你们家有人用完东西不放回原处，很快你们家就会到处摆满东西；如果你第一次打开柜门后不关上，没有得到纠正，以后你也基本不会关……

这就是环境对人的暗示和诱导作用的结果。

"细节"为什么能"决定成败"？因为**细节对人的暗示性纵容会对事件的结果产生不容忽视的影响**。

在你的企业里，第一个迟到的人一定要被处罚，否则别人会认为迟到无所谓；第一次浪费资源的事情不制止，你的员工就会形成浪费的习惯；第一个上班玩游戏的人一定要批评,不然大家会比着玩;违反公司流程的第一次行为必须严肃处理,类似的行为才不会重复发生……

美国有一家公司,规模虽然不大,但以极少炒员工鱿鱼而著称。有一天,资深车工杰瑞在切割台上工作了一会儿,就把切割刀前的防护挡板卸下放在一旁。没有防护挡板,虽然埋下了安全隐患,但收取加工零件会更方便、快捷一些,这样杰瑞就可以赶在中午休息之前完成三分之二的零件。不巧的是,杰瑞的举动被无意间走进车间巡视的主管逮了个正着。主管大发雷霆,令他立即将防护挡板装上,又站在那里大声训斥了半天,并声称要作废杰瑞一整天的工作。第二天一上班,杰瑞就被通知去见老板。老板说:"身为老员工,你应该比任何人都明白安全对于公司意味着什么。你今天少完成了零件,少实现了利润,公司可以换个人换个时间把它们补起来,可你一旦发生事故、失去健康乃至生命,那是公司永远都补偿不起的……"杰瑞随后流着泪离开了公司。

在管理实践中,管理者必须高度警惕那些看起来是个别的、轻微的、第一次的,但触犯了公司核心价值的"小的过错",并坚持严格依法管理。"千里之堤,溃于蚁穴",不及时修好第一扇被打碎的窗户,就可能带来无法弥补的损失。

很多时候,在高速公路施工阶段的计划执行总会有很大的偏差,这是因为我们对施工关键线路控制不到位,当关键线路中前一项工作滞后时,我们一定要想尽一切办法来调整。前后两项工作都是 12 天完成,前一项工作因故滞后了 2 天,那么就要确保后续工作在 10 天内完成,否则,总工期就会受到影响。

如果你是管理者,请及时修好"第一块被打碎的窗户玻璃"。否则,小心你的玻璃被打得精光!

○ 第一次就要把事情做对

两个有烟瘾的人,一起去向一位素以严苛出名的禅师学习打坐。当他们专心打坐的时候,烟瘾就被抑制了;可是每次打坐完,问题就来了。

甲说:"抽烟也不是什么罪恶的事,我们干脆去请示师父,看能不能抽!"

乙说:"由谁去问呢?"

甲说:"师父很强调个别指导,我们轮流去问好了。"

甲进去请教师父,不久之后,他微笑地走出来对乙说:"轮到你了。"

乙走进师父房里,接着传来师父怒斥和责骂的声音,乙灰头土脸地出来,却看见甲正悠闲地抽着烟。他很惊讶,说:"你怎么敢在这里抽烟? 我刚刚去问师父的时候,他非常生气,几乎要赶我出师门!"

甲说:"你怎么问的?"

乙说:"我问师父,静心的时候,可不可以抽烟? 师父立刻就生气了。你是怎么说的? 师父怎么准你抽烟?"

甲得意地说:"我问师父,抽烟的时候,可不可以静心? 师父听了,很高兴地说,当然可以了!"

同样的一件事,如果开始就做错了,后面就不会得到正确的结果。乙之所以被师傅训斥，就因为他一开始就问错话了。乙只注重了问话这个过程，而忽视了他应该达到的目的。甲就比较聪明，他明白问话只是一个程序，目的则是必须让师傅同意他抽烟。有了这个必须要成功的目标，甲就明白该如何去做了。

"第一次就把事情做对"是著名管理学家菲利浦·克劳斯比提出的"零缺陷"理论的精髓之一。实际上它不仅仅是一句激励士气的口号及企业最经济的经营之道，而且还是对员工工作态度的评价和要求，是每一个员工个人的成功之道。克劳斯比推崇这样一种工作态度，即对错误"不害怕，不接受，不放过"，每一个员工都认真负责，一丝不苟。

"第一次就把事情做对"是对员工的期待，它时时刻刻提醒员工要尽最大的努力，在接手每一份工作时，都抱着"一次就做对"的信念；"第一次就把事情做对"是对质量品质的要求，只有"第一次就做对"才能尽可能减少废品，保证质量；"第一次就把事情做对"需要员工有扎实的职业技能基础，需要员工对每一个"第一次"从事的工作都有充分的准备。

"第一次就把事情做对"，这是我们做到日事日清的基础。如果我们开始就做错了，那么无论后面多么小心谨慎，实际上都是在延续错误的事情。一直都在延续错误的事情，怎么可能做到日事日清呢？

克劳斯比很喜欢这样一个故事。一次工程施工中，师傅正在紧张地工作。这时他手头需要一把扳手，他叫身边的小徒弟："去，拿一把扳手。"小徒弟飞奔而去。他等啊等，过了许久，小徒弟才气喘吁吁地跑回来，拿回一把巨大的扳手说："扳手拿来了，真是不好找！"

可师傅发现这并不是他需要的扳手。他生气地说："谁让你拿这么大的扳手呀？"小徒弟没有说话，但是显得很委屈。这时师傅才发现，自己叫徒弟拿扳手的时候，并没有告诉徒弟自己需要多大的扳手，也没有告诉徒弟到哪里去找这样的扳手。自己以为徒弟应该知道这些，可实际上徒弟并不知道。师傅明白了：问题的根源在自己，因为他并没有明确告诉徒弟做这件事情的具体要求和途径。

第二次，师傅明确地告诉徒弟，到某间库房的某个位置，拿一个多大尺码的扳手。这回，没过多久，小徒弟就拿着他想要的扳手回来了。

克劳斯比讲这个故事的目的在于告诉人们，**要想把事情做对，就要让别人知道什么是对的，如何去做才是对的**。在我们给出做某事的标准之前，我们没有理由让别人按照自己头脑中所谓的对的标准去做。

一件事，第一次没做对，同时也就浪费了一次做对的时间，返工的浪费最冤枉。

企业中每个人的目标都应是"第一次就把事情完全做对"，至于如何才能做到，克劳斯比先生也给了我们正确的答案，这就是首先要知道什么是"对"，如何做才能达到"对"这个标准。

在工作中，许多人都有过这样的体验：自己的确有才华和能力，又抓住了机会，但因为缺乏良好的心理素质，没有第一次就将事情做对，结果还是丧失了成功的机会。

○ 及时修正存在的问题

成功者注重及时修正存在的问题。因为他们知道，一旦目标确定，他们所需要做的就是不让自己偏离方向。就像从地球发射一个火箭到月球，在火箭飞向月球的整个过程中，实际上只有3%的时间是在完全正确的航行轨道上，没有丝毫偏移，在其余97%的时间里则一直都在修正，才能到达月球。我们的工作也是如此，每一个步骤都可能偏离正确的方向，如果我们意识到了，可以迅速改正；如果没有意识到，我们可能偏离正确的方向越来越远，直至失败。

古时候，有个秀才要到很远的地方看望他的一个生死之交。早上天刚亮，他就骑着一匹马上路了。走了没多久，他的面前出现了一个三岔路口。秀才不知道哪条路可以通往朋友的家，就到旁边的一户人家询问。这户人家告诉他，这三条路都能到达他想去的地方，左边那条路是条小道，虽近但不好走；中间那条路是官道，平坦但要绕远路；右边那条路虽也通，但一路上人烟稀少，经常有猛兽出现，太过凶险。

秀才左思右想，最后还是决定走左边那条小道，他想尽快见到好朋友。走了不多久，秀才又来到了一个三岔路口。旁边一个人告诉他，三条路都能到达他想去的地方，不过，左边那条路是条小道，虽近但不好走；中间那条路是官道，平坦但要绕远路；右边那条路虽也通，但一路上人烟稀少，经常有猛兽出现，太过凶险。

秀才听完心想，这不是和前面遇到的那个路口一模一样吗？他还是选择近路，于是又上了那条左边的路。等到又碰到一个三岔路口的时候，秀才想都没想，直接就走上了左边的路。就这样，每次遇到三岔路口，秀才都选择左边那条路。夕阳西下的时候，秀才已经走得筋疲力尽了，这时，他又碰到了一个三岔路口。秀才想，走了一天都没到，是不是走错了？不行，还要问问别人。于是秀才又敲开了路边一户人家的大门，门里面出来的人让秀才非常吃惊，这个人就是他早上在第一个三岔路口询问的那个人。原来秀才跑了一天，又转回来了。

人们总是很容易就被惯性思维控制，碰到熟悉的工作，就凭经验做事。经验可以使我们提高工作效率，但也能够把我们带入歧途。看起来，我们每天都在重复着相同的工作，可实际上，每一件工作都有着细微的不同。如果我们忽略了这些细微的不同，就可能与成功失之交臂。

我们要做的，就是不断地修正，不断地察看前面所做的是否正确，不断地思考后面可能会出现什么问题。虽然说条条大道通罗马，可总有一条是最近的，一条是最远的。南辕北辙，固然也能把我们带到目的地，可却浪费了太多的时间。

据说，犹太商人很聪明，他们一旦决定在某项计划上投资，就会分别制订投资一个月、两个月和三个月的3套计划。三个月后，如果情况仍与目标不符，而又没有确切的事实证明会好转，犹太商人就会毅然放弃这项计划，放弃以前的努力和投资，宁可前功尽弃，也不贸然冒险。

不断修正工作计划，能够使我们在奔向目标的过程中，不出偏差。每个成功的企业都会有一个长期战略和短期计划。在实行短期计划的过程中，发现和原来预想的不同时,短期计划就需要进行修改,这个修改的原则,就是能够为实现长期战略打好基础。

每项工作都可以分成很多环节,如果我们在哪个环节出现了偏差,而又不能够及时修正,就不能实现事先制定的目标。**修正不是频繁地推翻原来的努力重新开始,而是在大方向正确的基础上不断修改、弥补前进过程中所犯的小错误。**当定下一个明确的目标后,我们就要一直往前走,不能因为中途出现了一些小的失误,就一切都推倒重来。

>>>> 适当授权而不是过度授权

○ 假授权或不授权带来的危害

1631年,英国剑桥有一个做马匹生意的商人名叫霍布森,他在卖马时承诺:买或是租他的马,只要给一个低廉的价格,可以随意选。但他又附加了一个条件:只允许挑选能够牵出马圈的马。其实这是一个圈套,他在马圈上只留一个小门,大马、肥马、好马根本就出不去,出去的都是些小马、瘦马、矮马。后来,管理学家西蒙,把这种没有选择余地的所谓"选择"讥讽为"霍布森选择"。霍布森选择其实是一种小选择、假选择,大同小异的选择就是假选择。

在管理过程中,有些企业的管理者口头上说要听取下属的意见,发挥群众的创造性,但在对重大问题进行决策时,往往是下属还没有开口,或者虽然提出了意见但还没来得及进行充分地研究讨论,他自己就已经定调拍板了。

又如有的管理者在给下属布置工作时,本可以交代完任务放心地让下属去干好了。但他们并不放心,总是要求下属应该如何去做。如果发现下属在具体工作中没有完全按照他的思路去做,稍有一点自己的想法时,就会很不高兴,甚至"不换脑就换人"。

这些所谓的授权,所谓的信任,其实都是假的,带来的后果往往是执行者没有积极性、创造性,造成工作不利。

○ 企业倒金字塔结构

为什么下属在工作时会有难题?

原因有两个:一个是自身的原因,即他不完全具备承担工作的心理能力、知识结构和基本技能,感觉无从下手;另一个是组织或上司的原因,即他本人既具备做好工作的能力,也明白如何才能做好这件事,但却因为没有对他进行授权,他无法获得或使用相应的资源,包括信息、人力、设备、资金等,他就是一个巧媳妇,没米也做不出饭来。

针对这种情况,领导就要授权。倒金字塔结构就说明了授权的重要性和带来的收效。

20世纪70年代,石油危机造成世界范围内的航空业不景气,瑞典的北欧航空公司(SAS公司)也不例外,每年亏损2 000万美元,公司濒于倒闭。在这个危机的时刻,一位朝气蓬勃、极具领导才能的年轻人——杨·卡尔松受命于危难之中,担任了北欧航空公司的总裁。卡尔松接任后采用了新的管理方法,一年后,北欧航空公司赢利5 400万美元。这一奇迹在欧洲、美洲等广为传颂。

卡尔松来到北欧航空公司时,公司一片萧条,人心惶惶,员工们不知道公司会走向何处。卡尔松利用3个月时间,在仔细研究了公司的状况后向所有员工宣布,他要实行一个全新的管理方法。他给它起名字叫"Pyramid Upside Down",我们简称为倒金字塔管理法,也有人称之为倒三角管理法。

卡尔松认为:人人都想知道并感觉到他是被别人需要的人;人人都希望被作为个体来对待;给予一些人以承担责任的自由,可以释放出隐藏在他们体内的能量;任何不了解情况的人是不能承担责任的,反之,任何了解情况的人是不能回避责任的。卡尔松的"倒金字塔"管理模式就是在这样一种思维的指导下产生的。

传统的金字塔管理的最上层是决策者(总经理),中间层是中层管理者(部门经理,车间主任等),最下层是一线工作人员,也是具体的执行者。

在"倒金字塔"管理法的构架中,最上层是一线工作人员(卡尔松将其称之为现场决策者),中间层是中层管理者,最下层是总经理、总裁(卡尔松将自己称为政策的监督者)(见图2-2)。

卡尔松为什么决定把金字塔颠倒过来呢?因为他发现要把公司做好关键在于员工。在管理学上认为一个公司能不能好,管理者是最重要的,卡尔松在这个"倒金字塔"管理法中却把管理者放在最下面,他给自己命名为政策的监督者,他认为公司的总目标一旦定下来之后,总经理的任务是监督、执行政策,达到这个目标。那么中层管理人员不变,最上面这一层是一线工作人员,卡尔松称他们为现场决策者。

"倒金字塔"管理法的总的含义是:给予一些人以承担责任的自由,可以释放出隐藏在他们体内的能量。那么这种管理方法出现了什么效果呢?采用这种方法3个月之后,SAS公司的风气就开始转变,员工开始感觉到:我是现场决策者,我可以对我分内的事情作出决定,有些决定可以不必报告上司。把权力、责任同时下放到员工身上,而卡尔松作为政策的监督者,他负责对整体进行观察、监督、推进。

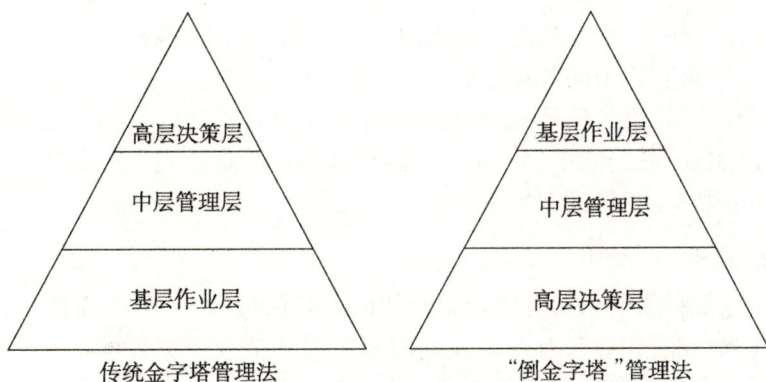

图2-2　企业金字塔管理法

下面介绍一个"倒金字塔"管理法案例。有个美国商人叫佩提,这一天他接到通知要乘飞机从斯德哥尔摩到巴黎参加地区会议。阿兰德机场距离斯德哥尔摩市70公里,是斯德哥尔摩也就是瑞典的国际机场。当佩提先生到达机场后，一摸口袋，脸变了颜色，发现没带飞机票。我们知道世界上各个国家的航空公司规定都是一样的，没有机票是不能够办理登机手续的。正在这个时候SAS公司的一位小姐款款走来说："我可以帮你吗？"佩提显得很不耐烦说她帮不了，可是小姐还是笑眯眯地说："您说出来或许我能帮助你。"佩提告诉她说自己没带飞机票，没想到小姐说："您没带飞机票呀，这事很好办，您先告诉我机票在哪？"他说在XX饭店411号房间，小姐给了他一张纸条，让他拿着先去办登机手续，剩下的事情由她来处理。佩提先生到了登机的地方很顺利就办好了，拿到了登机卡，过了安检，到了候机厅。当飞机还有10分钟就要起飞的时候，刚才那位小姐把他的机票交给了他，佩提先生一看果然是自己忘在饭店的机票。那么小姐是怎么把机票拿到的呢？她拨通了饭店的电话后是这样说的："请问是XX饭店吧，请你们到411号房间看看是否有一张写着佩提先生名字的飞机票？如果有的话，请你们用最快的速度用专车送往阿兰德机场，一切费用由SAS公司支付。"是什么力量使她这样做呢？就是"倒金字塔"管理法，因为它把权力充分地赋予了一线工作人员。

企业培训大师余世维讲过他们公司里发生的一件事情：有一天，余总桌子上的电话响了："喂，余总吗？我是你的朋友老刘。我今天到你的门市买家具，看中了你们那套意大利的沙发，可以便宜点吗？"

"门市的服务小姐没有给你便宜吗？"

"倒是打了折，可是还是太贵了点。"

"那你找我算你找错了，对不起了，"余总说，"在我们公司，总经理是不可以商量价格的，找副总可以给你打九折，找经理可以给你打八折，如果你找到门市部的店长可以给你打七折，找到服务小姐就可以给你打六折。"

"余总，你的意思是不卖我面子了？"

"不是我们交情的问题，而是公司操作的原则，你还是回去找我们的服务小姐商量一下吧。"

对方也许不太愉快，但是从此之后余总桌子上的电话不再响了。

在他们公司，最有权力的其实是销售员，并不是总经理。

公司推动项目时，最好搞清楚项目经理有多少权力调动资源，如果没有资源的话，执行力是肯定大打折扣的。中国一般是领导出来拍板，难道别人不敢拍板吗？其实是没有资格拍板，也就是领导没有授权。

○ 有效授权

有很多讨论执行力的书籍在分析企业如何提升执行力时，都给出了一个建议，那就是领导必须适当授权，领导只有在下属拥有权力时才能获得良好的执行效果。不善于授权的领导整天会被琐事搞得焦头烂额，而下属由于没有权力而抱怨或束手无策。因此，**授权是提高执行力的有效途径。**

但是，任何事物都有利有弊，授权也是一样，适当的授权能提高下属的积极性，能使工作做得出色，但授权过度的坏处也不能忽视。

授权是建立在信任的基础上的，而信任又是经过长期的观察和考验逐渐在领导者与下属之间形成的。盲目的授权，不但不能使执行力提升，反而会造成严重的后果，因此人与人之间的信任是要付出成本的，这些成本包括金钱、时间、精力等等。比如，在德国，人们乘坐公共汽车、火车等交通工具从来不用查票，为什么？因为配备查票的人员要付出成本，因为很少有人逃票。而在中国，跟配备查票人员相比，逃票所损失的成本可能远远超过这些。所以要信任一些人，就必须经过考验和观察，否则会付出大量的信任成本。

因此，在一个组织里，领导对一个人的信任要经过 5 个阶段，授权与否也是根据对人的信任程度来决定的。这 5 个阶段如表 2-1 所示。

表 2-1　授权的 5 个阶段

授权的阶段	信任程度	采取的措施	是否授权
第一个阶段	完全不信任	领导作决策，下属操作	完全不授权
第二个阶段	有点信任	下属提供意见，领导作决策	有点授权
第三个阶段	比较信任	领导和下属一起提出意见，一起作决策	比较授权
第四个阶段	非常信任	领导只提供意见，下属作决策	非常授权
第五个阶段	完全信任	领导没有任何意见，下属作决策	完全授权

在一个公司里，针对每个人员在领导心目中的信任程度不同，授权的程度也不同。作为一个领导，要清晰地知道某个人所处的信任程度，依据信任程度决定是否授权，授予什么样的权力。如果一个人处在授权的第五阶段，你就不能按第三阶段对待他，否则会挫伤他的工作热情；反之，如果这个人处在第一阶段，你决不能给他授权到第三阶段，否则后果难以想象，因为过于信任反而会让下属犯错。

一个领导对下属的授权程度主要取决于对下属的信任程度，我们假设对下属的控制和信任之和等于一个常数的话，如图 2-3 所示，越向 A 的方向，控制程度越小，而信任程度越增加，授权程度越大。

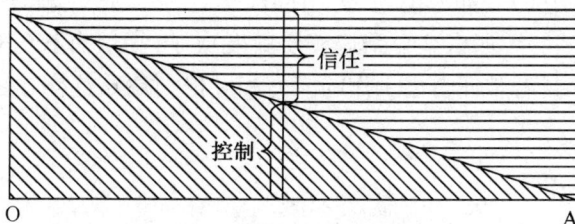

图 2-3　控制与信任的关系

○ 分层授权与分层负责

授权的好处大家都知道，但过度授权的坏处很少有人能够体会。

过度授权的缺点主要表现为：

部署过度,影响主管,一经授权,迟早会弄权。有一个笑话,说的是台湾企业家王永庆的故事。王永庆是一个非常节俭的人,他反对铺张浪费的现象。有一次,他的下属招待客人吃饭,在台湾,吃一次饭要 1 万元。下属找王永庆报销,王永庆看看发票,摇摇头,没有办法,吃都吃了,还能不报销? 于是在发票上批了 4 个字"大吃一顿",签名:永庆。下属知道老板肯定是不高兴了,于是又一次吃饭时,将 1 万元分成了 3 张发票分次报销,这事被王永庆发现了,又在发票上批上 3 个字"天天吃",签名:永庆。虽然不能确定这个笑话的真实性,但这种现象在任何企业都出现过,化整为零,瞒天过海,这就是弄权的表现。

授权成为分权,领导被架空,还要承担最后的责任。某单位一个中层干部 A,自2001 年开始负责本单位的三产经营,由于主管三产的公司副总对他非常信任,就把几乎所有的权力下放给 A。开始的几年,A 兢兢业业,工作也很负责。但时间长了,权力不受制约,A 就开始动"脑筋"了。之后的几年,为自己的私人利益,A 排除异己,无法无天。最终,在一次审计中发现了很多漏洞,顺藤摸瓜,查出了 10 万元的漏洞,几年间,A 贪污了 10 万元! 当然,由此他获得了 3 年的牢狱之灾,公司的副总也为此承担了责任。

领导由有权无责变成有责无权,当然非常不放心。领导本身就是权力的代表,如果把权力全部下放了,要这个傀儡领导做什么? 因此,领导不完全授权是有依据的,权力一旦全部授出,就没了,但下属的所有责任都由领导一个人承担,你说他能放心吗?

在西方国家,他们的企业里崇尚分层授权,这是因为人们的诚信度达到了很高的程度,可在中国,情况就不太一样了。分层授权往往变成了分层把企业扒了皮。既然授权可能会有这么多不利,但如果不授权有些工作确实也很难办到,或者会给领导带来大量繁杂的工作,真是一件进退两难的事情。那么,有没有既授了权,还不会出现不良后果的方法呢? 有,那就是用分层负责来代替分层授权。

(1) 企业责权金字塔。

企业管理有很多的金字塔结构,我们在这里介绍的是责权金字塔,如图 2-4 所示。著名的中国式管理大师曾仕强认为,一个企业大致可分成 3 个层次,即决策层(高层)、管理层(中层)和作业层(基层)。如果把"权力"比作"天",那么"人"就是负责的一层,也就是中层,"地"就相当于基层。那么这个企业实质就变成了,高层有权(其他全无),中层尽责(要能干),基层得利(要有胜任自己工作的能力和应得利益),这样才是最佳状态。

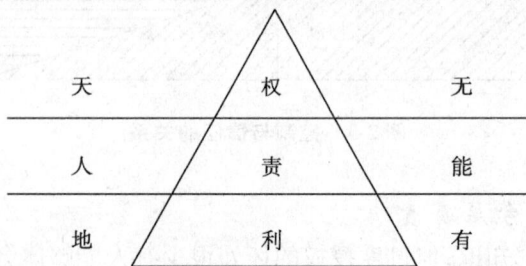

图 2-4　企业责权金字塔

然而,在企业管理中会常常看到如图 2-5 的情况,那就是中层干部不是企业管理的精英,却是争权夺利的阶层,即夺高层的权,抢基层的利。他们忘记了自己应有的职责是"尊重上级的权力,维护部属的利益"。

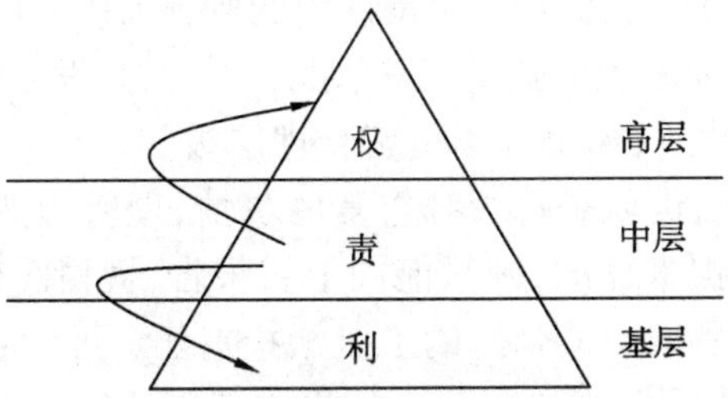

图 2-5 我国企业的中层"乱党"

（2）分层负责。

为了避免滥用职权,我们应该用分层负责来代替分层授权。什么叫分层负责? 分层负责,就是在企业的组织管理的各个层次,划分他们的工作职责,每个层次的工作人员必须在职责范围内解决问题,超过职责范围不能解决的问题,必须拿出方案,并向上一级汇报;如果上级也不能在本层次内解决,则拿出处理意见后向更高层次汇报。分层负责就是把责任一层一层分割,然后分配下去。从某种意义上来说,每个层次的责任分配等于授权,只不过不说授权,而是叫承担责任。

我们可以用一张表格来理解分层负责(如表 2-2 所示)。

表 2-2 分层负责表范例

工作项目	发生频率	负责层次					备 注
		总经理	经理	科长	主任	承办人	
A	每天（正常）					√	
	每天（异常）				√	√	视情况向上汇报
B	每周（正常）				√	√	
	每周（异常）			√	√	√	视情况向上汇报
C	每旬（正常）			√	√	√	
	每旬（异常）		√	√	√	√	视情况向上汇报
D	每月（正常）			√	√	√	
	每月（异常）		√	√	√	√	视情况向上汇报
E	每季（正常）		√	√	√	√	
	每季（异常）	√	√	√	√	√	视情况向上汇报
F	每半年（正常）		√	√	√	√	
	每半年（异常）	√	√	√	√	√	
G	每年	√	√	√	√	√	

① 每一个成员都将自己的工作列出,以利于分析。

明确该做的事情是什么,什么是最为重要的,做什么事情,由谁来负责,必须要弄清楚。把所有工作项目都列出并检查一遍,再让上级查一遍,看是否周到全面。

把所有的工作项目根据其发生的频率进行划分,可以分为每天、每周、每旬、每月、每季度、每半年、每年7个频率。我们把每个周期内的所有工作项目分为两种,即正常状况和异常状况。每个周期内都要发生的就是正常状况,不是必然发生的则是异常状况。

② 自行按照工作的性质,提出分层负责合理层级。

对于每天的正常状况,也就是每天都重复的事情,理所当然是承办人的责任。对于异常情况,承办人无法承担责任的,则只能向上级报告,视情况向上推,推给最合适的上级。推不是推卸责任,而是推给最合适的上级承担责任。推的目的是要完成工作。

对于异常情况,承办人可以推给主任。如果主任无法解决,不能负责,则进一步推给科长……直至总经理出面。发生的频率越少,越容易忘记,而且事情一般越重要,往往负责任的层次就越高。当上述所有的工作项目都提出了合理的分层负责层级时,这张表就可以完成了。如果正常的工作下属没有完成,上司应该提醒责任人,监督责任人。

③ 共同讨论,决定后呈请领导核准实施,并定期检查。

把表做好以后,所有员工和管理者应召开会议,各个部门彼此互相检查,看看除了表中内容,还有没有什么其他职责,如果有,应该怎么样再分配下去;然后呈报总经理,批准了以后,先施行半年,然后再调整。

④ 分层负责表的作用。

制定了负责表以后,每个人就做到了心里有数。该负责任的,就要认真去执行;不该负责的或者是不能负责的,就要与领导联系沟通。

这样责任分明,你可以理直气壮地去做该做的,并承担起责任来;不该做的你就不能越权,但是可以请示。

>>>> 养成"即时紧盯"与"主动回报"习惯

当林肯和他的兄弟在肯塔基老家农场里耕种玉米时,那匹拉犁的马非常懒,老是磨洋工。但是,有一段时间它却在地里跑得飞快,以至于吆马、扶犁的兄弟俩差点儿都跟不上。到了地头林肯才发现,有一只很大的马蝇叮在马身上,林肯抬手就把马蝇打落在地。但是,林肯的兄弟却告诉他好心办了坏事,正是因为马蝇叮咬,这匹马才跑得快了起来。

这个故事告诉我们,只有让自己的团队不断地被叮着、咬着,团队的成员才不敢松懈,才会努力拼搏,不断进步。

如果你是一个领导,不知道有没有碰到这样的事:当你安排一项任务给一个人时,可过了很长一段时间后,你却不知道安排的工作是否做了,或做到什么程度了。这是为什么呢? 有两个原因:一是作为任务的布置者,布置任务以后你没有追踪、检查;二是执行人没有及时报告工作的进展或完成情况。

作为一个主管,我们的习惯就是"布置等于完成",我们不愿意花时间去检查过问布置给下属的工作,督促他们更好地完成工作,任务往下一布置,就万事大吉,从此再也没有人过问。

作为一名员工或一个执行者，我们也有个习惯，就是"接受了任务单就等于完成了任务"，我们更不愿意把手上的工作定时地向上级反馈，让上级知道我们在如何执行。接受了任务，就敷衍了事，反正没人追问和检查。

2004年9月，某高速公路第十合同段路基施工单位在进行线外工程施工时，增加了一条1.2公里的接线，总监将设计图纸下发了以后，施工单位的总工把这张图纸放在普通文件里就忘了，在这期间，总监以及监理人员没有检查过。到2006年工程验收检查时才发现少了一条路，而此时，施工单位已经撤场了。

我们主张，**在执行的过程中主管和执行者应该养成"紧盯"与"回报"的习惯**。为什么要养成这个习惯呢？我们知道，一个人在执行指令时，由于多种原因，肯定会出现执行偏差的，我们看看执行偏差是怎样形成的（如图2-6所示）。

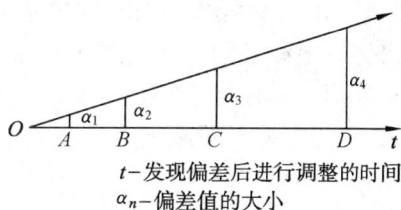

t—发现偏差后进行调整的时间
α_n—偏差值的大小

图2-6　执行偏差的形成图

工作执行过程的偏差是难以避免的，假设一项任务在O点开始启动，沿着横坐标t进行（t表示任务进行的时间），我们用α来表示工作的偏差值。从图中我们可以看出，如果从A点就报告执行偏差，那么偏差值为α_1，如果到B时间点报告执行偏差，那么偏差值为α_2，在C点报告执行偏差，那么偏差值为α_3，如果我们到D点才报告偏差的话，那么偏差就变成更大的α_4了。可见，离开O点越远，也就是回报越迟，偏差就越大。因此我们必须尽早报告工作进度，这样就会早知道偏差，以便于及时得到纠正。

作为主管，紧盯部署的工作，常常检查和敦促，就会及时发现目标的偏离并修正。

作为执行者，也应该随时根据工作进度向上级并得到指示。这里"回报"的意思是回复、报告，也就是反馈，这跟我们平时说的"汇报"是不一样的（如图2-7所示）。

汇报的意思是甲向乙汇总说明，是单方行为；而"回报"的意思是甲对乙有所要求，而乙对甲有所回馈，是双向互动的行为。这里强调一下，回报并不是长篇大论的论述，不是开会，不是写报告，而是一句话，一个便条，几分钟的时间，足矣。回报与紧盯的关系如图2-8所示。

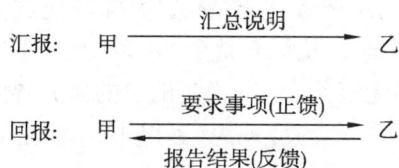

图2-7　汇报与回报

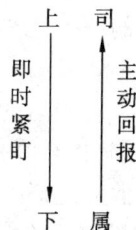

图2-8　回报与紧盯

在一般情况下，我们都希望下属能够自动地及时地将执行情况回报给上司，万一做不到，上司就要随时地紧盯着下属，让下属报告发生的事情和结果。我们要求下属要不断地回报，一旦发现他们没实施，我们就要紧盯着他们，一直到他们养成这个习惯为止。

其实搞管理不是单向的，不是单行道，而是双向的。所以领导对下属一旦有要求，下属就要对上司不断地回报。这样可以让上司明白你现在在做什么，万一有差错，还来得及修正，如果不这样做，执行就会脱钩。

养成主动回报的习惯有两个好处，第一是能让领导放心，让他知道你一直在做他安排你的工作；第二是能够随时地修正执行偏差，接受上司的建议和指示。

比如，监理下发的关于质量控制的文件应通过这几个环节来传递信息：① 施工单位项目经理部的总工；② 经理部的技术科长；③ 施工队技术人员；④ 作业队各工段班组长；⑤ 具体操作人员。在这条信息链上，每个人都是影响文件传输的关键点，因此信息链的上线必须对下线交代明确，而下线又必须对上线负责。在这项工作的执行中，就必须形成监理组紧盯着总工，总工紧盯着科长，科长紧盯着技术员，技术员紧盯着班组长，班组长紧盯着施工人员的关系。反过来，再一层一层地如实地回报执行情况，这样工作还能做不好吗？

>>>> 量化执行细节，并坚持

既然能称为"标准"，就必须可执行。有很多标准不能执行，其中一个最主要的原因是没有量化细节，让执行人不知所措。

早些年，国内突然出现一家名叫"红高粱"的快餐连锁公司，公开与麦当劳和肯德基较劲，声称洋快餐开在哪里，红高粱就奉陪到哪里。可是一段很短的时间过后，"红高粱"倒下了，而麦当劳和肯德基在中国市场上却依然繁荣。究竟是什么力量在左右着公司竞争力？在"红高粱"不可一世的时候，几乎所有人都惊呼快餐市场上出现了一个可怕的杀手，它的策划能力和分店连锁的速度令人叹为观止，而同时期的洋快餐却似乎显得有些沉默。

一个真正成熟的公司，它的核心竞争力来源于成熟的管理、内部效率和外界资源的整合能力。流程化、规范化和标准化的管理是其中的重中之重。

"红高粱"倒了，当然原因可能很多，但有一点可以肯定，就是它没有把自身修炼好。外在的竞争力总是难以持久的，并且易于被模仿，它所引爆的"暴发"更多的是一种透支。自身的修炼才是跟人竞争的资本！

我们不妨看看麦当劳吧！与其说麦当劳是服务麦当劳，不如更准确地定义它为数字麦当劳。麦当劳内部的一切管理都是数字化的。从面包烤制、可乐调温、牛肉饼大小到吸管粗细、柜台高度、等待时间，麦当劳均事无巨细，它对这些细节的研究界定甚至精确到了小数点之后。麦当劳的这些标准细化到如此的境地，真不得不让人佩服，更重要的是麦当劳能坚持！

标准的实施与坚持并不是一朝一夕的事，那是要经过千锤百炼的。2008 年 8 月 8 日，我国成功地举办了第二十九届奥运会，奥运会之所以能成功举办，就是因为各项工作做得细致，也就是严格执行了标准。

其中,对礼仪小姐的选拔和训练的标准就有严格的规定:要求礼仪小姐的身高168厘米到178厘米,年龄18岁到25岁,身材标准、匀称,并对她们的气质、体态、皮肤、综合素质都有严格要求;礼仪小姐穿的高跟鞋为5厘米;"奥运微笑"的标准是微笑时牙齿露出6颗到8颗,脸部表情不能僵硬,练习时每人咬着一根筷子练习;为了体现东方人的稳重,站立时应该站稳,礼仪小姐头上顶着一本书,双膝夹着一张纸以训练站姿。这就是标准!企业管理的标准就应该制定得细到这样的地步。

一个企业的破产原因是多方面的,但像麦当劳、肯德基这样成功的企业一定是因为他们对标准的量化和不断的坚持。全国、全世界的麦当劳餐厅都一样,正是因为他们坚持标准到了登峰造极的地步,一个个餐厅就像电脑上一个文件复制的若干份,没有区别,没有失真!这就是细节量化的魔力。

>>>> 从粗放式管理过渡到精细化管理

不知道读者有没有注意到这样一个问题:国外的CEO和国内的CEO在谈话时有什么区别?

中国的CEO和国外的CEO,虽然都被称为CEO,都肩负着企业的责任,都思考着怎样让企业发展壮大。但他们对企业关心的重点是不一样的,中国的CEO一旦谈起自己的企业都会大谈他们的企业是不是将来要进入世界500强,谈论他们的大的战略方向,以及怎样用谋略取得胜利;而国外的CEO则会关心企业股票的指数、市场增长率等具体的问题和具体的数字。

中国的CEO喜欢讲哲学等虚的东西,国外的CEO头脑比较清晰,他们喜欢具体化,数据化。中国CEO喜欢说"大概"、"大约"、"大幅度增长"、"大幅度提高"等,国外的CEO则使这些词汇或语句更加数字化,他们会说"我们的股票明年要增长11%","市场占有率要增加15%"等等。

从这个比较中我们就可以看到粗放式管理和精细化管理的差别。

○ 粗放式管理的特征

(1)追求由投资带动或需求拉动的规模增长。我们国家很多企业经过两三年的发展就已经具有较大规模。

(2)热衷于哲学层次上管理思路和经营战略的思考。比较热衷于用《孙子兵法》来管理企业,想方设法从《易经》里提取管理的一些精髓。

(3)管理实践中的形式主义。如我们要建立什么样的企业文化;质量重于泰山等。我们知道,公司的管理不仅仅只是质量管理,质量是不是重于泰山呢?是不是比利润还重要呢?这就是太虚伪的形式主义,明明大家都清楚,利润才是企业的命脉,他偏要说质量重于泰山。

(4)表面管理。我们企业的硬件设施一点不比国外差,可是我们的服务呢?也就是说,我们表面上已经达到了一流水平,可实际上还有很大的差距。

（5）差不多管理。

（6）短暂的管理。安全月抓安全，生产月抓生产，成本月抓成本，质量月抓质量，那么我们到底在抓什么呢？什么也没抓。

○ 精细化管理的特征

当我们进入到一个公路施工现场后看到：便道平整无积水；路基边坡平顺；边沟顺畅；路基土填筑表面平整光洁；场地材料堆放整齐；设备停放规范；工人施工井井有条；所有材料、设备、构件、模板堆放标识清楚；现场没有浪费和任何的杂物；施工人员干劲十足……这就是精细化管理。

据统计，我国民营企业的平均寿命为2.9年，为什么那么短命呢，国外长寿公司的秘诀是什么？精细化管理！精细化管理有以下特征。

（1）以建立完美流程为中心强调不断地改善。

（2）强调数字化、精确性，严谨成为一种行为。

（3）关注企业的财务，尤其是成本、利润和各个重要的周转指标。

（4）强调对领导力的建设。

（5）能帮助建立学习型组织。

○ 企业为什么要向精细化管理过渡

（1）随着中国市场经济体制的确立和完善，粗放式的管理已经不能再适应这种激烈的市场竞争了，在客观上要求企业的管理必须有一个转型。

（2）随着国际竞争日益加剧，国外的公司管理非常精细，精细化是构建执行力的基础，我们的企业要跟他们竞争，就必须由粗放转为精细。

（3）趋于成熟和复杂的消费群体。客户的要求越来越复杂，所以产品要越来越精细。

（4）趋于成熟的投资者和公司的监管机制。投资者追求的是公司的回报，他们需要的是数字，如果公司还跟以前一样粗略、浮躁，已经不能满足股东的要求。

5 执行力的核心流程

所谓执行力流程，是指一项工作（任务、政策、指示、指令等）从一开始决定到执行完毕整个过程中的执行。在这个过程中，缺少不了3个环节，那就是任务的形成和战略（称为战略流程），整个执行过程中涉及的人（称为人员流程）以及执行过程的细节（称为运营流程）。这3个流程缺一不可，并且哪一个被忽略都可能导致执行的失败。

我们首先用最简单的语言来理解一下这3个概念，最后根据在执行过程中的重要程度来排列先后顺序。

战略：就是做正确的事，是一开始就做正确的事，不是把事做到正确；

运营：就是把正确的事做正确；

人员：就是用正确的人，不是把人用正确。

这是因为，正确的战略和正确的运营只能由人来保证。上海华润集团的总裁宁高先生说：战略正确，不能保持公司的成功，成功的公司一定是战略方向与战术执行力都到位，战略的背后是执行。那么谁去执行？谁去完成？谁去指挥？谁来保证？当然是人了，再好的战略没有人来完成是无法实施的。

上海申沃汽车总裁干频认为，企业的目标要变成共识，才能执行。一个企业如果有危机感，就是大家都有危机感，才能变革；一个企业如果有文化，要大家都认可才会变成自己的价值观、思想和行为；一个企业要有目标，要大家都愿意做，这个目标才会落实，执行力建立在共识上面。因此在这 3 个流程中，人员是最重要的流程。任何策略都可以复制，但只有执行力的贯彻很难学习，特别是有执行力的人很难模仿。

既然运营是把正确的事做正确，那么就表明运营的前提是战略，这就表明战略又比运营重要。战略一旦错误，运营越积极，企业陷入泥沼就越深，执行偏差就越大。

我国有十几个手机制造商，大家都把手机的外壳设计放在主要的位置，而没有人重视手机芯片这个核心技术。据统计，到 2007 年，我国国产手机生产过剩，总产量超 3.2 亿部，而有 4 500 万部库存，这就是国产手机制造商错误的战略加上了积极的运营，最终导致手机生产过剩的结果。

因此，战略流程、运营流程和人员流程三者的先后次序应该是：人员流程——战略流程——运营流程。这三者虽然有先后次序，但却不可或缺，一个正确的执行应该是三者的完美结合。图 2-9 和图 2-10 分别为高速公路施工企业执行力流程图和企业执行力塑造图，应该可以给我国的工程建设单位一些启示和借鉴。

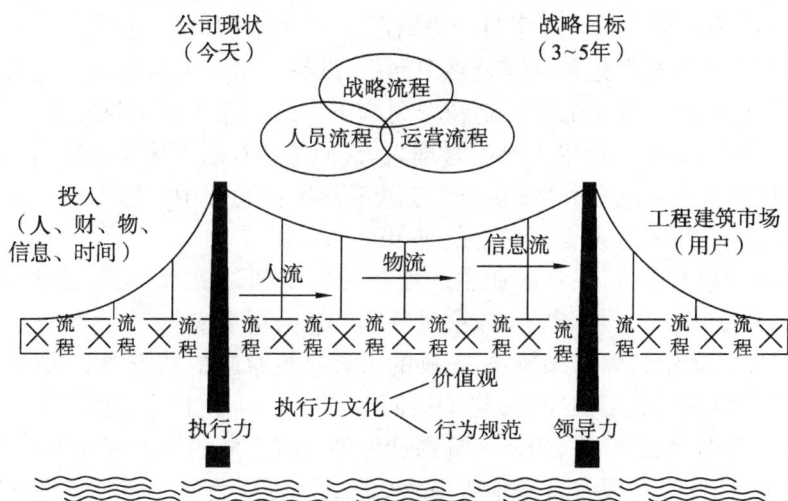

图 2-9　工程施工企业执行力流程图

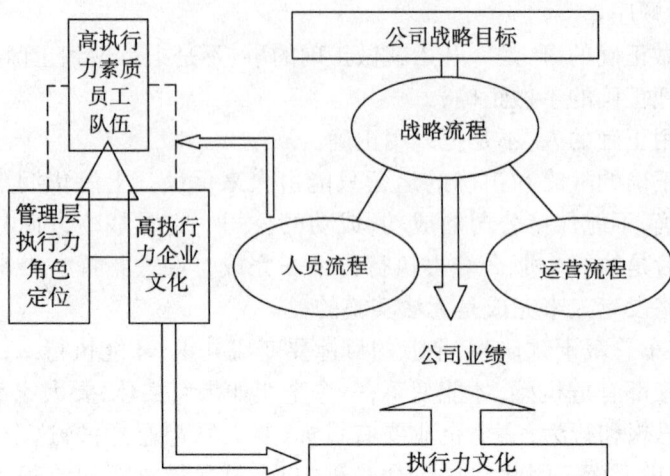

图 2-10　企业执行力塑造图

>>>> **人员流程**

　　战略讲得漂亮没有用,问题是能不能有效执行,光是执行也不够,重点是有没有偏差和脱钩,而这一切都是靠人!杰克·韦尔奇说:"让合适的人做合适的事,远比开发一项新战略更重要。这个宗旨适合于任何一个企业。就算我有世界上最好的策略,但是如果没有合适的人去发展、实现它,这些策略毫无价值。"

　　人员的含义是指用正确的人。联想集团重用杨元庆,引导联想走向辉煌;日本企业重用戴明的管理哲学,带领世界企业走上了一条质量管理之路……

　　选人,首先要注意诚信,没有诚信,执行就会偏离,要强调执行力先要考查这个人够不够诚实,一个人如果不诚信,他做什么都会打一个折扣。某高速公路路面第三合同段施工单位为 M 公司,该公司由于本身人力资源匮乏,符合高速公路施工管理要求的人员其实就一两个。M 公司在这条高速公路中标后,没有合适的人选做项目经理,就任命了一个在其他高速公路上施工的项目副经理到这条高速公路担任项目经理。该项目经理以前其实并不是本专业的技术人员或管理人员,而是在社会上多年从事自由职业的人,该项目经理把在社会上的那种"二流子"作风带到项目管理中。对内部人员,摆出一种"黑老大"的架势。对业主和监理,也是"不买账"。

　　M 公司因为用错了人,在每次业主的竞赛评比中都是最后一名。最终施工质量总跟不上要求,在业主的强烈要求下,该项目经理才被公司更换。

　　用正确的人,会给公司带来效益,正确的人具有更卓越的执行力。战国时魏国文侯用吴起为主帅,吴起一点不摆架子,与士兵同吃同住。有个士兵皮肤长了脓疮,吴起就用嘴把脓液吸出来。这个士兵的母亲听到这件事后就失声痛哭。有人说:"你儿子不过是个无名小卒,而将军却要亲自替他吸脓液,你应该感到荣幸,为什么反而要哭呢?"那位士兵的母亲说:"从前,有一年也是吴起大将军替孩子他父亲吸过脓疮,他的父亲心存感激,打仗总是勇往直前,结果就死在了战场上。如今吴将军又给我儿子吸脓液,我不知道他又会卖命战死在什么地方,所以我才会哭啊。"吴起手下士兵有这么好的执行力也许会给我们一些启示。

实际上,我国企业在"人员流程"上存在的缺失,主要表现在三个方面:第一,不具备挑选人才的能力;第二,缺乏对人才的信任;第三,不注重也不开发员工的价值,即使一点价值也没有的员工,也不拿掉。

从上面的故事我们可以得出结论:如果要建立有效的人员流程,就必须从人力资源的角度做好三件事,即员工评估、领导人才的培育和寻找领导人才输送的渠道。而这三件事通常是很多企业所忽略的。

>>>> 战略流程

企业制定战略是为了企业的使命和目标得以实现。在竞争日益凸显的时代,工程企业不断地加强自身的管理以适应竞争的要求。面对着变化(Change)、顾客(Customer)和竞争(Competition)这样的经济和社会环境(简称3C),企业高层不得不制定出可行的战略并向这些方向前进。

○ 战略目标要正确

战略体现的是企业的发展方向和要达到的目的,它是企业做好各项工作的指南。有这样一个故事,在非洲撒哈拉沙漠中有一个叫比塞尔的村庄,它紧靠在一块15平方公里的绿洲旁,从这里走出沙漠一般需要3昼夜的时间。可是在1926年肯·莱文发现它之前,这儿没有一个人走出过大沙漠。为什么世世代代的比塞尔人始终走不出那片沙漠?原来比塞尔人一直不认识北斗星,在茫茫大漠中,没有方向的他们只能凭感觉向前走。然而,在一望无际的沙漠中,一个人若是没有固定方向的指引,他会走出许许多多大小不一的圆圈,最终回到他起步的地方。自从肯·莱文发现这个村庄之后,他便把识别北斗星的方法教给了当地的居民,比塞尔人也相继走出了他们世代相守的沙漠。如今的比塞尔已经成了一个旅游胜地,每一个到达比塞尔的人都会发现一座纪念碑,碑上刻着一行醒目大字:**新生活是从选定方向开始的。**

同样的道理,今天一个企业的发展首先取决于战略方向是否正确。对企业来说,目标明确了,企业发展方向就有了一个明确的定位。**只有对目标作出精心选择后,企业才能生存、发展和繁荣。**

○ 好的战略要为顾客着想

制定战略要知道顾客在哪里,顾客在想什么。美国福特汽车公司的创始人亨利·福特在20世纪初期曾经说过一句名言:"我们只生产黑色的汽车,而不用考虑顾客的需要。"在当时的环境条件下,福特的战略没有错。20世纪初的市场环境特点是市场没有细分,存在大量需要没有被满足的消费者,这时,以高效率低成本大批量地进行生产可以满足大量的市场需求。但这样的战略只适合当时的状况,福特的战略只考虑了短期。

与福特不同,IBM 的成功更让我们认识到了制定战略要具有前瞻性。在 20 世纪 40 年代,当时的 IBM 公司尽管有一个响亮的名称——国际商用机器公司,但却是一个名不见经传的制造商业数据处理机的中型企业。1947 年,第一台电子计算机"艾尼柯"研制成功,这是一台为军事用途设计的专门从事科学计算的计算机。当时工业界流行的看法是:计算机是用于科学计算的高速运算工具。但 IBM 公司的创始人托马斯·沃森的观点却与众不同,他以其远见卓识的眼光预见到计算机最主要的用途是数据处理领域。于是他为 IBM 公司制定了新的战略:集中精力研制高效的、廉价的,用于会计和工资计算这类商业日常事务和信息处理业务的计算机。正是这一战略,使 IBM 公司在 1953 年就率先推出了 650 型商业数据处理用计算机,并在头 5 年就卖出了 1 800 台。这个数字是当时最权威的市场研究人员对整个 20 世纪全世界计算机销售量最乐观的预测数字的两倍。也正是这一战略,使 IBM 公司发展成为世界上最大的计算机企业。

○ 好的战略要量化实施

任何战略目标都不可能自动实现的,战略要分阶段、分步骤实施,不能一口吃一个胖子。战略要分成若干个过程,就像百米跑步一样,将 100 米分成 10 个 10 米,每个 10 米再细分成 10 个 1 米,只有一米一米地跑才能顺利跑完全程。

某通信公司董事长在 2001 年提出战略:"按国际一流的标准建好队伍。"这个战略就没有细化,不够形象具体。一个目标管理,如果不够形象、不够具体、没有操作的手段,这个目标就很可能变成一个空洞的目标。果然,到 2009 年这家通信公司还是原来的样子,并没有走向世界! 就是因为目标没有细化和量化。

○ 战略目标要有一个引爆点

战略目标要先寻找一个切入点,这个切入点就是引爆点。读者可以想想,在自己的公司有没有一个切入点。对一个战略目标来讲,一旦切下去这个点就变成了引爆点,就会不断扩展,这个战略目标才会完成。

18 世纪的纽约以脏乱差闻名,环境恶劣,同时犯罪猖獗,地铁里的情况尤为严重,是罪恶的延伸地,平均每 7 个逃票的人中就有一个是通缉犯,每 20 个逃票的人中就有一个携带武器。1994 年,新任警察局长布拉顿开始治理纽约。他从地铁的车厢开始治理,车厢干净了,站台跟着也变干净了,站台干净了,阶梯也随之整洁了,随后街道也干净了,然后旁边的街道也干净了,后来整个社区干净了,最后整个纽约变了样,变得整洁漂亮了,犯罪案件也减少了很多。现在纽约是全美国治理最出色的城市之一,这件事也被称为"纽约引爆点"。

○ 战略离不开细节

一个战略没有细节是做不到的,战略要从细节上寻求方法。**战略是执行的战略,所以必须注重细节,战略前期做得越细,战略定位就越准确。**

麦当劳在中国开到哪里,火到哪里,令中国餐饮界人士又是羡慕,又是嫉妒,可是我们有谁看到了它前期艰苦细致的市场调研工作呢? 麦当劳进驻中国前,连续 5 年跟踪调查,内容包括中国消费者的经济收入情况和消费方式的特点,提前4年在中国东北和北京市郊试种马铃薯,根据中国人的身高体型确定了最佳柜台、桌椅和尺寸,还从香港麦当劳空运成品到北京,进行口味试验和分析。开首家分店时,在北京选择了5个地点反复论证、比较,最后麦当劳进军中国,一炮打响。这就是细节的魅力。我们中国哪个餐饮企业在开业之前做过如此深入的市场研究?

好的战略只有落实到每个执行的细节上,才能发挥作用,正像战略管理大师迈克尔·波特所说:**战略的本质是抉择、权衡和各适其位。**所以说,战略和战术、宏观和微观是相对的,**战略一定要从细节中来,再回到细节中去;宏观一定要从微观中来,再回到微观中去。**

战略的制定和实施,一定要清晰,可度量,可考核,可检查。战略制定后要有明确的战略实施时间表,分阶段时间和最终时间,并按轻重缓急顺序实施。在战略实施过程中还要不断地关注、跟进和紧盯,并建立关键点反馈制度,避免执行偏差并及时修正。这就是对完美战略的追求。

>>>> 运营流程

战略流程界定了企业希望行进的方向,而人员流程则界定了哪些人该参与其中。运营流程则是为这些人员指明路径,并将长期的产出切割成短期目标,然后一步步实现这些现时现地的目标。

○ 运营流程的内容

运营流程包括企业预定在一年内完成的各项方案,以期盈余、销售、获利率与现金流量等指标均能达到预定水准。这些方案涵盖新产品上市、行销计划、把握市场优势的销售计划,标明产出水准的制造计划,改善效率的生产力计划,等等。运营计划所根据的假设均以现实状况为基础,同时经过与财务人员和实际负责执行的业务主管讨论而得。举例而言,GDP增长率、利率水准、通货膨胀等因素会对运营流程内的业务发生什么影响?如果某个重要客户大幅修正计划,会对我们造成什么后果?运营流程具体说明企业不同单位、部门间应如何协调步伐达成目标,并探讨其中必要的取舍,同时留意突发状况,以避免无心的失误,也希望不会错失意外的机会。

○ 运营流程的关键指标

运营流程始于确认关键性目标:营业收入、营业利润、现金流量、生产力、市场占有率等,包含的项目依企业而异。不过重点、焦点应是与改善经营成果密切相关的重大事项。这些项目的选定过程是由外而内、由上而下的。所谓由外而内,是指这些数字必须反映经济环境与竞争情势,同时也能借以让投资人明了,本公司股票为何比其他同行业更值得投资。由上而下则代表目标的设定也是由整体到局部——也就是由企业整体着手,以各组成部分为子集合。太多公司的做法刚好与此相反,它们利用预算程序汇总各事业部门不同层次的计划,然后集合为一个全体性的计划。这种做法造成许多精力的浪费,因为各部门员工在反复磋商之际,相关数字必须一再修改。

○ 欧莱雅的 KPI 运营哲学

世界著名化妆品生产厂家欧莱雅集团是《财富》世界 500 强之一,创建于 1907 年。历经一个世纪的努力,欧莱雅已从一个小型家庭企业跃居成为世界化妆品行业的领头羊。欧莱雅集团的事业遍及 150 多个国家和地区,在全球拥有 283 家分公司及 100 多个代理商,欧莱雅集团在全球还拥有 5 万多名员工、42 家工厂和 500 多个优质品牌。作为全球最大的化妆品集团,欧莱雅在一个世纪的历程里,不遗余力地为满足世界各国人民对美的追求而奋斗。

欧莱雅公司原来做的是中低档次的化妆品。后来欧莱雅吞并了法国兰蔻后,档次得以提高。后几经周折,由百货公司电梯口的一个小柜台开始,扎根美国,并兼并了美国的露华浓。这个策略非常成功,最终使欧莱雅变成世界化妆品的一流品牌。同样肩负着这一崇高使命,欧莱雅于 1997 年正式来到中国。为了抢占中国市场,欧莱雅实施先占领上海,再攻打长三角,最后拿下整个江南,最终进军全国的战略。

欧莱雅的 KPI 哲学是英文"Keep Performance Indicators"的缩写,就是一切作为表现均按照预先的指令行使的意思。如果你对执行偏差有感觉,KPI 这句话就一定听得懂,一切作为表现,通通按照预先的指令去行使。前面下的指令是什么,你就紧紧地跟着这个指令,一丝不苟地把它跟紧,每一个细节都不放过。欧莱雅正是这样按预先的指令不折不扣地完美执行,战略才得以成功。

如果欧莱雅不把公司的高端愿望解析成每个工作的细节,那么它的战略就是空洞的,没有意义的。

欧莱雅战略成功的案例给我们的启示就是:**运营流程要追求执行的完美。**

第二部分

PART TWO

团队与学习

第三讲　打造优秀团队计划

> 　　带走我的员工，把我的工厂留下，不久后工厂就会长满杂草；带走我的工厂，把我的员工留下，不久后我们还会有个更好的工厂。
>
> ——钢铁大王　安德鲁·卡内基

　　全美收银公司（NCR）在德国开设的一家分厂，在二战中变成了废墟。战争一结束，该公司的董事会主席阿伦去现场视察，意外地发现两名 NCR 的员工在清理残局，这时，有一名美国士兵开着坦克驶向工地，大声叫着："你们这些家伙完成定额没有?!"原来他也是 NCR 的员工。他们对阿伦说："我们知道您会来的!"

　　战争可以毁坏他们周围的一切，但是公司的信念、团队的精神却一直存在。

　　工程施工企业员工正需要这样一种团队精神。企业缺乏团队精神将无法实现核心竞争力。多年以来，施工企业人才流动现象普遍存在，究其原因是企业没有凝聚力，没有给员工一个展示才能的平台。**企业要长足发展，必须用团队精神把人凝聚在一起。**那么怎样把自己的队伍打造成一支攻无不克、战无不胜的优秀团队呢?

1 什么是团队

　　一句格言说的好：我们每一个人都是单翼天使，只有互相拥抱才能飞起来!

　　一滴水，只有放进大海才会永不干涸。21 世纪，这是一个经济腾飞的年代，更是一个讲求合作的年代。个人要发展，企业要成功，离不开一个朝气蓬勃的具有强生命力的组织，这个组织能给予每个人一个充分发挥才智的平台。

　　一个人的力量太薄弱，人们崇尚明星、巨人，但明星、巨人若失去了团队的支持，他们的光环亦随之消退。每年在美国篮球大赛结束后，常会从各个优胜队中挑出最优秀的队员，组成一支"梦之队"赴各地比赛，以制造新一轮高潮，但结果总是会令球迷失望——胜少负多。为什么会出现这样的情况呢? 因为明星们高估自己的作用,他们组合在一起,没有一个共同的目标,也就是没有团队精神。虽然他们都是最顶尖的篮球选手,但是由于他们平时分属不同球队,无法培养团队间默契,不能形成有效的团队力量。由此看来,团队并不是一群人的机械组合。

在自然界,一株植物单独生长时,往往长势不旺,没有生机,甚至枯萎衰败,而当众多植物一起生长时,却能郁郁葱葱,挺拔茂盛,人们把植物这种相互影响、相互促进的现象称之为共生效应或群落效应。

正是这种共生,才诞生了自然界的繁荣。也恰恰是这种共生,才出现了像微软、GE、华为、海尔、联想、麦当劳、肯德基等优秀的团队。

>>>> 高效团队的冰山理论

不是任何一群人组织在一起就可以形成真正意义上的团队。一个高效的团队,不但表面上给人一种积极向上的感觉,其实在内在本质上,团队还有很多的潜在动力,而那些潜在的和看不见的,才是其他人难以学习和模仿的。

1912 年 4 月 15 日,英国皇家邮轮泰坦尼克号在北大西洋撞在了冰山上,1 500 人葬身海底。当时守望员在夜色中隐约看见了“两张桌子大小”的一块黑影——冰山,于是船体立即调整方位,躲过了冰山。既然冰山已经躲过,为什么船底还会被冰山撞穿呢?原来船上的人看到的只是冰山的一角,而巨大的冰体隐藏在水下。研究显示,冰山露出水面的部分是 1,而在水面以下的部分则是 8。

团队有如一个“冰山”(见图 3-1),看不见的部分比看得见的部分更重要,团队的外在表现也仅仅是这冰山一角,最难发掘和学习的其实隐藏于海底。这些存在于水下的才是团队的核心特质。

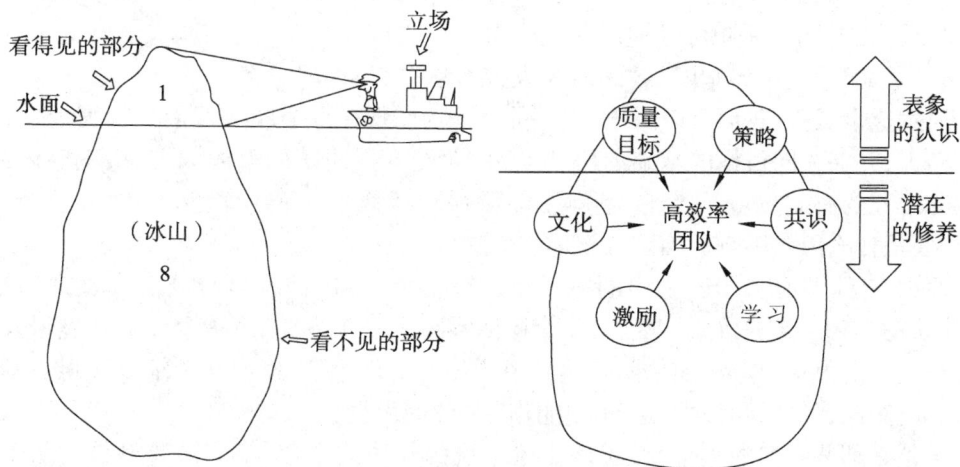

图 3-1 团队的冰山理论

学习别人的团队,我们可以学习的是它的目标、决策、政策、制度、规则,这些都是我们能够很快掌握的。而像企业文化、团队之间的相互激励、同舟共济的精神、学习精神以及全体成员对企业的共识等，则难以模仿和学习。如今很多餐饮企业学习麦当劳，其实麦当劳的管理方法已经出书了，全世界发行，它的管理方法已经不再是什么秘密。各个企业都在学习和效仿，但我们今天看到的依然只有一个麦当劳，原因是麦当劳内在的东西我们没有办法模仿。

>>>> 缺乏团队意识就是一盘散沙

时间的列车带着我们步入了一个快节奏的时代。在这个充满竞争的时代里，商场上硝烟弥漫，企业要生存、要发展、要成功，必须要建立持久的竞争优势。然而，"单丝不成线，孤树难成林"，个人英雄主义已经不能适应企业的发展。曾国藩说过，带兵最难的不是以一当十，而是以十当一。我们的企业，现在不应强调"以一当十"，而应强调的是"以十当一"，讲求团队意识。IBM 亚洲区域总裁说过："现代企业不可能单打独斗，现在已经是一个打群架的时代！"**在企业内部，必须发掘每一个成员的潜力，让所有人的力量得以发挥，建立一个强大有力的竞争型团队。**

○ 人多力量大？

"人多力量大"，这是中国的一句经典名言，曾经也在我国的经济社会发展中起到过不小的积极作用。但社会发展到今天，随着专业分工的日趋细致，一个没有向心力的团队，没有凝聚力的群体，即使人再多，也不可能做出优异的成绩。

德国科学家瑞格尔曼曾经做过一个著名的拉绳试验。他把参与测试者分成 4 组，每组人数分别为 1 人，2 人，3 人和 8 人。瑞格尔曼要求各组用尽全力拉绳，同时用灵敏的测力器分别测量拉力。测量的结果有些出乎人们的意料：

2 人组的拉力是单独拉绳时 2 人拉力总和的 95%；

3 人组的拉力只是单独拉绳时 3 人拉力总和的 85%；

8 人组的拉力则降到单独拉绳时 8 人拉力总和的 49%！

通过这个试验，我们可以看出：在一个团队中，只有每个成员都最大程度地发挥自己的潜力，并在共同目标的基础上协调一致，才能发挥团队的整体威力，产生整体大于各部分之和的协同效应。否则，不但不能取得预期效果，还会远远小于整体合力。那么，到底是什么因素影响了团队的整体绩效呢？

原因在于，只有当团队之中的每一个成员协调一致，都将自身的潜力发挥出来之后，才获得 1 + 1 > 2 的效果。因为，一个团队需要每一个方面、每一个环节都做得好，才能保证团队的力量；相反，如果团队建设中的任何一件小事，任何一个细节做得不到位，都会影响团队成员的积极性，进而影响团队整体的力量。

无论是那些有名的大企业，还是一些小型的作坊式企业，都应倡导一种团队精神，并将其用在企业经营上，一定会成效显著。

○ 个人的力量有多强？

记得在上高中时，班主任老师讲过这样一个故事：在德国的一个小镇上有个教堂，镇上的人都会按时虔诚地去做礼拜，唯独巴尔去了几天就不去了。牧师知道后，便去他家问他为什么不去做礼拜了。他回答："礼拜的仪式和方法我都会，我可以在家做礼拜。"牧师听完没有说话，而是从巴尔家的火盆里拿出了一块烧红的炭放到地板上。过了一会，那块炭灭了，而火盆里的炭还在燃烧……

巴尔不解地看着牧师，牧师看着那块熄灭了的木炭，说："炭火的燃烧依靠的是每一块炭的相互依存。"从此巴尔像其他人一样按时去教堂做礼拜。

团队是一个有机体，依靠的是全体成员。如果谁脱离了团队，就算他个人能力再强，也不可能很好地发挥。

有一次，比尔·盖茨被问道："如果您离开微软，还能再建立一个微软吗？"盖茨想了想，说："能！请允许我带走一百名员工。"可见，像比尔·盖茨这样的大牌巨星也强调的是团队，因为他知道，个人的力量是多么的薄弱呀！

具有"独狼"之称的巴西传奇球星罗马里奥是一个被光环围绕的世界巨星，多次参加世界和区域比赛获得佳绩，他成为巴西足球队的象征。1994年第15届世界杯他带领巴西队赢得冠军，本人荣获最佳球员（金球奖）和银球奖（5球）。

可这个罗马里奥不注重与其他人合作，他一天到晚和队员吵架，连教练也不例外。巴西队最后决定不用这个人。1998年世界杯时，罗马里奥没有参加，结果巴西只得到了亚军。外界评论，是因为巴西队没有罗马里奥才没有得到冠军。于是，巴西的民众联名要巴西队请回罗马里奥，甚至连总统都出面求情。可巴西队坚持不允许，因为球员们说，如果要罗马里奥回来那我们都退出。

2002年，日韩世界杯巴西队再次赢得冠军。事实证明，有没有这个家伙没有什么关系，巴西队照样是个优秀团队。

罗马里奥在记者招待会上流下了伤心的眼泪。有人这样评论："狼泪！相信你没有见过狼会流泪，也很难想象狼会流泪，因为你知道狼是一种凶悍而坚韧的动物。目睹狼流泪，我保证你会感动甚至流泪。"不过，说罗马里奥是狼，可能狼会生气了，因为狼是极具团队精神的动物。

○ 没有完美的个人，只有完美的团队

每年的秋天，大雁都会成群结队地飞往南方过冬，第二年春天再飞回原地。在长达万里的航程之中，它们要遭遇猎人的枪口威胁，历经狂风暴雨、电闪雷鸣以及寒流与缺水的种种考验……但每一年，它们都成功往返。

世界上没有完美的个人。因为每个人只有一张嘴，只能发出一种声音；只有一双手，只能做有限的事；只有一种血型，只能展示一种特质；只有一个大脑，只能进行一种思考……

正因如此，我们需要一个团队通过互相配合来完成工作。

成功源于接纳包容，因为一个人不可能十全十美，但真正可以做到的是融入团队，

让团队成员因互补而彼此更加完美,或者说因此而让团队更有效率、更有活力。

团队永远比个体更完美,团队的力量无穷。一群蜜蜂,一群蚂蚁,为什么能在生存条件残酷的地球上繁衍数亿年仍生生不息?想想看,一群小小的蚂蚁,它们团结起来力量有多大?个体与团队就是鱼和水的关系。

时代需要英雄,更需要伟大的团队。一个人的智慧再高,能力再强,对于迅速膨胀的信息和全面爆炸、不断更新的知识体系也无法做到全面掌握,你表现得再出色,也无法创造出一个高效团队所能产生的价值。所以,一味强调个人力量、个人作用的观念本身就已经渐渐为时代所淘汰,团队合作的重要意义在以企业为竞争主体的市场经济条件下表现得越来越充分。

相传,佛教创始人释迦牟尼曾向他的弟子提出过这样一个问题:一滴水怎样才能永不干涸?弟子们面面相觑,不知如何作答。释迦牟尼说:"把它放进大海里去。"

一个人再完美,也不过只是一滴水,一滴水的力量再强大,也终究会消失于无形;一个优秀的团队就有可能是一条小溪甚至是一条大江,将每一滴水融入其中,就不必担心它们会干涸。

世上没有完美的个人,只有完美的团队。一个企业内若充满了团队意识和团队精神,那就意味着这个企业必定具有良好的凝聚力和十足的战斗力。个人为轻,团队为重,团队精神是一个企业同心协力、不断向上的原动力,它会让每位团队成员产生一种归属感,觉得为团队作出贡献就等于是在为自己争得荣誉。可以说,一个企业的团队意识越强,它的生命力就越旺盛、越长久,而士气高昂、活力充沛的团队可以将整个企业牢牢地捆在一起,更好地发挥整体的力量。

2 团队的建立和培育

随着竞争的加剧,团队的概念并没有大的改变,但实际上,团队内部对各个成员的要求在不断地提高,因为只有一个高效率的团队才可以与其他团队竞争。要使自己的企业成为一个坚不可摧的团队,必须从理解自己的企业、了解企业的员工开始,循序渐进地创造高效能团队。

实际上,我们大家都非常明白,企业想运作成为一个真正高效的团队其实是很难的,因为并非所有人都得团结,甚至大多数人不具备合作的特质,对高效率的合作没有热情。

世界上没有两片完全相同的叶子,更不存在两个完全相同的人。人是有思想的,但企业领导者都期待所有的人在工作时,都拥有许多同样的素质,而这些素质从哪里来呢?要经过长期的训练。

日本人注重对人的各种素质的培养,他们对人的教育伴随着人的一生(见图3-2)。家庭和学校的教育是最基本的教育,而社会和企业则更是一个巨大的人才培育学校。在这个大学校里,每个人都是老师而每个人又都是学生,他们互相提醒,互相监督,以至于在公共汽车、商场或街头,如果你无意中违反了秩序都会被提醒。

日本人的团队精神就是在这样的教育背景下形成的,日本经济的迅速崛起跟他们这种团队精神是密不可分的。国家要强大,必须改造国民性,而企业要强大,也必须培育员工的精神。

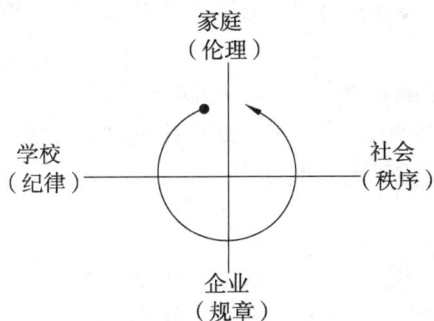

图3-2 个体教育的4个阶段

>>>> 个体发展

○ 自主性的培育

团队的自主性,是指团队所有人员都主动自发地工作。做过主管的都有这样的体会,那就是我们的企业里,主动自发工作的人其实很少,工作态度问题已经是企业面临的一个新的问题和挑战了。

现在的企业一直不断地强调要如何了解顾客需求,要如何创造高绩效,但是,由主管们提出一些使顾客满意的条件或创造高绩效的方法,往往是喊破了喉咙,部属也不愿照着做。似乎,员工们来上班,不为别的只为钱,对于经营与管理一点也不关心。

身为管理者,谁都希望自己手下的员工能既听话又卖力,交代他做什么,他一五一十办得妥妥帖帖;最好的是,没交代的事,他也会设想周到替你完成。

宝钢集团原董事长黎明当初发现集团最大的问题出在员工的工作态度上。于是就跟三菱、三井合作,引进日本的技师和日本的品质管理,把日本人请到宝钢来彻底改变员工原有的工作态度。日本技师不会说中国话,但他们可以做动作,每天盯着中国员工做动作。这成了宝钢成功的第一步。

我国南方航空公司也从日本和韩国招聘空中小姐,用她们的主动自发的工作态度来带动企业员工行为改变。在飞机上,那些一直忙个不停、服务迅捷的往往是日本和韩国空姐,她们可以在工作中自主管理。

镇江一个四星级酒店,硬件设施都很好,而发生的一件事却让顾客对其好感大打折扣。有一次,一个顾客到镇江,入住此酒店。早晨,这位客人进入自助餐厅时,没有人过来打个招呼,也没有人来收餐券。他径直就进了餐厅,看见有五六个服务员聚在一起说说笑笑,餐桌上客人用过的餐具也不收。这位客人找了个空桌坐下来,看看桌面没擦过,就把服务员叫过来擦桌子,服务员一边跟她的同事说着话一边过来擦桌子,顺便收了餐券。客人刚坐下来,几个服务员又聚到一起聊天。这时,一个外国客人也进来吃饭,他捡餐时,捡了很多东西,两只手拿着两个大盘子,肩上还背了一个包,走向餐桌,看那样子很吃力,说不定会洒在地上,那些服务员看见了,竟然没有人过来帮帮忙,不但不帮忙,还看着老外笑。为什么这些服务员连这举手之劳的服务都做不了?就是没有主动服务的意识。

作为主管,我们想的应该是如何调动员工的积极性,让他们主动工作,给员工一个有效的操作空间。**不管是主管还是员工,都要有主动自发的工作习惯,要主动地反馈,主动地跟上级和下属沟通,主动地关切工作。**

○ **学会思考**

企业间的竞争,随着客户要求的提高也不断地升温,那么,究竟谁是赢家?靠得是谁在为顾客着想。三星集团前任董事长李健熙说过,要想成为领袖,就必须比对手多想一点。

飞机上是不能接打电话的,但是如果长时间飞行,万一旅客有个急事怎么办?

2008 年初,美国航空公司的 27 架波音 767-200 型飞机,在其主要的跨洲飞行的航线服务中,为旅客在航程中提供无线上网服务,旅客带着配备 Wi-Fi 传输功能的笔记本电脑乘坐航班时,只要和机舱内的小型天线建立连接,就能上网,该天线可将宽频讯号传送到地面基站。AirCell 公司被指定为空中电讯系统供货商。AirCell 首席执行官说,他们将为旅客提供在空中旅行时,也能享受到和地面相同的上网服务,客户在飞机上可以收发电子邮件、可以买卖股票、可以网上聊天……

其他的航空公司有没有这样的计划呢?

2005 年,路桥华祥国际工程有限公司承建镇溧高速公路 ZL-JT1 标路基和结构物施工,他们在文明施工方面做得特别出色,体现出了一个高速公路施工企业的新形象。路基施工的边坡修整很到位,临时边沟、路肩线、边坡线顺直,路基边坡平整,给人一种特别舒心的感觉。能树立这样的施工形象其实很不容易,但这件事他们想到做到了,其他单位就没想到。

作为一个企业也好,员工也好,要经常发现问题,并提出解决的对策,对自己从事的工作,要经常思考,改善流程以简化操作。有一个老工程师,原在煤矿系统从事工程测量工作,后由于煤矿关闭,应聘从事工程技术工作。这位工程师工作敬业,责任心强,并善于学习和思考。有一次单位买了一台进口的全站仪,说明书是英文的,他没有学过英语,但凭借他的钻研精神,竟然把说明书全部翻译出来。还有一件事,单位在进行超声回弹法混凝土强度检测时,一直使用的是一个从科研项目得出的公式,这个公式非常复杂,并且有多个不同情况的修正系数,比如粒料的颗粒大小、水泥的品种、混凝土水灰比、超声波探头的放置方法等。这个公式一直用了10多年,用公式的人都是大学毕业的高材生,但没有谁想过是否可以把公式简化一下。这位工程师在帮助同事计算混凝土强度时突然想,这么繁琐的公式肯定是可以简化的,结果他用了两天的时间,把一个庞大的公式给简化成了一个非常简单的公式,以至于一个普通计算器就可以轻易地计算了。

汽车不是日本人的发明,但日本的汽车品质在世界上是最好的;数码相机的发明者是美国的卡西欧,但日本的索尼现在是数码相机龙头老大。日本企业思想开阔,懂得思考,懂得如何改进。他们说,"模仿加改良等于创新"。所以,日本人就是喜欢把别人的东西输入到自己的脑袋里,等输出来以后,就出现了创新。

索尼公司1978年发明的便携式随身听(Walkman)曾被誉为20世纪最成功的消费品发明之一,随身听引发的销售热潮创下了一个世界纪录。据说,日本索尼的便携式随身听是源于一个老员工的智慧。这个老员工非常喜欢听收音机,以至于在上下班的路上都提着收音机,由于体积大,他就做了个小的,还是嫌大,就做了个更小的……最后就像手掌那么大,还是觉得不方便,只能拿在手上或者放在口袋里,于是他就思考着是否可以把收音机做得更小并且能够固定在腰带上,这样既不妨碍工作又易于调谐。就这样,他的发明给索尼带来了巨大的利润。

○ 团队协作

这是一个只有合作才能取得成功的时代。我们每个人的智慧和力量都是有限的,任何人想要成功都离不开他人的帮助。任何天马行空、独来独往的"江湖独行侠"行为,在这个高度组织化、协约化的社会中将不再占有一席之地。所以,大至一个国家,小到一个企业,要想在竞争中成功,都离不开合作。可见,在竞争环境中,竞争与合作可以相互促进,相互转化。**良好的合作更有利于在竞争中获得成功。**

团队合作是一种为达到既定目标所显现出来的自愿合作和协同努力的精神。它可以调动团队成员的所有资源和才智,并且会自动地驱除所有不和谐和不公正现象,同时会给予那些真诚、大公无私的奉献者适当的回报。如果团队合作是出于自觉自愿时,它必将会产生一股强大而持久的力量。

管理者最困难的工作,是让他的部属及员工凝聚形成团队向心力,同心同德,互相合作。能够做到这一点,必定是同行中的佼佼者。深得人心的领导者、经理及军事指挥官,都了解并且能够激励部属,为完成共同的目标而努力。**能够把别人的心结合在一起,就能成为领导者。**

上世纪30年代,美国的通用汽车公司是全球最强大的汽车制造企业之一。到上世纪80年代,日本的汽车已经成功地打入美国市场。日本汽车的成功靠的便是团队合作。企业生产的产品一般经过市场营销、产品设计、成本核算、生产制造、销售、售后服务等环节。美国的汽车制造企业是按照流程从市场营销开始,一直到售后服务来开展业务,一般需要5年时间形成一个周期。而日本企业通过团队合作,从市场营销开始,各个部门共同参与,一般只需要18个月就形成一个周期。日本企业在上世纪80年代利用能源危机这一契机,成功打入了美国汽车市场。

经常反思企业里存在不合作的问题,就知道这源于个体的自私、自我和自大。如果你注意观察你组织里的人,你会发现有一种人,无论他自己处于一个什么样的地位,甚至工作上很不努力,他都是那么的自信,这种自信的程度超出了极限。他们以自我为中心,好像所有的成就都是他一个人所为,在组织里,可以没有任何人,但不能没有他自己。他们不愿意主动融入团体,即使在团队中,也不愿意跟其他成员合作、沟通。

合作是铺向成功的基石。战国时期的蔺相如多次立功,并使完璧归赵,被赵王重用。蔺相如担任赵国宰相时,廉颇老将军居功自傲,十分不服气,并处处刁难。蔺相如为了国家的利益,对廉颇处处相让。廉颇明白了蔺相如的初衷后,非常惭愧,亲自到宰相府负荆请罪。后来他们在处理国家事务中精诚合作,使赵国日渐兴旺,"将相和"被传为历史佳话。没有合作,哪来国家兴旺?

几年前,有一个外国教育代表团在参观上海一所学校时,一位教育家邀请7个同学做了一个"瓶中抽球"的实验。教育家将7个彩球放在一个窄口瓶子里,每个彩球都系着线,线的一端露出瓶口,每个人拉住一根引线。这只瓶子代表一幢房子,彩球代表屋里的人,房子突然失火了,只有在规定的时间内逃出来的人才有生存可能。教育家请这7位同学听到哨声便以最快的速度将球从瓶中提出。瓶子的口径很小,一次无法通过两个彩球。实验开始了,只见这7个同学一个接一个地从瓶里抽出了自己的彩球,才用了3秒钟! 这位外国教育家连呼:"太了不起了! 我在许多国家做过这个实验,从未成功,至多能逃出一两个人,多数情况下是几个彩球卡住了瓶口。"

这个实验使笔者想起了2008年"5·12"四川大地震中的一个真实故事。

在四川省绵阳市安县桑枣镇,有一所很出名的中学——桑枣中学,这是一所安县教委直属的农村初中学校。桑枣中学创办于1974年,学校建筑面积一万多平方米,有教学班级31个,在校学生2 323人,教职员工178名。就是这样一所农村学校,在5月12日汶川大地震面前,2 200多名学生和100多名老师,全部安然无恙,无一伤亡。这所学校的校长名叫叶志平,是四川省的优秀校长,今年55岁。

叶志平自从担任桑枣中学校长后,就开始为学校当时新建的实验教学楼担心。此楼始建于80年代中期,由于没有找正规的建筑公司,并且断断续续地盖了两年多。到后来,竟没有人敢为这栋楼验收。当时的新楼,楼梯的栏杆摇摇晃晃,楼板缝中填的不是水泥,而是水泥纸袋,大楼的承重柱子不合标准。面对这样一栋华而不实的危楼,叶校长下定决心进行维修加固。从1997年开始,连续几年对这栋楼进行了改造和加固。

教学楼得以加固,但叶校长心里明白,光是把教学楼修建结实还不行,紧急情况下有序的疏散也至关重要。

从2005年开始,他每学期都要在全校组织一次紧急疏散的演习。学校规定好每个班固定的疏散路线。要求两个班在疏散时合用一个楼梯,每班必须排成单行。每个班级疏散到操场上的位置也是固定的,每次各班级都站在自己的地方。

就连每个班在教室里怎么疏散都作了规定。教室里面一般是9列8行,前4行从前门撤离,后4行从后门撤离,每列要走教室里的哪条通道都预先进行了设置。并且要求在二楼、三楼教室里的学生跑得快些,以免堵塞逃生通道;在四楼、五楼的学生要跑得慢些,否则会在楼道中造成人流积压。

在紧急疏散时,对老师的站位也有要求。要求老师站在各层的楼梯拐弯处。因为在拐弯处学生们最容易摔倒。孩子如果在这里摔倒了,老师是成人,完全有力气把孩子从人流中抓住提起来,不至于让别人踩到。

叶校长除了搞紧急疏散演练外,还经常利用学生下课后、课间操、午饭晚饭以及放晚自习时间,在教学楼中人流量最大的时候,看学生的疏散情况,查看老师是否在各层的楼梯拐弯处。

他还规定,每周二学校各班级要进行安全知识讲课,对学生进行安全教育,让老师专门讲交通安全和饮食卫生等知识。

地震那天,老师和学生们就是按照平时的训练秩序,用训练熟了的方式进行了安全疏散。

地震波一来,老师喊:所有人趴在桌子下! 学生们立即趴下去。怕地震扭曲了房门,老师们把教室的前后门都打开了。震波一过,学生们立即冲出了教室……

由于平时的多次演习,在地震发生后,全校2 300多名师生,从不同的教学楼和不同的教室中,全部冲到操场,以班级为单位站好,用时仅1分36秒!

合作是一种十分重要的精神,合作是两个或两个以上的个人或群体为实现共同目的在活动中联合协作的行为。现代社会要求我们学会认知、学会做事、学会做人、学会共处。**善于人际交往与合作、富于同情心、胸怀开阔、懂得理解是一个现代人应具备的素质。**

去过麦当劳你肯定有这样的经历,在排队的时候,前面没有了排队顾客的收款台的店员会主动招呼顾客:"排队这边请!"因为麦当劳的文化中有一条就是要求员工在不忙的时候主动帮助他人。

如果在麦当劳里看到清洁店面的人胸牌上居然写的是"店长XXX",你也不必感到奇怪——麦当劳所有的员工都会相互帮助,所以他们可以最有效地利用工作时间,所以麦当劳的工作效率非常高,同时也树立起友好互助的工作氛围。

虽然麦当劳餐厅有5个岗位的分工,但在日常实际操作中经常会出现让一个人同时兼顾多项作业的情况。为了随机应变地安排零工,保证餐厅服务流程的顺利进行,麦当劳会对不同岗位的每一位零工都进行全项工作内容的训练。

我们终于发现原来麦当劳的成功还源于这样的团结协作。

在企业内部,我们相互协作给企业带来了利益;而在企业之间,甚至是竞争对手之间的协作也可以为企业带来"双赢"。目前企业合作、收购、兼并的案例很多。

"商场上没有永远的朋友,也没有永远的敌人。"这蕴含哲理的名言揭示了竞争与合作的辩证关系,竞争不排斥合作。美国商界有句名言:"如果你不能战胜对手,就加入到他们中间去。"现代竞争,不再是"你死我活",而是更高层次的竞争与合作,现代企业追求的不再是"单赢",而是"双赢"和"多赢"。这就是经济生活中的"龟兔双赢理论"。龟兔合作,兔子把乌龟驮在背上爬过高山,然后乌龟又把兔子驮在背上游过河去。这就是"双赢",竞争对手也可以是合作伙伴。想成就一番大事,必须靠大家的共同努力。纵观古今中外,凡是在事业上成功的人士不都是善于合作的典范吗?现代社会提倡文明、有序的竞争。**在竞争激烈的生活中,若善于与他人合作,将更有利于提高竞争力。**

IBM 把自己的 PC 业务卖给了联想,联想获得了发展的契机也成就了世界第三的美誉,而 IBM 也甩掉了包袱轻装上阵实现更高层次的追求;华为跟摩托罗拉、思科在竞争中合作,赢得了国外的市场占有率;中国路桥集团跟中国港湾集团合并组成新的中交集团,增强了自己在国际市场的竞争实力,终于在 2008 年进入了世界财富 500 强行列……

○ 员工的认知

一个团队有没有竞争力,还体现在它的员工对本团队的认知程度,也就是员工对企业目标的认同感。

一个高效团队的高层愿望、员工认知和实际表现相当于 3 个圆,这 3 个圆在团队中交织却永远也不可能完整重合,而作为团队的管理者,就必须努力让它们最大限度地重合(见图 3-3)。

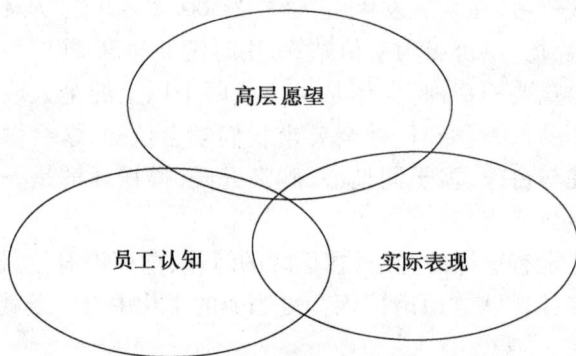

图 3-3　员工的认知偏离

在企业中,对企业目标的认同会促进个体的发展。**把团队的目标看成个体目标有助于个体的发展,把个体目标当做团队的目标也有助于团队的进步。**

迈克尔·阿伯拉肖夫曾任美国海军舰队司令的军事助理、美国国防部长的军事助理,1997 年 6 月起,担任当时美国海军装备最先进的驱逐舰"本福尔德号"的舰长。上任伊始,他就面临严峻的挑战:虽然这艘舰艇装备精良,但管理水平和作业效率低下,船上的水兵士气低落,70% 以上的士兵都讨厌呆在这艘船上,都希望可以提前退役,而与此同时军方招募一名新兵的费用则高达 10 万美元,培养一名可以在关键岗位工作的技术兵的费用更是高达数十万美元。

就是这样的一艘船,在迈克尔·阿伯拉肖夫的努力下,在短短的 20 个月时间里,情况彻底发生了改变,全体官兵上下一心,整个团队士气高昂。这艘驱逐舰被成功地改造成为全美国海军所公认的典范,整个舰艇的 310 名官兵形成了一支充满自信、干劲十足的团队,大家同舟共济,而且每个人都学会了为自己的行为负责。

迈克尔·阿伯拉肖夫用什么魔法使得"本福尔德号"发生了这样翻天覆地的变化呢?概括起来就是一句话:"这是你的船!"迈克尔·阿伯拉肖夫对士兵说,这是你的船,所以你要对它负责,你要与这艘船共命运,你要与这艘船上的官兵共命运,所有属于你的事,你都要自己来决定,你必须对自己的行为负责。从那以后,"这是你的船,一定要让它成为最好的"就成了"本福尔德号"的口号,所有的水兵都觉得管理好"本福尔德号"就是自己的职责所在。

这个故事很有借鉴意义。既然选择为企业工作,你就是企业的一员。同样,不管你是主管还是员工,哪怕你仅仅是一名门卫,或者是清洁工,这些都无关紧要,最重要的是你在企业这条船上,你必须和企业共命运,必须跟企业的目标保持一致。企业就像一条在大海上航行的船,我们要对这条船充满信心更要对这条船负责。企业这条船如果在风浪中倾翻了,船上所有人的利益都要受到损害,这是一个共同体,一荣俱荣,一损俱损。

实际上,在任何时候,在企业这条船上都会有两种人,一种是主人,一种是乘客。在企业里把船当做自己的船的就是主人,他们只有一个共同的任务和目的:把自己的工作做到最好、最正确,并且尽力地协助同伴,共同发展企业,努力将这条船安全平稳地驶向目的地。他们明白,企业的兴亡是每一个员工的职责,只有同舟共济,才能使船顺利驶向成功的彼岸。而作为一个乘客,一旦企业这条船出现问题,他们首先想到的是自己如何逃生,而不是想办法解决问题,克服困难,渡过难关。

我们要与企业共命运,就是因为这是我们的船,在这条船上,我们是主人,而不是乘客!

一个人,只要进了一个企业,那就是你生存的基础,是你的饭碗。大锅里有饭,你的碗里才有可能装满;大河里有水,小渠才不至于干涸。没有见过哪个破产企业的下岗工人日子会过得很舒心。我们说,爱企如家,爱岗敬业,也就是这个道理。关键是要干好自己的本职工作,要全身心地投入,即便是企业很小的事情,也要尽自己的能力干得漂漂亮亮;即便没人监督你,也要认真地坚守岗位,干好工作;即便别人冷嘲热讽,也要坚持自己的理想,不断地学习,不断地提高。

毕竟,这是你的船,在这条船上,你是主人,而不是一个乘客!

○ 合作和信任

信任是合作的基础,何谓信任?信任的基础是员工要具有正直的为人、一定的工作能力、看法的一致性、忠诚和开放。

要建设一个具有凝聚力并且高效的团队,最为重要的一点就是建立信任。合作和信任是团队中缺一不可的精神因子,"鲍雷夫法则"给团队的管理者们指出了一条光明大道。鲍雷夫认为建立合作和信任关系最重要的法则有如下8条。

(1)最重要的8个字:我承认我犯过错误。

领导者主动承认错误不仅是一种容人的表现,而且还可以不断反省自己。能够身体力行做到主动承认错误,并且真正地发自于肺腑,常常会产生出人意料的良好效果。

而在一般的企业中,很少发现一个领导和员工肯主动承认错误。当他们真的发生错误时,在死不认账的同时还不遗余力地把过错推给别人。特别是作为一个领导者,会经常把过错推给下属。

1990年2月,通用公司的工程师伯涅特在领取薪酬时,发现少了30美元,而这30美元是他应得的加班费。为此,他找到上司,而上司却无能为力。于是他直接写信给当时公司的首席执行官斯通,他在信中写道:我们总是遇到令人头痛的薪水问题,这已经使得一批优秀人才非常失望了。斯通看完信后,立即要求高层管理人员妥善处理此事。接着,斯通作出了决定:一是向伯涅特道歉;二是调整了薪酬政策,提高了优秀人才的待遇;三是邀请《华尔街日报》全程报道了这一事件的经过。此事在美国企业界引起了很大的轰动。斯通勇敢地纠正了一个错误,从而赢得了员工对他的信任。

(2)最重要的7个字:你干了一件好事。

欣赏和激励是指一种对他人的肯定、认同,应该随时随地、见缝插针地进行。而有些企业领导者最吝啬的莫过于口中说出一句激励的语言,好像一个字真的值"千金"。

在反省自己的同时一定要注意他人的反应,学会关切、鼓励他人是建立信任的第二条原则。松下幸之助在早期创业阶段一直与公司职员同甘共苦。创建三洋公司的景值熏经常回忆起他在松下公司工作时经常受到松下幸之助的鼓励,即使是在他把松下交给他的电池厂赔光了之后,也依然如此。松下幸之助认为,他能平安回来就已经值得鼓励了。

松下幸之助的用人之道是用最熟悉企业理念、企业文化的人,而不是智商最高的人。他经常激励教育员工,因为他认为,只有具有敬业精神的人,才可以把好的企业文化传遍几千人、几万人的组织。富有团队精神的组织,意味着高涨的士气、高昂的斗志、坚强的意志和顽强的品质,凭着大家的诚心和信仰,共同努力,达成组织目标的同时,实现个人价值。

(3)最重要的6个字:你的看法如何。

一个管理者,即使有再大的精力和才干,也不可能把公司所有的职权紧抓不放,事必躬亲。他总是需要把部分职权交给下属,让大家来共同承担责任。与人合作,一定要做到用人不疑,疑人不用,一个好的合作者能享受到分权后的轻松。

韩国最大的财团三星集团前总裁李健熙是个很懂得授权的人。1994年10月,他把大小事一把抓的总裁秘书室规模大幅度缩小,分设了电子、机械、化学及金融保险4个集团,分别设立集团经营委员会,负责最高层的决策。李健熙的充分授权,并不代表他的淡出。这些高层管理经理都是跟随他多年的最亲近的领导人员,他们一直在李健熙的授权下工作。因此,他们对李健熙的想法知之甚详,即使李健熙不在,他们也能作出与李健熙意见相差无几的决定。这就是信任的威力。

所以,**授权的要诀就在信任,不要过多干预,除非有严重错误需要及时纠正。**你不要苦心竭虑地想要弄清楚每个人的工作,只要为他们提供所需的条件,让他们觉得自己是项目的主人,这就够了。

(4)最重要的5个字:我们一起干。

在优秀的企业里,"我们一起干"并不是仅仅说给合伙人听的,**一个企业要成功就必须调动所有员工的积极性**。倘若让所有的员工都有与老板一起干的决心,那么这必然是一个优秀的企业。微软就是这样的公司。

微软公司有一个习惯,就是随时随地用电子"便条"沟通,而且不受层级关系的限制,可随意与任何人进行工作联系,即便是普通员工也可给比尔·盖茨本人发便条。但微软同时还有一个习惯,就是收到便条后要立即回复。

后来,公司规模大了,盖茨建立了一些200人以下的小团队组织,一方面可以保证工作质量,另一方面就是便于团队内部的信息沟通。此后,盖茨更加重视管理层之间的"便条"沟通,及团队之间的沟通。他还要求团队领导必须生活在团队中,随时与成员保持"热线沟通",不能延误。

一个团队能否协同一致地向前发展,其前提和基础只有一条,就是沟通。某种程度上说,沟通就是管理。

(5)最重要的4个字:不妨试试。

与伙伴的合作,归根结底是为了让双方在各个方面的互补性得到发挥。"试试"就是鼓励合作伙伴大胆创新。"不妨"其实是关键所在,不妨就是不要太在意结果,有创意就一定要付诸实施,必然会有收获的。3M公司就是大胆尝试、鼓励创新的典范。1914年,刚担任3M总经理的麦克奈特不希望公司的循序渐进和扩大发展全都依赖他一个人,他想创建一个新型公司:能够从内部不断进行变革,靠员工发挥他们的主动创新精神来促进公司向前发展。

"无论谁有新的思想,不管那思想听上去多么荒唐,我们都得听听。"

"要鼓励,别挑毛病。让人们将设想付诸实践。"

"试试——而且要快!"

正是在鼓励大胆创新的氛围中,有位名叫迪克·德鲁的年轻雇员发明了一种新胶带,使3M公司摆脱了砂纸生产,开始生产防护胶带。不久德鲁在防护胶带技术的基础上发明了另一种产品——苏格兰透明胶带,谁也未预料到这种胶带到20世纪30年代中期会成为该公司最重要的产品。然而,比透明胶带本身更为重要的是,3M公司使促进发明新产品的进化过程固化为制度。

(6)最重要的3个字:谢谢您。

"谢谢您"似乎是日常生活中习惯性的礼貌用语,然而,如何说出这个礼貌用语却是一件相当有艺术的事。并非把"谢谢"挂在嘴边就行了,真正说到人心里的谢谢是不需要用嘴来表达的。在日本日立公司,会议桌是圆的,无论你坐在哪里都不会觉得低人一等,从而营造出一种平等的氛围。在松下公司,松下幸之助看到正在辛勤工作的员工,便会为他倒上一杯茶,并说上一句"谢谢您的辛苦,请喝一杯茶"。

（7）最重要的 2 个字：我们。

在企业内部各部门之间常见的互相称谓是"他们"，大家在一起时很少说"我们"。这就是企业内部不合作、不信任的一面。

"下围棋"包含了日本人的处事方式，从全局出发，为了整体利益和最终胜利可以牺牲局部的"棋子"；"打桥牌"体现了美国人的处事风格，需要与对方紧密合作，针对另外两家而组成联盟来激烈竞争；"打麻将"则代表了另一种作风，孤军作战，看住下家，防住上家，自己和不了，也不让别人和。不少有识之士忧虑：企业在如此"麻将文化"的长期熏陶下，会不会败在这种处事方式上？

一项工作布置下来，大家明明知道难以完成，但心照不宣，不告诉领导。因为反正做不完，大家索性敷衍了事，不在工作上花心思、花精力，因为不是自己一个人的事。

还有一些人，他用了公司的资源，学到了自己的本领，并取得了一定的成绩，但他从不把自己的本领与同事一起分享，就算别人向自己请教，也只是敷衍，绝对不肯把工作技巧教给他人。

在这些人中，只有"我"而没有"我们"。当你在为各式各样公司服务时，必须学会去注意某些危险信号。有些字眼或词句使我们知道一位管理者的处境有多危险。应特别注意代名词的使用，因为在谈到公司的任何部分时，只有一个代名词应该使用：我们。

有一天，笔者到镇江解放路邮局汇款，是汇往北京一家杂志的一笔版面费，填写收款人的姓名叫宋雪静。手续办理完了以后，匆忙拿着回单就回了家。第二天，在整理收据时，发现收款人一栏打印的名字是宋雪梅。一字之差，肯定不能收到，于是就急匆匆地赶到邮局去更改。到了柜台，对服务员说明了情况，请她更改，因为确实是他们打印的错误。这时，那位服务小姐说："这不是我弄错的，是另外的一个服务员，她今天不上班，你等过了春节再来吧。"笔者听了后非常不满，说："不是你们弄错的吗？为什么要等那个服务员？你为什么不能改呢？"于是她生气地说："我再给你强调一下，不是我的错！"看着她那么理直气壮，就找了她们柜台的领班，领班给我查了一下原始凭证，确认是服务员弄错了，于是跟我说："我查过了，确实是另外的一个服务员弄错了，的确不是这位小姐的错，你不应该逼她！"

真不明白，同一个邮局里的员工，在客户面前，竟然分得那么明确。这使我想起了余世维博士讲的一个关于三菱与奥的斯电梯的故事：

某天中午，他们公司所在的大厦电梯忽然停止运作了，而且是停在了七楼与八楼之间。当时电梯里面有 19 个人。大热天，电梯里没有排气扇也没有空调，大家闷坏了。他们按了紧急呼救。物业管理处的人来了，可过了 30 分钟，物管处的人还是没能把电梯门打开。物管处打电话给奥的斯的服务部。对方的回应是 4 个半小时以后到达来检修。那个服务部设在天津，而天津到北京的路程走高速路只需要一个半小时，但对方却说 4 个半小时到，让人很难接受。

物管公司只好打 119，请消防来解决。最后，人救出来了。19 个人被困一个半小时，有些人已经呼吸困难，倒地不支了。

从电梯里出来后,这些受害者去找奥的斯。结果奥的斯负责技术的那个人说:"这不是我们的错,是他们的错!"他说的"他们",指的是奥的斯负责服务的部门,他的意思是这不是他们技术部的错。

另一个故事是关于三菱电梯的。某酒店大堂的电梯坏掉,大堂经理气急败坏地打电话给三菱的服务部。15分钟后,三菱公司的维修队来了,排成一小队进来,首先带头的那个人90度鞠躬道歉说:"对不起,这是我们的错。"

然后,他们开始检查。那个领队坐着电梯,从一楼到顶楼,逐层检查,两个小时后,满身大汗地下来了。大堂经理问是什么原因?他还是90度鞠躬,说:"我们的错!"却不说是什么原因。经理急了,说:"那你到底解释一下啊。"领队慢慢地说:"我们发现顶楼有不明来源的漏水。如果你不介意的话,请随我到顶楼看看。"

发现顶楼有不明来源的水,滴到电梯顶部的机关盒上,造成短路。

很明显这本不是产品的错,但是,既然是三菱公司的产品,他们还是一再承认是自己的错。这种态度十分让人欣赏。

但这还没有完。在接下来的5天,大堂经理每天都接到三菱公司的电话,问有没有出状况。经理被烦得不行了,说有问题我们会找你们,还不行吗?对方还是坚持打电话来。到了第5天,三菱公司的人亲自来了,给电梯机关装上一个防水的盒子。由于他们订制这个盒子需要三四天时间,所以,在这期间,每天打电话来询问电梯的状况,怕再出意外。

(8)最重要的1个字:您。

最后这两条原则最简单,但是非常重要。其实这两条原则没有任何深奥的内涵,执行起来也很简单。第一,时刻牢记你是在与人合作,不管什么事情都不要独断专行——我们就是要有整体的观念;第二,要时刻牢记尊重你的合作伙伴——您而不是你,这就是尊重。

○ 团队的共同利益

创建团队的唯一目的就是获得利益,团队成员在团队中工作,当然都应该得到利益。为了调动员工的积极性,要尽可能地公平分配。

为了鼓励员工,华为总裁任正非自己的股份只占集团股份的1%,他把大部分股份给了员工,因为他知道,他的团队依靠的是全体员工的共同努力。这种思想理念在我们国家还是不多见的。

团队的利益分配,应该事先有一个合理的、让大家认可的约定,把利益分成若干部分,但一定要保证每个人都要有;但同时也要根据绩效,不能吃大锅饭,也不能开小灶。

IBM日本总部曾发生过一个著名的"东京事件",起因是IBM东京公司高层决定秘密重奖几位工作出色的骨干分子。这件事本来是机密,在美国IBM本部也是一种例行的激励手段,但让管理层意想不到的是,领奖的几个人刚走不久,一些没有得到奖励的人就跑来要求辞职。他们这么做倒不是出于闹情绪,原因很简单,别人被重奖,而自己没有得到奖励,证明自己工作成绩不突出,得不到领导认可,继续"混"下去没劲,还不如自己知趣点,主动申请走人,免得日后被老板裁掉那么尴尬。令管理层更想不到的是,等这些人刚走,那些受到奖励的人又跑来要求辞职!原因更简单,由于自己被老板重奖,害得同事们丢了饭碗;而同事们因此辞职又害得公司工作陷入了被动,所以是既对不起同事也对不起公司,只好坚决辞职,以谢同事和公司。

IBM"东京事件"让我们至少感受到了两个层面的认同状态:

一是员工之间彼此负责,休戚与共,体现出了一种高度的认同感,并且这些员工处处善意、主动理解组织,因为给组织添了一点麻烦而深感自责,以致引咎辞职。对于任何一个组织来说,这样高度认同、高度自觉、高度负责的员工唯恐求之不得。我们相信IBM东京公司管理层作出重奖少数"功臣"的决定时,肯定没有想到会挤走这些多数的"群众"。

二是组织与员工之间存在着很大的认知问题。IBM"下嫁"东京时根本就没有完成文化上的嫁接,管理层也没有真正深入员工内心,没有理解日本企业员工相互认同的程度,结果生搬硬套在美国例行的激励机制,使一件好事变成了坏事,因不知缘而丧失已有的缘分。

团队的既得利益体现的是每一个人的汗水和辛勤的劳动,利益的分配既是一种成果的分享,也是对成员工作的一种认同和激励。

3 团队的冲突

冲突在团队内是难以避免的,适当的冲突有利于团队的绩效提升,也是企业变革的前提条件。

冲突是指两个或两个以上相关联的主体,因互动行为所导致的不和谐状态。冲突的实质是观点差异。冲突之所以发生,可能是利益相关者对若干议题的认知、意见、需求、利益不同,或是基本道德观、宗教信仰不同等因素所致。对于冲突观念的发展有 3 个观点。第一个是传统观点,认为冲突是有害的,必须避免;第二种是人群关系的观点,认为冲突是人性的沟通,是自然发生且不可避免的;第三种称为互动的观点,认为适当的冲突可以改善决策、提升绩效且不可或缺,要激发冲突。

>>>> 冲突管理

实际上,冲突可以分成 5 个阶段(见图 3-4)。

阶段 Ⅰ　　　　阶段 Ⅱ　　　　阶段 Ⅲ　　　　阶段 Ⅳ　　　　阶段 Ⅴ
潜在对立　　　认知与情感　　　意　图　　　　行　为　　　　结　果
或不相容

```
                  ┌─────────┐      ┌──────────────┐
              ┌──→│知觉到冲突│──┐  │处理冲突的意图│        ┌────────┐
              │   └─────────┘  │  │ ·强制        │        │增  进  │
  ┌────────┐  │                ├─→│ ·合作        │   ┌───→│团体绩效│
  │·沟通   │──┤                │  │ ·妥协        │   │    └────────┘
  │·结构   │  │                │  │ ·回避        │──→│
  │·个人   │  │   ┌─────────┐  │  │ ·顺应        │   │   ┌──────────┐
  └────────┘  └──→│感受到冲突│──┘  └──────────────┘   │   │冲突明朗化│
                  └─────────┘                         │   │·自己的行为│
                                                       └──→│·他人的行为│
                                                           └──────────┘
                                                                │
                                                           ┌────────┐
                                                           │降  低  │
                                                           │团体绩效│
                                                           └────────┘
```

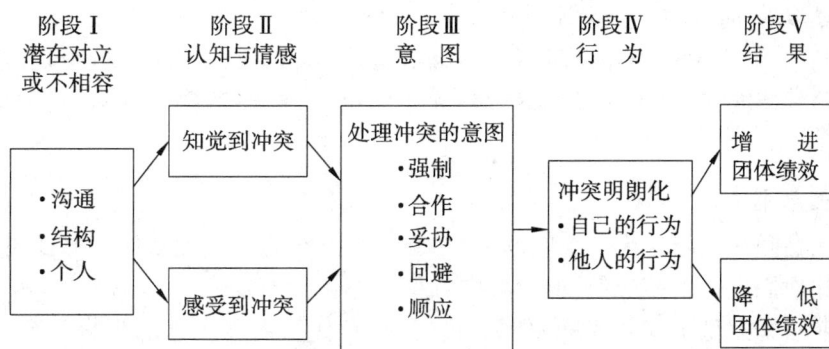

图 3-4　冲突的 5 个阶段

从冲突的 5 个阶段的发展结果可以看出,冲突的确不一定是负面的,它的两种结果一个是可以提升绩效,另一个是可以降低绩效(见图 3-5 和表 3-1)。

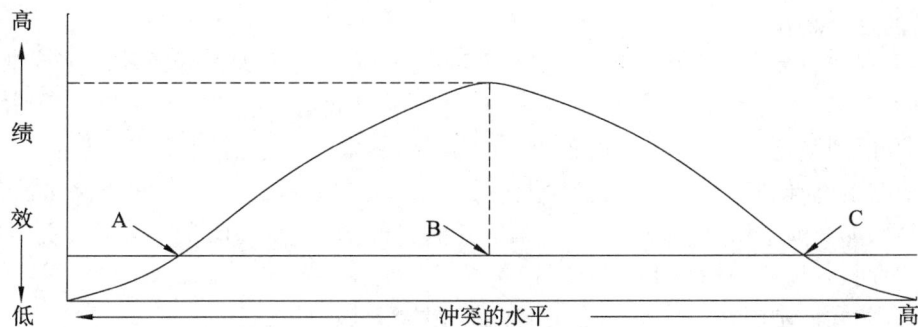

图 3-5　冲突与绩效图

表 3-1　冲突与绩效

情境	冲突水平	冲突类型	内在属性	绩效
A	低或没有	破坏性	冷漠的 停滞的 对改变没有反应,缺乏新意	低
B	适量	建设性	有活力的 自我批评的 创新的	高
C	高	破坏性	破坏性的 无秩序的 不合作的	低

适当的冲突,有利于改善团队的绩效和促进组织的变革,我们称之为建设性(功能性)冲突;而另外一些冲突,它们不利于团队的和谐,我们称之为破坏性(失能性)冲突。在团队中出现了这两种类型的冲突,作为管理者要以适当的方法予以解决。

○ 对敏感问题应先个别沟通

一些问题,如果预料到开会时可能会遇到分歧,就必须在会前进行个别沟通,否则就会遇到两种情况:一种是会议冲突激烈无法解决;另一种是会议沉默,会后出现不同声音。

○ 德尔菲法

人跟人之间在一起讨论一个问题常常会产生冲突,为了避免冲突或减少冲突,管理者要经常让他们进行单独交流,最后集中意见。

德尔菲法即意见函询调查法,是20世纪50年代初由美国著名咨询机构兰德公司发明的一种决策方法,其主要研究如何通过有控制的反馈使得收集的意见更为可靠。德尔菲的要点是:①不记名投寄征询意见;②收集意见;③统计、整理意见;④将整理后的意见进行多次反馈、咨询,直至意见比较集中为止。

把德尔菲法用于冲突的处理是指单独交流,即把不同的想法或意见交互发送参考,但发送的意见必须说明依据。

明太祖朱元璋在马皇后生病时,找太医看病,他发现几个太医开的药服用后都没什么明显的效果,不知道他们开的每一种药材是否都对病情有效,于是找来太医,太医们对自己开的药坚持己见,各说各的道理,争论不休。朱元璋于是想了一个办法,他找来了10个医生,让他们每个人给马皇后把一次脉,然后单独开药方。一种药材如果10个医生都开,那么就采用,如果只有一个医生开而另外的9个不开,则不采用。这样治疗了一段时间,马皇后的病情果然有所好转。

这说明我们中国在古代就知道用这样的技术来处理冲突了。

○ 以人格魅力处理冲突

管理者要培养自己的人格魅力,才可以抑制冲突的激化。关于领导者的人格魅力的培育我们将在其他章节来论述。

○ 凡是可以改善绩效的冲突都应该接受

我们的管理者往往有个毛病,就是不愿意接纳与自己不同的意见,从而失去了公司变革的最佳时机和提高绩效的机会,这其实是不利于公司成长的。"不管黑猫白猫,抓到老鼠就是好猫。"而很多管理者偏偏不懂得珍惜这些改变思想的机会。

2006年5月,李强被一家企业的总经理以高薪从一家国有大型制药企业技术科长的位置上挖来,为了充分体现对他的信任,总经理将项目研发部的管理权、人事权甚至财务权都一股脑儿交给了李强,并委派了一名海归硕士吴军协助其进行项目的研发。

在立项之前,李强和吴军曾经各自提出过一套方案,并且都坚持不肯让步。吴军主张在引进国外现有的先进技术基础上改进配方和生产工艺,这样不仅见效快且技术风险较小,但缺点是要支付一大笔技术转让费用;而李强则主张自力更生,研发具有自主知识产权的全套生产技术,这样做的缺点是技术开发风险较大。

按公司规定,如果双方都坚持己见,那么就要将这两个方案拿到项目研发部全体会议上进行讨论，最后作出集体决策。以李强多年的国企管理经验，如果正副职在业务上产生分歧，当着下属的面各执一词激烈讨论，必然会不利于整个部门的团结，对领导的权威也是一大挑战。实际上，他也缺乏足够的信心说服吴军和整个部门的同事，于是他找到总经理，使出全身解数甚至不惜以辞职相逼，最终迫使总经理在方案提交之前将吴军调离了该部门，从而避免了一场"激烈冲突"。

可是结果呢？2007年10月，李强新药研制项目遭遇技术难关，只得中途搁浅。无独有偶，2008年4月国内另一家知名药厂通过引进国外先进技术，已经成功研制同类品种的新药，并通过了医药审批，即将生产上市。

这是一个很奇怪的现象，团队的管理者往往会对冲突讳莫如深，他们会采取种种措施来避免团队中的冲突，而无论这种冲突是良性还是恶性的。管理者们的担忧不外乎3个方面：一些管理者把冲突视为对领导权威的挑战，因为担心失去对团队的控制，对于拍板和讨论他们往往会果断地选择前者；另外，过于激烈的冲突往往会带来不和谐音符，引发团队内部的分裂；还有，在冲突中受打击的一方不仅会伤及自尊，同时也会对成员的自信心造成很大的影响，不利于团队整体工作效率的保持和提升。

要成为一个高效、统一的团队，领导就必须学会在缺乏足够的信息和统一意见的情况下及时作出决定，果断的决策机制往往是以牺牲民主和不同意见为代价而获得的。对于团队领导而言，最难做到的莫过于避免被团队内部虚伪的和谐气氛所误导，并采取种种措施，努力引导和鼓励适当的、有建设性的良性冲突，将被掩盖的问题和不同意见摆到桌面上，通过讨论和合理决策将其加以解决，否则的话，隐患迟早有一天会爆发的！

○ 有争议性的问题可以先搁置

杭州市市长蔡奇向浙江省2008年刚刚当选的部分全国人大代表通报杭州市经济和社会发展情况时，他"杭州的房价是有点高"的表述，遭到了多名人大代表"炮轰"，代表们认为不是"有点高"，而是"太高了"。这场争议引起了一场全国大讨论。

我们在解决一系列冲突的时候，要把简单的问题先拿出来解决，把有争议的问题放在最后，如果一开始就把主要的问题拿出来讨论，那么就会出现窘境。

○ 就矛盾、冲突的部分研究大家可以"让步"、"剥离"或"交易"的地方

蒙牛乳业牛根生说："百分之九十九的矛盾都是由于误解。"很多的矛盾其实算不上什么矛盾，只要注意沟通就好了。

当矛盾发生时，我们先让步，退一步海阔天空。再把不是问题的问题剔除掉，最后谈可以交易的条件。

○ 对主要冲突要先寻找可以松动的"第一步"

寻找问题的突破口、引爆点，把问题一点一点地解决。

○ 公司决定的就是对的（麦当劳语）

对于公司的决策，要支持协作，不能消极抵抗、扯后腿，一旦公司的决定实施，就要不折不扣地执行。

>>>> **冲突的取向**

冲突取向的托马斯二维模式表现的是遇到冲突时个人的态度,也叫取向(见图3-6)。

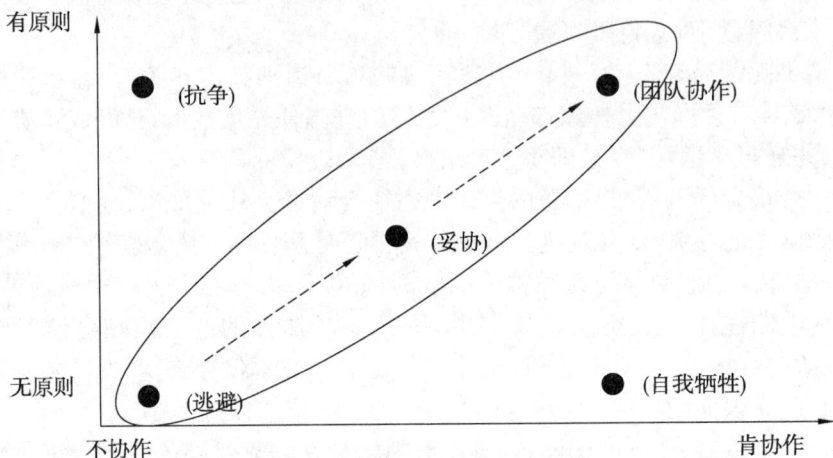

图3-6 冲突取向的托马斯二维模式

坐标轴中的原则是个人对一件事物的看法和主张,协作是指当事人跟别人的配合。按照这两个坐标轴,我们把处理冲突的取向分成 5 种态度。

○ **逃避(回避)**

在我们的组织里,经常看到这样一种情况:公司的战略本身没有错,但有的人却不配合;本来领导做的事没有错,却有人莫名其妙地反对;大家都知道公司的管理已经不适应时代的发展了,但一想到变革,怕触及自己的利益,都反对;处理一个问题,自己没有什么好的方法,却反对别人的正确意见。

这些人在公司里,既没有原则也不跟人协作,这种处理团队冲突的态度称之为"逃避"。

○ **抗争(强制)**

这类人非常坚持自己的想法,从来不愿意听听别人的意见,这中间没有配合的余地,也就是跟别人的意见水火不容。

两个企业之间,一个企业里的两个部门之间,一个部门中的成员之间,之所以难以形成一个团队,就是因为他们之间很难协调,各方过于坚持自己的原则。

○ **自我牺牲(顺应)**

"吃亏就是占便宜","如果有人打你的左脸,你就把右脸也给他","逆来顺受",这类言语就是指在组织之中没有自己的看法和主张,一味地顺从和配合,默默奉献不追求回报的人。这样的人在组织中也有不少,不幸的是,这些人往往是领导们最喜欢用的,因为他们很廉价,很顺从。长此以往,在企业中,最吃亏的就是这类人,他们做了工作,得不到领导的赞赏和激励,更得不到应得的报酬。

在深圳华为,这样的情况与其他公司就不同了,华为鼓励奉献,任正非说:"在我们的组织里,人人都要学雷锋,但我们绝不让'雷锋'吃亏。"

各行各业都鼓励学习雷锋,但忘记了一件事,就是如果"雷锋"吃亏了怎么办。然而我们看到了组织里吃亏的大部分都是"雷锋"。我们反对鼓励学雷锋的同时又欺负"雷锋"的现象。

在组织里,还有一种人,他们没有一点自己的主张和原则,也不发表任何意见,对公司的任何决策都漠不关心,他们对公司的发展一点都不放在心上,"当一天和尚撞一天钟"。

其实,不管是这两种人中的哪一种,对团队都是不利的,一味奉献不求回报和"当一天和尚撞一天钟"的人对团队中其他成员都是不公平的,所以在团队中的自我牺牲其实是个错误的态度。

○ 妥协(机会主义)

机会主义,也称投机主义,就是为了达到自己的目标不择手段,突出的表现是不按规则办事,视规则为腐儒之论,其最高追求是实现自己的目标,以结果来衡量一切,而不重视过程。如果它有原则的话,那么它的最高原则就是"成者王、败者寇"这一条。

这类人介于有原则和无原则、肯合作和不肯合作之间。

○ 团队协作

团队协作是指团队中的每个人都能大胆地说出自己的想法,又能顾全大局,配合公司的政策。

1999 年 7 月,惠普高薪聘请朗讯女将卡莉·菲奥莉娜任 CEO。2000 年 9 月,惠普董事会加封卡莉为董事长、总裁兼 CEO。2001 年 9 月,在一片反对声中卡莉宣布并购 PC 巨头康柏,确定了超越 IBM 的战略目标,成立新惠普,并摒弃惠普的企业文化,企图颠覆惠普,另选发展之路。2004 年 8 月,惠普季度业绩连续低于预期,卡莉随即解雇 3 位惠普元老级高管。面对惠普业绩的下滑,董事会在规劝无果的情况下,决定在 2005 年 2 月紧急罢免卡莉所有职务。

卡莉坚持自己的战略是正确的,但为了顾全大局,离开了惠普。虽然惠普更换了 CEO,但一点波动都没有,实现了平稳过渡。

4 团队的沟通

《创世纪》中有一个关于巴比伦的故事,说的是洪水之后诺亚的后代繁衍得越来越多,遍布地面。那时候人们的语言、口音都没有分别。他们在往东边迁移的时候,在示拿这个地方遇见一片平原,就在那里住下。因为在平原上建筑用的石料很不容易得到,他们就发明了制造砖头的方法,用泥做成方块,再用火烧透。他们拿砖当石头,又拿石漆当灰泥,建造起繁华的城市。

他们为自己的业绩感到骄傲,决定在那里再修建一座通天的高塔,来传颂自己的赫赫威名,并作为集合全天下弟兄的标记,以免意志分散。因为大家语言相通、同心协力,这座阶梯式的通天塔建得挺顺利,很快就高耸入云。

上帝看到人们这样统一和强大,心想如果他们真修成宏伟的通天塔,那以后还有什么事情干不成呢?他要再一次制止人类。于是,上帝就离开天国来到人间,变乱了人们的语言。人们各自操起不同的语言,感情无法交流,思想很难统一,就开始互相猜疑、各执己见、争吵斗殴,这就是人类之间误解的开始。

修建工程因语言纷争而停止了,通天塔终于半途而废。人们分裂了,按照不同的语言形成许多部族,又分散到世界各地。

上帝在这里变乱了人们的语言。"变乱"一词在希伯来语中读作"巴比伦"。所以,人们就把那座城市叫巴比伦城,把那座半途而废的塔叫巴比伦塔。

这个故事告诉人们:人类有了共同的语言、思想,协同工作,他们的力量就会胜过上帝。这当然是神话,但人们确实深刻体会到没有交流和沟通,或者交流和沟通不通畅,人类就无法在征服自然的斗争中取胜,甚至不能很好地完成一项任务。

组织里,为什么有人非常地不配合?为什么经常发生不良的冲突?一项工作为什么完成得不尽如人意?信息传递为什么显得缓慢甚至失真?组织成员为什么死气沉沉没有活力?一个简单的问题为什么会复杂化?肯定是沟通的环节出现了问题。

企业管理者应通过沟通,来达到控制、指导、激励、决策、反馈、评价、交流的目的。沟通是团队协作、相互学习、建立互信和建立良好人际关系的基础,也是保证企业信息交流顺畅的基础,进行有效的沟通是确保企业目标实现、管理规范化和科学化、创造和谐的前提条件。

>>>> 停顿型组织

什么叫停顿型组织?在这样的公司里,大家的眼睛都是向上看,部门和部门之间表现得极其不配合,这是因为在传统观念中,权力是从上边来的,下属和同层次的沟通显得不重要了,因此部门和部门之间就形成了断层。这样的公司不会有什么创意,也不会有什么前途(见图3-7)。

在停顿型组织里,大家都缺乏沟通,管理大师余世维先生用3句话来总结在停顿型组织里沟通的状况:

(1)往上沟通没有胆(识)。根据传统习惯,跟上司沟通往往会被看成是溜须拍马,如果沟通的是意见或建议,就会被看成不尊敬领导,因此下属没有胆量跟上级沟通。

(2)往下沟通没有心(情)。主管的眼睛向上看,根本不采纳下属的意见,下属的好坏跟自己没关系。

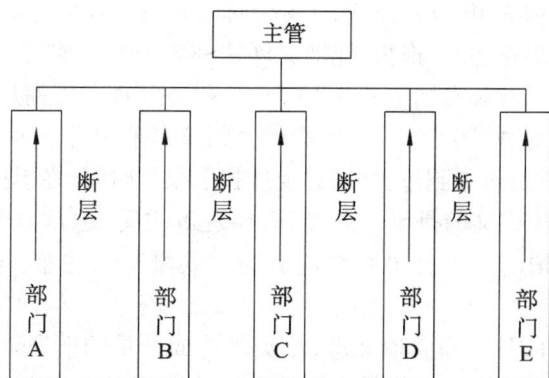

图 3-7 停顿型组织

（3）水平沟通没有肺（腑）。同级之间争风吃醋，貌合神离，不想沟通。

停顿型组织的出现，还有一个原因就是领导。主管喜欢一天到晚要求下属什么事都汇报，不喜欢放权，他们的工作整天就是协调，忘记了自己的主要工作其实是给公司定方向。

在项目施工时，生产技术部不跟材料部沟通，导致材料或不够用或剩余；材料部不跟财务部沟通，造成材料核算不及时；生产技术部又不跟试验室沟通，导致质量和进度的矛盾……

出现这种问题，应该怎样解决呢？

（1）强力要求下属之间先自行解决问题，不要动辄请示。当下属向你请示问题时，不要让他们带着问题来，要让他们拿出方案、方法和主张。培训大师汪中求说，作为一个主管，要多做选择题，少做问答题，不做论述题。问题和冲突要下属自己解决，到主管那里就是听结果或选方案。韩国三星李健熙要求部属少向他请示，他让大家独立地解决问题，三星今天的成就，不能不说与李健熙的下属开动脑筋自己解决问题有关。作为主管，如果把所有的事情都揽在自己的手上，整天累死也不会有所成就。《美国管理文摘》有这么一句话："我坚信经理人应该迈向自己的工作目标，除了思考、计划、辅导员工、分配任务、签署文件以外，什么都不要做。"真是精彩！

（2）当下属之间发生了不配合的情况，就把他们叫到你的面前协调讨论。你要注意他们不够团结的地方，然后进行教育。企业内部之所以不团结就是因为存在一个不服一个的心态。

（3）对各个部门之间配合不力、支援不积极的事例应该处罚。公司里部门之间不配合的情况愈演愈烈，为什么？就是因为没有惩罚！对那些不配合的部门负责人一定要予以警告，以儆效尤；否则各自为政最终会导致四分五裂。教育下属配合还要看看他们是不是口是心非、各怀鬼胎地"配合"。解放战争时期，为什么共产党获胜而国民党以失败告终？其中一个重要原因就是因为共产党团结协作而国民党各自为政。

（4）积压公文（信息截流）的弊病非解决不可。A 公司在 2008 年因非法经营被市工商局行政处罚,罚款金额为 10 万元,限期在 1 个月内缴纳。这个罚款文件发给了公司总经理,这个总经理平时做事很粗心、拖沓,他把文件往办公桌上一放,就再也没关心过了。过了几个月,工商局催促罚款和滞纳金总共 13 万元,财务经理问工商局,说他们根本没有收到罚款通知呀,怎么会缴纳滞纳金。工商局的人说文件在几个月前就给公司总经理了。财务经理回来问总经理是否拿到过文件,总经理找了很长时间,终于找到了文件。

一个公司喜欢积压公文的是谁?总经理、经理等主管,越是公司的高层越喜欢积压公文。积压公文最可怕的是当公司发生危机的时候没有人注意,等到危机形成了也就无法挽救了。

1941 年 12 月 7 日,日本偷袭珍珠港,给美军造成严重的损失。其实,日本觊觎珍珠港、准备动武的过程,并非铁桶一般无人知晓。日本偷袭珍珠港的情报早在 4 月份就被国民党军统破译并送往美国国会,而美国国会没有那么“神经过敏”,放在一边就不管了。直到 1942 年 1 月罗斯福总统才看到这份情报,据说罗斯福非常恼火,不过又有什么用呢?

珍珠港事件加上“9·11”的教训,美国总统开始“神经过敏”,国会也不得不“神经过敏”了,非常重视各种情报的处理,哪怕对虚假的情报也会一查到底。

>>>> 变动型组织

变动型组织就是指组织会随着环境的调整而变动。高速公路项目经理部在整个施工企业就属于这样一种组织。变动型组织的项目经理部需要公司里其他两个或多个部门的协调配合(如图 3-8 所示)。

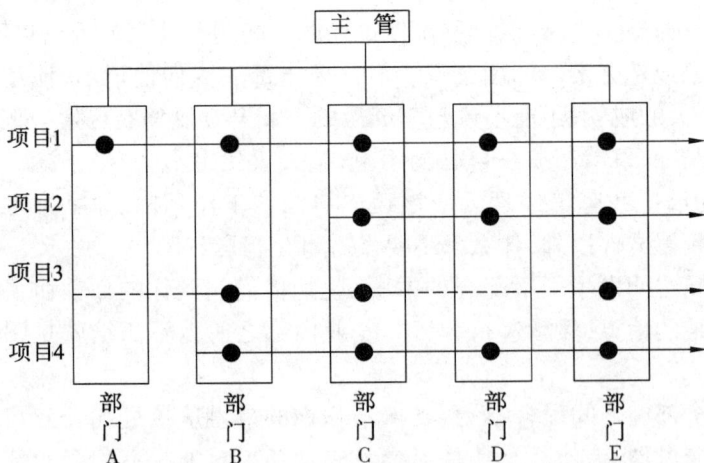

图 3-8　变动型组织

项目 1 需要部门 A、B、C、D、E 配合;项目 2 需要部门 C、D、E 配合;项目 3 需要部门 B、C、E 配合;项目 4 需要部门 B、C、D、E 配合。

项目经理跟每个部门的主管是同一个级别,而项目上的问题要快速解决,这时就需要水平沟通,并不是每个人每件事都要通过上级协调,否则办事效率就会极其低下。

那么如何快速解决问题呢?

(1)作为高层主管,必须知道问题快速解决的重要性。比尔·盖茨说:"能够站着说话就不要坐着;能够在桌边解决就不要进会议室;能够写便条就不要写文件。"这就是快速解决问题的原则。因此,作为高管,要让下属主管能够水平沟通,就要快速解决他们的问题。

(2)总经理应公开宣布项目指挥人的权力并鼎力支持。项目指挥人的职权在公司内部通常是水平职权,且权力不大,作为总经理应该划定与项目指挥人水平沟通的部门的职责,让他们知道如何配合项目指挥人的工作。

(3)项目指挥人应主动链接各相关部门,紧盯他们承诺的事,并给出最后期限。如果不这样可能会出现工作延迟。

(4)项目指挥人要快速向总经理回报过程中的重要事故、重要变动、重要"瓶颈",对自己不能解决的问题如果不及时回报,会造成损失。

(5)项目指挥人应将全盘意见做成一览表,并指出其中相悖的地方,且提出最妥善的应对之道。

>>>> 团队有效沟通的 3 种组织机构

为了能进行有效沟通,提高工作效率,发挥团队内成员的工作热情,发扬协作精神,对传统的停顿型组织机构应该予以优化。下面 3 种团队组织形式可以高效地完成任务。

○ 执行-凝聚型组织机构

执行-凝聚型组织机构往往设立于成熟的团队中,是团队最基本的组织机构。"执行"是指执行型领导,"凝聚"是指各下属以主管为核心拧成一股绳(如图 3-9 所示)。

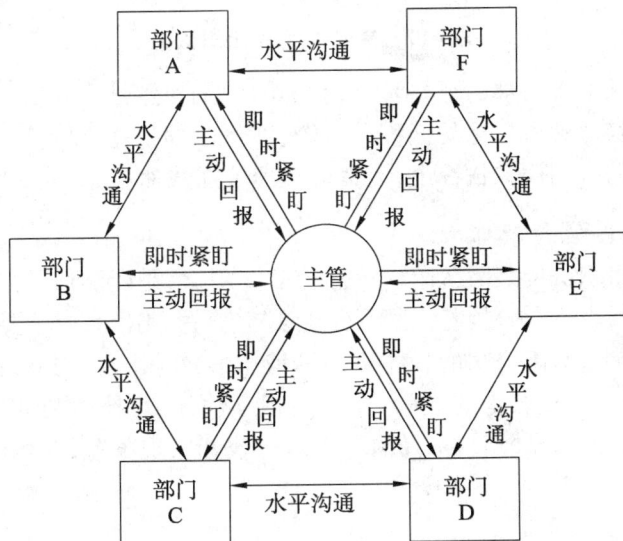

图 3-9　执行-凝聚型组织机构

该机构中,各部门水平沟通,既体现出一种高效又体现了彼此之间的信任与协作。主管下达目标后,如果发现下属执行缓慢就必须紧盯,部门对主管的目标要主动回报进展。这样就形成了超强执行力的团队组织形式。

○ **参与-向心型组织机构**

当团队发展到一定阶段,彼此间信任度增加,主管授权程度增加,这时就可以设置为参与-向心型组织机构形式(见图3-10)。这里的"参与",是指主管和下属部门共同参与运作;"向心"是指主管连同他主管的部门,以目标的实施为中心进行运作。这种结构形式的特点体现为领导对下属的信任度增加、主管跟下属一起工作、组织的协作性更强,也体现了全体员工对企业的认同。

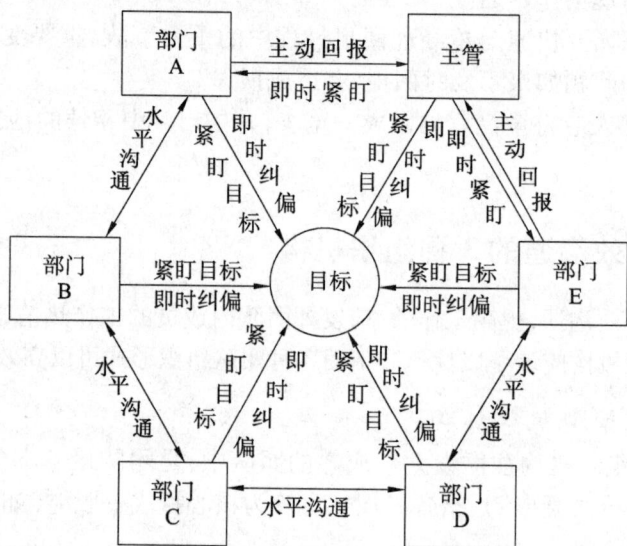

图3-10 参与-向心型组织机构

在这个结构里,主管对部门还是紧盯,而部门对主管还是主动回报。主管和部门共同对目标紧盯,以随时观察目标的偏移,一旦发现目标偏移就立即修正。在这个组织机构里,大家把更多的时间用在目标上,使目标实现更加快速。

○ **教练-精英型组织机构**

教练-精英型组织机构是团队组织运作的最高层次,是团队成员之间充分信任的结果。在这个结构中,主管充分授权,主管不再参与实际运作,而把主要的时间用在公司的决策和发展方向上,对于公司的具体事务只是作为教练出现,对管理起指导作用。而各部门因为已经有了长期合作的经验,彼此间相互信任、协作默契,组成了一个精英团队。在精英团队里,大家紧盯目标,随时主动地寻找和发现偏差,并积极及时地修正(如图3-11所示)。

部门 A ←水平沟通→ 部门 F ←指导— 主管

水平沟通 紧盯目标 即时纠偏 紧盯目标 即时纠偏 水平沟通

部门 B —紧盯目标 即时纠偏→ 目标 ←紧盯目标 即时纠偏— 部门 E

水平沟通 紧盯目标 即时纠偏 紧盯目标 即时纠偏 水平沟通

部门 C ←水平沟通→ 部门 D

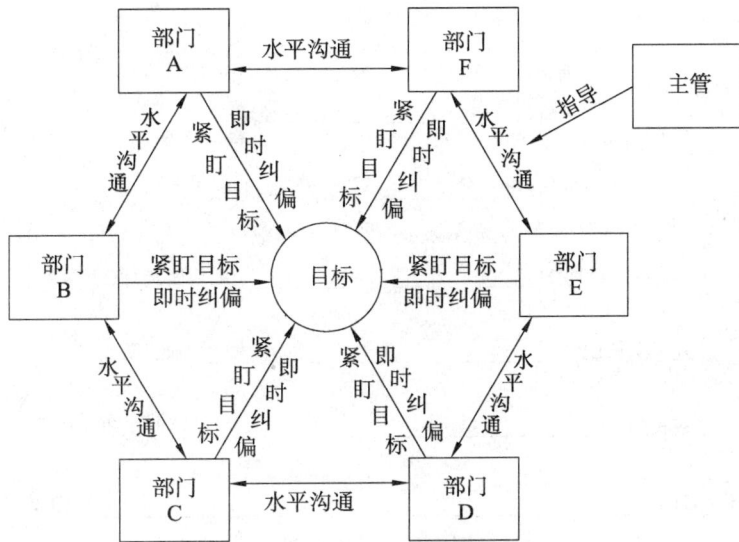

图 3-11　教练-精英型组织机构

>>>> **建一座工程企业水平沟通的"法约尔桥"**

法约尔是法国著名的管理学大师,近代管理学理论的权威人士,著有《工业管理和一般管理》一书,在书中,他提出了管理的 14 条原则,即:① 分工;② 职权和职责;③ 纪律;④ 统一指挥;⑤ 统一领导;⑥ 个人利益服从集体利益;⑦ 个人报酬;⑧ 集中化;⑨ 等级链;⑩ 秩序;⑪ 公正;⑫ 任用期稳定;⑬ 首创精神;⑭ 集体精神。

法约尔强调,以上这 14 条原则,在管理中不是死板和绝对的东西,这里有个尺度的问题。在同样的条件下,几乎不重复使用同一原则来处理事情,应当注意各种可变因素的影响。因此,原则是灵活的,是可以适应一切需要的,但真正的本质是懂得如何加以运用。对"等级链",法约尔的观点是在组织机构中,从最高一级到最低一级应该建立关系明确的职权等级系列。这既是执行权力的线路,也是信息传递的渠道。一般情况下不要轻易违反,但在特殊情况下,为了克服由于统一指挥而产生的信息传递延误,法约尔设计出一种"跳板",这就是组织机构的"跳板形式",也称为法约尔桥(Fayol Bridge,如图 3-12 所示)。

图中的管理层次可能跟我们目前工程施工企业有所不同,因为目前的组织管理层次都力求扁平以利于沟通,即纵向的管理层次很少,而本图中的管理层次属于传统金字塔型,是在法约尔管理模型的基础上建立的。

在工程施工企业里,企业管理的层次很多,如果完全按照等级链的原则操作势必导致信息传递时间延长和失真,所以主管应该倡导横向沟通(水平沟通)。

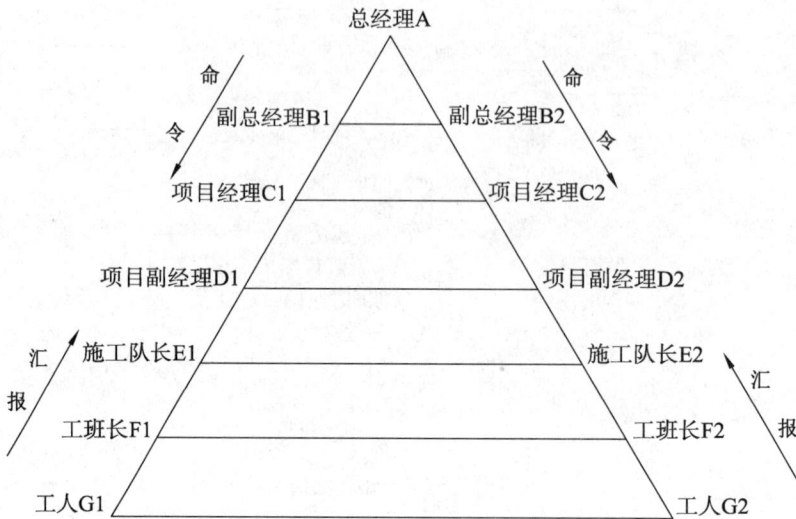

图 3-12　法约尔桥

我们看看建立法约尔桥的意义是什么。

在没有建立法约尔桥之前，传统的信息和指令是不能水平传递的。

A 是组织的最高领导——总经理。按照组织系统，工班长 F1 与工班长 F2 之间发生了必须两者协调才能解决的问题，工班长 F1 必须将问题向施工队长 E1 报告，E1 再报告给项目副经理 D1……如此层层由下而上，传递到总经理 A，再通过总经理 A 由上而下到达 F2，然后 F2 将研讨意见向 E2 报告，层层上报到 A，再经过 B1、C1……最后回到 F1。这样往返一趟，既费时又误事，如果 F1 对结果不满意，还要再经过一次循环……

针对这种情况，在管理中，作为管理者要进行授权，根据法约尔桥重新设计一条沟通线路。

在组织机构中，主管应该对下属授权允许他们水平沟通，这样就"捍卫了等级原则"，也"合乎规则"。在这种环境下，如果工班长 F1 想同工班长 F2 联系，他就可以直接进行联系，而不用向上级报告以及按顺序通过总经理 A 向下传递给工班长 F2。

"跳板"原则使得侧向联系可以迅速有效地进行，而且既不使路线负担过重，又维护了统一指挥原则、捍卫了等级原则。法约尔的等级制约倾向于所有的员工安排均有明确的等级机构，但他也意识到上下级之间存在沟通问题，因此，他也提倡适当的水平沟通和横向联系。

法约尔对其"跳板"原则的优点总结到：上述"跳板"的利用是简单的、迅速的、可靠的。它可以使 F1 与 F2 两方开一次会，在几小时之内就处理了某种问题，若通过等级线路，将经过 20 次的情报传达，打扰许多人，带来一大堆废纸文件，失掉几个星期或几个月，得到的解决办法还不如 F1 和 F2 直接接触得到的解决办法好。

这样有效的沟通方法在"绝大多数事件"中都能看到，但也存在死板的等级线路沟通问题。一些企业之所以官僚主义盛行，究其原因，就在于许多人为了"逃避责任"，"紧抓权力"而不采用"跳板"原则。法约尔认为其主要原因是"领导管理能力不足",并对如何运用"跳板"原则作了分析。为此,他论述到:

如果总经理 A 要求他的助手 B1 与 B2 都用这种"跳板",并让他们的下级 C1、C2 也使用,那么敢于负责的习惯与勇气就建立起来了,同时也养成了使用这种最短线路的习惯。

如果在不必要的情况下就离开了等级线路,则是一个错误;但如果遵循了等级线路而得到的结果是对企业的损害,则是一个更大的错误,而且这个错误在某种情况下是极其严重的。

层级原则与"跳板"原则之间会存在矛盾,因此,"跳板"不可随意使用,否则组织整体就会面临崩溃,但如果因循守旧、按部就班则又会对企业造成更大的损害。为此,法约尔指出:当一个职员迫于就某个问题作出决定,并且又得不到上司的帮助和支持时,他就必须有足够的勇气和自由,根据整体利益规定的原则作出决定。

由此可以看出,水平沟通也是在有约束的条件下进行的。

5　团队建设的误区

进入 21 世纪以来,企业家们发现在这个竞争的时代仅仅凭借个人的力量是不行的,于是号召全体员工同心协力迎接挑战,组成团队。但不知道大家有没有发现,许多人的想法有一个很大的特点,就是"做了等于做好了"。为赶求时髦,企业把一项管理措施当做一项运动,运动来临时,声势浩大,标语口号满天飞,实际上除了开会什么都不做。比如工地上的安全生产月活动,在那个月,领导重视、开会、检查、批判,可活动一过,啥变化也没发生,设备乱停乱放,现场乱七八糟,但再也没人过问了。

团队建设也一样,领导开会说,我们的企业现在开始是一个团队,那么这个企业就称自己是个团队,但跟以前松散的管理没什么区别。

团队建设,并不是一朝一夕能够完成的,它需要长期的坚持和不断的否定。在团队建设过程中,有很多的思想误区。

>>>> 团队就是吃大锅饭——智猪博弈的启示

在博弈论经济学中,有一个"智猪博弈"的例子。假设猪圈里有一头大猪、一头小猪。猪圈的一侧有猪食槽,另一侧安装着控制猪食供应的按钮,按一下按钮就会有一定的猪食进槽。如果是小猪按动按钮,则大猪会在小猪到达食槽前把食物全部吃光;如果是大猪按动按钮,则大猪到达食槽时只能和小猪抢食一些残羹冷炙。既然小猪劳动不得食,则小猪不会主动按按钮,而大猪为了生存,尽管只能吃到一部分,还是会选择按按钮。那么,在两头猪都有智慧的前提下,最终结果是小猪选择等待。

在企业团队建设中,如同"智猪博弈"的事情时有发生,叫做"搭顺风车"。因为,团队的绩效激励通常来源于团队的集体绩效,那么弱者主动劳动,可能换来的集体绩效的提高非常有限,并且不能得到额外的奖励,那么弱者就会选择等待。而强者为了得到额外的奖励,只能选择主动劳动来提高集体绩效,而所得的绩效奖励又不得不与弱者共同分配。

"智猪博弈"的故事告诉我们,要建立高绩效的团队不能把重点只放在团队绩效的管理上,还要重视团队成员的角色匹配和绩效分解,让每一个团队成员都能够真正地充分发挥作用,进而促进整体团队绩效的提高。

>>>> **群体思维**

群体思维是群体决策中的一种现象,是群体决策研究文献中一个非常普遍的概念。群体思维是指这样一种情况,群体对于从众的压力使群体本身对不寻常的、少数人的或不受欢迎的观点得不出客观的评价。群体思维是伤害群体的一种疾病,它会严重损害群体绩效。也就是说:在群体就某一问题或事宜的提议发表意见时,有时会长时间处于集体沉默状态,没有人发表见解,而后人们又会一致通过。通常是组织内那些拥有权威,说话自信,喜欢发表意见的主要成员的想法更容易被接受,但其实大多数人可能并不赞成这一提议。之所以会这样,就是因为群体成员感受到群体规范要求共识的压力,不愿表达不同见解。这时个体的思辨及道德判断力都会受到影响而下降。这种情形下作出的群体决策往往都是不合理的失败的决策。当一个组织过分注重整体性,而不能持一种批评的态度来评价其决策及假设,这种情况就会发生。

群体思维分成两种形式,一种叫"群体偏移",一种叫"群体迷失"。

○ *群体偏移*

群体偏移是指大家屈从权威和盲从大多数的一种心理,结果权威、多数人可能是错误的,而少数人可能是对的,因此我们在团队管理中切记要慎用"少数服从多数"观念。

1951年,美国的心理学家阿希做了一个著名的实验——三垂线实验(如图3-13所示),证明在群体压力下会产生"从众"行为。他把7~9人编成一组,让他们坐在教室里看两张卡片,一张卡片上画着一条直线,另一张卡片上画3条直线,让大家比较3条直线上的哪条线与另一张卡片上的直线长短相等。在正常情况下,受访者都能判断出$X=B$,错误的概率小于1%。但阿希对实验预先作了布置,在9个人的实验组中,要求其中8个人故意作出一致的错误判断,例如$X=A$。第9个人并不知道事先有了布置,实验中让第9个人最后作判断,多次实验的统计结果表明,这第9个人中有37%放弃了自己的正确判断而顺从群体的错误判断。

人们就此得到结论:相当一部分参与者准备认可明显的错误,仅仅因为他们认为其他人也认可。研究者们发现,群体偏移主要出现在精神高度紧张或情况非常复杂的时候,此时决策者或利用相似决策方法,或高估自己的能力。

当存在同意群体意见的压力时,人们特别容易屈服于群体意见。当阿希告诉受访者,大家将根据参加者得到正确答案的比例分享经济奖励时,他很清楚地证明了这一点。他发现如果受访者知道这个消息,且在之前有 3 个或更多的人给出错误答案"A",那么有不少于 47% 的人会给出同样的错误答案。

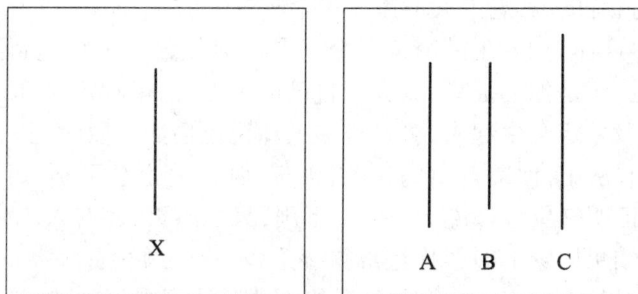

图 3-13　三垂线实验

法国科学家亨利·法布尔曾经做过一个松毛虫的实验。他把若干松毛虫放在一只花盆的边缘,使其首尾相接成一圈,在花盆不远处,又撒了一些松毛虫喜欢吃的松叶。松毛虫开始一个跟一个绕着花盆一圈又一圈地爬。这样持续 7 天 7 夜后,饥饿劳累的松毛虫尽数死去。而可悲的是,只要其中任何一条松毛虫稍微改变路线,就能吃到嘴边的松叶。

一些报刊曾刊登过这样的故事:1949 年蒋介石跟其他国民党将领一起策划空袭破坏新中国开国大典的计划。然而在空军整装待发的时刻,蒋介石经过最后的慎重考虑,在一片反对声中,作出了取消行动的决定。这是一个准备多时的计划,在关键的时候蒋介石突破了群体偏移的束控,作出了一项正确的决策。

还有一个故事,1974 年 1 月 19 日,中国与侵入西沙海域的南越军队之间的"西沙之战"爆发。为了支援前方战事,我方紧急调集海军支援,但时间就是生命,取什么路线到南海？是绕过台湾岛还是直接从台湾海峡穿过？毛主席当机立断,从台湾海峡直接走！但当时中央一些人反对,认为这是一场冒险,如果做不好会引起国共再一次的冲突,还会贻误了南海的战机。毛主席并没有被各种预测所迷惑,凭借他对蒋介石的了解,认为蒋介石不管怎样打内战,但对"一个中国"的立场是不会变的。当解放军要走台湾海峡的情报转交给当时正在阳明山养病的蒋介石时,蒋介石几乎不假思索就说了一句"西沙战事紧嘛"。台湾军方心领神会,作了妥善布置。当天晚上,解放军舰艇顺利通过台湾海峡。

不论上述故事的细节如何,都告诉我们一个道理:**有时民主不一定有效,当一个决定只有少数人支持的时候,往往它却是正确的。**所谓"真理掌握在少数人的手里"。这个时候当领导的,就要有魄力,要看得比别人远,比别人深。我们要学的也就是这种魄力和果敢,要尽力避免团队中的一大隐患:群体的偏离。

有个老太太坐在马路边,望着不远处的一堵高墙,总觉得它马上就会倒塌。见到有人走过来,她就善意地提醒道:"那堵墙要倒了,离远点走吧。"被提醒的人不解地看着她,大模大样地顺着墙根走过去了……那堵墙没有倒。老太太很生气:"怎么不听我的话呢?!"又有人走过来,老太太又予以劝告。三天过去了,许多人在墙边走过去,并没有遇上危险。第四天,老太太感到有些奇怪,又有些失望,不由自主地走到墙根下仔细观看。然而就在此时,墙倒了,老太太被掩在灰尘砖石中。

生活中有许多这样的事:在讨论某一个问题的时候,你一直坚持己见,可是有太多的人反对你的意见,于是你动摇了,放弃了自己的观点,结果却证明你是正确的;买股票的时候,你认为某股一定会牛起来,可是很多人却说还会熊一段时间,于是你动摇了,过几天,这支股票就看涨了;你准备出门,一看天气,觉得一定会下雨,可是别人说今天不会下雨,边上有人证明气象台都说了今天不下雨,只是阴天,还有人不带雨具走了出去,于是你又动摇了,结果回家的时候你被淋得湿透……有时候,有些事我们是觉得挺有把握的,可是因为反对的人太多,就动摇了,最终不能坚持下来,最后却又得到了验证。

这就是危墙定律:坚持你所肯定的,如果一定要改变主意,首先想好改变的代价。

美国航天总署专家密集,但却因为专家权威而引发了一场航空灾难。

1986 年 1 月 28 日在美国佛罗里达的卡那维拉尔角,挑战者号航天飞机在升空后发生了悲剧。这天上午 11 时 38 分,挑战者号在发射架上点火升空。但航天飞机在升空 73 秒后,空中突然传来一声闷响,只见挑战者号顷刻之间爆裂成一团橘红色火球,碎片拖着火焰和白烟四散飘飞,坠落到大西洋。挑战者号发生爆炸,全世界为之震惊。7 名宇航员在这次事故中罹难,其中包括两名女宇航员。其中特别引人注目的是第一位以平民身份参加太空飞行的女教师麦考利夫。根据调查这一事故的总统委员会的报告,爆炸是一个 O 型密封环失效所致。这个密封环位于右侧固体火箭推进器的两个底层部件之间,由于发射时天气情况不佳,气温很低,导致 O 型密封环在低温下失效,失效的密封环使炽热的气体点燃了外部燃料罐中的燃料而发生事故。

当天,由于发射温度较低,个别工程技术人员坚决反对火箭的发射,他们提出严寒会对橡胶环形封口造成影响。在发射时,橡胶环形封口最终还是丧失了功能,引起火箭爆炸,但航天总署的专家群体支持发射,在多数的专家与少数的工程师的博弈中,专家胜利了,工程师失败了。最终的结果是灾难的降临。

1912 年 4 月 14 日夜,泰坦尼克号上的一名守望人员因夜里光线不好,提出用望远镜观察情况。由于望远镜没有及时找到,也没有得到船长和全体船员的支持,于是他提出减速行使,但船长和其他船员都对他的建议置之不理,仍然让船在夜晚全速行驶。15 日凌晨,等发现了"两张桌子大小"的一块黑影时,已经来不及了。这次群体偏移造成了世纪灾难。

○ **群体迷失**

群体迷失是指群体被蒙住了眼睛,作出了整体性的错误决定。群体迷失的一些事例具有典型性。不知道大家有没有注意到"追星一族",比如说追捧歌星,不管这人唱的歌曲是多么的庸俗,歌词是多么的难懂或肤浅……都会有那么多的"粉丝"追捧。

信息时代,人们在体验信息传递速度的同时也会在对网络关注中"迷失",产生认知偏移,导致决策失误。

2008年的"许霆案"炒得沸沸扬扬,银行的取款机程序错误,许霆利用取款机错误恶意取款17万元。在没有判决之前大家纷纷指责银行,在一审判决后更多的人加入了讨论。那么多网民为许霆叫屈,纷纷指责银行,甚至律师在法庭上还语句激昂地来了段诗朗诵:"取款机,你知罪吗?……"许父在广大网民的支持下,更有"如果判决不合理,我坚决不还钱"的豪言壮语!

银行有钱就不应犯错误,否则会受到"群殴"。我们的社会怎么了?这种群体迷失不仅仅危害的是个人,还危害着我们的企业和社会。

美国习惯于利用一个国家的反对派或者对政府不满的人员来对这个国家进行干涉。1961年,古巴内战,美国中情局认为机会来了。于是肯尼迪总统召集作战专家会谈研究,中情局选择了1 400名流亡的古巴人对他们进行严格的训练,数月后就把这些人送回国,企图通过暗杀等手段推翻卡斯特罗政权。可结果呢,一个接一个的袭击者被杀或是被抓获,在这种情况下,古巴和前苏联更加团结了,而美国颜面尽失。在得知结果以后,肯尼迪惊叹:"我们怎么做出了如此愚蠢的事呢?"

这么一群才华出众的人,经过长时间的分析讨论,怎么会想出这样一个错误的计划呢?我们大多数人都认为一群人的决策要优于一个人的决策,"三个臭皮匠顶个诸葛亮",群体的思维是有助人们解决问题的。但是在这个实例中,一群专家却犯了惊人的错误。这是典型的群体迷失导致的失败,如果肯尼迪总统没有咨询顾问们而是他一个人作决策,结果会不会好一点呢?

○ 有效避免群体思维

20世纪90年代,美国社会心理学家詹尼斯对大量错误的群体决定进行分析后得出了一个结论:**一个群体的内聚力越强,就越容易导致群体思维的错误。**因为在群体决定时,本来有不同意见者也碍于群体的压力而不再坚持己见,也会觉得集体的决策似乎是对的,按照少数服从多数的原则,听从大家的意见。同时,群体中的成员认为决定是大家作出的,责任由大家分担,个体较少负有直接责任,所以就很容易产生从众心理。

避免群体思维的办法主要有:首先,群体领导人应该努力做到公正,并营造一种公开咨询和讨论的气氛,使大家能够畅所欲言,充分发表自己的意见;其次,群体成员应该像支持群体计划一样,鼓励人们提出问题或批评意见,尤其对不同意见要给予足够的关注;第三,应请"局外专家"对群体成员提出质疑,对最后决定方案进行评价或提出看法,以期给群体带来新的思路;最后,在达到一个共同的意见之后,群体领导人应该安排一个"第二次机会"的会议,使得群体成员能够将萦绕在心头的困惑和保留意见表达出来。**只有经过广泛征求意见,经过反复讨论,最后形成的方案才是真正的集体决策。**

第四讲　学习型组织
——21 世纪的金矿

> 未来的文盲不再是不认识字的人，而是没有学会怎样学习的人。
>
> ——世界著名未来学家　埃德加·沙因
>
> 茶亦醉人何必酒？书能香我不须花。
>
> ——新加坡"总裁书香轩"口号

　　自 2000 年以来，组织学习在各企业成了一个时髦的话题，企业也由原来的紧盯竞争对手继而转变成了自身的修炼。很多工程施工企业对学习也开始重视起来，通过学习，他们提高了工程质量，改善了施工服务，优化了工程施工的流程。同时，通过系统思考，改变了企业长期以来的思维方式，服务创新成为这些企业克敌制胜的法宝。21 世纪，学习型组织理论将为工程施工企业带来巨大的经济效益和社会效益。

1　学习型组织理论诞生的意义

　　当今社会，各种管理理论发展的速度越来越快。世界上，大概每 8 个月就会产生一种新理论。但是 120 多年来真正对人类社会产生重大影响的管理理论只有 35 种。如果我们把这 35 种理论按照时间和作用排序就会发现，学习型组织管理理论是当今世界最前沿的管理理论。

　　（1）管理运动（1886）；

　　（2）泰勒的科学管理理论（1903）；

　　（3）吉尔布雷思夫妇的动作研究（1907）；

（4）韦伯的组织管理理论(1911)；

（5）闵斯特伯格的工业心理学思想(1912)；

（6）法约尔的一般管理理论(1916)；

（7）梅奥的人际关系理论(1933)；

（8）巴纳德的系统组织理论(1938)；

（9）勒温的领导风格类型理论(1939)；

（10）马斯洛的需求层次论(1943)；

（11）库尔特·卢因的团体力学理论(1944)；

（12）斯金纳的强化理论(1956)；

（13）阿吉里斯的"不成熟—成熟"理论(1957)；

（14）坦南鲍姆的领导行为连续体理论(1958)；

（15）欧内斯特·戴尔的比较管理经验研究(1960)；

（16）道格拉斯·麦格雷戈的人性假设与管理方式(1960)；

（17）利克特的管理新模式(1961)；

（18）布莱克的管理方格理论(1964)；

（19）西肖尔的组织效能评价标准(1665)；

（20）亚当斯的公平理论(1965)；

（21）菲德勒的权变管理思想(1965)；

（22）赫茨伯格的双因素激励理论(1966)；

（23）本尼斯的组织发展理论(1966)；

（24）麦克利兰的成就动机理论(1966)；

（25）波特和劳勒的期望激励理论(1968)；

（26）弗鲁姆的期望理论及管理决策新思想(1969)；

（27）杜拉克的有效的管理者研究(1974)；

（28）伯法的管理科学学派(1975)；

（29）西蒙的管理决策学派(1977)；

（30）明茨伯格的经理角色学派(1980)；

（31）威廉·大内的 Z 理论(1981)；

（32）彼特的竞争战略研究(1985)；

（33）沙因的组织文化研究(1985)；

（34）彼得·圣吉的学习型组织理论(1990)；

（35）迈克·哈默与詹姆斯·钱皮的企业再造(1993)。

　　世界前沿的管理理论按时间顺序排列是:泰勒的科学管理理论(1903 年);学习型组织管理理论(1990 年);企业再造(1993 年)。

　　著名学者罗宾斯在他的《组织行为学》(第七版)中专题论述了学习型组织。他在书中讲到 20 世纪 80 年代以来的管理可以分为 3 个阶段:80 年代,企业热衷于全面质量管理理论的应用;90年代,企业开始热衷于企业再造;90年代中期,企业积极推广学习型组织管理理论。

在美国,有2/3的企业推行全面质量管理不成功,有近70%的企业实施企业再造以失败告终。在这种背景下,学习型组织管理理论开始推广,以解决企业变革失败的问题。学习型组织管理理论使很多著名企业重新焕发了生命的活力。比如,在美国排名前25位的企业80%都应用了学习型组织管理理论。自从1990年美国管理学家彼得·圣吉博士在他的代表作《第五项修炼——学习型组织的艺术与实务》一书中提出了"学习型组织"这一概念之后,"学习型组织"这个词语变得越来越流行,从政府到企业,掀起了一股股创建学习型组织的热潮。与理论界相呼应,大批优秀企业也纷纷表示了对学习型组织的兴趣,有的还积极推进组织学习或导入学习型组织辅导项目,如美国的微软、杜邦、英特尔、福特汽车、苹果电脑、通用电气、摩托罗拉、康宁、AT&T、联邦快递,欧洲的塞恩斯钢铁、罗福、ABB等世界一流企业,都纷纷建立学习型组织,并取得了明显成效。

《第五项修炼——学习型组织的艺术与实务》一经问世,便赢得了西方管理学界的极高赞誉。美国著名学者维纳评论说:"《第五项修炼》一书为人类找出了一条新路。"原中国台湾地区"经济部长"赵耀东先生称赞该书是"一扇重新看世界的窗"。

2004年1月30日,全国总工会、中央文明办等9家单位联合发出了《关于开展全国"创建学习型组织,争做知识型职工"活动的实施意见》,标志着"创争"活动的正式启动,成为我国的一项系统工程。在我国,建立学习型组织也成为管理界和企业界的共识。很多企业也实现了向学习型企业的转变,比如伊利集团、中交集团、深圳华为、联想集团、海尔集团等。

"学习型组织"概念的雏形,最早由彼得·圣吉的老师——美国麻省理工学院的佛瑞斯特提出。1965年,在《一种新型公司的设计》一文中,佛瑞斯特构想了未来企业的组织形态——层次扁平化、组织咨询化、开放性,逐渐由从属关系转向工作伙伴关系。作为佛瑞斯特的学生,彼得·圣吉在老师的基础上,融合了一些新的创造性管理技术,发展了学习型组织的概念。

为什么要花费时间去建立学习型组织? 为了提高产品和服务质量,为了顾客满意,为了打造企业的竞争力……而所有这些都需要一个先决条件,那就是要有一支充满活力、全身心投入的工作团体,每一位员工都必须深入了解企业所面临的环境,清楚自己的任务,才能对企业作出力所能及的贡献。要让员工做到这一点,唯有通过艰苦的学习。而且,进入后工业时代,商界正发生着非同寻常的变化,这些变化不仅仅局限于供需不平衡和新技术的发展,而是对一种深远力量的适应,这种深远力量包括全球劳动力的空前发展,经济全球化的推进等等。那么,对于企业的管理人员来说,他们必须考虑一个问题:应付这些变化企业需要做些什么? 当今企业的人力资源管理要如何创新才能适应企业面临的变化?

学习型组织最大的好处就在于,它能帮助人们预测变化。学习和变化在意义上虽然并不完全相同,但有着密切的关系,一个学习型组织的成员,知道如何随变化而变。对于我们的企业面临着竞争日益加剧的局面,国外企业也已经进入这个"战场",他们的企业管理越来越正规,方法越来越先进,思想越来越开放,理念越来越前沿,面对这些变化,我们将如何应对? 是坐以待毙还是主动出击? 如果选择主动出击,那么凭借什么? 这就迫切要求我们建立一个学习型组织。图 4-1 描述了学习型组织的特征。

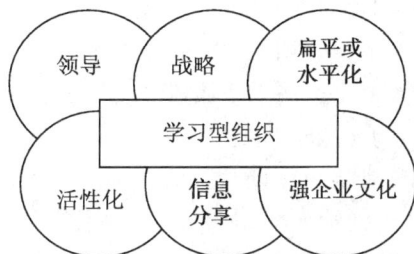

图 4-1　学习型组织的特征

学习型组织的本质是一个深层的学习循环,**在知识经济时代,学习型组织是现代企业的一个重要特征**。学习型组织的战略目标是提高学习的速度、能力和才能,通过建立愿景并能够发现、尝试和改进组织的思维模式继而改变它们的行为。事实上,从学习型组织提出后的 10 多年来,人们已经对它有了浓厚的兴趣和充分的认识,只是要避免"学习型组织"成为一个昙花一现的管理理念,那么就需要有相应的战略思考和行动作保障。

2 学习是进入 21 世纪的 "门票"

21 世纪的人,不应仅是"经济人"(泰罗和法约尔观点)、"社会人"(梅奥的观点)、"自我实现的人"(马斯洛需求层次理论的观点)、"复杂的人"(麦格雷戈的观点),21 世纪的人应是能系统思考、不断超越自我、不断改善心智模式、积极参与组织学习、能在共同愿景下努力发展的人。

列车急速飞奔,如同知识的更新,上一站越来越远,快速适应是对列车上所有乘客的最基本的要求。原地停留永远到达不了目的地。

一只博士猫被分配到一个动物研究所上班,成为这个所里学历最高者。有一天,闲着没事,博士猫到单位的池塘里去钓鱼,恰巧一正一副两个鸡所长也在钓鱼。博士猫向他们点了点头,心里说,同这两个本科生有什么共同语言呢。不一会儿,正鸡所长放下钓竿,伸了伸懒腰,"噌噌噌"健步如飞地从水面上走到对面上厕所。博士猫的眼睛睁得都快掉下来了。水上漂? 不会吧? 这可是一个池塘啊。鸡也会在水上走? 正鸡所长上完厕所回来的时候，又是"噌噌噌"地从水上漂回来了。怎么回事？博士猫又不好意思去问，自己是博士生呐！过了一阵，副鸡所长也站起来，走几步，"噌噌噌"地飘过水面上厕所。这下子博士猫更是差点昏倒，不会吧，到了一个江湖高手集中的地方？博士猫也内急了。这个池塘两边有围墙，要到对面厕所非得绕10分钟的路，而回单位上又太远，怎么办？博士猫也不愿意去问两位所长，憋了半天后，也起身往水里跳，他想：我就不信本科生能过的水面，我博士生不能过。只听"咚"的一声，博士猫栽到了水里。两位所长将他拉了出来，问他为什么要下水，他问："为什么你们可以走过去呢？"两所长相视一笑："这池塘里有两排木桩子，由于这两天下雨涨水，正好淹没在水面下。我们都知道这木桩的位置，所以可以踩着桩子过去。你怎么不问一声呢？"

学历代表过去，只有不断地学习才能代表未来。**尊重有经验的人，并向他们学习，才能少走弯路。**日本索尼公司创始人盛田昭夫写了《让学历见鬼去吧》一书，盛田昭夫所选择的接班人大贺则尾只有高中学历，可是他撑起了索尼的一片天。

人才是有时间性的。你只能保证自己今天是人才，却无法保证明天的你依然是一个人才。复旦大学原校长杨福家教授提出，今天的大学生从大学毕业走出校门的那一天起，他4年来所学的知识已经有50%老化掉了。当今世界，知识老化的速度和世界变化的速度一样，越来越快。所以，为了使你在明天依然是一个货真价实的人才，一定要以学习作为你的后盾。

著名学者金哲、邓伟志在他们主编的《21世纪世界预测》一书中指出：最近30年产生的知识总量等于过去2 000年产生的知识量的总和；到2020年，知识的总量是现在的2~3倍；到2025年，目前的知识只占届时知识总量的1%。因此，**我们每个人唯有不断地学习，我们的团体唯有建成学习型组织，创建"学习型企业"、"学习型城市"、"学习型社会"，才能在迅变的时代中生存、发展、成功。**未来唯一持久的优势，是你有能力比你的竞争对手学习得更快。

世界正在发生什么(见图4-2)？世界的战略格局在改变，企业正处在极度危机之中。企业的寿命越来越短：

从1970年到1983年，世界500强的名单上近1/3的企业消失了；

一般大企业平均寿命40年，是人类平均寿命的一半；

美国90%的高新技术企业都活不过5年；

日本的空调企业平均寿命为12年半；

美国现在每年平均要新产生50万家企业，但是，1年内倒闭的占40%，5年内倒闭的占80%，10年内倒闭的占96%，只有4%能活过10年；

中国的私营企业的平均寿命是2年半；

中关村平均每年有60%的企业倒闭；

2008年上半年我国有近7万家企业倒闭。

危机无处不在。面对日新月异的世界，企业的寿命却在急速地缩短。为了适应世界变化，摆脱危机，就必须迅速地学习。**只有学习，才是唯一的出路。**

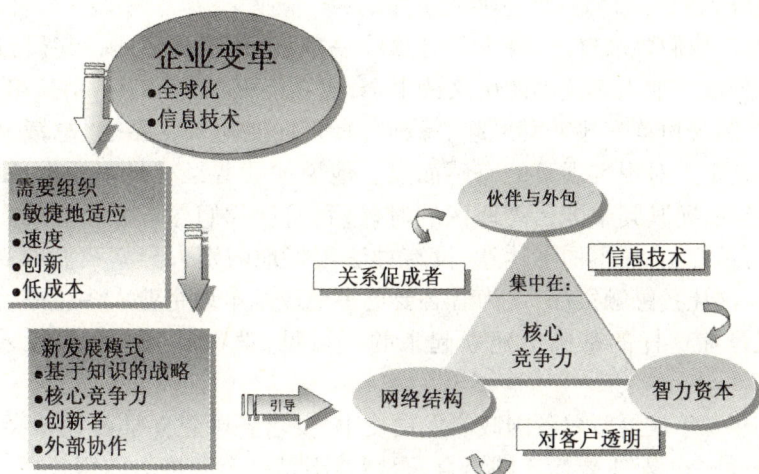

图 4-2　世界在发生什么

3　创建学习型组织

>>>> ## 创新来源于学习

自20世纪末,团队要高速运转,组织要具有长期影响力,就必须改变和创新,改变和创新就意味着要做跟以前不一样的事,而这些都必须来源于学习。

管理大师迈克尔·波特认为,企业要长足发展只有两条路,即差异化和低成本。目前企业的基本选择就是差异化,要做到差异化,就必须学习;当你的差异化的产品被对手学了以后你必须再次差异化,必须再次创新,而创新的动力就来源于学习。

也许有人会说,我们高速公路施工到今天这种地步,真不知道还能玩出什么花样来。其实高速公路施工企业的产品(包括服务)差异化还有很长的路要走,关于这一点将在其他章节予以解释,这里就不作赘述。实际上任何行业的产品都是可以有很多的发展道路的,比方说音乐,我们从小到大,听过很多的歌曲,有不同时代的也有不同风格的歌曲。你有没有发现,音乐的音符只有7个,而全球这么多音乐家在创作,但是他们永远也不能创造完所有的音乐! 人类的伟大就在这里——源源不断的创造力。即使是老歌用新的唱法来唱也会有不同的韵味,因此,创新是人类发展最重要的源泉。

竞争的加剧掀起了世界企业学习的热潮。

在新加坡,政府从2000年就开始努力创建学习型国家,每年于9月底、10月初,举办为期两周的学习节,还提出了创建"学习型政府"的要求;在企业界,新加坡有个著名的"总裁书香轩",每月的第三个星期六下午,许多企业家抛开一切事务,在朗朗读书声中给精神充电。他们要求自己,每个月必须读一本书,每个月必须一起研讨一次。"总裁书香轩"是鼓励企业人多读书的中文读书会,成立于1999年8月,由从事文化创意企业的新加坡开圆公司董事郑来发发起。然而,真正促使郑来发要把"总裁书香轩"搞起来的动力,却是个人对现实观察的有感而发。他说:"我曾经有过率领本地中小型企业出国考察的经验,尤其到中国台湾地区的时候,我发现我们尽管有很好的企业理念,但因为沟通技巧不好,总显得词不达意,没有办法很好地与别人分享我们的观点,谈话也欠缺说服力。这让我感触很深,认为有必要更多地鼓励本地企业人多读书、多思考,'总裁书香轩'就是在这样的基础上建立起来的。"可见,学习要全身心地投入,要终身地学习。

欧盟在1998年就给所属各国政府发白皮书,要求各国建立学习型社会。白皮书要求欧盟的公民每个人至少要懂3国语言,否则就不是一个合格的欧盟公民。美国、日本等发达国家在20世纪80年代正式提出由学历社会向学习型社会过渡。在美国,一些成功企业的老总一年要看50本书,企业的中层领导一年要看100本书。而我们很多企业的老总平均一年只看1.5本书。在看书学习这方面,我们还有一定的差距。

现今社会,读书意味着改变。2001年,我国政府倡导"构筑终身教育体系,创建学习型社会"。上海、大连在全国率先提出创建学习型城市。现在很多省市都在提出创建学习型城市的目标……在企业界,由于内忧外患,企业也不得不向外界学习。在厦门,由台商发起成立了读书会,在这个读书会里,大陆的企业家、经理人占了一半。

现在世界上搞学习型社会都是在寻找有效载体,日本把"公民馆"作为载体,瑞典把"民众中学"作为载体,新加坡的载体是"终身教育节"。学习成了时尚,成为了国家和企业变革的源泉。表4-1列出了学习型组织与传统组织的一些差异。

表4-1　学习型组织与传统组织的差异

对比项目	传统组织	学习型组织
对变革的态度	只要事情还能运转就不改变它	如果不改变它则运转不了多久
对新思想的态度	如果不能付诸实践,就不要理它	如果不为实践所证明,就算不上新思想
谁对创新负责	研究与开发部门	组织中的每一个人
最担心的事情	犯错误	不学习,不改进
竞争优势	产品和服务	学习能力、知识和技能
管理者的职责	控制其他人	推动和支持其他人
组织文化	稳定、效率	变革
技术	机械	电子
任务	体力	脑力
组织结构	垂直	扁平或水平
权力分布	集权	分权

续表

对比项目	传统组织	学习型组织
资源	资本	信息
关注点	利润	顾客
工作方式	个人	团队
生产方式	福特模式	戴尔模式
市场	地方、国内	全球
领导	管理者	领导者

>>>> 个人学习与组织学习的差异

个人学习和组织学习是完全不同的。个人学习涉及的只是个体，只要个体有学习的意愿和付诸于学习的行动那就可以了。无论是改变学习态度、调整学习方法都是个人的行为，很容易实现。

但是，组织学习涉及的却是一个整体，是一群人。组织学习的目的就是要万众一心共同应对难题，要整齐划一，要朝着同一个学习目标迈进。所以，组织学习要比个人学习复杂得多，也困难得多。因为组织学习要将很多不同的个体协调在一个目标上，让大家同进同退，这就牵涉到了如何整合人与人的关系、思想等等。

国内不少企业和组织在创建"学习型组织"时，普遍都把"学习"界定为个人或组织成员的学习，提出要加强思想政治学习、业务学习、组织纪律及规章制度的学习等等。必须说明的是，这样的界定仍然只是传统意义上的学习，同"学习型组织"中所说的"学习"有一定区别，因为这种界定有一个大前提——"学习"的主体只能是"人"，只有"人"才能学习。可以说这种界定已经在某种程度上偏离了"学习型组织"的基本含义，有望文生义之嫌。要知道个体学习只是组织学习的重要前提和基础，但组织学习不是个体学习的简单累计。

组织学习能不断地获取知识、在组织内传递知识并不断地创造出新的知识。通过学习，能使组织不断增强自身能力并带来行为或绩效的改善。

组织学习是一种资源，是取之不尽的可再生资源，没有人能够购买、复制或者消灭一个组织的学习能力。组织培育学习力实质就是获取竞争优势。

组织学习是一个系统，几乎囊括了组织管理中所有的重要因素，如人、组织、决策、沟通、技术等，促进它们得到全面提升。

组织学习也是一个过程，它不是一个一蹴而就的项目，而是一个持续的修炼过程。通过学习，让组织持续改进，持续发展。

>>>> **组织内部的不一致**

组织内部经常有各种各样的不一致情况。具体表现为材料的采购与消耗之间经常失衡,想法与实践经常脱节,还存在内外、上下、横向等各个方面信息的不一致,以及优先顺序上的混乱。总之,企业内部存在很多不一致,这些不一致往往会成为企业运行的阻力,往往会扩大企业的内耗,使企业在竞争中处于不利的境地。实际上,组织内部的不一致真正来源于组织没有向心力,无法共同朝着一个方向前进。

解决组织内部不一致的方法就是学习。这里包括个人学习和组织学习两种。**个人学习要达到职业化的目的,但是,组织学习才是最根本的方法。**所谓的"学习型组织"真正要解决的问题就是如何能让企业形成一个完整的整体,让企业能够高效地运作。这是因为现代化管理体制中组织概念的设定就来源于把企业内部的人力、财力、物力视为一个整体。学习型组织强调的是系统思考,强调的是一种整体至上的观念。

企业是由一个个的个体组成的。每一个个体都有独立的思想和独立的个性,组织学习就是要把一个个的个体组合成为一个非常完美的整体。

在具体操作中要注意,首先要保证个体都很健康;其次要使个体具有良好的协调能力。要力争让企业的每一个员工都具有职业化的能力,进而要使整个企业变成一个学习型的组织。创造学习型组织的目的就是要让企业形成一个完整的整体,快速有效地去满足市场的需求。

4 学习型组织的真谛

企业创建学习型组织有一个误区,认为企业搞几次培训就是学习,认为培训中心就是学习型组织。其实这是对学习型组织理论的一种误解。学习型组织与培训无关,它是组织内热衷于学习而形成的一种习惯,它强调的是一种自主性管理的学习。学习型组织把工作当做学习,把学习当做工作,终身学习、不断追求是学习型组织的外在特质。英特尔有一句名言:"你永远不能休息,否则你将永远休息。"这就是对组织终身学习的最好的警示。

学习型组织的全体参与和全身心投入能持续增长学习力,它是学习力很强的组织;组织通过学习能创造自我、扩展创造未来的能量,它是创新力很强的组织;通过组织学习,能够让组织成员体验到工作中生命的意义,它是一个让员工活出生命意义的组织。

>>>> **学习力的修炼**

一个企业就是一棵树,要想让这棵树枝繁叶茂,硕果累累,就必须吸收营养,这些营养就是知识。而这些营养又是通过大树的丰富的根系吸收的，如果大树的根已经烂掉，那么眼前的这些繁荣很快就会烟消云散。所以，一个企业短暂的辉煌并不能说明其有足以制胜的竞争力，反而会让人心生忧虑。学习力才是企业的生命之根，企业一定要精心培植自己的根，让自己的根越来越深厚、越来越坚强，只有这样，才能在以后可能遭遇的种种风雨中挺立不倒。这就是企业学习力的树根理论(见图4-3)。

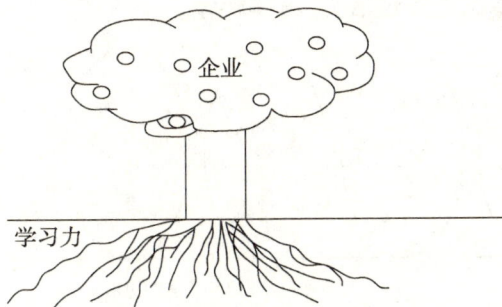

图4-3　学习力是企业生命之根

学习力是一个人或一个企业、一个组织学习的动力、毅力和能力的综合体现。学习力是把知识资源转化为知识资本的能力。组织的学习力是人们创新能力的集中体现，能直接转化为创新成果。它倡导团队学习比个人学习更重要的理念，团队具有整体搭配的学习能力，团队内信息和知识自由流动，高度共享，团队学习既是团队成员相互沟通和交流思想的过程，也是团队成员寻求共识和统一行动的过程，从而也是产生团队的"创造性张力"的过程。

很早以前我们就认识到，企业之间的竞争是人才的竞争，那么更深一步地探讨，什么是人才？有学历就是人才？不，在目前的学习力高于学历的年代里，人才是具有持续学习力的人，从而企业的竞争就转化成了学习力的竞争(见图4-4)。彼得·圣吉认为，**现在和未来，唯一持久的竞争力，是能比你的竞争对手学习得更快**。

学习力比人才更重要。假如一个企业，它的人才只有其他同行企业的一半，但如果它的组织学习力强，过不了多久，不是人才的会变成人才，是人才的会变成高级人才，高级人才会变成更高级的人才，从而会得到超越同行的机会。

当初日本三得利啤酒打入上海，仅仅用了3年的时间就占领了上海啤酒市场的半壁江山，市场占有率为51%，成为上海啤酒市场的冠军。根本原因是什么？学习力！三得利啤酒的管理人员每周安排一次集体学习，最高管理人员也参加，不管多忙都要参加。他们知道，当今的跨国公司如果不学习，就会输掉竞争。

湖南岳泰集团，是创立于我国市场经济建立初期的民营企业。集团公司坚持崇尚科技、广纳人才的发展战略，在较短的时间内即实现了跨越式的发展，而一跃成为融科研、生产、国际贸易于一体，跨行业、跨区域、多元化发展的高科技大型企业集团。集团重视学习，不断创新，在2001年就开始与湖南大学联合举办MBA培训班，至今从未间断，这就是一个优秀的民营企业的学习力的体现！

在 20 世纪 60 年代,被《财富》杂志列为世界 500 强的一些大公司,堪称全球竞争力最强的企业。然而,1970 年的世界 500 强企业到 80 年代有 1/3 销声匿迹,到上世纪末更是所剩无几了。这一方面反映了风起云涌的新科技革命和新经济的产生迅速淘汰传统产业的大趋势,但同时也反映出这些大企业不善于与时俱进,跟不上时代的节拍而被时代抛弃的必然结果。实践证明,**企业凡经过自我超越、心智模式、团体学习等提高学习的修炼**,都能在原有基础上重焕活力,再铸辉煌。

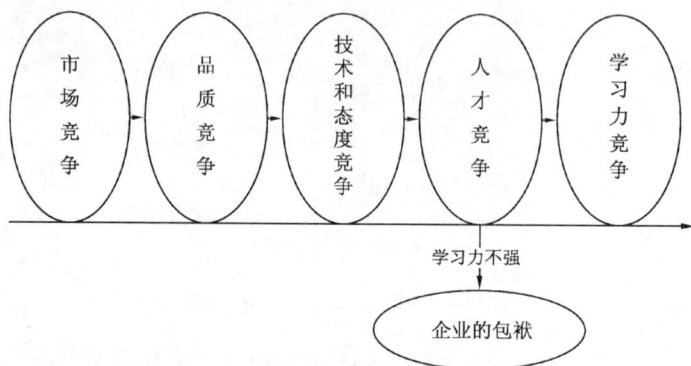

图 4-4　企业竞争的实质是学习力的竞争

那些长寿企业的成功秘诀就在于:

一是能以最快速度、最短时间获得新信息,学到新知识;

二是组织的员工尤其是领导层能不断提高学习能力;

三是加强"组织学习",形成具有特色的组织文化,集思广益,获得最大成效;

四是以最快速度、最短时间把学习到的新知识、新信息用于企业变革与创新,最大限度地适应市场和客户的需要。

而这些实质上就是他们具有比其他企业更强的学习力的原因和秘诀。

>>>> 生命的意义

学习型组织是能让组织成员体会到工作中生命意义的组织。这正是学习型组织的第二个真谛。**所谓能体会到生命意义,也就是能够实现快乐的工作态度。**

○ "双层双元"原则

企业要生存发展,必须注意"双层双元"原则。所谓双元,第一就是企业的发展,第二是员工的发展。**一个只注重企业发展而不注重员工发展的企业是无法成功的。**所谓双层,第一层是组织,要注意双元的发展;另一层是个人,员工既要想到个人的发展,又要想到企业的发展,没有企业的发展也就没有个人的发展。

对一个企业来说,只有当组织中的成员能通过工作体验到自己的生命意义的时候,他们才愿意、才能够把自己所有的潜能都发挥出来。而一个企业只有在充分获得了自己员工潜能的时候,才能具有更强的、更实际的竞争力,才能真正地拥有辉煌。

○ 需要避免的误区

有些传统的组织往往阻碍人们去实现自己的生命意义。因为在这些传统的组织中，普遍存在着"枪打出头鸟"这样一种怪圈。事事都搞平均主义，越平凡越受重用，越出色越容易被牺牲。在这样的企业工作，员工一般都抱着得过且过的心态，实现生命意义根本就是天方夜谭。

所以，企业一定要避免出现以上的怪圈，一定要努力营造一种互相理解、互相支持的良好氛围，这样的企业才能帮助员工实现自己的生命意义。只有先实现了员工的生命意义，才能进一步使企业获得存在的价值。这是一种"双赢"的结果。

企业的发展一定要建立在员工发展的基础上。学习型组织重点强调的就是组织成员的生命意义，这一点从本质上符合企业的发展规律。

○ 考虑问题全球化，处理问题本地化

考虑问题全球化指的就是企业的思维是开放式的，是面向整个世界的，企业可以任意地将自己的理念延伸。而且，**企业必须用全球化的眼光来观察世界**，因为企业面临的竞争不再局限于一个国家或一个地区，而是整个世界。

加入 WTO，既为我国的企业带来了机遇，又带来了巨大的挑战。机遇使全球的资源展现在企业面前，只要有足够的实力，就可以任意地利用。

处理问题本地化则是指处理问题的一种角度。也就是企业的眼光虽然是全球化的，但是，当企业在其他国家"作战"的时候，一定要尽量利用当地的优秀人才来解决当地的问题。只有这样，才能使工作更富实效。因为每个国家、每个地区，都有自己的特色，有自己的文化，只有懂得游戏规则、遵守游戏规则的人才能真正地解决问题。

无论是考虑问题全球化，还是处理问题本地化，归根结底都是要获得更强的竞争力。而实现这一目标的有效办法就是帮助企业的员工实现自己的生命意义。所谓"士为知己者死"，无论是对本地"作战"的企业还是对别国"作战"的企业来说，使员工能够快乐工作，帮助员工实现自己的人生价值，都可以使企业在竞争中取胜。

惠普公司有 4 个"任何"，即"任何一个员工在任何时间可以找任何一位领导谈任何问题"。实际上这体现了公司对员工生命意义的重视，公司为员工创造了一种高效沟通的工作环境，使员工能够怀着轻松愉快的心情面对工作，使员工对公司有着充分的信任感，同样，员工也以积极的工作推动了公司的发展。

百事可乐公司 2001 年的股票市值上升了 14%，这是因为百事可乐公司推行了一种"快乐工作"的企业文化，每天都能使员工开心地工作。百事可乐公司推行的"快乐工作"正是体现了学习型组织的第二个真谛，即快乐工作，也就是使员工在舒心的工作环境中体验到了自己的生命意义。

>>>> 持续创新

有人问《第五项修炼》的作者彼得·圣吉，究竟什么叫学习型组织？他说：如果用两

个字回答那就是"创新";如果用 4 个字回答那就是"持续创新"。

标准化能够提升管理的效率,然而只有保持好奇心和开放的心态才能创新,而创新最重要的是尝试,尝试最有可能面临的是失败。所以**只有营造出对失败宽容的企业文化才有利于创新**。拿电视机这个行业做个例子吧:上海金星每月推出 3 个新品,每年推出 30 个新品。山东海信呢,每 60 个小时推出一个新品,每周推出 3 个新品。山东海尔更厉害,每天出一个新品;每两天出一个专利。但是你知道日本松下是什么情况? 它们每天推出 10 个新品。在此,我们可以深刻体会到市场的竞争是何等的激烈! 企业的创新是何等的重要! 试想,一个企业如果创新的速度很慢或者没有创新,那么,在竞争中将会沦落到何等的地步?

企业要想紧跟时代的脚步,要想成为竞争中的强者,必须积极把自己创建成为一个学习型组织,要使创新成为企业发展的主旋律。

学习型组织企业文化的一个重要特征就是创新,企业一定要营造一种创新的文化氛围,使创新这个主旋律在企业的每一个角落都唱响。

世界上没有疲软的市场,有的只是疲软的信心、疲软的竞争力。为了让自己的信心、自己的竞争力越来越坚强,企业一定不能忽视创新,一定要从细微处入手,层层强化创新力,相信这样的企业必然会赢得广阔的市场,必然会获得成功!

○ 把学习转化为创造力

学习型组织强调的学习力就是把学习转化为创造力,为了学习而学习是盲目而不可取的。一个企业仅仅有学习力、有快乐工作的环境是不够的,企业的学习一定要转化为实际的创造力,只有形之于物的学习才是真正的学习,才真正达到了学习的目的。所以,一定要注重培育员工的创造能力,使这种能力和学习力、快乐工作完美结合,这样的企业才是真正有前途的企业。

○ 使创新成为主旋律

学习型组织的核心理念就是创新,而且是持续的创新。未来管理变革的趋势提醒我们只有使创新成为主旋律才有可能获得成功。我们生活在知识经济时代,知识是最重要的资源。因此,企业如果想要成功,就要努力建设成为学习型组织,努力使创新成为企业发展的主旋律,只有这样,企业才能拥有强大的竞争力。

5 学习型组织的圣吉模型

彼得·圣吉教授在研究大量企业的兴衰史和参加大量企业的管理实践后总结出:企业要在快速变化的市场中迈向学习型组织,必须具备两个基本本领,即应变和适应的能力以及有远大理想、创造未来的能力。和人一样,企业不仅是为了生存而简单地适应世界,而且还要为更崇高的理想而奋斗——创造和改造世界。对企业而言,达到如此境界,必须通过学习,建立学习型组织。而建立学习型组织就必须具备5项修炼的技能。5项修炼指的是学习型组织的5项新技能的组合,被管理界称为圣吉模型。它包括:自我超越、改善心智模式、共同愿景、团队学习和系统思考(见图4-5)。5项修炼将使企业的学习力得到更大的提升!

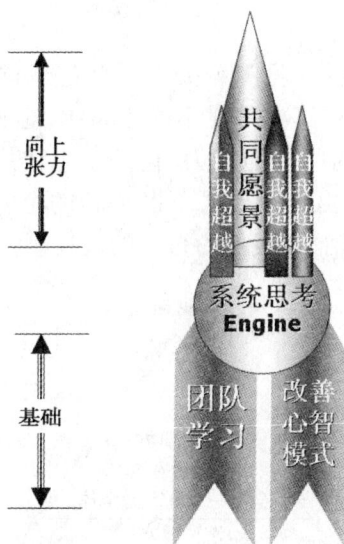

图4-5　学习型组织的5项修炼

>>>> **自我超越——实现心灵深处的渴望**

○ **自我超越是精神张力**

自我超越是指能突破极限的自我实现或技巧的精熟。自我超越以磨炼个人才能为基础,却又超乎此项目标;以精神的成长为发展方向,却又超乎精神层面。自我超越的意义在于以创造现实来面对自己的生活与生命,并在此创造的基础上,将自己融入整个世界。个人学习是组织学习的基础,员工的创造力是组织生命力的不竭之源,自我超越的精要在于学习如何在生命中产生和延续创造力。**通过建立个人愿景、保持创造力、诚实地面对真相和运用潜意识,便可实现自我超越。**自我超越是5项修炼的精神张力。

自我超越是个人成长的学习修炼。具有高度自我超越的人,能不断地扩展他们创造生命中真正心之所向的能力,从个人追求不断学习为起点,形成学习型组织的精神。

每个人都有追求,每个人都有愿景,就像我们在讲领导力时说的马斯洛需求层次。上世纪90年代初期,我们所关心的可能是收入多一点;到了90年代中期,随着我们生活水平提高,可能更注重的是人与人之间的交往;而到了21世纪,随着我国经济体制改革的进一步深化,很多的国有企业改制,员工入股,那我们现在最关心的是公司的发展,因为公司的命运跟我们联系在一起了。员工不仅做自己的工作,也在关心自己的企业发展。员工参与已经被大部分企业所接受。

目前,许多企业发展面临着"超越自我"的阶段,员工和雇主之间的关系也发生了变化。企业给员工展示的平台,员工为企业创造更多的财富。员工与企业之间应建立一个和谐、优美、均衡的盟约关系。

○ **自我超越的修炼**

(1)愿景设计。

建立愿景是自我超越的前提(见图4-6)。自我超越首先是不断理清并加深个人的真正愿望,集中精力,培养耐心;其次是在不断学习中,客观地观察现实,了解目前的真实情况。组织整体对于学习的愿望与能力,植基于个体成员对于学习的意愿和能力。对于学习型组织来讲,要设计出鼓励成员不断成长的个人职业生涯规划;对于个人来讲,要理清我们真心向往的事情,让我们为自己的最高愿望而活。

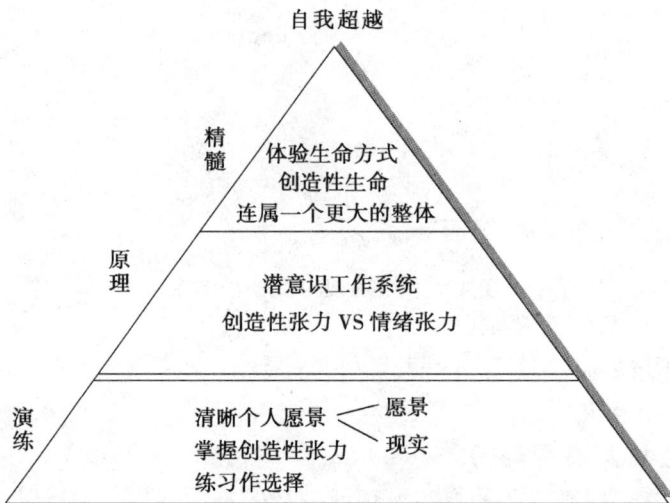

图4-6　自我超越的修炼

愿景是创造力的源泉。我们可以轻易地举出许多例子来证明愿景的作用:爱迪生的"让人类晚上也用不灭的光芒照耀"的愿景,使人类有了电灯;莱特兄弟的"让人类能像鸟儿一样飞上天空"的愿景,使人类有了飞机;马丁·路德金的"我有一个梦想"的愿景,推动了美国黑人进入美国主流社会。

我们在建立愿景的同时还必须理清现状。如果愿景与现状之间有一定的距离,愿景就会对现状产生牵引作用,即"创造性张力"。彼得·圣吉指出,自我超越的精髓就是学习如何在生命中产生和延续创造性张力。

(2)自我满足是自我超越的敌人。

中国年轻的音乐家谭盾刚到美国曼哈顿时,必须到街头拉小提琴卖艺赚钱来维持生计。而在街头拉琴跟摆地摊没什么两样,都必须争个好地盘才会有人流量、才会赚钱。很幸运谭盾和一位认识的黑人琴手一起争到一个最能赚钱的好地盘——一家银行的门口,那里人来人往。过了一段时间,谭盾赚到不少钱后就和黑人琴手道别。因为他想进入大学进修,到音乐学府里拜师学艺,也和琴艺高超的同学互相切磋。于是,谭盾将全部的时间和精力都投入到提升音乐素养和琴艺之中。在大学里,虽然谭盾无法像以前一样可以赚很多钱,但他的眼光超越金钱,转而投向更远大的目标和未来。

10年后,谭盾有一次路过那家银行,发现昔日老友——黑人琴手仍在那块"最赚钱的地盘"拉琴。黑人琴手的表情一如往昔,脸上露着得意、满足与陶醉。当黑人琴手看见谭盾突然出现时,很高兴地停下拉琴的手,热情地说道:"兄弟啊,好久没见啦,你现在在哪里拉琴呢?"

谭盾回答了一个很有名的音乐厅的名字。黑人琴手反问道:"那家音乐厅的门前是个好地盘,也很好赚钱吗?"

"还好,生意还不错!"谭盾没有明说。

黑人琴手哪里知道,10年后的谭盾已经是国际知名音乐家,他经常应邀在著名的音乐厅登台献艺,而不是在门口拉琴卖艺了。

黑人琴手始终拉琴卖艺在于他满足于"最赚钱的地盘",谭盾最终成为国际知名音乐家在于不满足于"最赚钱的地盘",有更高远的目标。我们会不会也像黑人琴手一样自满,一直死守着"最赚钱的地盘"(满意的工作岗位、满意的待遇)不放,还沾沾自喜、洋洋得意? 我们会不会因为现在的相对领先地位而自满、自傲?

自满使新的愿景无法产生。愿景与现状之间没有距离,就不会产生创造性张力,我们也会因此而失去自我超越的动力。**只有永不满足才能使我们始终保持追求向上的脚步**,正如鲁迅所说:"不满足是向上的车轮。"

(3) 自愧是自我超越的瓶颈。

如果我们细心观察,就会发现周围有些人不敢想、不敢做,他们经常说:

"我可当不了领导。"

"我怕我不行,……"

"我怕我做不好,你还是把这项工作安排给别人吧。"

"我怕把电脑弄坏了,不敢去操作。"

他们之所以会这样想、这样做往往是由于自愧心理在作怪,这种自愧心理不仅限制了我们的思想,还妨碍了我们去动手,去学习,去创造,这种现象被称为"结构性冲突"。"结构性冲突"会导致已有的愿景被侵蚀,同样也使我们失去了创造性张力。

(4) 突破极限——自我超越的关键。

通过系统思考和学习我们懂得无论个人成长和公司发展都经常会处于"成长上限"的系统模式中,这就要求我们不断辨认和改变限制因素,剔除这些"上限",使得我们有更大的成长和发展空间。不突破这些极限,我们也就无法自我超越。

突破极限是量的不断积累,直至质的突变。我们看到舞台上艺术家们精湛的表演,但却很少知道他们为此付出多少辛勤的努力,正所谓"台上一分钟,台下十年功"。我们知道高水平的短跑运动员想要把成绩提高0.1秒是一件很困难的事,世界顶级短跑运动员为了提高这0.1秒可能要付出一生的苦练。

突破极限是厚积而薄发,突破极限需要忘我。

1858年,瑞典的一个富豪人家生下一个女儿。然而不久孩子患上了一种无法解释的瘫痪症,丧失了走路的能力。一次,女孩和家人一起乘船旅行。船长的太太给孩子讲船长有一只天堂鸟。听了船长太太的描述,女孩被这只鸟迷住了,极想亲自看一看。于是,保姆把孩子留在甲板上,自己去找船长。孩子耐不住性子等待,她要求船上的服务生立即带她去看天堂鸟。那服务生并不知道她的腿不能走路,而只顾带着她一起去看那只美丽的小鸟。奇迹发生了,孩子因为过度地渴望去看天堂鸟,竟忘我地拉住服务生的手,慢慢地走了起来。从此,孩子的病便痊愈了。女孩长大后,又忘我地投入到文学创作中,最终成为第一位荣获诺贝尔文学奖的女性,她就是——茜尔玛·拉格萝芙。

如果拉格萝芙没有对天堂鸟的忘我渴求,也许她这一生都将在轮椅上度过。人只有在忘我的环境中才会超越自身的束缚,释放出最大的能量。

(5)磨难——自我超越的绊脚石和加速器。

在昆虫的世界里有一种蛾子名叫"帝王蛾"。帝王蛾的幼虫时期是在一个洞口极其狭小的茧中度过的。当幼虫要发生质的飞跃、化蛹为蛾时,这个狭小通道对大多数幼虫来讲,无疑成了鬼门关,只有拼尽全力才能破茧而出。不少幼虫在往外冲杀的时候力竭身亡,成了"飞翔"这个词的悲壮祭品。于是有人动了恻隐之心,他们把茧子的洞口剪大,企图将那幼虫的生命通道修得宽阔一些。这样一来茧中的幼虫不必费多大力气就可以从那个"牢笼"里钻出来。但所有因得到了救助而见到天日的蛾子都不是真正的"帝王蛾",它们无论如何也飞不起来。原来,那狭小的茧洞恰恰是帮助帝王蛾的两翼生长的关键所在,穿越的时刻通过用力挤压血液才能顺利送到蛾翼的组织中去,唯有两翼充血,帝王蛾才能振翅飞翔。那些通过人为扩大洞口出来的蛾子的翼翅就失去了充血的机会,钻出来的帝王蛾便永远与飞翔无缘。

磨难对我们来说有时候是绊脚石,阻碍了我们前进、超越的脚步。但它也常常是生命中必须独自体验和经历的过程,逃避这个过程,我们就永远也成不了"帝王蛾"。跌倒后爬起来,再把石头搬走,我们的视野会更开阔,经验会更丰富。**每经历一次磨难,每战胜一次困难,对我们来说都是一次难得的自我超越。**经过磨难的洗礼,我们会走得更快、更远。

(6)员工自我超越是点,公司自我超越是面。

公司的整体自我超越源于全体员工的全面自我超越。依照"木桶定律"的观点,只有每块木板的高度都加长,整个木桶的盛水量才能提高。当然,仅仅提高木板的高度,不提高木板之间的契合度,木桶的盛水量依然无法提高。这就需要将我们个体的学习和提高融入组织的愿景中去,同组织一起超越,从而实现"点面结合"。不断整合团队资源、促使团队整体学习是学习型组织的宗旨和使命。融入团队是个体自我超越的再超越,是团队自我超越的基础。

自我超越不是我们拥有的某些能力,它是一个过程、一种终身的修炼。没有最好,只有更好,自我超越是个人成长和公司发展过程中永恒的主题,我们必须始终如一地坚持:自我超越、超越、再超越。

>>>> **改善心智模式——用新眼睛看世界**

心智模式是指存在于个人和群体中的描述、分析和处理问题的观点、方法和进行决策的依据和准则。它不仅决定着人们如何认知周围世界,而且影响人们如何采取行动。不良的心智模式会妨碍组织学习,而健全的心智模式则会帮助组织学习。心智模式不易察觉,也就难以检视,因此它不一定总能反映事情的真相。另外,心智模式是在一定的事实基础上形成的,它具有不定期的稳定性。而事物是不断变化的,这导致了心智模式与事实常常不一致。改善心智模式就是要发掘人们内心的图像,使这些图像浮上表面,并严加审视,即时修正,使其能反映事物的真相。改善心智模式的结果是,使企业组织形成一个不断被检视、能反映客观现实的集体的心智模式(见图4-7)。

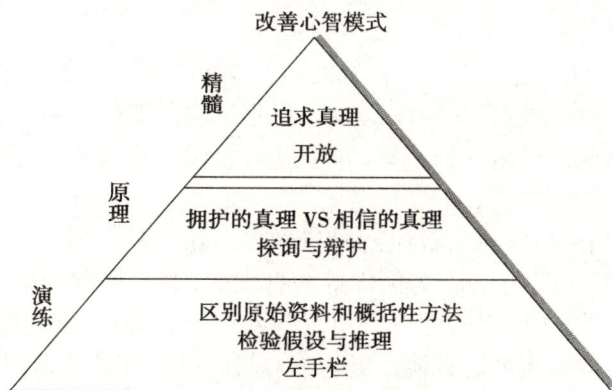

图 4-7　改善心智模式的修炼

○ **心智模式对企业和个人的影响**

心智模式不仅影响人们的思想和对周围世界的认识,影响人们的决策,也影响人们对工作、学习和生活的态度,处理人际关系遵循的原则,以及人们的行为方式和行为习惯。人的心智模式不同,就有不同的看法,有不同的看法,就会有不同的行为方式。如"人是可信的"与"人是不可信的",这两种不同的心智模式将导致两种不同的行为方式。

美国有两家制鞋厂,它们为扩大各自的业务,都决定占领太平洋一岛屿上的拖鞋市场,于是都各自派人去搞市场调查。调查员甲去了以后,拍回一封电报,说岛屿上所有人都不穿拖鞋,那儿没有市场,而调查员乙去了以后,却拍回另外一个截然不同的电报,说岛上所有人都不穿拖鞋,这儿有巨大的市场潜力可以开发。

面对同样一个现象或事实,却有两种完全相反的结论,这是由于两个人的思维方式不同造成的。调查员甲认为:岛上人不会买拖鞋,是因为他不穿拖鞋,所以就没有市场;

而调查员乙则认为：岛上人不穿拖鞋，是因为没有拖鞋卖，所以这里大有市场。可见，心智模式对人们的所作所为影响非常大。因为心智模式会影响我们所"看见"的事物，所以，两个具有不同心智模式的人观察相同的事件，就会有不同的描述，就像两个调查员一样，因为他们看到的重点不同。

○ 改善心智模式

人们要想改善自己的心智模式，必须做到以下两点：

首先，必须摊开自己的心智模式，让别人了解你心中的真正想法，以及这些想法的依据是什么。善于正确表达自己的思想观点称为"输出"。

其次，你必须有气度，敞开胸怀，耐心认真地听取别人的意见，特别是听那些与自己心智模式不同或相反者的意见，经过细心辨析而发现自己原有的心智模式的缺点，这称为"输入"。两者合起来就叫"沟通"。

一个沟通能力强的个人或企业必定是不断注意改善自己心智模式的，这是今天成功人士和成功企业的共同特征和基本条件，因为只有善于沟通才能消除各种误解，使各项工作得以顺利开展。

壳牌石油公司是第一家发现心智模式对组织学习具有潜在力量的大型公司。这家高度分权的公司，经过上世纪70年代全球石油业的动荡不安后发现，帮助管理者理清他们的假设，找出这些假设内部的矛盾，并透过新假设和新策略来思考问题，是获得最佳竞争优势的来源。

壳牌石油公司是由皇家荷兰石油公司与壳牌运输贸易公司组合而成，是具有不同文化背景的跨国公司。具有不同文化背景的管理者，要开展共同营运是很不容易的。该公司目前在全球拥有100多家的分公司，这些带有当地浓厚文化特色的分公司享有高度的自治权，要建立共有的心智模式更是不容易。壳牌石油公司刚成立时，因为来自不同国家与具有不同特色文化的人，无法将自己认为正确的想法，告诉来自别国的同仁，因此管理者必须学习以共识来开展营运。当壳牌石油公司在全球范围更广的区域发展时，更需要建立跨文化间的共识。

在石油业动荡的20世纪70年代，壳牌石油共识管理的传统遇到了瓶颈，他们开始对真正的共识有了新的认识，那就是共识必须建立在共有的心智模式上。壳牌石油公司的企划人员在回忆探索心智模式方面的情形时说："除非我们能影响重要决策者对于实际状况所持的心智印象，否则我们对未来的各种看法就像是洒在石头上的水一样，四散而无法凝聚。"可见他们对凝聚团体心智模式的影响力有多高的期盼。

在能源危机开始的前一年，在分析石油生产与消费的长期趋势之后，他们发现欧洲、日本与美国正日益依靠石油进口，伊朗、伊拉克、利比亚、委内瑞拉等石油输出国家的石油储备量正逐日下降，这些趋势暗示历史性稳定成长的石油需求和供给，终将转变为慢性的供给不足、需求过多和一个石油输出国控制的卖方市场。壳牌石油的管理者开始改变原有的心智模式，而培养出新的心智模式。成果十分可观，经过9年努力奋斗，壳牌石油由世界七大石油公司中的"丑小鸭"成为最强的一个，它的产品销量与艾克森石油公司并列第一。

>>>> **建立共同愿景——打造生命共同体**

　　共同愿景是指组织成员与组织拥有共同的目标。共同愿景为组织学习提供了焦点和能量。在缺少愿景的情况下,组织充其量只会产生适应性学习,只有当人们致力于实现他们深深关切的事情时,才会产生创造性学习。根据研究结果,组织的愿景是由指导哲学和可触知的景象组成。建立共同愿景的修炼就是建立一个为组织成员衷心拥护、全力追求的愿望景象,产生一个具有强大凝聚力和驱动力的伟大"梦想"(见图4-8)。

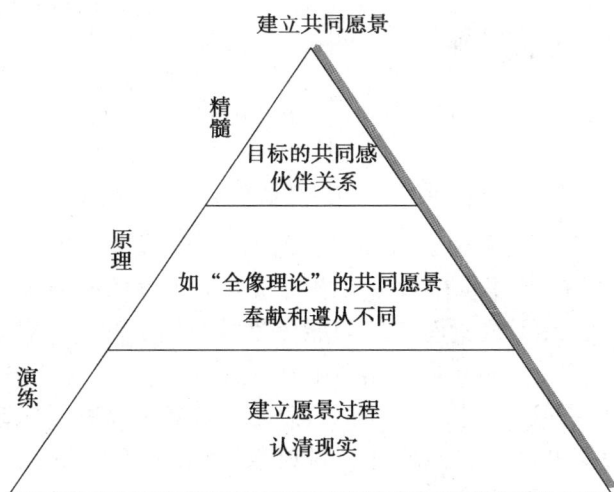

精髓

建立共同愿景

目标的共同感
伙伴关系

原理

如"全像理论"的共同愿景
奉献和遵从不同

演练

建立愿景过程
认清现实

图4-8　建立共同愿景的修炼

　　"愿景"不是"远景",是一个特定的结果、一种期望的未来景象或意象。愿景不同于愿望,愿望往往被设计成一个人眼前想要摆脱的困境;愿景不同于手段,比如"提高市场占有率"只是达成一项更重要结果的手段;愿景也不同于"上层目标","上层目标"属于方向性的,比较广泛、抽象,愿景则是具体的;愿景不同于竞争,"打败其他队伍"不是一种愿景,愿景是内在的而不是相对的。愿景有诸多层面:可能是物质上的、个人方面的,也可能是社会贡献方面的。组织的共同愿景来源于员工个人的愿景而又高于个人的愿景。它是组织中所有员工的共同愿景和共同理想。**共同愿景能使不同个性的人凝聚在一起,朝着组织共同的目标前进。**

　　愿景包含两层意思:一是愿景是发自内心的,渴望实现的愿望;二是愿景要建立具体生动、可以看见的景象。而共同愿景则是指由组织中个人愿景互动成长而形成的、组织成员普遍接受和认同的共有的愿景。共同愿景展示了企业的目标,提供给企业前进的动力,并汇聚全体成员的力量。

○ **如何建立共同愿景**

　　在团队内什么才算是共同愿景呢? 要作为"共同"就必须先"共识",我们可以把愿望按重要和紧急的程度分成4类,即重要又紧急的愿望,不重要而紧急的愿望,不重要也不紧急的愿望和重要但不紧急的愿望(见图4-9)。

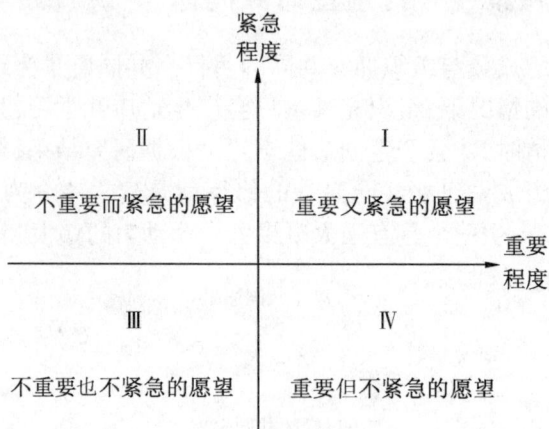

图4-9 什么是共同愿景

假设某交通工程公司在高速公路项目中刚刚中标,那么它的重要又紧急的愿望是尽快组织人员进场搞驻地建设(在第一象限);重要但不紧急的愿望是把这个项目做成优质工程(在第四象限);不重要而紧急的愿望是维修施工测量的仪器(在第二象限);不重要也不紧急的愿望是给每个职工宿舍配置一台电脑(在第三象限)。哪些愿望适合做愿景呢? 显然是重要但不紧急的愿望。紧急与否实际上反映了愿望实现的长期性或短期性,太紧急太短期的愿望自然不适合做愿景;重要性不同则表明了价值取向的不同,体现了价值观念的差别。同一个愿望对不同的企业重要性可能完全不同。"使一般人,而不仅是有钱人,拥有自己的汽车"这个愿望对福特来说是至关重要的,而对劳斯莱斯来说则并非如此。这种不同其实就涉及了价值观念的不同。

价值观是一个人关于事物价值的基本看法和观点。企业价值观是企业的决策者对企业的性质、目标、经营方式的取向作出的抉择,是企业追求经营成功过程中推崇的基本信念,简而言之就是对象对企业有用性的观念。

企业总要生存于一定的现实条件下。新生企业和老企业,服务业和制造业,美国企业和中国企业的价值观念会相差很多。有的企业可能认为企业最重要的价值就是为股东赢利,而有的企业则认为企业的价值在于服务社会。企业要想生存下去,就得适应一定的现实状况,符合一定的客观规律。价值观念其实是一种维持企业生存的手段,也是整个社会系统维持自身稳定发展秩序的方式。价值观念是生存规律的外在表现。

在西方企业的发展过程中,企业价值观经历了多种形态的演变。其中"最大利润价值观"、"经营管理价值观"、"社会互利价值观"分别代表了西方企业在不同历史时期的基本信念和价值取向。当代,企业价值观最突出的特征是"以人为中心",以关心人爱护人的人本主义思想为导向,强调对内提供一个适合员工发展的环境,对外追求客户的满意。

○ 愿望的抉择受到道德规范的影响

1976年创建于英国的美体小铺就是借"道义"成为闻名世界的企业。美体小铺的创始人安妮塔说："我相信商业应该担当起道义的责任。"在这种理念的支持下，美体小铺坚持用纯天然的原料制造化妆品，反对动物实验，坚持以人为本，维护人权。正是因为美体小铺顺应了先进的价值观念和道德规范的发展趋势，目前，美体小铺零售业务遍布全球55个国家，商店数目超过2 200间，2006年加盟欧莱雅，但继续以英国为基地，保留原有的宗旨和信念。美体小铺管理层在欧莱雅集团内独立运作，直接向集团行政总裁报告公司状况。由此可见，价值观念和道德规范对共同愿景的重要性。

企业经营行为归根到底是一种人的行为，当然要遵循人类自身制定的道德规范。而且，企业本身作为社会成员，天生的使命就是遵循道德，遵循秩序，维持社会的存在与发展；而赢利只是在先天使命基础上的后天使命——为社会中某个集团的局部人谋利。后天使命不能违背先天使命，如果一个企业只为谋局部私利而不讲道德，破坏秩序，就无法长存。安达信诚信丑闻事件就是一个例子。人类社会有自身的免疫系统，不遵守社会基本假设（道德是社会行为的预设条件，缺乏这个预设条件，社会将无法正常运转）的组织，必然要被社会淘汰。

>>>> 团队学习——激发群体智慧

团队学习是建立学习型组织的关键（见图4-10）。彼得·圣吉认为，未能整体搭配的团队，其成员个人的力量会被抵消浪费掉。在这些团队中，个人可能格外努力，但是他们的努力未能有效地转化为团队的力量。当一个团队能够整体搭配时，就会汇聚出

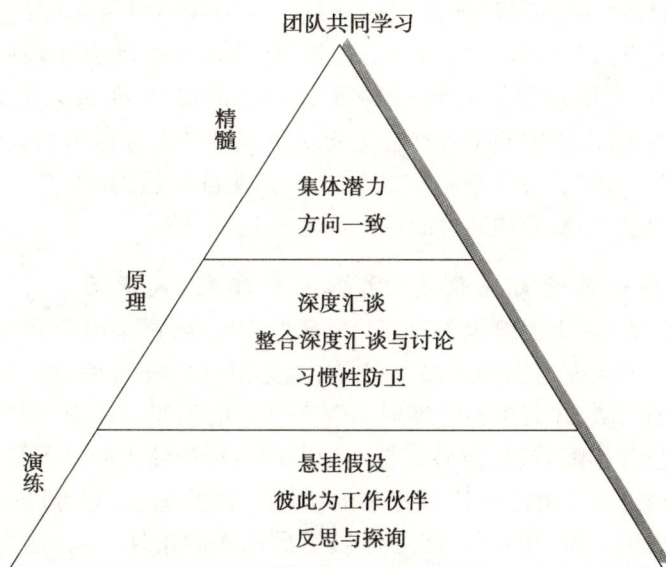

图4-10　团队学习的修炼

共同的方向,调和个别力量,使力量的抵消或浪费减至最小,整个团队就像凝聚成的激光束,形成强大的合力。当然,强调团队的整体搭配,并不是指个人要为团队愿景牺牲自己的利益,而是将共同愿景变成个人愿景的延伸。事实上,要不断激发个人的能量,促进团队成员的学习和个人发展,首先必须做到整体搭配。在团队中,如果个人能量不断增强,而整体搭配情形不良,就会造成混乱并使团队缺乏共同目标和实现这些目标的力量。

○ 团队学习可以强化团队协作

(1)我们不是只为各自的职责工作。

如果你的工作在公司内与其他部门接触较多,或者你是一个基层的主管或中高层主管,你可能遇到过以下的情况:在工作衔接中碰到问题时,大家都能设法保证自己部门的作业没有问题,但往往忽略了如何在衔接点上与其他部门配合得更好。有时候即使已经发现了一些细小的疏忽,也因为涉及其他部门而没有引起足够的重视,没有及时去检讨与沟通,等到问题在作业链中的某个部门集中爆发出来的时候,再由最终的问题爆发部门召集相关部门召开会议讨论。此后又有两种情况:第一种情况是召集部门对整个作业流程了解得较全面并且大家讨论得较好就可以立刻改善;另一种情况是问题的关键点并不在最终的问题爆发部门,因为在大家相互讨论时参与部门的"热情"往往没有召集会议的部门高,加上缺少一个对整个作业流程都了解的协调人,最终导致发现了问题但改善力度不够。

(2)大河有水,小河才会满。

分工协作使我们的作业提高效率,但分工也给我们的合作带来了挑战。企业的业务部门往往是作为流水线上的一个环节而存在,所谓"环环相扣",也就是说除了环是完整的,还必须环与环之间协调好,才能串成珠链。因为我们每个人都是团队中的一员,只有每个人前进的方向和步骤比较吻合的时候,团队前进的动力才是最大的。**学习型组织讲求个人进步,更讲求团队进步,追求个人智力的提高,更追求团队智力的提高。**我们不愿意看到的是,组织中的个人都在进步而组织整体却停滞不前。因此,在创建学习型组织的修炼中,团队学习是最基本的形式。实现自我超越、改善心智模式、建立共同愿景和形成系统思考,都必须通过团队学习才能达到。

○ 学习型组织的学习应该是"团队-自愿式"的学习

彼得·圣吉认为,在现代组织中,团队学习非常重要,这是因为现代组织的基本单位就是工作团队。团队在组织中是最关键的、也是最佳的学习单位。只有组织内部拥有众多的会学习的团队,才有可能发展成为善于学习的组织。在学习型组织中,团队学习是发展团队成员互相配合、整体搭配与实现共同目标的能力的学习活动及其过程,其重要作用在于使得组织成员之间达成完善的协调一致的感觉,它可以强化组织的各种能力。团队学习为建立组织的核心能力提供了最基本的条件,核心能力是技术和技能的集成,这种集成只有在集体的努力下才能实现。在团队学习过程中,团队变成整个组织学习的一个小单位,他们可将所得到的共识转化为行动,甚至可以将这种学习技巧向别的团队推广,这样便可以建立起组织一起学习的风气,这样的组织能不断增强自身实力,并产生效能。

学习型组织的学习是组织的学习而不是个体的学习。目前,在很多的企业,他们的员工虽然认识到学习对工作和个人发展的重要性,很多员工也在学习,但仍然算不上学习型组织。在企业学习型组织中,企业的精英团队(指技术骨干和管理人员)才是最基本、最有创造力的单位。学习型组织中的学习应该是一种团队学习,企业中不同层次、不同部门的成员都处于一种相互交往、相互学习的状态之中。团队学习不是个人学习的简单相加,有益于企业核心能力发展的个体学习才能算是团队学习的一部分,否则,个人学习对团队学习是毫无意义的。个人学习可以提升个人效能,而团队学习可以提升团队效能。团队学习超越个人学习,有个人学习所不能及的内容和影响。学习型组织强调员工的合作学习和群体智力的开发,因此有利于形成企业整体意义上的核心能力。

在学习型组织里,真正的学习主体是团队本身。我们可以从两个维度上表述企业学习类型:第一个维度是从个人到团队,第二个维度是从要求到自愿。因此,我们可以把团队的学习类型划分为"个人－要求式"、"个人－自愿式"、"团队－要求式"和"团队－自愿式"。第四个学习类型"团队－自愿式"才符合学习型组织的建设要求,学习是团队的责任。

○ "组织鱼模式"理论

"组织鱼模式"理论认为团队学习由4部分构成:观念、团队学习机制、团队学习促进与保障机制以及行动。这一模式不仅指明了学习型组织的基本构成"部件",而且形象地描绘了各"部件"之间的有机联系,恰似一条鱼,因此称之为"团队学习鱼"。"鱼头"是观念。这是成为学习型组织的第一步,也是最重要的一步,就是全体成员达成学习的共识并树立矢志不渝的坚定信念,它是建立学习型组织的"灵魂"。"鱼身"是团队学习机制。团队学习机制也是学习型组织的核心组成部件,是"团队学习鱼"的"躯干",它包括适用于团队学习各个层次的理论、方法与技术。"鱼鳍鱼鳞"是团队学习促进与保障机制。组织结构、战略、制度、知识管理、人员和技术是团队学习的辅助系统,它们的恰当配置可以极大地促进与保障团队学习的顺利开展。因此,团队学习促进与保障机制是建立学习型组织的驱动机制。"鱼尾"是行动,提倡学习要有持续的行动。"水"是企业外部环境,正像鱼儿离不开水一样,团队学习也离不开组织面临的大环境。这一理论模型较为形象地描述了学习型组织的一般要素,将组织看成由各部分相互配合的有机整体,同时没有忘记外部环境的作用,但缺少了操作描述,是以一种近乎静止的观点看待"学习型组织"这一概念的,因而在构建时也就往往从要素着手,而不是从过程着手。

>>>> 系统思考——见树又见林

彼得·圣吉说:"学习最后应导致行为的改变,不应只是取得一些新资讯或产生一些新构想而已。否则,我们只是学习了新的语言、观念或方法,就认为自己已经学会了,即使行为毫无改变。"同时他还指出:"我们很容易只了解一些原理就自以为已经完成该项修炼,误将知识上的了解当做学习,学习必须产生新的了解和新的行为。"

可见,**学习型组织学习的最终目的就是要创新,而创新来源于系统的思考。**

系统思考是一种分析综合系统内外反馈信息、非线性特征和时滞影响的整体动态思考方法(见图4-11)。它可以帮助组织以整体的、动态的而不是局部的、静止的观点看问题,因而为建立学习型组织提供了指导思想、原则和技巧。系统思考将前4项修炼融合为一个理论与实践的统一体。系统思考能帮助人们极大地简化对事物的认知,能给我们带来整体观。

系统思考是把所处理的事物看做一个系统,要看到其中的组成部分,还要看到这些组成部分之间的相互作用,并以整体的眼光把系统中的人、财、物、能量、信息加以处理和协调。

系统思考要求人们运用系统的观点看待组织的发展。它引导人们,从看局部到纵观整体,从看事物的表面到洞察其变化背后的内在结构,以及从静态的分析到认识各种因素的相互影响,进而寻找一种动态的平衡。

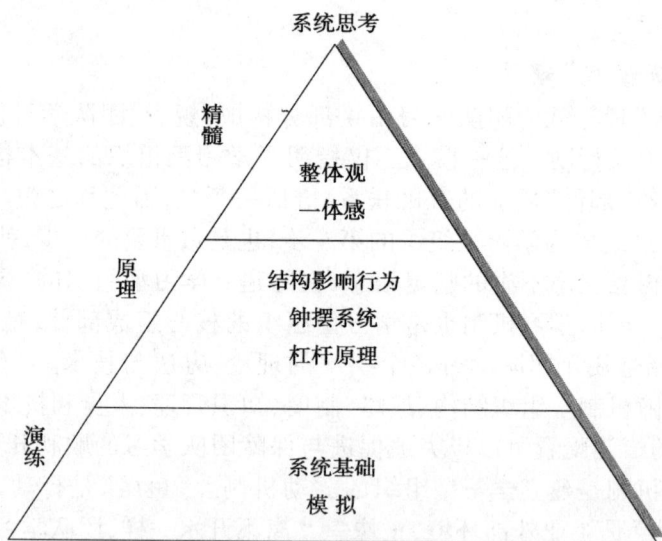

图 4-11 系统思考的修炼

企业与人类社会都是一种"系统",是由一系列微妙的、彼此息息相关的因素所构成的有机整体。这些因素通过各不相同的模式或渠道相互影响,"牵一发而动全身"。这种影响并不是立竿见影、一一对应的,而常常是要经年累月才完全展现出来。身处系统中的一小部分,人们往往不由自主地倾向于关注系统中的某一片段(局部),而无法真正把握整体。系统思考的修炼就在于扩大人们的视野,让人们"见树又见林"。

如今的管理者需要处理愈来愈复杂、多变和多样的问题。传统的、基于单一理论的解决方案,由于缺乏整体观念或创新性不足,在被用来处理复杂世界中的实际问题时往往很难奏效,甚至会抑制组织的创造性。因此,越来越多的管理者开始转向系统思考。系统思考不是对复杂问题提供一些简单的解决方案,而是用整体性和创造性的方式来处理复杂的、变化的和多样化的问题。

你是否困惑于专注个别事件而无法自拔?

你是否总是自我感觉良好,一旦风云突变,就会措手不及?

你是否困惑于如何超越常规而去发展创新?

你是否往往在自己的岗位上埋头苦干,而只把自己的责任局限于本职范围之内?

你是否当事情出了差错,往往习惯找自己以外的原因?

面对这些问题,你急需进行系统思考,尽快找到破解的好办法。

○ **系统思考的障碍**

(1)习惯性防卫。

许多团队学习不成功,很大程度是由习惯性自我防卫造成的。习惯性自我防卫是人类的习性,用来保护自己或他人免于因为说出真正的想法而处于窘境或受到威胁。习惯性防卫在人们最深层的想法四周形成一种保护壳,保护人们免受痛苦,但是也使人们无从知道痛苦的真正原因。习惯性防卫并不是指人们一味地强词夺理,或是为了保持人际关系,而惧怕暴露出心中真正的想法。对大多数人而言,暴露自己心中真正的想法是一种威胁,因为人们害怕别人会发现自己的错误,而且这种认知上的威胁自孩提时代就开始形成,许多人在学校里更是不断加重。如一次回答问题错误引发的讥笑,会产生一种习惯性自我防卫——下次不回答。

团队里自我防卫主要表现为 4 种妥协:一是为了保护自己,不提没把握的问题,误以为把没把握的问题提出来,错了就会损坏自己的形象;二是为了维护团结,不提分歧性意见,误以为一提分歧性意见就会伤感情,引出不必要的麻烦,特别是对一把手或大部分人都同意的意见,明明看出了问题,也就此缄口不谈;三是为了不使别人难堪,不提质疑性的问题,误以为提出质疑性问题,是不尊重别人,给别人难堪;四是为了使大家接受,只作折中性结论,误以为折中性结论能两面讨好,意见容易统一。这 4 种妥协筑起了一道保护自己的隐形墙,其结果是阻碍了团队深度交流的展开,影响了团队智慧的发挥。

(2)对缓慢的变化习而不察。

企业如果不顾市场竞争和市场环境的变化,没有危机意识和预警机制,不考虑防患于未然,总是自我感觉良好,一旦风云突变,就会措手不及,甚至会出现严重危机,走向衰落或破产。

有一个数学模型 $y_{t+1} = y_t^2$,表示的意思是后一个数字等于前一个数字的平方。说得形象一些,假设 t 代表时间,如果把今天作为一个初始值,那么这个模型的意思就是今天等于昨天的平方,明天又等于今天的平方……

如果我们假定一个初始值 $y_0 = 1$,当 $t = 0$ 时,模型 $y_1 = y_0^2 = 1$;当 $t = 1$ 时,$y_2 =$

$y_1{}^2 = 1$；当 $t = 2$ 时，$y_3 = y_2{}^2 = 1$；……即初始值取 1 时，无论 t 多大，结果都等于 1。

但是，当我们让初始值有一个非常小的变化时，假设 $y_0 = 1.000\ 001$，我们来列个表计算一下。

时间(t)	y	时间(t)	y
0	1.000 001	15	1.033 310 766
1	1.000 002	16	1.067 731 14
2	1.000 004	17	1.140 049 787
3	1.000 008	18	1.299 713 517
4	1.000 016	19	1.689 255 227
5	1.000 032	20	2.853 583 223
6	1.000 064 002	21	8.142 937 208
7	1.000 128 008	22	66.307 426 37
8	1.000 256 033	23	4 396.674 792
9	1.000 512 131	24	19 330 749.23
10	1.001 024 524	25	$3.736\ 78 \times 10^{14}$
11	1.002 050 098	26	$1.396\ 35 \times 10^{29}$
12	1.004 104 398	27	$1.949\ 8 \times 10^{58}$
13	1.008 225 642	28	$3.801\ 7 \times 10^{116}$
14	1.016 518 945	29	$1.445\ 3 \times 10^{233}$

从这个表中我们会发现这个微小的变动对计算结果的影响：当 $t = 22$ 前，数字确是在变化的，但变化的不是太明显，特别是在 $t = 21$ 时，结果才是 8.142 937 208，当 $t = 22$ 时，结果就变成是 66.307 426 37，当 $t = 23$ 时，结果达到 4 396.674 792，跟 $t = 22$ 时比，结果成倍地发生了变化，而到了 $t = 27$ 时，结果竟然高达 $1.949\ 8 \times 10^{58}$。我们把这个数学模型叫 Y_{23} 理论（如图 4-12 所示），把数学模型中 $t = 23$ 时叫"转折"，$t = 27$ 时叫"穿天"。

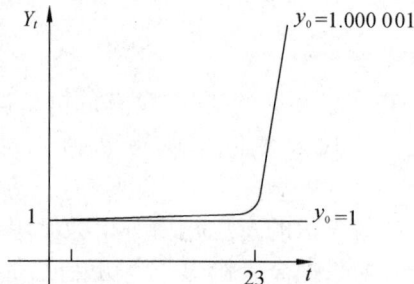

图 4-12　Y_{23} 理论模型

可见,这一个极其微小的初始偏差,经过长时间的积累,竟达到惊人的偏离值,这就是混沌学中"蝴蝶振翅引发的风暴"。

将此模型应用在管理中,就是企业在发展过程中,看似风平浪静,其实潜在的危机已经存在,如不及时地予以纠正,一旦爆发就会无法挽回。有个日本企业家曾这样嘲笑我们的企业,他说,你们中国企业最喜欢说的一句话就是"居安思危",可你们"安"了吗?也就是说,我们的企业没有注意到这些微小的变化,其实我们的潜在危机是无时无刻、无处不在的。

在 20 世纪 60 年代,美国汽车占有绝大部分北美市场。但这样风光的日子在以很慢的速度渐渐改变。1962 年日本车的美国市场占有率低于 4%,底特律的三大汽车厂商完全不把日本车看做是生存的威胁。1967 年日本车的占有率接近 10% 的时候,这样的威胁也不曾被重视。1974 年日本车的占有率达到稍低于 15% 的时候,三大汽车厂仍悠然自在。直到上世纪 80 年代初期,三大汽车厂商开始以认真的态度检讨他们自己的做法时,日本车在美国市场的占有率已经上升到 21.3%。到了 1989 年,日本车的市场占有率已接近 30%,美国车只剩 70% 左右。

要看出缓慢、渐进的过程,就必须放慢我们认知变化的步调,并特别注意那些细微的以及不太寻常的变化。如果你坐下来仔细观看那些细微变化的事物,最初你不会看到有多少事情发生。然而,如果你看的时间足够长,你会发现生物世界原来是动态的,但是变化太过缓慢,**而我们的头脑习惯于较快的频率,因此很难察觉较慢的变化**。除非我们学习放慢速度,察觉构成威胁的渐进过程,否则无法避免失败的命运。

(3) 存在从经验中学习的错觉。

最强有力的学习出自直接的经验,通常,我们通过直接尝试来进行学习。我们已经习惯于采取某个行动之后,先看看行动的后果,再采取新的行动。但是,如果我们不能直接观察到自己行动所产生的后果,如果我们行动的后果要隔一段时间才发生时,我们该如何从经验中学习?从经验中学习有其时空局限性,因为任何行动在时空上都有其有效范围,在此范围内我们得以评估行动是否有效;当我们行动的后果超出了这个时空的范围,就不可能直接从经验中学习。

对于组织来说,能够从过去或者别人的经验中学习,当然是最好的,但**经验学习也容易造成一种错觉,即"成功都可以复制"**,用旧的方法解决新的问题。

随着工程施工管理精细化进程的加快,管理人员理念也在更新,但思维如果不及时跟上,还采用原来的经验来处理问题就会出现问题。某施工单位是一个私营企业,管理理念存在问题,虽然企业很小但存在着较严重的"大企业病"。他们自己职工这样形容单位:国家给的牌子(集体企业改制),乡镇的班子(管理人员杂乱,科班出身者寥寥无几),个体户的管理(管理粗糙)。这个单位通过低价中标某高速公路施工,进场后施工粗糙,工作马马虎虎,不求精细,不虚心听取意见,自以为是,不能满足业主精细化施工的要求,屡屡挨批。

（4）专注于个别事件。

人们在长期的生活和生产实践中，养成了以片段的、专注于个别事件的习惯来处理周围的问题。然而，在现代企业或社会中，生存的主要威胁并不是出自个别或突发的事件，而是来自事件背后所隐含的更复杂、更本质的东西。

两名儿童在运动场上打架，老师过去拉开他们。大伟说："我打他是因为他拿我的球。"小杰说："我拿他的球是因为他不让我玩他的飞机。"大伟说："他不可以再玩我的飞机，因为他已经弄坏了螺旋桨。"老师这时候大概会说："好了，好了，同学之间要相亲相爱。"过于专注于个别事件，让两个孩子都认为自己的理由充分。复杂事件分散了我们的注意力，使我们未能以较长远的眼光来看事件背后变化的形态，并且未能了解产生这些形态的原因。

我们经常会发现，当我们要求钢筋焊接的焊缝长度和焊缝厚度要满足要求时，往往工人并不以为然。我们认为是偷工减料，却忽略了他们的思想，其实他们在思想上就不重视。

专注于个别事件，似乎是人类进化过程中所养成的一种习性。当山顶洞人在思考怎样求生存时，他第一关心的，绝不是宇宙万物如何运行的问题，而是如何警觉和抵御老虎的来袭。然而令人忧虑的是，今天对组织和社会生存的主要威胁，并非出自突发的事件，而是由缓慢、渐进、无法察觉的过程所形成。例如施工企业竞争的加剧、生活环境的恶化、气候变暖、设计或产品品质的下降等，都是缓慢形成的。

如果人们的思考充斥着短期事件，那么创造性的学习在一个组织之中便难以持续。**如果我们专注于事件，最多只能够在事件发生之前加以预测，作出最佳的反应，而仍然无法学会如何创造。**

（5）归罪于外。

当事情出了差错，我们往往习惯找自己以外的原因。如现浇箱梁浇筑后出现裂缝，当领导调查原因时，技术部说是试验室配合比没做好；试验室说是拌和站材料施工配比没调整好；拌和站说是现场混凝土工振捣不到位；现场工人说是技术部箱梁支架设计不合理，支架变形大；技术部又说是水泥和外加剂原材不好，材料部门没有把材料质量控制好；材料部门又说是财务资金不足，只能买这样的材料；财务部门说是领导控制资金太死……这一圈转下来，什么原因也查不出来。大家都不愿承担责任也不愿配合解决问题。

归罪于外，是局部思考的副产品，指人们往往以片断的方式来看外在的世界，而看不到自身行动的影响如何延伸到外界。因此，在出现种种问题的情况下，人们往往更愿意归因于其他人，认为自己是无能为力，却认识不到自己的责任。

归罪于外并不限于指责组织内的同仁，有些人甚至指责组织以外的因素。以美国航空业为例，原本经营极度成功，曾被誉为企业新典范的人民航空公司，在它营业的最后一年，曾大幅降低机票价格来增加竞争力，并买下边境航空公司。这些积极行动背后的假设，便是认为敌人在外面，意图借打击竞争者，以使自己起死回生。然而，最后这些行动没有一项能使该公司扭转越来越严重的亏损，或改变它服务品质的核心问题。

对许多美国公司来说,"敌人"已经变成是具竞争力的日本公司、工会、政府当局,或向别人购买产品而背叛他们的顾客。"内"和"外"总是相对的,当我们扩大"系统"的范围时,原来的"外"就成了"内"。所以,当我们归罪于外时,已将"系统"切割,而永远无法认清那些存在于"内"与"外"互动关系中的许多问题。

(6)局限思考。

我们长久以来被灌输固守本职的观念,这种观念是如此强烈,以致将自身跟工作混淆。

上世纪80年代初,美国有一家大型钢铁公司把旗下的工厂关闭了并对所有被调职的钢铁厂工人进行新的工作训练。但是训练从未发挥效用,这些工人最后大多陷入失业或打零工的困境。一些心理学家应邀到该公司寻找问题的症结,结果发现这些钢铁厂工人面临着强烈的认同危机。这些工人说:"我怎能够做其他工作?我是个车床工。"

有一名优秀的试验室主任,工作积极主动,但只局限于做跟自己有关的工作,对公司的整体利益从不关心,领导经常问他对公司发展状况如何看,可他从来不发表个人意见。

当一般人被问起如何维生时,大多数人都是叙述他们天天在做的工作,而不会扩大范围去说明他们企业的目标是什么。多数人认为自己对于整体只有很小作用或毫无影响。他们在自己的工作岗位上埋头苦干,但仅把自己的责任局限于职务范围之内。

○ 5 项修炼的整合

5项修炼是一个有机的整体(见图4-13),其中自我超越和共同愿景是学习型组织的向上的张力,团队学习和改善心智是整个学习型组织的基础,而系统思考则是组织学习成果储存的仓库。团队学习是一种组织内部的学习,它不仅在规模上超越了个人学

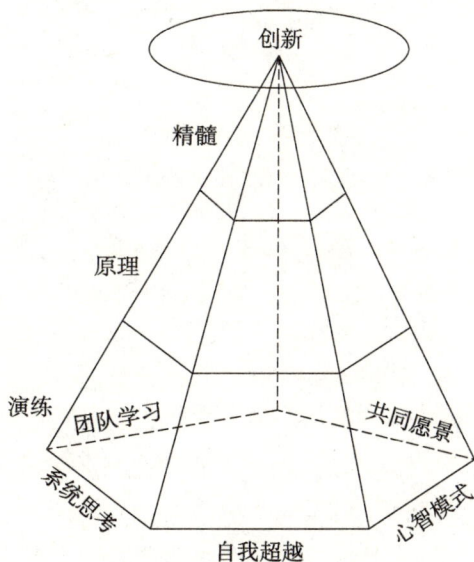

图4-13 5项修炼的整合

习,而且在内容上完全不同于个体学习。团队学习既是团队的活动内容,同时又是检视心智模式、建立共同愿景的载体和手段。检视心智模式和建立共同愿景,从时间上看前者针对已形成的"组织记忆",是组织从记忆中学习的体现;后者则是对未来生动的描述,它对组织的成长起到牵动作用。系统思考是学习型组织的灵魂,它提供了一个健全的大脑,一种完善的思维方式,个人学习、团队学习、检视心智、建立愿景,都因为有了系统思考的存在而连成一体,共同达到组织目标。

在5项修炼中,系统思考是非常重要的,它是整合其他各项修炼成一体的理论与实务,防止组织在真正实践时,将各项修炼列为互不相干的名目或一时流行的风尚。少了系统思考,就无法探究各项修炼之间如何互动。系统思考强化其他每一项修炼,并不断提醒我们:**融合整体能得到整体大于部分之和的效果。**

但是,系统思考也需要其他4项修炼来配合,以发挥它的潜力。"建立共同愿景"培养成员对团队的长期承诺;"改善心智模式"使人专注于以开放的方式体认我们认知方面的缺失;"团队学习"是发挥团体力量,全面提升团队整体力量的技术;而"自我超越"是不断反照个人对周边影响的一面镜子,缺少了它,人们将陷入简单的"压力－反应式"的结构困境。因此,5项修炼是一个有机整体,不能孤立或分割开来。

第五讲　团队修炼之做一个优秀的员工

> 不抛弃，不放弃，永远充斥着主动工作的激情，努力工作，不枉今生。
>
> ——笔者

　　优秀的员工应该为优秀的企业所用，优秀的企业应该培养优秀的员工。2003 年，笔者受聘于解放军理工大学工程兵工程学院南京工程建设监理部担任镇溧高速公路溧阳段工程监理项目负责人。在那里，遇见了一个施工企业——中港二航三公司，该公司从项目经理到普通员工，在工作中都遵循着同一种敬业精神。员工表现得非常优秀，工作专业，努力进取，承担责任。走进他们的施工现场，展现在眼前的是一种忙碌有序的景象，在忙碌中表现出了什么叫"敬业"，展示了一个国有大企业的一种团队工作形象。

　　在强调工作精神和工作职业化的今天，企业如何把员工培养出色，挖掘他们的潜力，发挥他们的效用，将是现代企业管理的又一根本战略。

1　做一个敬业的员工

　　前英国有线电视公司 NTL 总裁罗伯特·威尔兹曾经说：在公司里，员工与员工之间在竞争智慧和能力的同时，也在竞争态度。一个人的态度直接决定了他的行为，决定了他对待工作是尽心尽力还是敷衍了事，是安于现状还是积极进取。

　　不讲奉献，只谈条件，只在乎得失，说白了，就是只知道自己的个人利益，这在现今的施工企业中并非稀罕事，这样的人存在于组织中，对组织的进步起到了很大的副作用。一到工作的时候，他们能躲多远就躲多远，一到承担责任的时候，能推就推，没责任心，没进取心。他们不仅自己不思进取，他们的这种态度还影响着组织的其他成员，拖累着组织的进步。

　　"拿多少钱，做多少事，让我做事，就得给钱。"

"领导又安排我额外工作了，就这么点钱，整天忙活。"

"工作那么积极干什么，领导一定是给你好处了吧？"

"这不关我的事，我只是个小职工，打工而已。"

"做一天和尚撞一天钟。"

如是等等，这样的工作态度能使组织健康发展吗？

○ 劳作和工作

一位心理学家在一项研究中，为了实地了解人们对同一件事情在心理上所反映出来的个体差异，来到一所正在修建中的大教堂，对现场忙碌的敲石工人进行询问。

心理学家问他遇到的第一位工人："请问你在做什么？"

工人没好气地回答："在做什么？你没看到吗？我正在用这个重得要命的铁锤，来敲碎这些该死的石头。而这些石头又特别硬，害得我的手又酸又麻，这真不是人干的活儿。"

心理学家又找到第二位工人："请问你在做什么？"

第二位工人无奈地答道："为了每天 50 美元的工资，我才会做这件工作，若不是为了一家人的温饱，谁愿意干这份敲石头的粗活？"

心理学家问第三位工人："请问你在做什么？"

第三位工人眼光中闪烁着喜悦的神采："我正参与兴建这座雄伟华丽的大教堂。落成之后，这里可以容纳许多人来礼拜。虽然敲石头的工作并不轻松，但当我想到，将来会有无数的人来到这儿，在此接受上帝的爱，心中便常为这份工作献上感恩。"

同样的工作，同样的环境，却有如此截然不同的感受。

第一种工人，是完全无可救药的人。可以设想，在不久的将来，他将不会得到任何工作的眷顾，甚至可能变成生活的弃儿。

第二种工人，是没有责任感和荣誉感的人。对他们抱有任何过高指望肯定是徒劳的，他们抱着为薪水而工作的态度，为了工作而工作。他们肯定不是企业可以依赖的员工。

第三种工人，在他们身上，看不到丝毫抱怨和不耐烦的痕迹，相反，他们是具有高度责任感和创造力的人，他们充分享受着工作的乐趣和荣誉。同时，因为他们的努力工作，工作也带给了他们足够的尊严和实现自我的满足感。他们真正体味到了工作的乐趣、生命的乐趣，他们才是最优秀的员工，才是社会最需要的人。

工作与劳作不同，它是人的一种责任、一种义务，热爱工作的人把工作作为一种兴趣爱好，而不看成一种负担。工作要用心做，用全部生命去奉献。人生要有所追求，要实现自己的价值。

21 世纪的人才标准是：压力下工作的习惯，认同下工作的心态，规则下工作的意识！

○ 生命宝贵，工作更宝贵

工作，是要用生命去做的事，因生命有限才令我们倍加珍惜，而工作时间的有限使我们更要尽心工作。细节管理专家汪中求先生曾算了一笔账,假设一个人从20岁参加工作,60岁退休,除去他每天的必要消耗时间,真正用于工作上的时间仅仅为3.3年!下面我们看看这个分析表(见表5-1)。

表5-1　生命耗时分析表

项　　目	每天耗时/小时	40年耗时/年	结余/年
睡眠	8	13.3	26.7
一日三餐	2.5	4.2	22.5
交通	1.5	2.5	20
电话	1	1.7	18.3
看电视、上网	3	5	13.3
看报、聊天	3	5	8.3
刷牙、洗脸、洗澡	1	1.7	6.6
休假、白日梦、闹情绪、身体不适	2	3.3	3.3

这是一个可怕的数字,生命值得珍惜,而工作时间同样值得珍惜。时间在不停地运转,在生命走向辉煌的同时,我们的有效工作时间每天都在倒计时。当我们不努力工作的时候,我们其实正在消耗着我们的生命!所以我们要珍惜有限的时间,去努力地工作。正像最近有一句网络流行语所说:要好好活着,因为我们会死很久很久。

○ 敬业与精业

出身名门的野田圣子,37岁就当上了日本内阁邮政大臣。她的第一份工作,是在帝国酒店当白领丽人。不过,在受训期间,圣子竟然被安排去清洁厕所,每天都要把马桶擦得光洁如新才算合格。可想而知,在最初的日子里,圣子的感觉是多么的糟糕。当她第一天碰到马桶的一刹那,她几乎想吐。很快地,圣子就开始讨厌这份工作,干起工作来马马虎虎。

一天,一位与圣子一起工作的前辈,在擦完马桶后,居然伸手盛了满满的一大杯厕水,然后当着她的面一饮而尽,以此向圣子证明,经他清洁过的马桶,干净得连里面的水都可以用来饮用。前辈这一出人意料的举动,使圣子大吃一惊。她发现自己在工作态度方面存在问题,根本没有在工作上肩负起任何责任。于是,她对自己说:“就算这一辈子都洗厕所,也要当个洗厕所洗得最出色的人。”训练结束的那一天,圣子在擦完马桶后,毅然盛了满满一大杯厕水并自豪地喝了下去。这次经历,也成了野田圣子日后做人处世精神力量的源泉。

敬业,是一种精神,野田圣子离我们太远,看看我们身边的“野田圣子”。

2008年1月26日,《北京晚报》有这么一则新闻:《“史上最牛潜水员”扎进化粪池捞出别克车》。

崔教练是京城的一个知名潜水员,有一天下午,在北京西北旺一处化粪池,一辆别克车不知何故掉了进去。车不要紧,大不了有保险公司,可万一司机还在里面,那可是人命关天。

接到警方的求助电话,崔教练二话不说带上设备奔赴化粪池。到了现场,他一头扎进"粪坑",几次沉浮,把池子摸了个遍。最终,确认没人在车里,车子也被崔教练绑上吊索捞了出来,坑里和周围的人都长出一口气。

老崔站在粪池边儿,喘着粗气。他没有习惯性地抹一把脸上的汗水,道理不言而喻:面镜旁边飘着卫生纸,潜衣外是冒着泡的臭汤……

有人说,敬业是一种境界,有人曾给敬业下过"痴迷、手艺和自律"三大定义。面对闻所未闻的全新"水域",这位潜水教练没有推三阻四,而是靠着多年的潜水经验,过硬的本领以及不辱潜水行业声誉的决心,硬是咬碎钢牙在粪坑里扎起了猛子。"我不入粪坑谁入粪坑"的敬业精神,让在场所有人对崔教练的敬业精神肃然起敬。

○ 员工职业化塑造

职业化就是一种工作状态的标准化、规范化、制度化,即在合适的时间、合适的地点,用合适的方式,说合适的话,做合适的事,使员工在知识、技能、观念、思维、态度、心理上符合职业规范和标准。

职业化分为工作技能、工作形象、工作态度和工作道德 4 个部分。

要使自己的员工职业化就必须做到以下几点:

(1)**要有职业化的工作技能,即工作要专业**。作为工程专业技术人员,你觉得自己专业吗?你对你的专业知识了解多少?你对你的专业发展前景关心吗?你对你的专业钻研吗?你每年都写论文吗?你对你所从事的工作有没有进行过流程改善?这都是专业技能的表现。

常州市高速公路建设指挥部的某总监,曾经担任宁常和镇溧两条高速公路的总监,近 80 公里的工程,每一个桩号的通道、大中小桥的具体情况都印在他的脑子里。有一次他到某标段分析工程进度,对近 20 公里的具体情况、结构物桩号位置了如指掌,进度控制分析得非常透彻,而此时连项目经理和总工都不一定能把自己的标段结构物具体位置说清楚。这位总监所具有的就是职业化的工作技能。我们能做到吗?

假设你是一个专业技术人员,当有人问你,你们高速公路施工质量是怎样控制的,如果你回答说我们高速公路质量可好了,可好在哪里、怎样好却说不出来,这就不够职业化。

(2)**要有职业化的工作形象**。如果你作为一个教师,给人的印象就是严谨、教书育人;作为一个医生,给人的印象就是有爱心、关心病人;作为一个工程技术人员,给人的印象就是科学认真、雷厉风行。

荷兰阿姆斯特丹的钻石切割工厂,很技巧地把 90% 的钻石切割加工工作在客户来之前已经做完了,切割师们留下精细切割和抛光的工序等顾客买钻石时再给客户看,让人感觉到那种精雕细琢的品位。他们这样的工作方法,一天可以卖掉一两百颗钻石。

(3)**要有职业化的工作态度**。就是做事情力求完美,把事情尽力做好。有这种态度,我们才可能叫职业化或专业化。要培养自己的职业化,就必须专业,要专业,就必须有一个认真的工作态度。有一句话说"因为专注,所以专业;因为专业,所以卓越",就说的是职业化工作态度。

(4)**要有职业化的工作道德**。每一行都有每一行的职业道德规范和标准,做医生的就要治病救人,做教师的就要教书育人,做工程的就要诚信、做出好的工程品质来。

2 西点精神

○ 不找借口

在中国企业中,联想集团董事局主席柳传志、华为总裁任正非、万科董事长王石等很多人都曾有过军旅生涯。在企业经营过程中,他们的领导管理风格都带有"军事化"味道,他们对自己的企业管理要求做到雷厉风行、执行有力。军队的文化体现在对卓越执行力的追求和推崇,是一种完美主义的偏执狂。因为战争容不得任何闪失,作战的结果只有生存或死亡两种极端。

军人以服从命令为天职,会不折不扣地执行决定,军队的环境和军队的使命注定军人必须得这样。西点军校对企业管理有着杰出的贡献。有人问彼得·德鲁克和杰克·韦尔奇同样一个有趣的问题:在培养领导者方面谁做得最好?他们对此的回答既不是哈佛大学商学院,也不是通用、福特或者花旗,两人不约而同地选择了美国军队。

西点军校是美国陆军军官学校的别称。第二次世界大战以后,在世界500强企业里面,西点军校培养出来的董事长有1 000多名,副董事长有2 000多名,总经理、董事一级的有5 000多名。美国任何一所商学院都没有培养出这么多优秀的经营管理人才。

在西点,有一个广为传诵的悠久传统,学员遇到军官问话时,只能有4种回答:"报告长官,是","报告长官,不是","报告长官,不知道","报告长官,没有任何借口"。除此之外,不能多说一个字。

"没有任何借口"是美国西点军校200多年来奉行的最重要的行为准则,是西点军校传授给每一位新生的第一个理念。它所要求的是让每一位学员要想尽办法去完成任何一项任务,而不是为没有完成任务去寻找借口,哪怕是看似合理的借口。

在西点军校,即使是立场最自由的旁观者,都相信一个理念,那就是"不管叫你做什么都照做不误",这样的理念就是服从的理念。服从命令是军人的天职,也是他们最大的责任。

职场如战场,服从的理念在企业同样适用。每一位员工都必须服从上级的安排,就如同每一个军人都必须服从上司的指挥一样,必须暂时放弃个人的独立自主,全心全意去遵循所属机构的价值观念,这就是员工的责任。

军队生存的本质环境造就了西点军校的"没有任何借口"文化,在这样的指导思想和文化氛围下,军队的各级人员要保证令必行、禁必止。在这种指导思想和文化氛围的背后,体现的是一种高度的责任感,坚定的意志和信念!西点有一句名言,叫"合理的要求是训练,不合理的要求是磨炼",体现出一种服从理念。

我们企业不可能像军队那样"近乎抹杀人性"地去达到目标、执行任务,但我们同样需要高度的责任感,需要坚定的意志和信念。我们生存的商企环境正以超乎我们想象的速度变化发展着,所以我们必须居安思危,打造执行文化的氛围。

○ 把信送给加西亚

为了争夺殖民地,1894 年 4 月,美国和西班牙之间爆发了一场持久的战争。战争伊始,美国总统麦金莱急需一名特使,给古巴起义军首领加西亚将军送去一封绝密信件。当时,加西亚将军隐蔽在一个无人知晓的偏僻山林中,无法收到任何邮件和电报。而美国总统需要尽快地与他进行合作,情势紧急!

该怎么办?

这时,有人报告总统:"有一个名叫罗文的人能帮您把信送给加西亚。"

就这样,罗文带着总统致加西亚将军的信出发了。罗文拿到信,用油布袋将它密封好、捆在胸前,然后乘敞篷船航行 4 天后趁着夜幕在古巴海岸登陆,消失在丛林中。3 周后他来到古巴的另一端,接着步行穿过西班牙军队控制的地区,最终将信交给加西亚。送信的细节过程这里不再细述,但有一件事更值得我们思考:当麦金莱总统把信交给罗文时,罗文接过信后并没有问"加西亚是谁"、"他长得什么样子"、"他在哪里"、"去找他是坐火车还是坐汽车"、"如果找不到他怎么办"等等一连串的问题。

罗文的伟大,不仅仅是因为他成功地完成了任务,而更值得我们钦佩的是他那种不找借口、自动自发的精神。

一个企业里每天都有人在找借口,工作不努力,工作质量不过关,工期延迟……都能找到非常完美的借口,而从来不从自身找原因。有一次,笔者在工地上巡查,发现某标段压实后的路基土方没有"灌砂"自检就进行上一土层的施工,就询问施工队长,施工队长回答很干脆:"工期太紧,没办法。"工期紧,看似多么合理的理由呀,工期紧就可以不自检,工期紧就可以马马虎虎,工期紧就可以不管质量吗?

我们的员工跟罗文相差多远?我们可以做个测试。你坐在办公室,叫一个员工进来,对他说:"你帮我在百科全书里查一下关于加西亚一生的情况,并做一个简短的记录。"你认为他会说"好,马上就去",并着手去做吗?

他不会,他会盯着你,问:

"他是谁?"

"从哪本百科全书中查找?"

"这属于我的工作职责吗?"

"您着急要吗?"

"为什么不让李强去?"

……

当你解答完他的这些问题,告诉他怎样去查找信息,以及你为什么要查这些之后,这个职员可能会出去并找另一个职员来帮他找这个"加西亚"——然后,回来告诉你根本没有你要找的这个人。

世界上有各种各样的"送信"使命,无数人为此而奔忙不息,你是否考虑让自己具备"把信送给加西亚"的这种精神呢?

罗文是一个自动自发通往卓越的典范,罗文精神是一种管理理念和工作方法。在我们的企业里,缺少的就是能够"把信送给加西亚的人"。培养、寻找和重用"把信送给加西亚的人",成为了今天人力资源管理的重要内容。

○ 自动自发

有一次,一个朋友开车从常州去镇江,走到镇江大港,车子被交警拦了下来。因车子没有缴纳交强险,交警按规定扣车处罚。朋友的车是借来的,交强险是否缴纳他也不知道,于是打电话给车主,车主说车子缴纳了交强险。朋友把情况跟交警说了,交警同意将保单传真到交警队。当时是上午11点,当传真传到交警队时,已经是中午下班时间了,值班人员说要等到下午2点处理,好不容易等到2点,经办的交警又要参加会议。大约4点了,等经办交警开完会,看了保单,然后询问及笔录,开罚款单(交强险不随车携带要罚款)这时已经是5点了。朋友怕银行下班,立即去银行,交了罚款回到交警队领车,可交警队已经下班了,要等到第二天才能取车。就这么一件小事,整整办了一天的时间。

其实在工作中,我们常常能听到这种熟悉的话语:

"现在是午餐时间,你3点以后再打电话来吧。"

"我要下班了,明天再办吧。"

"那不是我的工作。"

"我太忙了。"

"我不知道该如何帮你。"

"这件事我们现在办不了。"

……

斯拉在一家大公司办公室从事打字工作。一天同事们出去吃饭了,这时,一个董事经过他们部门时停了下来,想找一封信件。这并不是斯拉分内的工作,但是她依然回答道:"对此信我一无所知,但是董事先生,让我来帮助您处理这件事情吧!我会尽快找到这封信并将它放在您的办公室里。"当斯拉将董事所需要的东西放在他面前时,董事显得格外高兴。

4个星期后她被提升到了一个更重要的部门工作,并且薪水提高了30%。猜猜是谁推荐她的?就是那位董事。

主动要求承担更多的责任或自动承担责任是成功者必备的素质。大多数情况下,即使你没有被正式告知要对某事负责,你也应该努力做好它。如果你表现得能胜任某种工作,那么机会就会接踵而至。

有两种人永远无法超越别人：一种人是只做别人交代的工作，另一种人是做不好别人交代的工作。哪一种情况更令人担心，实在很难说。但总之，他们会成为首先要被裁减的人。

用上面所说的任何一种方式做事，你或许永无成功之日。听命行事的能力相当重要，个人的主动进取更受重视。决定哪些该做，就应该立刻采取行动，不必等到别人交代。清楚了解公司的发展规划和你的工作职责，就能预知该做些什么，然后着手去做！

什么是主动性？主动性就是在没被人告知的情况下做事，就像罗文那样把信带给加西亚。这样一些"送信"的人得到了很高的荣誉，但他们的物质收入却并不一定与此成比例。有一些人，他们需要被提醒几次后才去做事情，这类人既得不到荣誉也得不到物质鼓励。另外还有一类人，只有当他们在没有出路时，才会去做事，这些人大部分时间都在盼望幸运之神会降临到自己身上或者不停地抱怨运气不佳。

对待工作，要勤奋，要投入，要知难而上，要承担，而不是逃避和推诿，这就是自动自发。

一个具有主动性的员工应该这样对待工作：

（1）主动报告你的进度——让上司指导；

（2）对上司的询问有问必答，而且回答清楚——让上司放心；

（3）充实自己，努力学习，领会上司的指示——让上司轻松；

（4）接受批评，不犯两次过错——让上司省事；

（5）不忙的时候，主动帮他人——让上司有效；

（6）毫无怨言地接受任务——让上司满意；

（7）对自己的业务主动提出改善计划——让上司进步。

○ 多做一点，超越领导的期望

在一个有着团队精神的组织中，成员能够超越自己，以团队的宗旨为依归，能够积极主动地进行创造性的工作，所做的工作经常超过领导的期望。其实，他们做的只是多了一点点，但有付出就有收获，他们的收获往往会更多。

就一个普通组织中的个体来说，一个员工得到多少薪水是由老板决定的，但给工作赋予多少内容则是由员工自己决定的，给工作附加多少价值，也是由员工自己决定的。在工作中，如果只得到薪水而没有得到进步，那么，真是在浪费自己的光阴了。

有这样一个小故事：

比尔与弗兰克同时进入一家公司工作，但进入公司一年后弗兰克的工资增加了，而比尔的工资却没有增加，对此，比尔愤愤不平地找到老板，问这是为什么。

老板鲍斯对他说："你和弗兰克的确有些不同，我让你看一看你们之间有什么不同。"他接着对比尔说："你到市场上去考察一下棉花的价格。"

比尔根据老板的要求去市场考察一番，回来告诉老板棉花的价格。老板接着问："市面上共有多少家卖棉花的店铺？"比尔摇摇头，表示不知道。老板对比尔说："你看看弗兰克是怎么干的。"接着老板叫来弗兰克，并向他安排了同样的任务。

弗兰克从市场上回来后,不但回答了棉花的价格,而且说明市场上有3家卖棉花的店铺,并了解了棉花的市场潜力。为了让老板清楚地了解情况,他还以要与其合作的名义,将棉花质量最好的一家店铺的老板请过来。

在这个故事里,同样的工作,在不同员工的眼里被赋予了不同的内容,同样也就赋予工作以不同的价值。有团队精神的员工,能主动自发地增加工作的内容,所做的远远超过领导的预期,让领导产生喜出望外的感觉。这样的话,他在增加工作内容的同时,也就增加了自己的价值,就像故事中讲的弗兰克一样。

那么怎么做才能超越领导对我们的期望呢?让我们看看领导对下属有哪些期望。

准时、保质地完成各项工作是领导对员工最基本的期望。再没有比工作拖拉、延误时机更让领导恼火的了。所以,作为下属员工一定要注意这个问题。在接受任务时,心里要有个时间概念,如果估计不能准时完成,要立即向领导提出支援要求,使其投入更多的资源来确保任务的及时完成。一旦接受任务,就要全力以赴,保证目标实现。在条件可能的情况下,尽量提前完成任务。因为我们提前完成的工作成果未必就是完全符合领导要求的,所以提前就意味着为领导留下了更充裕的调整时间,也留出了足够的时间进行团队协调。

如果你在平常工作中,总能提前完成任务,就意味着你能够履行更艰苦的任务、担当更重要的职位,那么领导对你委以重任就会为期不远了。

优秀的员工都懂得,如果想登上成功的阶梯,就要永远保持主动、率先的精神,即使面对的是毫无挑战和毫无兴趣的工作,如果能够做到主动自发,最后终能获得机会。

成功的机会总是属于那些能够主动去做事的人,可是一些人根本就没有意识到这一点,他们早已养成了拖延懒惰的习惯。

○ 改变习惯

我们总习惯于安逸而不去创新,实际上这是一个非常危险的信号。时代在以十倍速行进,我们正处于危机之中,因此,要努力工作,养成良好习惯。不好的习惯会使我们失去很多发展的机会。

一只马戏团的大象,被系在一根树枝上。由于发生大火,大象被烧死了。人们发现,凭大象的力量,是完全可以挣脱那根树枝的。但大象从小就拴在树枝上,它曾经想挣脱的,但一挣脱,就挨一顿皮鞭。从此,它就不敢挣脱了,并形成了习惯。这里的习惯是指不好的习惯,要力图改变这种坏习惯,养成好习惯。

那么用什么方法养成一个好习惯呢?

员工的思想是难以改变的,有时我们必须用强化的方式让他们接受某种新思想。最终勉强成习惯,习惯成自然,就像海尔当初训练员工在厂区里走路要靠右侧一样。

管理学中有这样的故事:

父子俩住山上,每天都要赶牛车下山卖柴。老父较有经验,坐镇驾车,山路崎岖,弯道特多,而儿子眼神较好,父子俩配合驾车,儿子总是在要转弯时提醒道:"爹,转弯啦!"

有一次父亲因病没有下山，儿子一人驾车。到了弯道，牛怎么也不肯转弯，儿子用尽各种方法，下车又推又拉，用青草诱之，牛一动不动。

到底是怎么回事？儿子百思不得其解。最后只有一个办法了，他看看左右无人，贴近牛的耳朵大声叫道："爹，转弯啦！"

牛应声而动。

牛用条件反射的方式活着，而人则以习惯生活。**一个成功的人知道如何培养好的习惯来代替坏的习惯，当好的习惯积累多了，自然会有一个好的人生。**

强化训练是养成习惯的一种有效方法。一只跳蚤被放在杯子里，盖上玻璃板，这只跳蚤就不停地撞向玻璃板。在经历几次失败后，它不再撞了。现在把玻璃板拿掉，跳蚤也不会立刻跳出来，因为它习惯了。如果让跳蚤跳出来，有何办法？加火、挠它、晃动玻璃杯，它就跳出来。一潭静静的水，只有扔进石块，它才能起波澜。所以，改变习惯只能借用外力。

习惯决定命运，是因为一个人有了想法，就会有行动；有了行动，就会有习惯；而有了习惯，就会形成性格；性格决定命运。所以，**要改变一个人的命运，首先就得改变他的习惯。**

○ 当不好士兵怎么当将军

浮躁害的是谁？社会浮躁导致人们不知道自己的价值。近几年，人才频繁的流动也说明了这一点。"这山望着那山高"，许多人总沉不下心来好好地做一项工作。

工程监理行业近年出现监理人员流动过于频繁的现象。一些人在一个单位呆不了多长时间就不满意工作而到另一单位。其实频繁的人员流动不但影响单位的声誉，对个人的发展也许没有什么好处。

拿破仑曾说："不想当将军的士兵一定不会是个好士兵。"这句话当然是用来激励士兵的，然而，是不是只有做将军才算是士兵的成功，做士兵就不算成功呢？如果所有的士兵都日思夜想地想当将军，那他能当好士兵吗？一个连士兵都当不好的人能当一个合格的将军吗？这又使人想起了拿破仑的另一名言："一支由狮子指挥的老鼠军队，比一支由老鼠指挥的狮子军队要好得多。"

要做事，就必须从头开始，必须脚踏实地，必须坚持一种把任何工作都要做好的信念。不抱有这种信念的人是永远无法成功的。

2007年，一部反映军旅题材的电视剧《士兵突击》成功地俘获了众多电视观众的心。这是一部讲述从新兵到老兵，从老兵经过打磨历练成真正的士兵的电视剧，正是这部电视剧让无数的人记住了这个名字——许三多。许三多的那种"不抛弃，不放弃"的精神，永远值得我们学习。

有一部美国电影《阿甘正传》，主人翁阿甘凭借着他的简单的坚持和傻傻的执行，最终成为一名出色的企业家。阿甘最爱说的一句话："要将上帝给你的恩赐发挥到极限。"其实就表达了一种成功的理念：**成功就是把个人的潜能发挥到极限。**

人活着就要有一种精神，要有一种理想和信念做支撑，要学会认识自己，要学会定位,要学会执著。把简单的事做好,把简单的招式练到极致。

要想当将军,必须从今天开始当好士兵,先当士兵中的精英。把自己的本职工作做好,一步一个脚印这才有意义。"好好活,做有意义的事!"不久就会知道成功在哪里。

③ 问题到此为止,让责任止于我

美国总统杜鲁门上任后,在自己的办公桌上摆了个牌子,上面写着"Bucket stop here"。"Bucket"本意是"水桶",在美国西部拓荒时代需要靠传递水桶来运水,"水桶"可以引申为"问题"、"麻烦",这话翻译成中文就是"问题到此为止"。

杜鲁门以此督促自己,负起责任来,不要把问题丢给别人。"问题到此为止",表现出一种荣誉,一种责任,一种不寻找任何借口逃避矛盾、回避问题的高尚品质。然而,不是每个人都敢说"问题到此为止"的,更不是每个人都能做得到的,这需要勇气、胆识和方法。因为在把问题"搞定"的过程中,需要化解方方面面的麻烦,需要承受诸多的压力。正是有种种阻力,不少人就有了顾虑而互相"踢皮球",对问题能推就推,能躲就躲。

针对这种现象,一位著名企业家指出:**职员必须停止把问题推给别人,应该学会运用自己的意志力和责任感,着手处理这些问题,让自己真正承担起自己的责任来。**

当我们碰到问题时,往往会产生犹豫,我们不知道是该把问题推开,还是把问题主动揽过来。其实解答这个问题很简单——没有付出,何来回报?人生的因果法则首先排除的是不劳而获。多承担一些,就多收获一些。放弃了责任,就放弃了机会。

○ 从进入公司到离开公司,你做了什么?学了什么?

德国费德勒大帝有一次视察他的军营,碰到一个士官长,于是就问:"当兵很辛苦吧,到队伍几年了?"士官长叹了口气说:"我从19岁就当兵,到今天,六七年了,我还只是一个士官长。"费德勒仔细地看看那个士官长,猛然认出,他就是那个跟了他十几年的杰尼,杰尼平时倒还机灵,毛病就是不主动地做事,就像骡子,打一下动一下。于是,费德勒指着对面的一头骡子说:"那头骡子已经跟了我10多年了,但到现在还只是一头骡子。"

一个人从进入企业到离开企业,他做了什么?学到了什么?

一家大公司的年会上,有一位老人哈利先生当场宣布退休,公司董事长站起来做例行讲话,无外乎哈利先生对公司多么有价值、有贡献,现在他要退休,我们对他多么怀念云云。

然而大会结束后,哈利先生好像被人遗忘了一样。他对一位应邀参加大会的管理学家说:"你是否能给我30分钟的时间,我有话要对你说,顺便发泄一下我心中的闷气。"

管理学家无法拒绝这样的请求,于是带着哈利先生来到自己下榻的旅馆,点了一些饮料和三明治。

哈利先生说道:"今天我并不快乐,我真是不知道该怎么说才好,这是我一生中最悲伤的夜晚。我感到自己一事无成,彻底失败了。"

"为什么?"管理学家问道,"你准备做些什么?你现在才 65 岁而已。"

"还能做什么,我将要搬到老人村里去,住在那里直到老死为止,我有一笔不少的退休金以及社会保险金,这些足够我养老了。"哈利先生很痛苦地说。然后他从口袋中取出今晚才拿到的退休纪念表,说道:"我想把这件礼物丢掉,我不希望留下这样痛苦的记忆。"

渐渐地,哈利先生已经放松下来,他继续说道:"今天晚上,当乔治先生(该公司的董事长)站起来致辞时,你可能无法想象我当时多么悲伤。乔治和我一起进入公司,但是他很上进,节节攀升,我却不然。我在公司领到的薪水最高不过 7 250 美元,而乔治却是我的 10 倍。每当我想起这件事,我总是认为乔治并不比我聪明多少,他只是不怕吃苦,经得起磨炼,能完全投入工作,而我没有做到这一点。"

"有很多机会,我本来可以获得晋升的。例如我在公司呆了 5 年后,有一次公司要我去掌管南方公司,但我觉得南方公司的问题很多,所以拒绝了。很多次这种绝好的机会到来时,我却没有认识到,我只看到更多的困难和付出。现在,我退休了,我什么也没有得到,真是往事不堪回首啊。"

害怕面对问题,就是害怕面对生活。

在哈利先生的一生中,他害怕挺身而出、承担责任,这是他虚度年华的原因。我们必须对我们自己的命运负责,所以,我们要尽自己的能力承担责任,迎接挑战。因为"问题到此为止",意味着机遇已经在叩响我们的房门。

回避问题不仅不能使问题得到解决,相反,可能会因为拖延而使问题更加严重。只做容易的事,把难题推给别人,这种思维方式往往导致工作的失败。

我们遇到的问题,可能既麻烦又琐碎,解决与否,可能老板根本不会知道,所以表面看起来这与机遇没有一点关系。但是,只要我们把自己工作中的每一件事都干好,把遇到的每一个问题都处理好,不知不觉中,就已经有无数机遇在未来等着我们。**谁相信一个有卓越解决问题能力的员工会永远平凡呢?**

○ 承担责任与推卸责任的结果是不同的

西点军校认为,一个人要成为一个好军人,就必须遵守纪律,对他的同学及上级有高度的责任感,对自己表现出的能力有自信。

无论做什么工作,都要能沉下心来,脚踏实地地去做。一个人把时间花在什么地方,就会在那里看到成绩,只要你的努力是持之以恒的。这是非常简单却又很实在的道理。可是,如果员工还是"三天打鱼,两天晒网",是永远也不会看见成就的。事实上,大多数的人在接到一项任务时,都会有压力和厌烦感,有时候他们不能克制自己,他们会因为外界的诱惑而不能把精力投入到工作中去。**能否努力克制自己是尽职尽责的员工和平庸员工的巨大差别。**

我们知道,生活中的事情没有尽善尽美的。每一天,都可能会遇到麻烦,勇于承担责任可以提高一个人的信誉,有助于自我完善并对自身发展大有益处。员工最易犯的大错就是怕犯下错误后承担责任。为了逃避,或者推卸责任,他们中的许多人采用了自以为很聪明的办法——不作任何决定。不作任何决定的员工,最初的思想来源是因为自己也不知道所作决定的后果究竟是好还是坏。这种害怕担责任而不作任何决定的人,在工作之中通常也不会把工作当成自己的一项伟大事业来对待。他们只是把工作当成一种谋生的手段,事事以自己的利益为出发点。假若碰到棘手问题,便筹划对策,考虑逃避责任的方法,以此来回避责任。当事情办砸了,便以"不知道"为借口来推卸自己的责任。这种糊弄工作的态度对个人事业的发展是十分不利的。

在一所大医院的手术室里,一位年轻护士第一次担任责任护士。

"大夫,你取出了 11 块纱布,"她对外科大夫说,"我们用的是 12 块。"

"我已经都取出来了,"医生断言道,"我们现在就开始缝合伤口。"

"不行,"护士提醒说,"我们用了 12 块。""由我负责好了!"外科大夫严厉地说,"缝合!""你不能这样做!"护士激动地喊道,"你要为病人负责!"大夫微微一笑,举起他的手,让护士看了看这第 12 块纱布:"你是一位合格的护士。"他是在考验她是否有责任感——而她具备了这一点。

一位人力资源总监认为,现在有些员工,只想着报酬,却很少付出,缺乏责任意识,更不愿意承担责任。在一些员工看来,只有那些有权力的人才有责任,而自己只是一名普通员工,没什么责任可言;一旦出现错误,有权力的人理应承担责任。有这样想法的员工,是不会有什么大的发展的。

当通用电气前 CEO 杰克·韦尔奇还是工程师时,曾经历过一次极为恐怖的大爆炸,他负责的实验室发生了大爆炸,一大块天花板被炸下来,掉在地板上。为此,他找到了他的顶头上司理查德解释事故的原因。当时他紧张得失魂落魄,自信心就像那块被炸下来的天花板一样开始动摇。理查德非常通情达理。他所关注的是韦尔奇从这次大爆炸中学到了什么东西,以及如何修补和继续这个项目。他对韦尔奇说:"我们最好是现在就对这个问题进行彻底的了解,而不是等到以后进行大规模生产的时候。"韦尔奇本来以为会是一场严厉的批评,而实际上理查德却完全表示理解,没有任何情绪化的表现。

勇敢地说"是我的错",不仅表现出一个人敢于承担责任的勇气,也反映了一个人诚信的品质。

工作中难免会出现这样那样的问题,产生问题的原因有很多,虽然主要责任者可能是一人,但与相关人员肯定也有一定的关系。比如,流水线工人出现了差错,主要原因是他未按操作指导书操作,但次要原因有很多,如公司的培训是否到位,操作指导书的内容是否准确无误,等等。

但在讨论、分析错误产生的原因时，无论是由于你的直接过错引起的，还是由于你的间接过错引起的，你都应该勇敢地承认自己的错误。这样不仅有助于问题的解决，还可以化解由于问题而产生的矛盾，使你赢得竞争对手的支持。

20世纪末，在美国德州瓦柯镇的一个异端宗教的大本营内，发生了邪教徒集体自杀的事件。其中，有二十几名儿童被某邪教徒的父母所毒害。同时，在这次事件中，也有10名正在查案的联邦调查局的探员遭到杀害。因为这次事件，美国司法部部长詹纳·李诺在众议院遭到许多议员们的愤怒指责，他们认为她应该为这起惨剧负责。

面对千夫所指，詹纳颤抖地说："我从没有把孩子的死亡合理化。各位议员，这件事带给我的震撼远比你们想象的要强烈得多。的确，那些孩子和探员的死，我都难辞其咎。不过，最重要的是，各位议员，我不愿意加入互相指责的行列。"很明显，她愿意承担所有责任。

詹纳接受谴责，并愿意一人独担责任，使众议员们为之折服，大众传媒也因此深受感动而对她大加赞扬。

因为她一人担起所有的责任，没有推卸，使本来会给政府带来灾难性后果的指责声音减弱了。一些本来对政府打击邪教政策抱有怀疑态度的民众，也转变观念，开始支持政府的工作。

詹纳·李诺勇于承担责任使自己赢得了对手们的支持，有效地缓解了危机，加速了问题的解决。**勇于承担自己的责任，能够加强组织的团结，保证工作顺利进行，同时，它也是成就一个人事业的可贵品质。**

罗杰斯是一位20多岁的美国小伙，几年前他在一家裁缝店学成出师之后，来到加州的一个城市开了一家自己的裁缝店。由于做活认真，并且价格又便宜，他很快就声名远播，许多人慕名而来找他做衣服。有一天，风姿绰约的贝勒太太让罗杰斯为她做一套晚礼服，等罗杰斯做完的时候，发现袖子比贝勒太太要求的长了半寸。但贝勒太太就要来取这套晚礼服了，罗杰斯已经来不及修改衣服了。

贝勒太太来到罗杰斯的店中，她穿上了晚礼服在镜子前照来照去，同时不住地称赞罗杰斯的手艺，于是她按说好的价格付钱给罗杰斯。没想到罗杰斯竟坚决拒绝。贝勒太太非常纳闷。罗杰斯解释说："太太，我不能收您的钱。因为我把晚礼服的袖子做长了半寸，为此我很抱歉。如果您能再给我一点时间，我非常愿意把它修改到您需要的尺寸。"

听了罗杰斯的话后，贝勒太太一再表示她对晚礼服很满意，她不介意那半寸。但不管贝勒太太怎么说，罗杰斯无论如何也不肯收她的钱，最后贝勒太太只好让步。

在去参加晚会的路上，贝勒太太对丈夫说："罗杰斯以后一定会出名的，他勇于承认错误、承担责任及一丝不苟的工作态度让我震惊。"

贝勒太太的话一点也没错。后来，罗杰斯果然成为一位世界闻名的高级服装设计大师。

"人非圣贤，孰能无过"，但不要为了推卸责任而寻找借口，更不要嫁祸他人。

现在勇于主动承担责任的人已经越来越少了。有些人说：凡事不要揽责任，才能在公司里不犯错误。话是不错，这样虽然可以避免引火烧身，但是如此一来你在主管眼中从此就是一个缩头缩脑的人，凡事都不敢负责任的人。

世界上许多人不能成功就是退缩的性格导致。员工最让老板头痛的也是缺乏责任感。作为一个新人，树立负责任的观念，会让主管、同事觉得你具有可塑性。抱着多做一点多学一点的心态，勇于承担责任，你很快就会进入状态。

任何主管都不会给一个不敢承担责任的人太大的发展机会，即使给，那个人也可能因为不敢承担责任，而让机会转眼消失。什么事都害怕，不敢承担责任，能办成事吗？这样的人能为主管解决所遇到的问题吗？这样的人能得到主管的器重吗？

○ 让责任止于我

西点军人对待自己的任务或是工作的那种强烈的责任感是一种无价之宝。他们的责任意识是所有人公认的。

在这个社会上，不论你处于一个什么样的位置，担任什么职位，都需要责任。没有责任就不能获得尊重，没有责任就不可能有成功。

在南太平洋考斯特岛上，人们有以高空弹跳取悦神灵来确保山芋丰收的古老仪式。

弹跳者仔细挑选地点，他们用树枝及树干来搭盖高台，然后用藤蔓把整个跳台捆束妥当。每个弹跳者要为自己的搭盖工程负责，如果有差错，没有任何人会代他负责，当然也没有人能抢去弹跳成功的功劳。弹跳者要寻找自己使用的跳藤，选择恰到好处的长度，让自己在以头朝下脚朝上的姿态坠落时，头发刚好摆到地面。如果跳藤太长，将会有坠落的致命危险；太短则会把弹跳者弹回平台，而这意味着可能会对当年的收成有不利的影响。

在择定的日子，弹跳者爬上高高的跳台，绑上他所挑选的藤条，踏上平台，来到高台最狭窄的一端，然后纵身跃下。弹跳者可以在最后一刻改变主意，放弃弹跳，这样也不会被认为是件耻辱的事。但大部分人愿意做这件事，愿意百分之百为自己的行为负责。成功的人不仅承担责任，他们还希望增加责任，以便激发更多的能力。事实上，你承担的责任越多，你处理事情的能力就越强。一个人的能力是用不完的，你也许会用完时间，但是你不会用完能力，能力如同智慧一样，是越用越多的。不要躲避任何发挥自己能力的机会，承担责任、抓住机会，因为这会增加你的能力。那些失败的人是不会接受责任的，对于发生在他们身上的事情，他们总是喜欢埋怨，他们把自己不能成功的原因归结于别人，却不去想自己哪里不对。他们逃避责任，把错误或失误推给别人，也把成功拒之门外。

○ 勇于承认自己的错误

承认错误意味着能承担责任，一个人如果明明有错误，而自己坚持不承认，不但推卸不了责任，反而会受到更多的指责。

勇者无畏，人要战胜恐惧，还要勇于直面自己的错误，勇于承认自己的错误。美国前总统罗斯福说过：如果他所决定的事情有 75% 的正确率，便是他预期的最高标准了。罗斯福无疑要算 20 世纪的一位杰出人物了，他的最高希望也不过如此，何况普通人呢？人不怕犯错误，怕的是犯了错误不去承认错误，不去改正错误。面对错误，大多数人虽然认识到自己错了，但却不承认，甚至把错误的理由归结于别的因素。只有极少数人能够站出来，勇敢地承认："这件事是我的错……"在前者看来，承认错误意味着责罚，沉默和"合理的托词"意味着可以逃脱责任。但是当你选择了承认错误时，你得到的真的只有惩罚吗？李全敏是某公司的财务人员。一天，他在做工资表时，给一个请病假的员工定了个全薪，忘了扣除请假那几天的工资。于是李全敏找到这名员工，告诉他下个月要把多给的钱扣除。但是这名员工说自己手头正紧，请求分期扣除，但这么做的话，李全敏就必须得请示老板。李全敏知道，老板知道这件事后一定会非常不高兴的，但李全敏认为这都是因自己的失误造成的，他必须负起这个责任，去老板那儿认错。

当李全敏走进老板的办公室，告诉他自己犯的错误后，没想到老板竟然大发脾气地说这是人事部门的错误，但李全敏再次强调这是他的错误。老板又大声指责这是会计部门的疏忽，当李全敏再次强调是自己的错时，老板看着李全敏说："好样的，我这样说，就是看看你承认错误的决心有多大。好了，现在你去把这个问题解决掉吧。"事情终于解决了。从那以后，老板更加器重李全敏了。

任何人犯了错误都免不了要受责罚，而抢先一步承认自己的错误，不失为最好的方法。自己谴责自己总比让别人骂好受得多。如果你在别人发现之前，就承认了自己的错误，并把责备的话说出来，十有八九会得到宽大处理，甚至可能得到原谅。

卡内基曾经说过："若能抬起头承认自己的错误，那么错误也能有益于你。因为承认一桩错误，不仅能增加周围人对你的尊敬，且将增加你自己的自信。"自己的过错要自己承担，这是每个人的责任和义务。千万不要惧怕伴随错误而来的负面影响，一味地隐藏错误或为自己的错误寻找开脱的借口，这样错误就会制约你前进的步伐，减慢你成功的速度，降低你的行为质量。事实上，很多时候，如果你能以积极的心态，勇敢地承认错误，那么你将永远不会为错误所累，你会更快地获得成功。列宁说过："认错是改正的一半。"那么另一半是什么呢？另一半就是采取一切可能的措施去弥补自己的过错，这不仅可以将你为错误付出的代价最小化，还可以让别人更进一步了解你的能力和潜在价值。

从前，有两个人因偷羊被捕，得到的惩罚是在他们两人的前额烙上两个英文字 ST，"ST"是"偷羊贼"（Sheep Thief）的缩写，然后他们被释放。其中一人受不了这种羞辱，就躲藏到异邦，可是碰到的陌生人都很好奇，不停地问他这两个字母究竟是什么意思，他的心里不得宁静，痛苦不堪，终于抑郁而终。

另一个人说："我虽然无法逃避偷过羊的事实，但我仍旧要留在这里，赢回邻居对我的尊敬。"

一年一年过去了，他又重新赢得信任。有一天，有个陌生人看到这位老人头上有两个字母，就问当地人这究竟是什么意思。

　　那个当地人说:"他额上的字母已经是很多年以前的事了,我也忘了这件事的细节。不过我想那两个字母应该是圣徒(Saint)的缩写吧。"犯了错误以后,不采取消极的逃避态度,而是在发现错误的时候,马上想一想自己应怎样做,才能最大限度地弥补过错。只要你能以正确的态度对待它,勇于承担责任,错误不仅不会成为你发展的障碍,反而会成为你前进的推动器,促使你不断地、更快地成长。

第六讲　团队修炼之领导力培育

> 一个领袖人物必须正直、诚实，顾及他人的感受，并且不把个人或小团体的利益和需要摆在一切衡量标准的首位，否则人们就不会追随他。
>
> ——哈佛大学领导力专家　约翰·科特

多年以来，笔者接触过在高速公路施工的数十家施工企业。同是在高速公路上施工，但管理水平却参差不齐。究其原因，外部条件是一个方面，但施工管理人员的领导才能也是一个非常重要的方面，如何培育领导力将是本讲的主要内容。

1 领导力和领导者管理误区

>>>> 领导力改变世界

任何一个人都可能影响别人或被别人影响，一个人影响其他人行为的能力，就是领导力。领导力可以让你去追求自己的梦想，渴望达到卓越，将你的潜能发挥到极致，并且帮助你完成使命！

优秀的领导者应具有高度的热忱和强大的感染力，他们时刻都可以释放出无尽的能量，充满着快乐与希望。

好的领导者就是团队的标杆和希望，因此，他们不会受困于现有的条件和环境，而是带领员工积极地去创造环境，营造活力磁场。当所有员工将成功的希望、改变生命的契机维系在领导者身上时，这份成就他人的责任便会督促着领导者每时每刻都散发出生命的光和热。

○ 高度的团队责任感

一个优秀的团队领导人有强烈的成功意识，不仅自己要成功，而且还要带动大家一起成功，从而带动团队、复制团队、扩大团队，最后带领整个团队健康有序地发展。

○ 强烈的团队使命感

当一个人内心有着强烈的使命感的时候，他无限的潜能就能得以发挥，就会拥有强烈的成功欲望。比尔·盖茨为什么能够成为世界首富？为什么能够在短时间内创建微软帝国？这与他创业之初的强烈的使命感不无关系。创业之初，他曾经立下誓言说："我要让全世界每一张办公桌上的每一台计算机都使用我的软件。"正是这种强烈的使命感，促使他和他的团队成员孜孜不倦地努力，最终实现了这个梦想。

帮助每一位团队成员梦想成真，改变每一位团队成员的生活，培养他们的自信心，挖掘他们的潜能，使他们能够与你齐心协力共创团队辉煌。如果一个团队领导人具有这种使命感，团队就会具有持久的战斗力。

○ 人格魅力

团队领导人既是梦想的实践者，又是梦想的缔造者。用梦想去打造团队，团队才能充满激情和活力，梦想才能在团队中实现。

领导者的人格魅力能给人留下深刻的印象。亲和力强、形象良好的人，常会是人际关系上的大赢家，若想立于不败之地，我们就需要塑造自己良好的形象，在每一次与人交往中都给人留下最好的印象。

领导者的顽强和坚韧，就像一面旗帜。有旗帜在前面引导，团队成员就会有明确的战斗方向。否则，这个团队就会像一盘散沙。顽强与坚韧就是团队作战的最锐利的武器。这种精神就像长矛一样，在团队全体成员的共同努力下，可以刺破世界上所有厚重的盾牌。我们没有必要为顽强和坚韧贴太多的商标，因为它的作用是客观存在的。世界上没有一个公司的崛起、没有一个团队的成功可以离开顽强与坚韧的精神。

一个优秀的领导者应懂得将团队发展的目标、愿景及应学习的方法和付出的行动成功地让团队的每一位伙伴分享。这样，团队才会具有向心力和凝聚力，团队成员才会具有忠诚和至死不渝的追随精神。我们要在不断学习、不断进步、不断吸收信息的过程中，将技巧和经验系统化并不断地传承与复制，从而带动整个团队的发展，创造出团队的最高效益。优秀的领导人应该居安思危，时刻意识到危机的存在，并且不断地改变自己的思维模式，真正地成为团队之船的导航灯。

IBM 公司的总裁沃森曾经说过："即使我失去了我现在所拥有的一切，只要留下我的团队，那用不了多长时间，我就会重新创建一个 IBM。"在一个优秀的团队中，有各种风格、各种能力的人才，这样的团队才能应对各种困难。优秀的领导者应该以个人的智慧和魅力将各种不同类型、不同性格的人才有效地组合成一个整体，并且使之拥有团结一致的信念。

一个真正团结的团队，虽然有着严格的纪律，但更要充分发挥领导者的超级领导力，让每个团队成员从心底里佩服你。

>>>> **管理者的管理误区**

○ "官本位"有害无利

从古至今,"官本位"思想严重,大家的眼睛都往上看,好像只有做了领导才算成功,这样,"官本位"就在人的思想上根深蒂固了。

唐舰,原克拉玛依市教委副主任。

况丽,原新疆石油管理局教育培训中心党委副书记。

1994年12月8日,新疆克拉玛依市教育局为欢迎上级"义务教育与扫盲评估验收团"的到来,组织全市来自15所学校的中小学师生796人在友谊馆剧场举办"专场文艺演出"。

当演出进行到一半时,因舞台纱幕太靠近光柱灯被烤燃而引起火灾。当燃烧的火团不断地从舞台上空掉下时,这时,唐舰和况丽出来大喊:"学生不要动,让领导先走!"

学生们很听话,都坐在自己的位子上不动;等上级政府与教育局所有在场的25个官员都从第一排撤退到最后一排的出口处"先走"了之后,教师才开始组织学生撤离,但此时电灯已全灭,大火已蔓延到剧场四周,唯一的逃生之路已被熊熊火焰堵住(当时剧场只开放一个安全门,其余安全门均锁着)。

学生们撤离火灾现场的最佳时机被错过了!

796名师生全部陷入火海之中,323人死亡,132人烧伤致残,死者中有288人是天真可爱的中小学生。在场的40多名教师有35位遇难,绝大部分为掩护学生而殉职。

在场的克拉玛依市副处级以上官员有25个,当时他们的位置离火源最近,离逃生出口最远,无一人伤亡,当他们走出剧场后不是指挥学生撤离,也不是马上报警,而是跑到医院"看伤"!

唐舰和况丽两位领导不是指挥学生撤离,而是凭借自己对剧场地形的熟悉和成年人的优势,"只顾自己逃生"(判决书语)。更有甚者,况丽凭借着对友谊馆场地的熟悉钻进了厕所,又用力把原本可塞30人以上的厕所反锁顶上,任凭孩子们哭喊也绝不开门。事后在厕所门外地上发现100多具学生遗体。她还"骄傲"地告诉记者"自己的逃生知识丰富"。

那场悲剧在1994年发生,直到10年后的2004年才得以曝光,如果不是"官本位",如果不是"让领导先走",可能伤亡会少一些。正因为这样,"让领导先走"被评为最卑鄙的语言。

一个人,特别是作为指挥者,要身先士卒地解决问题,不要遇到困难和危险就躲避。工作是要用生命去做的事,甚至有时会有所牺牲。2007年4月16日,韩裔学生在美国弗吉尼亚理工大学制造一起枪击案,造成了32名师生死亡。在这起事件中,最让人感动的一幕是:年届七旬的以色列教授列维·利布雷斯库在关键时刻挺身堵住了枪眼,为全班学生成功逃脱争取了宝贵时间。

2008年5月汶川地震时,北川县委礼堂内一个有六七百人(包括学生)参加的会议正在举行。地震发生时,北川县长经大忠喊出的一句话:"大家不要慌乱,党员干部留下,让学生先走。"生死抉择间,苍穹之下一种精神在回响! 这就是领导力、影响力! 在关键时刻体现得淋漓尽致。

○ 人格魅力有多大

笔者在常州工作时遇到过一位总监助理,他工作认真严肃,对人要求特别严格,很多人经常被他批评,笔者也是其中的一个,可是被他批评过的人没有人说他不好,因为虽然你做错事时他批评你,但当你在工作中遇到困难找他时,他会非常热心并不遗余力地帮你。很多的项目经理在谈论他时,没有不佩服的。这种魅力是别人无法学到的。

作为一个领导者,在自己的工作中要树立威信就必须有非凡的人格魅力。没有听说哪个不诚信、不热心、不敬业的人成为一个受人拥戴的好领导的。

我们的政府为什么受人拥戴,就是由于国家领导团队的人格魅力和高效的工作作风。在国家有难时,他们身先士卒,鞠躬尽瘁。在南方雪灾中,国家主席胡锦涛跟解放军战士一起把救援物资一件件亲自装上飞机;国务院总理温家宝亲自登上大雪尚未融化的山上检查工作;在"5·12"大地震中,国家主席胡锦涛和国务院总理温家宝多次到灾区慰问群众……当看到党和政府为了人民所做出的这一切,我们体味了什么叫做人格魅力。

印度修女德蕾莎是唯一一位获得诺贝尔和平奖而又不受争议的女性。德蕾莎女士是阿尔巴尼亚人,早年在英国接受教育,后因信奉基督而成为修女。

她选择了贫穷的印度作为她的奉献之地。她来到印度,发现大多数印度人因为贫穷而不穿鞋,于是,她脱下自己的鞋说:"我决心为之服务的大众都能穿上鞋的时候,我才穿鞋。"

戴安娜王妃拜访她之后对记者说:"我看到德蕾莎修女光着脚,而我却穿了一双白色的高跟鞋,我感到非常的羞愧。"

有一次,德蕾莎修女听说前南斯拉夫的某个战场上还有未撤出的妇女和儿童,她来到其中一个指挥官的面前说:"请你们这些男人停一下,我要带走那些无辜的孩童!"德蕾莎毅然走入了战区,双方的士兵发现她,激烈的战斗戛然而止,看着她把妇女和儿童蹒跚地带出战区。安南知道后,感慨地说:"这件事,我是做不到的,只有她能做到。"

德蕾莎修女一生唯一的财产就是位于印度的一间两层小木屋。她住在楼上,楼下住着许多即将断气的穷人。当他们死后,德蕾莎修女亲自给他们合上双眼,埋葬他们。所以,她的小木屋又叫"死亡之屋"。

德蕾莎修女将她的一生完全地奉献给了上帝和她深爱的人民,死在了印度。

阿尔巴尼亚总统请求印度将她的遗体归葬家乡。印度总理代表全国恳切地请求:"她也是我们全印度的母亲,就请将她葬在印度吧!"然后大家开始商议是给她穿一双鞋呢,还是不穿好呢? 这么多年都没穿过鞋了,德蕾莎修女脚上都长满了老茧。有人说应该给她穿一双鞋,但是那些穷苦妇女说,她肯定不愿穿鞋。

印度为她举行了国葬。她身上覆盖着印度的国旗,脚上依旧没有穿鞋。8个印度小伙子抬起她的灵柩时,印度的总统和官员,所有人统统跪在地上;灵柩走到街上,两边高楼大厦上的人统统来到底楼,跪在地上,没有人敢站得比她高!

德蕾莎修女被后世尊称为"德蕾莎母亲"。拥有牺牲和奉献的人格魅力,这才是真正美丽的女人!

○ 不会移情

"移情作用"是美学和心理学的概念。意思是说:一个人将自己的意识以想象力投射在他人身上的能力。正如通常所说的,就是将自己置于别人的地位,模拟他人的感情、意见与价值观念的能力。

管理者也像其他人一样,具有目标、抱负、价值观念和个人见解。如果没有这样的移情作用,他常常会假定下属具有同自己一样的品性,对事物的观点都是一致的,而实际并非如此。但可能有一点是例外的,即人们更多地为感情所左右,而引起情感的原因又常归之于个人。因此,管理者不应该主观地假定他们的下属与他们自己一定具有同样的情感。如果作出这种假设,在工作上往往就会导致独断专行的"家长式统治"。所以管理者必须对下属进行全面的了解,除了工作之外,还要了解他们的个人关系、经济与健康状况、抱负、价值观等。把自己置于下属的位置仅仅只是一个方面,而直率又真诚地努力去了解下属将是更重要的。管理者如果能扪心自问一下"在他们的位置上我会如何反应",并这样长期坚持下去,会在实践中形成一种技能。设身处地地为下属着想会取得下属的信赖,从而为有效地领导下属打下一个基础。

乔·吉拉德是世界上最伟大的销售员之一,连续 12 年荣登吉尼斯世界纪录大全"世界销售第一"的宝座。他所保持的世界汽车销售纪录——连续 12 年平均每天销售 6 辆车,至今无人能破。有一次,乔·吉拉德向一位先生推销汽车。而这个先生却说:"我儿子非常好。"但乔·吉拉德没理他。这位先生很生气,把拿出的钱又抽了回去。后来,这位先生说,乔·吉拉德根本就不尊重自己心爱的儿子。从此,乔·吉拉德总是把别人的事放在心上。正是这种移情,让乔·吉拉德成为销售大王。

吴维库教授讲过一个意味深长的故事:

一个老人病重昏迷,几天后醒来说,有秘方可以救我。儿子说,您等着,我们去找。不久,老人带着微笑怀着希望离开了人世。

这个故事被另外一个小伙子知道了,他追悔莫及。原来他老爹也病危,昏迷了几天后,突然睁开眼睛说,珍珠龙凤汤煮好了吗?小伙子说,你这叫回光返照,你要死了,快穿衣服吧。突然,老爹明亮的眼睛突然黯淡下去,吐出最后一口气,死去了。

后来小伙子才明白,老爹临终前最后的希望破灭了。

所以,作为企业领导,如果真情实感可能伤害你的下属,那就掩藏起来。

○ 领导的示范作用

作为主管,你的一举一动都会影响着其他员工,因此,凡事都要做出表率,这样才能有影响力。

有一个宰相的妻子非常重视儿子的前途,每天不辞劳苦地劝告儿子要努力读书,要有礼貌,要讲信用,要忠于国家等。而宰相却是早上离开家去上朝,晚上回来就知道看书。爱儿心切的夫人终于忍不住说:"你只顾你的公事,也该好好地管教儿子啊!"宰相眼不离书地说:"我时时刻刻都在教育儿子啊!"

一家师范学校的对联是这样写的:"博学为师,身正为范。"八字联透彻地讲述了教育的全部涵义。也许这个道理谁都懂,却不一定都做得到。

很多企业,领导要求下属负责、努力工作,自己却上班迟到,呵欠连连,时间没有到就下班,甚至经常把私事放在办公时间处理。

宰相认为的教育,就是以身示范,通过自己的行为去影响儿子。深入地分析这个故事,我们首先要弄清,儿子对宰相来说意味着什么呢?是他生命的延续,是人生中比事业更大的成果。那么,对于一些企业领导来说,下属成员的努力工作,也必将对他的业绩造成影响,影响他的前途。所以,要为自己的前途着想,应时时注意以身示范。

以自己优秀的一面影响别人,尤其是影响与自己关系密切的人,跟自己的前途和发展是互相关联的。领导是什么?领导就是一把直尺,就是一个标杆,不仅自己要准、要正,还要不停地度量和修正员工的行为,即时纠正他们的工作偏移。

蒙牛的老总牛根生坐的车是奥迪,他的副总开的是奔驰,牛根生搞了140套别墅给他的干部住,自己却没有,他住在摩根的办公室里,因为摩根对中国蒙牛投资。牛根生跟美国人说,我帮你们看房子。蒙牛的每一个干部都有牛根生发的股票,牛根生却把自己的8 000万红利拿出来发给干部。

他的示范作用成为企业的一个标志,使蒙牛品牌在中国越来越响。

○ 如何教育启发下属

作为主管,启发教育下属是一项最基本的工作。一个员工,如果他在工作中一直没有进步,有很大一部分原因是领导没有教育好和启发好。

笔者曾在江苏省交通工程总公司工作过,那时,领导们都注重员工的教育和发展,他们经常会找员工谈谈心,问问工作、生活和学习情况,并要求加强学习。当工作出现失误时,领导会告诉他们什么地方错了,为什么错了,怎样改正。在工作上,领导从不保留地教下属,那时领导都被称为"师父"。可是现在有些企业,教育启发员工的领导很少,特别是一些国有企业,把人才引进后就是放牛吃草,一个人要想成功,只得靠"自学"。

很多主管认为,教育员工是书记和人力资源部门的事,实际上,员工接受的最多的教育来自于直接主管。主管对员工要随时随地地进行启发教育。著名的培训大师余世维博士讲了一个小故事:在电脑时代,人们用电子邮件交流,很少写信了,有一次他发现一名员工写一个信封的格式不对,就把大家召集在一起讲信封应该如何书写。**作为主管,发现了员工的任何问题都要去指正。**

如果一个员工离开你公司时,他的思想、工作跟他进来的时候没有什么区别,作为主管,你怎么想?是否想到是你失职的呢?

○ 忘了公司的命脉：利润

管理有个主要目的：使企业持续下去。这是毫无疑问的，但要以何种方法实现呢？

有一天，一家公司的总裁在城中一家餐厅吃午饭。饭吃到一半，他发觉有4个熟悉的声音由隔壁的包房传出。那些人的讨论相当热烈，他忍不住偷听。他听出是手下的高级主管在得意地谈自己的部门。生产主管说："没人能跟我比。对一家公司的成功，贡献最大的部门就是生产部门。如果没有像样的产品，那等于什么也没有。"

销售经理抢着说："错了！世界上最好的产品一点用都没有，除非销售部门把它卖出去。"

主管公司内部及公共关系的副总裁也有意见："如果公司内外没有良好的形象，惨败是绝对的。没人会向一家不信任的公司买产品。"

"我认为你们的观点都太狭隘了，"主管人力资源的副总裁回应，"我们都知道公司的力量在于它的员工。没有能力强而且工作意愿高的员工，公司立刻陷于停顿。"

直到总裁吃完午饭，他们的讨论仍未结束。总裁离开餐厅时顺便在那间包厢门口停一下。"诸位，"他说，"我忍不住听了你们的讨论，很高兴你们能为自己的部门感到自豪，不过我不能不说，经验告诉我，你们没一个说得正确。在任何公司里，没有哪个部门能对公司的成败负责。如果你追究到问题的核心，你会发现管理一家成功的公司就像玩特技的人同时在空中维持5个球。其中4个球是白的，一个写着'产品'，一个写着'销售'，第三个写着'企业与公共关系'，第四个是'员工'。除了这4个白球，还有一个是红球，上面写的是'利润'。在任何时候，玩特技的人一定要记住：无论发生什么事，绝不能让红球掉到地上。"

他的话绝对正确。缺乏利润，公司即使有最佳的产品，最好的形象，最乐于奉献的员工，以及最引人注目的财务基础，它还是很快就会陷入困境，而且这种困境转眼之间就会使一家公司化为乌有。

○ 不做主管，只做哥儿们

大部分公司每年可能都有民意测评，当主管接受测评时，得了优秀的只有两种人：第一种人，他确实工作优秀；第二种人，他可能是个烂好人。

很少有这种情况，这个领导平时对待自己和对待别人都很严格，而测评时大家都拥护他。

某单位的总经理是一个非常具有开拓精神的人，自任职至今，凭借着他的改革精神和严格管理，单位业绩蒸蒸日上，职工的待遇也翻了两番，可这个领导平时太严格，不仅对自己，对谁都一样，所以，每年测评结果他都不如他的副手。这个副手呢？是一个很会做人的领导，跟每个职工都好，从不得罪人，职工对他呢，也是称兄道弟。有一次，有一个职工到办公室找总经理签一张发票，他没给签，什么原因呢？就是这笔费用已经发到每个人的工资里，不再报销了，这个决定是一个月前班子讨论决定的。结果这个职工很生气。

副手签了，当然他做了好人，而规矩被破坏了。副经理对得起哥儿们，而总经理当然就得罪人了。

在中国的企业，如果太严格，就可能混不下去，所以，当哥儿们的也就多了。

○ 不会抓重点

动物园的管理员发现袋鼠从笼舍里跑出来了,于是便开会讨论如何防止此类事件再度发生。经过讨论,大家一致认为笼舍的高度过低是袋鼠跑出来的原因。于是,他们决定将笼舍的高度由原来的 10 尺加高到 20 尺。

第二天,他们惊讶地发现,袋鼠还是跑了出来。于是乎,他们又决定再将笼舍的高度加高到 30 尺。没想到第三天居然又看到袋鼠跑了出来,而且全跑到外面了。管理员们大为紧张,决定一不做二不休,将笼舍的高度加高到 100 尺。

有一天,长颈鹿和几只袋鼠在闲聊,"你们看,这些人会不会再继续加高你们的笼舍?"长颈鹿问。"很难说,"袋鼠说,"如果他们再继续忘记关门的话!我看还会加高。"

抓问题就要抓实质,抓关键。事有"本末"、"轻重"、"缓急",关门是本,加高是末,舍本而逐末,当然就不得要领了;事有矛盾的主要方面,要抓主要矛盾的主要方面;事有关键和一般之分,抓关键是解决问题、预防问题的正确途径。

管理是什么? **管理就是抓事情的"本"、"重"、"急"。**做主管的,每天会处理大量的事,必须要知道哪些是重要的,哪些是紧急的。近几年有一个新流行的名词,叫"注意力管理",它强调的就是把注意力放在那些重要的、有效果的问题上。

每天上班,我们可以把工作分成 4 个类别,第一个类别是很重要很紧急;第二类是很重要不紧急;第三类不重要但很紧急;第四类不重要也不紧急。分完类以后就按着这样的顺序做完一天的工作。

蒋经国先生做"行政院长"时讲过 4 句话,非常有意义,可以拿过来做参考:第一,不说没有用的话;第二,不做没有用的事;第三,不开没有用的会;第四,不写没有用的报告。

○ 不懂得诚信

招聘网有一句名言:选人首先要求诚信。没有诚信,执行就会偏离。

在公司里,领导为了做好某项工作,经常对执行人许愿,可十有八九不兑现,这就是不诚信的表现。作为主管,难以做到的话不要说,如果说了就不要反悔。

诚信是领导者的根本,人无信不立,诚信是立身处世的准则,是人格魅力的体现,是衡量个人品行优劣的重要标准之一。诚信的人,给人的感觉是正直、道德与务实。正如孔子所说"言必信,行必果",只有诚信的人,才会勇于负责,才会为了实现自己的承诺而积极努力。

(1) 做不到的事情不要说,说了就要努力做到。

华盛顿曾说过:"自己不能胜任的事情,切莫轻易答应别人,一旦答应了别人,就必须实践自己的诺言。"在日常生活中,我们经常会不经意地作出一些承诺,即使没有做到也觉得无所谓。但真的无所谓吗?有说谎的孩子一定有说谎的父母,有说谎的学生一定有说谎的老师,有说谎的员工一定有说谎的老板……诚信应该是一种基本素质,诚信教育也应该成为学校和社会教育的重要内容。

培训大师余世维博士讲过他的一次亲身经历。

有一年,余博士到沈阳出差,朋友刘总带他去做足疗。做足疗的时候,余博士把表摘下来摆在桌上,那个替他做足疗的小姑娘说:"哎哟,这表好漂亮啊!"余博士那只表是日本精工的,表盘呈紫红色,很少见,看起来很美。

"这表好漂亮,是在哪里买的呀?""是在台湾买的,要不要我帮你搞一只。"余博士随口说了一句,之后就开始后悔了。因为他这句话一讲出来,她就说:"好啊,谢谢了!"她只是个小姑娘,余博士当然不好意思说:"哎,我的意思是要你拿钱,我去帮你买一只。"余博士只好说:"好,我回去帮你找。"他回到台湾就去买那只表,但找不到,因为那是4年前的纪念表,去年春天就停产了。余博士的爸爸的一位朋友是做手表生意的,所以他就拜托那个人到香港去帮他找,终于找到了。

一年后,余博士正好出差到沈阳,就去找那个小姑娘。他特意戴着原来的那块表,说:"你还记得去年我来这里做过足疗吧?你看过这块表吧?"她说:"是啊,先生。那表很漂亮,我还记得。"余博士就把买到的那只表拿出来,说:"这只表送给你。""真的吗?""是的。"最后,她收下了那块表。

而余博士并不知道她姓什么、叫什么,讲这个故事的重点在于:**不管对什么人,做不到的事情不要说,说了就要努力做到。**

(2)虚的口号或标语不要常常挂在墙上或嘴边。

很多公司都有标语,但只是把这些标语挂在墙上,标语挂在墙上是不会自动实现的,只会变成空洞的口号,讲得久了就可能变成形式主义。所以,标语不要挂太多,因为那些标语通常都是不容易做到的,时间长了就变成虚的了。

对这些挂在墙上的东西,宝钢第一任董事长黎明曾经说过两句话:真的做到了干吗要挂?做不到为什么要挂?黎明刚刚接管宝钢时,发现宝钢的墙上都是标语,他马上问:"这些标语都是谁挂的?"没有声音。"做到了吗?"还是没有声音。黎明到宝钢的第一件事就是拆标语,其实这是一个心理建设,因为做不到的标语挂在墙上是一种讽刺,是在告诉你的员工和客户,能不能做到无所谓。

○ 执行型领导者要做的7件事

我们需要一个好领导,更需要一个执行型的企业领导人,因为领导的执行力强,企业的执行力才强,执行型领导能打造一种执行力企业文化,也可以建立一个执行型团队。

要做一个执行型领导,必须从以下几个方面着手,自己检视自己。

(1)了解你的企业和你的员工:

你是否亲自参与企业的运营?

你是否深入了解公司的真实情况和员工心理?

你是否会问一些尖锐或一针见血的话,迫使手下思考问题,探索答案?

(2)坚持以事实为基础:

你是否知道员工和下层主管都常常有意地掩盖事实?

你是否可以确保在组织中进行任何谈话的时候,都把"实事求是"作为基准?

(3)树立明确的目标和实现目标的先后顺序:

你是否集中精力在几个重要目标上?

你是否调整自己的视角,为组织拟定几个现实的目标?

你是否可以为这些目标寻求一个切入点并附带方法？

你是否把容易实现的基本目标先做到，然后再做太遥远的目标？

（4）跟进：

你是否没有及时跟进，白白浪费了很多很好的机会？

（5）对执行者进行奖励：

你是否赏罚分明，让员工对公司作出更大的贡献或只造成很小的损害？

你是否提拔真正有执行力的员工？

这个世界上的管理最后就是两个字，赏与罚，所谓奖励，就是做好了以后要让他感觉到公司在激励他。奖是手段，励是目的。

（6）提高员工的能力和素质：

你是否常把自己的知识和经验传递给下一代领导者？

你是否把与下属的会面看成是一次次指导他们的机会？ 在批评手下时，要提出方法，要拿出意见。

你是否仔细观察一个人的行为，向他提供具体而有用的反馈？

（7）了解你自己：

你是否容忍与自己相左的观点？

你是否注意公司伦理，超越自己的情绪？

你是否不够强势，姑息表现很差的员工？

○ 要有一个谦虚的态度

一个领导者不管他有多能干，在工作中取得多么大的成绩，他都应该是谦虚的和低调的。经常可以见到这样一些领导，当他们谈论起自己的公司时经常说的就是"我"如何如何，好像所有的工作都是他们一个人做的，没有他们公司就运营不下去或者会倒闭。其实，一个领导所作所为、对公司的贡献有多大，员工们最清楚，谁是真正埋头苦干的领导，谁是夸夸其谈的领导，员工们都知道，不必自我吹嘘。

领导在下属面前，要时常征求他们的意见。作为领导，不一定在任何时候都表现出自己什么事都懂，做什么都比下属强。

一匹马配着金光闪闪的马鞍，很骄傲地在路上走着。后来，它走进一条狭窄的巷子里，刚好有一头驴子迎面而来。

驴子的背上驮了很多货物，看起来十分的劳累疲倦，而由于背上的东西实在太重了，驴子无法灵活地移动脚步，也就无法让路给马通行。马看到这头貌似卑贱的驴子，很不客气地说："你还不快点让开！ 也不看看你什么出身，竟敢挡住我的去路！"驴子知道马既骄傲又不讲理，但是它并没有多说什么，只是吃力地移动步伐，让马先走过去。

后来，那匹马被主人骑出去打猎，一不小心摔断了腿，主人认为医也医不好了，就取下它背上漂亮的马鞍，把它带到田里去工作，要它运送肥料。于是，昔日光鲜风光的马，如今变得十分狼狈，每天都得在田里干活。

有一天，驴子又在路上遇到这匹马，它看见马那一副可怜兮兮的模样，就对马说：

"当初你趾高气扬,对我那么嚣张无礼,如今却落得和我同样的下场,而且连腿也跛了。你从前那些美丽的马鞍、漂亮的装饰品,现在都到哪里去了呢?"

一个领导人获得的权利和地位,当然凭借的是自己的工作能力和工作态度,但在很多情况下机遇也是非常重要的一个方面。一个企业里,有很多优秀的员工,他们有先进的理念,有工作激情,也有卓越的工作方法,但是他们没有机遇,他们都是千里马,由于没有被伯乐发现,所以只能在普通的岗位上默默无闻地工作。因此,领导不必自认为比下属能干,相反应该谦虚地向下属请教,尊重下属。

李先生原是一名政工干部,由于工作出色,2004 年被上级提拔为某省 D 工程公司的总经理,但这位李总有个毛病,就是太自以为是,认为搞工程是小意思,上任一年多,就以为已经对工程管理、工程造价知识很熟知了。每次公司投标报价,他总是不听总工和造价工程师的建议,而是凭借他的主观臆断,不加分析地定价。只要他参与定价的项目投标,没有一次能中标。有很多次,如果不按他的意思把经过造价师精心计算的报价"打折",项目一定能中标。在李总这样的管理下,目前该公司已经走下坡路了。

谦虚表现出的是平易近人的领导风范,会受到人们的广泛尊敬。1985 年 9 月,时年 42 岁的李金华从陕西省经贸厅厅长的位置被调任进京,担任国家审计署副审计长,从此开始了他 20 余年的审计生涯。1998 年,李金华升任审计署审计长,自此之后,伴随李金华每年一度的审计报告,总会引发一场让全社会沸腾的"审计风暴"。2003 年 3 月,已年过花甲的李金华,被国务院总理温家宝提名,连任国家审计署审计长。此后,李金华的审计结果公告越发严厉。

2008 年,做了 10 年审计署审计长的李金华即将离职,结束个人 23 年的审计生涯。卸任之际,没有丝毫感伤,他说:"如果打分,对我与对审计工作一样,70 分。"面对着李金华给自己和审计打如此低的分数,许多人却不这样认为:"李审计长可以给自己打个高分。"这恐怕也是许多人共同的心声。20 年来,审计署共为国家挽回损失逾 4 000 亿元。李金华给自己打了低分,赢来的是人民对他的赞赏和敬佩!

谦虚,是中华民族的美德,对下属谦虚一点会提高你的影响力。

2 学 会 激 励

>>>> **养成激励的习惯**

如果你注意观察就会发现,我们组织里的诸多领导干部对下属多的是批评,而很少有激励。好像表扬和赞美一个人会显得自己没有威严和威风一样,其实这样不好,不激励下属第一显得自己不平易近人,容易让人不敢接近而疏远,第二对公司的发展也没有好处。

其实,人和人之间的相互尊敬和鼓励在任何场合都是需要并且很重要的。当我们经过保卫处时,看到保安在向我们敬礼,或者在走廊里看到一个清洁工向我们打招呼,我们一定要回应一下,这表示我们对他们工作的尊重。在商店买东西,作为服务员,主动向顾客问好当然是应该的,但作为一种礼貌,如果顾客不加理睬是不是显得不太合适? 经常出入高速公路收费道口,当收费人员向驾驶员说"您好"、"祝您路途愉快"的时候,很少有驾驶员回应过,好像他收你钱,你付他费,他向你问好是应该的……所以我们在平时生活中就缺少激励和相互激励的这种习惯。

当看到下属或同事的任何优点、工作成绩,甚至是穿了一件新衣服时,你都要赞美一下,表扬一下,这样可以表现出你对他的重视,增加彼此之间的情感,减小彼此之间的距离。

员工对上司也是需要激励的,比如说当我们走到上司的办公室门前时,发现他办公室的灯还亮着,我们知道,又是上司在加班了。这时,我们的正确做法应该是敲一敲他办公室的门,问问:"李总,还有事情在忙呀,我可以帮帮你吗? 你早点下班,不要太辛苦噢!"他会非常高兴的。

激励一个人,有时会收到意想不到的结果。

达尔文从小很贪玩,他特别喜欢动物。7岁那年,有一天,他逃学到田地里去玩了一下午,晚上口袋里鼓鼓的回来了。达尔文的爸爸知道他没去上学,看了看他的口袋,问了一句:"口袋里是什么?"小达尔文怕受到责怪,很害怕地从口袋里掏出了四脚蛇、金龟子。他爸爸看了,没有责骂他,而是告诫他要小心,不要被咬到腿。这种不责骂其实在某种程度上正是对达尔文的激励。

爱因斯坦是举世闻名的德裔美国科学家,现代物理学的开创者和奠基人,据说他之所以成为伟大的科学家是与他母亲对他的经常激励分不开的。爱因斯坦在念小学和中学的时候,学习成绩并不好,特别是数学,还经常考试不及格。有一次数学考试过后,老师发现爱因斯坦的数学成绩越来越不好了,就决定找他妈妈谈谈。老师把爱因斯坦的妈妈叫到了学校,对爱因斯坦的妈妈说:"亲爱的爱因斯坦妈妈,你知道,你的宝贝儿子还不错,他的爱好很广泛,他会拉小提琴,也非常会搞体育,但是爱因斯坦妈妈,你知道吗? 我不建议也不主张您让他长大以后干与数学有关的工作,因为他的数学实际上是太糟糕了。"爱因斯坦的妈妈领着爱因斯坦回家了,虽然心里很伤心,但在路上什么话都没有说,因为她怕打击爱因斯坦。回到家以后,爱因斯坦问妈妈:"妈妈,今天我考了数学,可惜没有答好问卷,又一次没有及格,老师叫您到学校里说了什么?"爱因斯坦妈妈犹豫了一下,说:"我的孩子,放心吧,老师表扬你有进步了,他说你是个很聪明的孩子,在数学方面很有天才,但是现在还没有完全发挥,将来如果努力的话,可以获得很大的成就。"爱因斯坦高兴地说:"真的吗,妈妈?""是的,你努力吧,我相信你,孩子!"从那以后,爱因斯坦发奋学习,终于成为物理科学界的一座丰碑。

一个人总是有优点的。身为领导,要注意发现员工优秀的一面,国外有一句话:"在激励的教师眼里没有坏的学生。"而在我们的有些企业里,不但不激励,甚至还打压下属,挫伤下属的积极性。笔者一个朋友是某企业的员工,有一次他对一项工作的流程进行方案的改进,方案出台后大家都认为很好,下边一致通过了以后就要报领导看看。有一天,主管领导到他部门的会议室,这位员工找了很多同事过来一起向领导建议,领导拿着方案,看得很认真。这说明他心里对方案是赞同的。等看完方案以后,问道:"你这方案中所提的理论是哪里看到的?"朋友说:"是我自己想出来的。"只见领导的脸上立刻变得不屑了,把方案用手一推,只见"嗖"的一下,方案就从桌子的一端滑到了另一边,领导嘴里还说着:"这是什么呀? 不要空想!"一桌人尴尬。

在我们的企业里,这种情况非常多,"是谁大于是什么",只要是权威人,他说的错话也是对的,只要你是普通人,那么做得再好也是不好的。领导们不启发员工,激发他们的创造性,反而打压他们,这不利于公司的成长。

笔者所在的公司在溧阳做监理项目时,因为多种原因,在工程刚开始的时候,管理精细化方面做得不是很出色,但业主抓住公司哪怕一点点进步都鼓励我们,最终使我们的工作做得很好,他的鼓励不仅给公司,给笔者本人也有非常大的帮助。

>>>> **马斯洛需求层次理论**

美国心理学家亚伯拉罕·马斯洛提出了需求层次理论。他认为人类的需求是以层次的形式出现的,由低级的需求开始逐级向上发展到高级需求。他还断定,当一组需求得到满足时,这组需求就不再成为激励因素了。他将个人的需求分为生理的需求,安定或安全的需求,社交和爱情的需求,心理需求以及自我实现的需求。由于每个人的需求各不相同,因此管理者必须用随机制宜的方法对待人们的各种需求。在工作中,管理者要注意决定这些需求的各自特性、愿望和欲望。在任何时候,管理者都应考虑到人的各种需求。因为在绝大多数人中,尤其在现代社会里,都具有马斯洛需求层次中所列的全部需求。如图 6-1 所示。

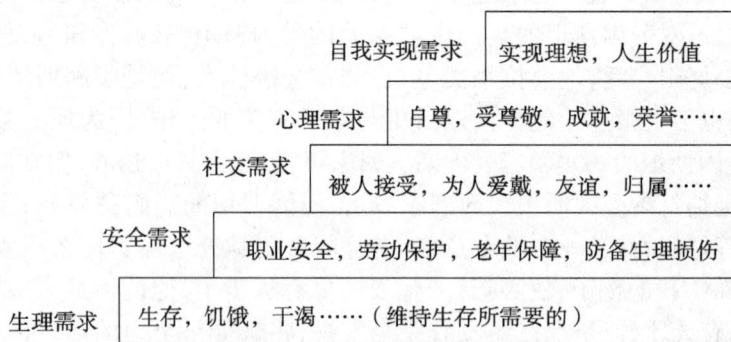

图 6-1　马斯洛需求层次理论

>>>> **双因素理论**

美国心理学家赫茨伯格(F. Herzberg)提出了双因素理论。他经过调查,发现人们对诸如本组织的政策和管理、监督、工作条件、人际关系、薪金、地位、职业安定以及个人生活所需等等,如果得到则没有不满,得不到则产生不满。他把这类因素统称为"保健因素"。此外,他还发现人们对诸如成就、赏识、艰巨的工作、晋升和工作中的成长及责任感等,如果得到则感到满意,得不到则没有不满。他把这一类又统称为"激励因素"。保健因素通常与工作条件和工作环境有关,而激励因素与工作内容和工作本身有关。赫茨伯格认为,保健因素不能起直接激励员工的作用,但能防止员工产生不满的情绪,保健因素改善后,员工的不满情绪会消除,并不会导致积极后果,员工只是处于一种既非满意、又非不满意的中心状态;激励因素才能产生使员工满意的积极效果。

这个理论产生后,受到许多人的非议。有人认为,人是复杂的,若是对他的调查仅以满意或不满意作为指标,而且又没有进一步证实满意感和生产率的关系,那么,其调查结果的可信度是值得怀疑的。但是自 20 世纪 60 年代中期以来,这一理论还是越来越受到人们的注意。这一理论提示我们,如果管理者能够提供某些条件满足保健性需要,也可能会保持组织中人们一定的士气水平。

>>>> **激励需求理论**

美国心理学麦克莱兰提出激励需求理论,认为人的基本需要有 3 种,即对权力、社交和成就的需要。这一研究是值得重视的,因为任何一个组织及每一个部门都代表了为了实现某些目标而集结在一起的工作群体。所有这 3 种动力,与管理工作都有特殊的关系。

○ *权力的需要*

麦克莱兰发现,具有较高权力欲的人对施加影响和控制表现出极大的关心。这样的人一般喜欢寻求领导者的地位:他们十分健谈、好争辩、直率、头脑冷静、善于提出要求、喜欢讲演、爱教训人。

○ *对社交的需要*

极需社交的人通常从友爱中得到快乐,并总是设法避免因被某个团体拒之门外带来的痛苦。作为个人,他们往往保持一种融洽的社会关系;与周围的人亲密无间、相互谅解,随时准备安慰和帮助危难中的伙伴,并喜欢与他们保持友善的关系。

○ *对成就的需要*

极需成就的人,对成功有一种强烈的要求,同样也强烈担心失败。他们愿意接受挑战,为自己树立具有一定难度的(但不是不能达到的)目标。他们对待风险采取现实主义态度,愿意承担所做工作的个人责任,对他们正在进行的工作情况,希望得到明确而又迅速的反馈。他们一般喜欢表现自己。

麦克莱兰的研究表明,对管理者来说,成就需要比较强烈。因此,这一理论常常应用于对管理者的激励。他还认为,成就需要可以通过培养来提高。他指出,一个组织的成败,与它们具有高程度的成就需要的人数有关。

另外,有名的激励理论还有很多,如激励过程理论(期望理论、波特－劳勒激励模式)、行为改造理论(激励强化理论、归因论)等。

>>>> **怎样激励**

根据马斯洛需求层次理论,人处于不同的阶段,他的需求是不同的。作为一个管理者,你必须了解你的员工,知道他处于哪个阶段,他需要的是什么,对症下药的激励才有效。当一个人的收入还不够养家糊口时而你偏要他奉献,那肯定是不行的;一个人他的钱已经够多了,你再给他涨工资可能也不能调动他的积极性。那么这时,就必须去了解员工。

激励员工要从下面的几个方面进行:

○ **增加待遇**

对一些业绩突出、平时工作积极主动、确实比别人出色的员工,我们就必须鼓励他们,否则就是对组织内那些敬业爱岗的人不公平。

○ **工作的认可和称赞**

有一个孩子画一头大象,两只耳朵颜色不一样,4条腿的颜色也不一样。妈妈到幼儿园来接孩子,看到了,上去就说:"你画得这是什么啊?"于是老师将妈妈叫出去,对她说:"你们当家长的只会批评、打压;这叫做创意,你能保证以后不会克隆出这样的大象吗? 孩子画了,就要肯定。"

当一个员工完成了一项工作,特别是一项挑战性的工作时,其实他是很骄傲的。这时他需要的是主管对他发自内心的肯定、认可和赞赏。而事实上,主管人员往往会忽视这一点,不习惯认可员工的工作。主管人员的认可是一种秘密武器,当你对一个员工的工作给予肯定时,会大大地激发他的工作热情。

笔者公司有一个老领导,在江苏是数一数二的桥梁权威,他最擅长的就是赞赏别人。有一次,他到笔者的工地上检查工作,看到一个结构工程师写的一份施工单位施工组织设计的审核方案,他大加赞赏,说他写得全面、专业,语言表述清晰,施工指导性强。自从老领导表扬过这个工程师以后,他工作的积极性更高了。

其实,称赞一个人,可以随时随地进行,主管人员要擅长发现员工工作提高的一面,给他鼓励。

○ **职业生涯**

员工都希望了解自己的潜力是什么,他们将有哪些成长的机会。在激励员工的重要因素中,员工的职业生涯问题经常被遗忘。其实,在组织内部为员工设计职业生涯可以起到非常明显的激励效应。尽管特殊的环境会要求企业从外部寻找有才干的人,但如果内部出现职缺时总是最先想到内部员工,将会给每一名员工发出积极的信息:在公司里的确有更长远的职业发展。

○ 给予工作头衔

员工感觉自己在公司里是不是被重视是影响其工作态度和士气的关键因素。组织在使用各种工作头衔时，要有创意一些。可以考虑让员工提出建议，让他们接受这些头衔并融入其中。最基本地讲，这是在成就一种荣誉感，荣誉可以产生积极的态度，而积极的态度则是成功的关键。

○ 给予一对一的指导

指导意味着员工的发展。主管人员花费的仅仅是时间，花费的时间传递给员工的信息却是你非常在乎他们！对于员工来说，并不在乎上级能教给他多少工作技巧，而在乎你究竟有多关注他。无论何时，重要的是肯定的反馈，在公众面前的指导更是如此。在公共场合要认可并鼓励员工，这对其他员工来说也会起到一个自然的激励作用。

○ 给员工一个培训的机会

有些企业很不重视员工的培训，其实给员工一次受训机会不但会提高他的技能和思想，更主要的让他感觉到公司对他的重视。

难以想象，一个人工作十几年，连一次的学习培训机会都没有他还会在工作上有什么积极性和创造力？给员工提供培训本身就是最好的激励方式，应该引起重视。

○ 主动给员工一个休假的机会

公路工程施工企业是野外作业，休息时间少，整天就是忙。有些人一两个月都没时间休息一天，实在疲劳了，就到领导那里请假，可领导在批假的时候，往往不是说："你太辛苦了，回家好好休息，不要念着工地。"相反会说："又来请假呀，不是两个月前刚休息的吗？请几天？"对方回答："4 天。"领导说："太长了，3 天，快去快回，工地还等着你呢，最好两天就回！"你说，这样对员工是激励吗？

有一个项目经理，对员工管理非常人性化，他非常关心每个员工。当他发现某个人很长时间没请假了，就找到他，说："该调节一下工作状态了，回去休息一下。"员工能不感动吗？

○ 增加有挑战性的额外工作

增加一个员工的工作，如果这项工作有一定的难度，他就会认为领导对他的工作是认可的，他会更努力。在组织中肯定会有一些员工希望能承担一些有挑战性的额外的责任。作为管理者要能识别出那些人，并在有可能的情况下使其承担的责任与其能力和愿望相匹配。这对那些希望承担额外责任的员工来说是一个最大的激励。

第三部分
PART THREE

企业危机与变革

第七讲　准备棉衣好过冬
——企业危机管理

> 危机总是在你自认为第一的时候降临。
>
> ——三星集团原会长　李健熙
>
> 中国在还没有成长和壮大之前各种压力已经接踵而至。
>
> ——联想总裁　柳传志

越是在安逸的时候,越要有忧患意识,越要居安思危。目前工程施工企业生存的环境看似风平浪静,但潜在的危机已经到来。2008 年开始的经济危机对世界经济造成了严重的冲击,在这场危机中,很多行业的数万家企业被淘汰出局甚至倒闭,工程施工企业也受到了一些影响。为拉动内需,国家加大了对基础设施建设的投入,工程行业在寒冷的冬季微微感到了一丝春天的温暖……但在这样的大环境中,市场需求的增大并不意味着企业管理的松懈,一些不注重管理,不加强自身建设的施工企业仍然可能在竞争中失败。因此,企业要时刻睁开自己警觉的双眼,密切注视着市场,时刻发现潜在的危机并规避它,危机管理将成为施工企业日常管理的一部分。

1　行走在危机四伏的丛林

企业在运行过程中总会出现一些问题,就像一个人总会生病一样,一年 365 天,不可能保证每天都健健康康,偶尔可能会感冒生病,如果你的抵抗力强,感冒马上就会好,如果你的免疫系统出现了问题,那可能会使感冒加重或引起其他病变。这就是危机。

在一个企业里,任何一个人的失误或失职,都可能将整个公司拖入危机状态。1995

年2月26日,英国中央银行英格兰银行宣布了一条震惊世界的消息:巴林银行(Barings Bank)不得继续从事交易活动并将申请资产清理。10天后,这家拥有233年历史的银行以1英镑的象征性价格被荷兰国际集团收购。这意味着巴林银行的彻底倒闭。

巴林银行成立于18世纪,是英国金融界的老字号,英国皇室是它的客户。1992年巴林银行有位名叫尼古拉斯·里森(Nicholas Leeson)的雇员被派往新加坡分行期货与期权交易部门任总经理。

银行的交易错误是在所难免的,但关键是看你怎样处理,在期货交易中更是如此。有人会将"买进"手势误看为"卖出"手势;有人会在错误的价位购进合约;有人可能不够谨慎;有人可能本该购买6月份的期货却买进了3月份的期货;等等。一旦失误,就会给银行造成损失,在出现这些错误之后,银行必须迅速妥善处理。如果错误无法挽回,唯一可行的办法,就是将该笔错误转入电脑中一个被称为"错误账户"的账户中,然后向银行总部报告。

里森在新加坡任期货交易经理时,巴林银行原来有一个账号为"99905"的"错误账户",专门处理交易过程中因疏忽所造成的错误,这本是一个金融体系运作过程中正常的账户。1992年夏天,在伦敦总部全面负责清算工作的哥顿·鲍塞给里森打了一个电话,要求里森另外设立一个"错误账户",记录较小的错误,并自行在新加坡处理,以免麻烦伦敦总部。于是里森马上找来了负责办公室清算的利塞尔,向她咨询是否可以另立一个账户。很快,利塞尔就在电脑里键入了一些命令,问他需要什么账号。在中国文化里,"8"是一个非常吉利的数字,因此里森以此作为他的吉祥数字,由于账号必须是5位数,这样账号为"88888"的"错误账户"便诞生了。

几周之后,伦敦总部又打来了电话,总部配置了新的电脑,要求新加坡分行还是按规矩行事,所有的错误记录仍由"99905"账户直接向伦敦总部报告。"88888"错误账户刚刚建立就被搁置不用了,但它却成为一个真正的"错误账户"被存于电脑之中,而且总部这时已经注意到了新加坡分行出现的错误很多,但里森都巧妙地搪塞而过。

"88888"这个被人忽略的账户,给里森提供了日后制造假账的机会,如果当时取消这一账户,则巴林银行的历史可能会重写了。里森利用"88888"账户疯狂地套购期货合约,即试图在不同市场,特别是在大阪证券交易所和新加坡国际货币交易所用同一个合约利用差价牟利。套购一般不算冒险游戏,经纪人在一个交易所买合约,然后立即在价格稍高的交易所卖出。虽然交易所间的价格差异通常不大,但是套购者的大宗交易量仍可以让娴熟的操作者赚到可观的利润。

但是,在伦敦总部不知情的情况下,里森玩了更危险的把戏,用同一个期货合约同时买卖看跌期权和看涨期权,这种策略被称为"多空套作"。如果市场稳定,里森可能就赌赢了,从银行赚到大笔资金。但天有不测风云,恰逢日本神户发生了灾难性的大地震,造成了巨大的价格浮动,也因此破坏了里森的机遇。为避免损失,他疯狂地增加赌注。他图谋利用一个假账户,通过买进大量的合约来抬高该产品的价格。阴谋终于败露,可怕的损失接踵而至。令人尊敬的老牌巴林银行破产,里森则进了监狱。

里森的上司对他监督不严吗？有可能。更严格的监督会在破坏发生之前发现他的赌博性行为吗？也许会，也许不会。期货和期权的交易策略复杂得令人难以置信。而且里森使用假账户这一点，让即使是最严格的监督也难以觉察他的诡计。

巴林银行就这样被一个交易员给毁了。如果一个公司，在营运的任何时候，没有过程的监督，最终就会导致这样的危机产生。**实际上，全世界最优秀的企业都是危机意识特别强的企业，他们都有一个机制，确保整个公司的所有成员都时刻保持着一种警觉，所有的行为时刻都处于监管之中，他们把公司潜在的危机规避到最小。**联想前任总裁柳传志说："我们一直在设立一个机制，好让我们的经营者不打盹，因为一打盹，问题就会出现，竞争对手也就会乘虚而入。"

企业的运营，就像行走于危机四伏的丛林，各种危险随时可能出现。正像海尔的张瑞敏所说："我们做企业时刻都要战战兢兢，如履薄冰。"如果没有危机意识，没有内部的管理，外部的竞争时刻可能会把你推入险境。

○ 可乐之痛

2006 年是个多事之秋。新年初始，《国际金融报》就毫不吝啬地在头版刊登了国际名酒芝华士的成本分析报告，称其成本低廉，是"变了味道的水"，随后引发了媒体铺天盖地的报道与评论，公众也不遗余力地参与进来，质疑声不断，由此拉开了品牌信任危机的序幕。

事隔不到一个月，世界上最著名的两家饮料巨头——可口可乐与百事可乐也同时受创。英国食品标准局以官方名义通告两家公司旗下的芬达汽水、美年达橙汁等软饮料含有防腐剂，可能致癌。时隔半年，印度又公布一项调查报告，称这两大饮料公司在其国内销售的部分软饮料中含有的杀虫剂成分远远超过规定标准。而随后美国又传出校园禁售可口可乐的消息。连遭重创的可口可乐苦不堪言，成了这个多事之秋的多事之主。

○ 信任危机

3 月 15 日，中央电视台"3·15"晚会上，号称源自德国的著名装饰材料品牌——欧典地板，遭遇了痛不欲生的一刻。在全国电视观众的注视中，被全国最权威的媒体曝光其不过是一个本土产品，它宣传中强调的德国神话纯属子虚乌有，随后被各媒体追杀，掀起了不小的浪潮。

9 月，日本知名化妆品 SK-Ⅱ在入境时被查出含有铬、钕，由此撤柜近两个月，在此期间消费者纷纷退货，并引发不少与商家的冲突。此次事件与 2005 年其被消费者起诉的风波相互呼应，令一直青睐它的女士们望而却步。

10 月，继包括戴尔、东芝、联想、富士通等著名公司陆续召回笔记本电脑电池并将其归咎于索尼公司之后，索尼公司终于对外宣布，计划大规模召回它自己的电池。而如此大规模的召回，预计将使索尼当年的净利润削减一半。更糟糕的是，此消息一出，索尼面临着失去厂商和消费者信任的危险。

此外,还有博士伦护理液导致角膜炎风波,乐百事抽查不合格,旺氏蜂蜜果冻检验不合格,丰田锐志漏油事件,国美老总黄光裕受调查风波,IBM 卷入张恩照受贿案等等丑闻。

○ 戴尔的缺货危机

2007 年 4 月,戴尔因液晶显示器等配件缺货,造成中国越来越多的消费者无法在其承诺的时间内获得订购的计算机产品,甚至一个"万人集体诉讼戴尔拖延出货时间,维护消费者权益"的活动也在网上悄然展开。与诸多企业的危机事件不同,这次戴尔的意外"显示器缺货"事件根源是全球电脑液晶面板市场的缺货现象,而非戴尔公司内部。可惜的是,作为一家零库存的直销企业,戴尔并没有及时采取有效的应对措施,而最终导致了这起意外风波的发生。不同于诸多企业的意外危机事件,戴尔的这起断货诚信风波的导火索是上游厂商危机的转嫁与扩散。对于戴尔来说,主要问题则是没有对始发于供应链的断货可能进行风险防范,由此足以看出,日常危机管理与危机预警的必要性。同时,通过这起事件我们还领略了供应链危机转嫁、扩散与网络在企业危机公关中不可忽视的作用。

○ 西门子贿赂丑闻

西门子贿赂丑闻波及西门子全球市场始于 2006 年 11 月。2007 年 8 月 13 日,西门子贿赂案审查人员宣布,自 20 世纪 90 年代中期起,西门子的非法贿赂支出资金已超过 10 亿欧元。8 月 20 日西门子贿赂案再起风波,德国《经济周刊》援引西门子内部人士的话说,在中国,西门子约 90% 的业务都是通过第三方执行,在西门子中国公司的运营当中将近有一半的业务涉及行贿,从此广大中国媒体密切关注西门子贿赂丑闻。

通过"10 亿欧元的贿赂额"与"近一半的业务与贿赂有关",我们足以看出西门子贿赂程度的严重性,这也同时破坏了西门子在全球公众心目中的品牌形象。一系列灰色交易也会使公众给西门子打上不恪守商业道德的烙印,直接影响了公众对西门子的信心,其企业声誉受到重创,直接冲击西门子的百年基业。

○ 森马广告风波

2007 年,森马借力于谢霆锋等明星助阵,通过以网络广告为主的宣传方式,在业内迅速蹿红而成为知名时尚休闲服饰品牌。但是"成也广告,败也广告"。在森马"我管不了全球变暖,但至少我好看"的广告画面中,一名年轻人戴着耳机享受音乐,上述广告词占据了显眼的位置。此广告在腾讯网站刚刚发布不久,便因为其广告内容体现出的对环保的漠视而遭到网民的炮轰。

社会责任对于企业来说是把"双刃剑",同时它更不应该成为企业炒作的广告素材。难能可贵的是,在这起广告风波发生之后,森马方面积极承认错误,并真诚地进行了媒体公开道歉,才使风波在短期内得以化解。通过这一事件,我们能够充分认识到一些新媒体对企业危机的触发作用,同时也提醒广大企业广告素材选择的严肃性与慎重性。

面对危机,企业不再是冷眼观战的看客,而无可选择地被置于舞台的中央,成为事件的主体,成为别人剖析评论的对象。危机似乎永远存在,事件风波永远不断,然为何前车之鉴,竟不能成为后事之师?

2 企业危机的表现

○ 东航"罢飞"事件

品牌危机即跟公司品牌有关的危机,如裁员、丑闻、纠纷、诚信等。

2008年3月31日,东航飞行员私自"导演"了一场"空中秀":从昆明飞往大理、丽江、西双版纳、芒市、思茅和临沧6地的18个航班在到达目的地上空后,均因"天气原因"而集体返航,导致了1 500名旅客滞留昆明机场。

飞行员的集体"罢飞",起因是要求提高待遇,但也反映了东航的管理存在的困惑,而这种处境也与东航的领导层变更及其战略重组有关。

2002年国有三大航空集团成立。2007年东航的年报出现预亏。10年间,东航先后更换了6届领导班子、4任董事长、6任总经理,平均每位总经理在任时间只有1年多,管理问题成为东航的另类标签。2006年8月,因为旗下的中货航腐败案曝光,东航5位高管被调查。聚焦东航的飞行员队伍,更是出现过"罢飞"、"静坐"等状况。

由于云南民航业发展情况较好,东航云南分公司成为总公司下属众多分公司中的主要盈利公司。但在薪酬分配中,盈利情况较好的云南分公司飞行员所得薪酬,与部分盈利情况较差的分公司职工没有拉开距离。

而在被东航合并前,因为垄断着云南省内的所有航线,云南航空活得很滋润,无论是飞行员还是其他工作人员的收入都很高。而在合并后情况就出现了变化,并且合并之前的云南航空给予飞行员的小时费远高于合并后。在收入分配问题上给飞行员造成的心理落差,并没有得到东航高层的及时疏导解决,最终在内部暗中形成了一种对立的局面。

在罢飞背后还隐藏着东航与云航整合过程中企业文化严重缺失的问题。在过去10多年里,云南航空公司形成了自己的文化,有自己的做事方式,而被东航收购之后,只是换了一块牌子,并没有企业文化的融合,再加上一些原先云南航空公司的员工对负债累累的东航并不认同,也没有从东航方面获得归属感。

事实上,2008年的民航业已经发生多个类似的事件。

3月14日,同样由于劳资纠纷,上海航空公司40余位机长报请病假;3月28日,东星航空11名机长因与公司发生劳资等纠纷,集体"告假",导致多数武汉始发的航班停飞。面对接连不断的辞职、打官司、"罢飞",航空公司不得不接受拷问:随着航线扩张、机队扩张,作为公司核心资产的飞行员,其相关人力资源管理是否跟得上?

诚信问题是品牌危机中最严重的一种,遗憾的是东航未能与公众真诚沟通,先是将返航原因归咎为"天气原因",此后又传出返航机上 QAR 数据离奇丢失的消息,且划定出一个"补偿标准最高 400 元/人的额度"。事件发生后,东航高管层竟无一人对此事件负责,东航由此走向舆论的对立面,宣告危机管理失败。

作为一个品牌危机事件,东航可以选取的角度很多,比如围绕事件诚挚道歉、设立公司"耻辱日"、内部彻底整改、请消费者代表参与了解航班延误的复杂缘由等,以一整套公关"组合拳"来应对这一事件,以取得消费者的谅解,将消费者的感受关注到底!

○ "砸空调"事件

2005 年 4 月 16 日,在长沙一家某精装小户型小区内,数十户激动的业主将自家的空调全部拆了下来,堆在小区的前坪,准备当街砸空调。到底是什么原因,让这些业主如此地虐待自己花钱买来的空调呢?

这些业主投诉家里统一安装的"海尔"空调制热、制冷效果都很不理想,但厂家一直没有派人来查看解决问题,最终导致矛盾激化。

○ 康师傅"水源门"事件

质量危机是对企业危害最严重的一种危机,也是危及企业命运的一种危机,如果处理不好会导致非常严重的后果。

2008 年 7 月,一篇题为《康师傅:你的优质水源在哪里》的文章通过天涯社区贴图专区发布,随后在网上广受关注。文章作者称曾潜入康师傅杭州水厂"探秘",结果发现,康师傅矿物质水广告中声称的"选取优质水源"的矿物质水,原来竟是用自来水灌装的。一时间"康师傅水源"事件被炒得沸沸扬扬,有人指责康师傅的水源是自来水,并在网上集体抵制康师傅生产的"饮用矿物质水"。更有部分媒体指责称"用自来水加工生产矿物质水在业内已成普遍现象"。"康师傅水源"事件引发了整个行业的信任危机,网友们将其称为"水源门"事件。

"水源门"事件已经影响到消费者的购买行为。据新浪网截至 2008 年 9 月 3 日的网上统计显示:"水源门"事发后,79.71% 的网民表示不再信任康师傅品牌;而 81.13%的网民表示不会再购买康师傅矿物质水。

"康师傅水源"事件爆发的起源是其不谨慎的广告措辞,而且现在几乎可以断定该事件根本就是一次有组织、有预谋的商业攻击行为。但是,当我们系统地检视康师傅的危机应对措施时,也不禁要对其并不十分明智的应对行为感到失望。

其一,危机应急机制启动速度过慢。"防火胜过救火,扑火胜过救灾",准确及时稳妥地扑灭小火才是危机初发时的最佳表现。但是康师傅在事件初发时的迟钝反应,却实实在在让业内人士大跌眼镜。

其二,事件伊始,未能及时把握主动权,而是被媒体公众引导,不断地就"优质水源"作被动的解释,从而将人们的不满无限延滞在康师傅的"死不认账"之上。

其三,自曝行业"潜规则",打击面过宽,引发了同行们的不满,由此更使得事态进一步恶化。显然,用净化自来水生产矿泉水这样的潜规则,其客观存在绝非一天两天了,但到底是应该由一家企业说出来,还是由政府来建议修订相关质量标准和补充有关规定,规范引导一个行业朝着健康有序的方向发展,其中的道理是不言自明的。

"康师傅水源"事件,虽然系被外人"误伤",但该企业在危机应对措施上的迟钝与失策,更是雪上加霜,自己又把自己"误伤"了一把,诚为可叹。

○ 微软"黑屏"事件

2008年10月13日,一封从微软内部泄露出来的电子邮件显示,微软将在10月20日部署针对中国Windows XP专业版及Office XP、Office 2003、Office 2007的正版验证计划,即WGA和OGA的投放。据该日陆续放出的"内部消息"称,WGA和OGA将不使用安装向导,而是在10月20日后通过Microsoft Update自动在后台下载,若用户设定为自动安装,WGA和OGA还将自动安装完成。

如果没有通过WGA验证的用户,开机进入后,桌面背景将变为黑色,并每隔1个小时重新将背景设定为黑色。另外,用户登录时会出现登录中断对话框,并在屏幕右下方出现一个永久通知和持续提醒的对话框,显示"您可能是盗版软件的受害者"。

"黑屏计划"作为微软全球反盗版行动的一部分,本该以正义形象登台,可是一经亮相,却遭到中国绝大多数网民的无情攻击。除了对微软产品在中国市场的高价、垄断行径的指责外,也有部分网友担忧,微软以"黑屏"方式攻击用户端,可能给系统稳定和信息安全带来威胁。

从根源上说,没有盗版商对利益的追求,就不会有盗版软件的泛滥。微软采取行动可以理解,但应该从打击盗版商着手,逐步解决盗版终端用户问题。

由于微软品牌没有像IBM等跨国公司那样在中国"软着陆",其每一步举措都必须谨慎,但是微软本来主动"维权"的事件又一次变成了被动,打击终端用户行动过了头,"黑屏"事件在广大用户的心目中就变成了"科技暴力"、"本末倒置"。微软在中国要为自己的品牌树立防火墙,任重而道远!

3 危机的处理

危机处理的管理思想和生存策略在公共关系活动中日益引起重视,特别是在全球化加剧的今天,企业或组织的一个小小的意外或者事故就会被扩大到全国、甚至更大的范围内,产生严重的后果。因此,**企业或组织应该建立起完备的危机紧急处理系统,并懂得如何运用新的技术全方位地有效传播和控制信息,使损失降低至最低限度。**

危机是一件事的转机与恶化的分水岭,是生死存亡的关键,可能好转,可能恶化。由此可知,危机是在一段不稳定的时间内、在不安定的状况下,急迫需要采取决定性而有效的措施的情况,所以危机处理往往存在于一念之间。达尔文说:"适者生存,不适者灭亡。"从危机处理的角度思考,"适者"是指能够面对危机,解决危机,最后能够继续生存下来的主体,"不适者"无法适应危机挑战而被淘汰。

危机发生后首先要正确认识危机,这是极其重要的一步,而企业往往因为无法正确认识危机,导致在处理上产生极大的误差,使损失扩大,处理成本增加。

危机处理者应能在"关键的刹那"认识危机已经降临,并立即辨认是何种危机,随即确定处理方向,唯有如此方能在危机处理上作出正确决策。

其次,要掌握危机的趋势。只有这样方能作出有利的决策,不致弄巧成拙,带来许多无谓的损耗。掌握危机的趋势,宜从危机的程度、破坏性、复杂性、动态性、扩散性、结构性6方面分析与研判。

要遵循主动、快捷、诚意、真实、统一、全员、创新的处理原则,妥善处理好危机。

>>>> 不应该如此处理危机

○ 隐瞒只能招来更大的不满

危机发生以后,首先要把真相告诉外界,不能隐瞒,因为隐瞒就会引起猜测,从而可能导致更大的危机。

2002年3月,辽宁省凌源市教育局实施"学生豆奶计划"项目,学校推行营养加餐,强制孩子们饮用豆奶,并明确规定朝阳市龙城区卓越饮品公司的"状元"牌营养豆奶为指定豆奶。9月24日上午,在饮用"状元"牌豆奶10分钟后,八间房小学个别学生出现恶心、呕吐、腹泻等症状,随后人数不断增多,至下午5时,首批24名学生被送进凌源市人民医院接受观察救治。继八间房小学部分学生发病后,逸夫小学、第八中学等学校学生也陆续出现此类症状。到27日上午10时,前往凌源各医院就诊的学生有2 000余人。这其中部分学生症状严重,出现高烧、四肢麻木、流鼻血、视力下降等情况。

当地市政府组织专家对事件进行了调查,认为是"蜡样芽孢杆菌"中毒,不会对孩子造成很大影响,不会有任何后遗症。但是,事情过去半年之后,2003年4月,很多孩子的病一直没治好,仍然浑身没劲儿,还时不时地抽搐、头疼,智力、视力都在下降。经过专家鉴定,市里决定由政府承担治疗费用,让一些病情比较严重的孩子到外地治疗,分散在北京、天津、承德、秦皇岛等地。

事情的经过就是这样。我们来看看面对这样的危机,市政府采取了什么措施:

应该肯定的是市政府迅速采取了救援行动。出现了中毒事件以后,立即组织救援和施治,因为抢救迅速,没有出现死亡情况。

但是除了这一个措施正确,其余的措施都有问题。

(1)进行新闻阻拦。事件发生后,有记者赶来询问事件经过。9月27日中华网报道后,凌源市政府立即采取公关行动,9月28日,在中华网及其他网站均查不到此事。

(2)不认错。当地市政府组织专家对事件进行了调查,认为是"蜡样芽孢杆菌"中毒,不会对孩子造成很大影响,48小时以后就没有任何症状,并不向老百姓认错。

（3）后期救治不主动。少数学生症状严重时，在家长们强烈要求下，才同意到外地救治。

以上的各项错误使凌源市政府在处理这项危机中处于极其被动的地位：

（1）隐瞒留下了隐患。由于2003年3月辽宁的另外一起"海城豆奶"事件（2 500多学生中毒，同样采取了隐瞒、拦截外地就医等不当处理措施，事件被隐瞒了一个多月。在一个在北京就医的学生家长的爆料下，才被北京的媒体曝光。但事件被随之而来的"非典"事件给淡化了，否则海城市政府将非常被动）。舆论媒体把凌源的这起中毒事件又一次提出来。

（2）给外界的猜测颇多。包括"学生豆奶计划"究竟给了谁好处、政府为什么要隐瞒这一事件。实际上，"状元"豆奶并不是市场上销售的产品，那么这个根本就没有在市场上销售的产品为什么会成为"豆奶计划"的指定产品呢？

（3）失去了民众对政府的信任。究竟是不是"蜡样芽孢杆菌"中毒？如果真的是"蜡样芽孢杆菌"中毒，为什么半年后还有学生未痊愈？

总之，凌源市政府对这一危机的处理是不当的。

○ 不及时承认错误

2006年10月，一个名为"揭批LG联盟"的组织在某家电网站上撰文，要"揭发"韩国LG电子在中国的种种不端行为。"揭批LG联盟"以"李先生"的名义爆料称：从1998年开始，LG电子在长达8年的时间内，一直在中国进行秘密的、大规模的小作坊式翻新。这些在小作坊拼装出来的LG产品包括等离子电视、液晶显示器、空调、微波炉等等，涵盖了LG在华销售的大部分产品。揭发者还在该家电网站上，展示了LG在华进行小作坊式翻新的部分照片。

帖子发出来之后，LG并没有太大反应。因为在LG看来，网上的帖子，即便是具有爆炸性的话题，也顶多是变成人们茶余饭后的谈资，成不了具有杀伤力的新闻。LG负责品牌形象宣传的公关公司曾表示，在LG眼中，中国的网络媒体还停留在粘贴复制阶段，LG是不在乎的。因此，LG并没有急于应对处理，而是采取了轻视乃至漠视的态度。

2007年1月，在地下翻新工厂遭曝光后，LG声称背后有人敲诈；2月份又有媒体曝光工商局封存5台LG疑似翻新空调，随后LG承认更换部分产品包装；3月，湖南省消费者张洪峰披露了湖南省质量检验协会的鉴定结果，确认"其购买的5台LG空调都是翻新机器"，5月份张洪峰通过博客再次披露了LG空调的质量问题。LG翻新事件随着全国媒体的不断报道，从LG冰箱翻新、LG空调翻新到LG彩电翻新，不断有新的猛料被曝光，LG品牌一时陷入了空前的品牌危机。

在系列产品的翻新事件被曝光之后，LG方面躲躲闪闪，没有及时承认自己的错误，未能采取有效的应对措施，再加上广大网友在网络上对LG翻新行为的声讨，其品牌形象与企业声誉大打折扣。由此我们也看出了作为国际知名品牌的LG在危机公关方面的无知与短视。

○ 不知道主要矛盾

2007年6月19日,在甘肃金塔县发生了全国首例手机电池爆炸致死事件,作为问题手机的制造商——摩托罗拉未能在第一时间内采取积极的应对措施,在事发大约10天之后,为推卸事件责任,将这起爆炸事件的责任归咎到了手机电池身上,同时在没有权威证据的前提下,宣称爆炸元凶非摩托罗拉原装电池。这样一来,使得原本主要因用户在高温条件下长时间错误用机导致的爆炸事件一波不平一波又起。众多媒体与广大公众认清了摩托罗拉推卸事件责任的真面目,同时,摩托罗拉在广东等多地的手机电池安全检查中陷入了更大被动。

意外事件的发生并不可怕,可怕的是当事企业不能正视问题的存在、不能及时抓住问题发生后的主要矛盾采取相应的应对措施。摩托罗拉在手机爆炸事件发生后的应对策略,让我们看到了国际知名厂商在强大品牌背后危机公关的软肋。

危机发生后,要迅速分析问题的症结所在,忽视主要矛盾,危机是解决不好的。

2007年底,品客薯片、乐事薯片与依云矿泉水一同上榜国家质检总局的黑名单,被定性为不合格产品。原本畅销全球市场的三个知名品牌产品在中国却成了不合格产品,实在令人震惊,因此三个品牌一时间成为各大媒体追逐报道的对象与广大公众品头论足的话题。然而,在上榜国家质检总局黑名单之后,这三家厂商没有对此进行正确的认识,而是不约而同地将"中国标准"确定为事件的"罪魁祸首"。

既然产品要来到中国市场,就要符合中国的相关标准与规定,这一切都是需要在产品进入中国市场之前解决的。品客、乐事、依云三品牌在遭遇"标准门"之后,不从自身找原因,不知道自己的问题,而是同声幼稚地问罪于"中国标准",据此我们足以看出三品牌危机管理的缺失,也提醒部分洋品牌随时可能遭遇"标准门"之痛。

>>>> 危机处理案例

有一天,农夫的一头驴子掉进了枯井里。农夫绞尽脑汁想把驴子救出来,但几个小时过去了,驴子还在井里痛苦地呻吟。最后,农夫决定放弃,想这头驴子年纪大了,不值得把它大费周折地救出来,不过无论如何,这口井还是得填起来。于是农夫请来左邻右舍,帮忙一起把井中的驴子埋了,以免除它的痛苦。

当这头驴子了解自己的处境时,刚开始哭得很凄惨。但出人意料的是,一会儿这头驴子就安静下来了。农夫好奇地往井口一看,眼前的情景令他大吃一惊:当铲进井里的泥土落在驴子的背部时,它将泥土抖落在一旁,然后站到铲进的土堆上面!就这样,驴子将大家铲落的泥土,全都抖落在井底,然后再站上去。很快,这头驴子便得意地上升到井口,在众人惊讶的表情中快步地跑开了。

这个故事讲述的就是一个逆境成功的例子。每个人、每个企业都会有"驴子落井"的经历。在这个时候,不要悲观也不要埋怨,现实才是你真正要对面的。古人云:天将降大任于斯人也,必先苦其心志、劳其筋骨,曾益其所不能。非常之事必待非常之人,非常之事必用非常之举。**遇到危机,要寻找到有效的方法,危机总是能得到解决的。**

○ 围魏救赵

战国时,魏将庞涓率军围攻赵国都城邯郸。赵求救于齐,齐王命田忌、孙膑率军救援。孙膑认为魏军主力在赵国,内部空虚,就带兵攻打魏国都城大梁,因而,魏军不得不从邯郸撤军,回救本国,路经桂陵要隘,又遭齐兵截击,几乎全军覆没。这个典故是指采用包抄敌人的后方来迫使其撤兵的战术。

2005 年 9 月,中国的汽车参加法兰克福车展。国外的汽车品牌,像奔驰、宝马、丰田,走进中国来参展已经屡见不鲜了,但是中国的汽车走向世界还是第一次,汽车工业界、媒体等都十分关注,希望能载誉而归,甚至能抱个金娃娃回来。但是在 9 月 16 日,传出了一个爆炸性消息,由德国全德汽车俱乐部(ADAC)测试江铃陆风 SUV 越野汽车,检测报告认为陆风是德国车展 20 年以来质量最差的车。德国著名的《南特报》、最大的电视台 NTV,都对这一事件进行了报道。媒体形容其为"一个徒有其表的铁皮罐头"、"敢死车"。负责测试的专家表示,这款汽车不堪一击,20 年来从未见过这样差的测试结果。如果这款汽车真的撞车,相信司机和乘客都不会有生还机会。侧面撞击测试结果也好不了多少——以时速 50 公里从侧面撞击,模拟假人司机的头部遭受重创。媒体在报道中公布了测试成绩,测试结果如下:

正面撞击 1 分(满分 16 分);

侧面撞击 12 分(不合格,满分 16 分);

乘客防护 13 分(满分 37 分);

儿童安全性 39 分(满分 49 分);

总得分 65 分(满分 118 分)。

结论: 存在受伤风险。

为了人的安全,针对这样的成绩,ADAC 已向生产商公司发出警告,并呼吁欧洲各国禁止进口这款车。

香港《星岛日报》也在 9 月 18 日报道说,欧洲的 ADAC 专家为该款中国制"陆风"越野车进行撞击测试,以时速 64 公里正面撞向障碍物,撞击力度猛烈,保护司机和前座乘客的气袋弹出,但整个车头完全变形,车厢全面损毁,假人司机亦损毁。

这一爆炸性的消息如果传到国内,这个产品和厂家必死无疑。出现了这样的情况,有人会说,能否再重新测试一下然后告诉外界说我们的车是合格的。这一条路是可行的,但是有问题,为什么呢?

从德国的网站,传到中国的网站,然后再到大众,有 3 天的时间差。可是这款车如果再去检测,再向外界发布,一般要在 15 天左右,因此中间有 12 天的时间差,这 12 天里边,如果厂家无所作为的话,那么必然产生严重后果。过去的巨能钙就有先例,它在漫长的一个月中拿到了卫生部的检测,证明它所含的双氧水是在人体安全的范围内,可是厂家还是死了。

第二条路,能不能发一些正面报道,说这款车如何如何的好,在过去的几年中,中国的用户对它评价如何的积极。可是我们知道,正面消息基本上没有人看。

第三条路,能不能不回应? 我们知道,各种危机中,产品质量危机是最严重的,不回应? 等死。

第四条路,能否学习奔驰的做法,就是召回。在国外只卖了400辆,全部召回,国内的10 000辆每辆送一桶润滑油算了。

这里就有一个问题,什么问题? 就是开SUV车的人,跟我们大家以开车做代步工具的人不一样,他对车的性能非常了解,所以采取召回、送一桶润滑油的办法是有缺陷的。

那么要摆脱危机应该怎么办?

为了摆脱这一危机,就必须采取围魏救赵的办法,一定要把顾客的眼睛引向市场竞争这方面来,证明检测数据是不正确的。

一夜之间,江铃发出了自己的声音:"洋人惧怕中国车","这是在打压中国汽车","专家质疑陆风事件","陆风汽车岂能用方言说话","陆风汽车用什么语言与国际市场接轨"……

在这些猛烈的"炮弹"万炮齐发的时候,舆论产生了分化作用:第一,我们应该保护中国的汽车品牌,应该给中国汽车品牌更多的宽容;第二,中国汽车现在是60分,应该更上一个台阶,达到90分,因为汽车的安全性毕竟是关系生命的,不能因为它是国产品牌我们就给它纵容和包庇。

大家注意了,这两点宣布的是"陆风汽车就是合格的,但我们还要提高"。因此,此舆论的分化作用完全出来了。

而另外一条"暗线"就赢得了时间,他们请另外的一家德国汽车协会再次检测,检测结果合格。2005年10月6日,在欧洲的荷兰海牙,举行了新闻发布会,公布了9月29日的检测结果,这样,厂家的危机就渡过了。

江铃汽车在这次危机中跟检测单位公关,跟国外媒体公关,跟国内媒体公关,共花掉200多万元,但保住了一个品牌。

大家想想,如果没有"曲线救国"这个策略,那么在这个漫长的过程中,厂家很可能就死掉了。

○ 不要自证清白

当危机来临时,首先要想到**代表权威并对消费者有说服力的只能是第三方**,尤其是一些行业监管部门,绝对不能是自己,也不能是企业的"亲朋好友"。

这是一条最起码的原则,然而每年都有人重复犯下同样错误。企业因为急于担当化解危机的先锋,急于摆脱危机,结果倒下得更快了。

原因很简单,危机来临后,要证明自己的"清白",如果需要迅速大范围地证明自己没有责任、事实被歪曲,需要有一个权威者来说明,谁代表权威? 监管机构、主管机构、质量检测部门代表权威,所以新闻发布必须在他们的配合下才能进行。

事实证明,遵循这一原则,企业危机朝着可以控制的方向发展;违背这一原则与策略,危机往往会朝着危险的境地发展。

遗憾的是,每年都有企业在此摔倒。2004年,巨能公司在没有拿到卫生部的检测——证明双氧水无毒的情况下,单方面在北京数码大厦召开了新闻发布会,后来踏上了"不归路"。从 2005 年到 2006 年,宝洁公司的 SK-Ⅱ 品牌产品依然没有走出自证清白的路线,采取了错误的危机管理策略,危机朝着无限扩大的方向发展。

○ 迅速有效

有一个很大的池塘,池塘里散布着星星点点的莲花,许多青蛙都在池塘里自由自在地游弋,它们彼此间生活得非常和谐。突然有一天,一些"污水"流入了池塘,这"污水"其实是莲花的"催生剂",在这"污水"的作用下莲花以每天一两倍于原来的速度快速生长。如果青蛙没有很快发现这一现象,采取行动,要不了多久莲花就会长满整个池塘。这样,青蛙就再也不能自由自在地在池塘里游动,甚至连立足之地也会没有。那么青蛙要想在这个池塘里继续生存下去的话,该怎么做呢?那就必须提前想办法阻止莲花的生长,但怎么阻止呢?假如青蛙提前 10 天采取行动,就可以将莲花的增长抑制住,那么青蛙应该在莲花的面积占池塘面积多大时采取行动呢?

问题其实很简单,如果在 10 天的最后一天莲花将充满整个池塘,那么往前推 1 天也就是第 9 天的时候,莲花应该占整个池塘面积的多少?一半,也就是 1/2。那么第 8 天时莲花占池塘面积的多少呢?1/4。然后再往前一天呢?1/8。如此类推,实际上就是 1/2 的 10 次方,那么在莲花占 1/2 的 10 次方的时候青蛙就应该采取行动了。也就是说,只要青蛙在莲花所占面积不到池塘千分之一的时候采取行动,就能避免莲花挤满池塘。

这个故事的寓意是即使很小的风险和潜在的危机,都有可能影响企业的发展,甚至带来毁灭性的灾难。**如果我们能及时发现企业里潜在的危机和风险,迅速采取有效、合理的措施化解危机,抵御风险,防患于未然,那么企业就能朝着健康、良性的方向发展。**

2005 年 3 月 16 日,肯德基的母公司百胜餐饮集团,在全国各地同一时间发表公开声明,称前一天晚上在新奥尔良烤翅和新奥尔良烤鸡腿堡的调料中发现含有"苏丹红一号",各门店从当天起停止销售相关食品。声明在向公众致歉的同时,还对供应商提供含违禁成分调料的行为表示"非常遗憾",并强调公司将追查此次供应商的违规责任,确保此类事件不再发生。

3 月 22 日,肯德基在全国发出通告,称对"苏丹红"的调查已全面完成,有问题的调料都已排除,并得到妥善处理,经检验不含"苏丹红"的替代调料也已准备就绪。新奥尔良烤翅将从 3 月 23 日起在各城市陆续恢复销售,短期促销产品新奥尔良烤鸡腿堡将停止售卖。同时,肯德基再次强调,"所有相关产品都已送交国家认可专业机构进行全面检测,化验结果确认所有产品都不含'苏丹红'成分。请广大消费者放心食用"。

面对突如其来的危机,肯德基积极应对,及时公开信息,一场来势汹汹的危机,在连续的公开声明和果断措施中,渐渐化解,肯德基的餐厅里生意依旧红火。

○ 真诚面对

在危机管理时必须注意,一定要在被"揭发"之前把企业所掌握的真相老老实实地公布于众,也就是要**"说真话,赶快说"**。因为一旦外界通过别种渠道了解到某些事实真相,将会使企业陷于非常不利的局面。

三菱汽车频发的事故引起舆论关注后,又爆出该公司 23 年来蓄意隐瞒客户投诉的消息,结果三菱被迫在全球范围内召回近百万辆问题汽车。在蒙受巨大经济损失的同时,也失去了消费者的信任,而这种损失无法用金钱来估算。

危机是每个企业都不愿面对的事,但是在事情发生后,如果刻意隐瞒或消极对待,危机对企业的发展将是致命的。因此当危机不幸来临时,千万不要只是怨天尤人,而应真诚面对问题,寻找适当的解决方案,才能借此将危机化为转机。

○ 危机＝机会

司马迁在《史记》中写道:文王拘而演《周易》,仲尼厄而作《春秋》。屈原放逐,乃赋《离骚》。左丘失明,厥有《国语》。孙子膑脚,《兵法》修列。不韦迁蜀,世传《吕览》。韩非囚秦,《说难》、《孤愤》。《诗》三百篇,大抵贤圣发愤之所为作也。

危机其实也是一个机会,春秋时期的越王勾践,为雪亡国之耻,终日卧薪尝胆,励精图治,当得知吴国大旱,遂大量收购吴国粮食。第二年,吴国粮食奇缺,民不聊生,饥民食不裹腹,怨声载道,越国趁机起兵灭了吴国。苦心人,天不负。越王终成霸业,跻身"春秋五霸"之列。这里越王勾践做的是一桩大买卖,他发的财不是金银珠宝,而是一个国家和称雄天下的霸业,是商贾之道运用在政治上的成功典范。《夷坚志》载,宋朝年间,有一次临安城失火,"殃及池鱼",一位姓裴的商人的店铺也随之起火,但是他没有去救火,而是带上银两,网罗人力出城采购竹木砖瓦、芦苇椽桷等建筑材料。火灾过后,百废待兴,市场上建筑材料热销缺货,此时,裴氏商人趁机大发其财,赚的钱数十倍于店铺所值之钱,同时也满足了市场和百姓的需要。"管中窥豹,略见一斑",**敏锐的洞察力和准确的判断力是经商者财富永不干涸的源泉,也是经商者必备的能力之一。**

○ 学会保全,把自己的重心降低,有生命就有一切

福建沿海有一个真实的故事。有一家渔民,世世代代以出海打鱼为生。这家有个男孩,或者是家庭的熏染,或者是男孩的天性,他从小就喜欢海,在海边拾贝壳,在海里戏水。他几次恳求爷爷带他出海打鱼,可爷爷总是以他还小为借口拒绝。他懂得爷爷的心思,爷爷是怕他这根独苗发生意外。

他长大了,参加工作了,并且要远离家乡,到一个看不见海的地方。在等待行期的日子里,爷爷决定带他出一次海,一来了却他一向的心愿,二来让他去见识见识大海的博大,开阔他的心胸,或许对他的人生会有益处。

他非常兴奋,跟着爷爷跑前跑后,做好所有准备工作之后,在一个风和日丽的日子扬帆出海了。

大海深处,爷爷教他如何使舵,如何下网,如何根据海水颜色的变化识别鱼群。可是天有不测风云,大海的脾气也让人琢磨不透,刚刚还晴空万里,风平浪静,突然间就狂风大作,巨浪滔天……几乎要把渔船掀翻,连爷爷这个老水手都措手不及,吃力地掌着舵,同时以命令的口气大喊:"快拿斧头把桅杆砍断,快!"他不敢怠慢,用尽力气砍断了桅杆。

没有桅杆的小船在海上漂着,一直漂到大海重新恢复平静,祖孙俩才手摇着橹返航。途中,由于没有桅杆,无法升帆,船前进缓慢。他问爷爷:"为什么要砍断桅杆?"爷爷说:

"帆船前进靠帆,升帆靠桅杆,桅杆是帆船前进动力的支柱;但是,由于高高竖立的桅杆使船的重心上移,削弱了船的稳定性,一旦遭遇风暴,就有倾覆的危险,桅杆又成了灾难的祸端。所以,砍断桅杆是为了降低重心,保持稳定,保住人的生命,人是最重要的。"

这个故事告诉我们,在危机发生时,一定要降低自己高昂的头,保全自己的生命。

2005年陈凯歌的大片《无极》诞生,很多媒体都报道这个电影还不错,但2005年12月,上海青年胡戈利用影片中的镜头做了一个名为《一个馒头引发的血案》的小视频,改变了《无极》的后期市场走向。胡戈做了这个短片后,被越来越多的网站转载。胡戈在这一事件一开始什么话都没有讲,因为他只是娱乐,而更多的网站也只是出于娱乐性质而转载的。在这时,陈凯歌出来了,他说:"一个人不能无耻到这种地步。"这句话如果不说,可能不会有什么影响,可这句话说了,这部电影的国外拷贝全部被退了回来,在国内三四级城市这个电影也卖不出去。因为人们普遍把这个电影《无极》等同于无聊之极。

可能陈凯歌万万没想到,自己的经济效益没了,社会效益也没了,其实有个重要的原因他没有意识到,他以为他对抗的是一个胡戈,其实胡戈并不是一个人,在胡戈的身后站着一大群人——陈凯歌对抗的是广大的电影消费者,是成千上万的网民。

许多企业在危机发生后,都采取了一些保全的做法,但是,由于处理不妥当,连自己的"性命"也搭了进去,如巨能钙、南京冠生园、三鹿、三株等等。

企业发生危机以后,不要推卸责任,不要隐瞒,不要拖延,要保持适当的低调,只有真诚地面对,并迅速处理,才能在危机时挽回局面。记住一句话,没有了生命就什么都没有了,有生命就有一切。

○ 工程质量危机处理5个步骤

(1)认错。

当质量问题发生后,必须承认自己的错误,这是正视问题的第一步。有的单位在发生质量问题时,不承认错误,找各种借口和理由搪塞,引起了业主和监理的反感。因为我们知道,虽然业主和监理不直接参与施工,但是他们都是具有专业知识的,问题的原因他们其实很清楚,所以一定要认错。

(2)积极、真诚地回应。

当质量事件发生后,首先要向业主、监理主动通报并沟通,须扎扎实实地回应,不能有半点忽悠,半点侥幸心理。回应包括事故的发生过程和问题的基本原因,不要隐瞒和虚报,更不要推卸责任。

(3)整改。

在承诺的时间内,积极地进行内部问题原因分析,动手整改并请监理现场查看。

(4)扩大检查范围。

整改完成以后,要对类似的问题进行扩大检查,把检查的结果上报给监理,并在检查的基础上进一步整改。

(5)请求检查。

问题彻底整改后,要主动地找监理汇报并请求验收,让监理接受你整改的决心和对错误的反省。

4　在敏捷中获得长寿

>>>> **永远的危机意识**

　　牛和羊是躺着睡觉的,而马是站着睡觉的。为什么马要用这种姿势睡觉呢?

　　原来,马的祖先生活在辽阔的大草原上,常常受到猛兽的袭击。它们的战斗力很差,无法和猛兽搏斗,所以每时每刻都要保持高度警惕,一旦有风吹草动就能迅速逃走。现在的马保留了祖先的习性,连睡觉也站着。

　　章鱼睡觉时会卷起触手,但每时每刻总有两只触手在"值班",这两只触手不停地来回转动。如果来袭的敌人碰上"值班"的触手,其余6只"睡着"的触手便会立刻醒来,共同投入战斗。海豚睡觉时,照样可以在海面上游动。原来海豚大脑有两个半球,其中有一个处于睡眠状态时另一个就在工作。鹧鸪睡觉,喜欢成群地围成一个大圈,一律头朝外尾向内。这样,不管敌人从哪个方向袭来,它们都能及时发现并飞走。狗睡觉时,一定把头贴在地面,一只耳朵紧贴着地面。由于地面传声比空气快得多,只要远处有一点声响,狗很快就能听到。大象一夜只睡2~3小时,羚羊一天只睡1小时。

　　动物们这些千奇百怪的睡眠习惯,无一例外地表明了动物身上那种本能的警觉和危机意识。一个生活在丛林中的动物,如果不时刻保持警觉,那么它要么被吃掉,要么丧失猎取食物的机会。动物的危机意识就是对音响、动作、异类、天敌的高度疑惧,总是怀疑周围事物会对自己的生存产生不利。一旦发现异常情况,它会采取对策,或者飞走,或者逃跑,或者战斗。例如变色龙会马上变色,刺猬会立刻缩成一个刺球。

　　动物一旦意识到自己有危险,会警觉地将自己好好地保护起来。但大多数的人却做不到这一点,往往在言谈之间就忘记了危险的存在。游牧民族给人印象最深刻的就是他们那多疑、机警的眼神。他们眼前总闪现着凶恶的敌人的影子,这个影子是模糊的,可能是自然的缩影,也可能是哪个部落的化身。有这个影子在,他们的生存警觉就松弛不下来,因为这个影子随时会张牙舞爪来攫取他们的生命。

　　一些企业在创业之初,对市场环境保持了高度的敏感,热衷于创新与改革。但往往在取得一些成绩之后,就渐渐对市场变化失去察觉,没有了危机意识,最终被竞争对手打败。企业的领导者,如果希望把企业发展得更加强大,希望企业能长久地发展,就必须在企业中造就一种危机氛围。不仅要让所有的员工感觉到海面波涛汹涌,更要让他们感觉到海底暗流涌动,要让他们时时警惕,处处小心。只有有了这种危机意识,才能调动员工的积极性,才能改进工作,才能有所创新。

　　人们经常会习惯于既定的行为及作业方式,会沉醉于过往的成功经验,"我以前都是这样做的"、"我目前过得很好啊"这种固执的想法,阻碍了个人的进步,也限制了团队的发展。人都具有惰性,一旦环境稳定下来,一旦只要付出50%的精力就可以应付所做的工作,人们就会变得懒惰,不思进取。社会在飞速发展,如今已经不再是一个靠经验生存的时代。任何人如果不紧跟时代的步伐,就会成为落伍者。

危机并不可怕,可怕的是没有危机意识。无论是强大的狮子或弱小的羚羊,在物竞天择的自然界中都面临着生存的危机。如果意识不到存在着这样的危机,稍一松懈,就会成为别人的战利品。对于自然界的动物来说,生命只有一次,失败者绝对没有重来一次的机会。一个国家如果没有危机意识,这个国家迟早会落后挨打;一个企业如果没有危机意识,这个企业迟早会被市场竞争淘汰;一个人如果没有危机意识,这个人必会遭到不可测的挫折。

在这个充满竞争的时代,适应与淘汰是我们永远不可回避的问题,只有时刻保持足够的警惕性,才能永远保持自己的竞争优势。

在这个瞬息万变的时代,竞争激烈到了前所未有的程度,没有危机意识就会面临"杀机",具有危机意识就会迎来"生机"。

>>>> ## 长寿秘诀

危机无处不在,在任何实战过程中只要发生一点点的错误都有可能造成危机,它不给你改正的机会。美国危机管理学院(ICM)专家史密斯说:"警惕性是首要的。大部分危机是可以避免的。"另一位危机管理专家斯蒂夫·芬科提出,应该建立定期的公司脆弱度分析检查机制。他说:"越来越多的顾客抱怨,可能就是危机的前兆;繁琐的环境申报程序,可能意味着产品本身会危害环境和健康;设备维护不利,可能意味着未来的灾难。经常进行这样的脆弱度检查并了解最新情况,以便在问题发展成为危机之前得以发现和解决。脆弱度分析审查不仅有助于防止危机,避免对公司业务和公司利润的不良影响,而且,还会使公司在未来变得更为强大。"

任何一个管理良好的公司,无一不具有良好的"身体"素质,他们对环境的变化具有敏锐的洞察力,一旦发现问题会迅速地加以纠正。

调查研究结果表明:中国企业的平均寿命为2~3年。在有"中国硅谷"之称的中关村,从1988年成立试验区到1999年底,12年内平均每年诞生800家企业,同时又有200家企业歇业或关闭。平均存续一年营业时段的企业占总量的80%,存续3年的占70%,存续7年的占50%,存续10年的只有30%。1988年以前成立的527家企业发展较好的已经所剩无几。

中关村的企业"长不大",已成为一大怪现象,其他地方的中国企业如"太阳神"、"巨人"、"飞龙"、"三株"、"爱多",一个个曾经如日中天的品牌,几年后都走向了衰败。

国外的企业也是如此。美国《财富》杂志数据显示,美国大约有62%的企业寿命不超过5年,只有2%的企业能存活50年,中小企业平均寿命不到7年,大企业平均寿命不足40年,一般的跨国公司平均寿命为10~12年,世界500强企业的平均寿命为40~42年。世界1 000强企业的平均寿命为30年。美国的德士古、安然、环球电讯等企业相继破产或濒临破产的事实似乎也印证了这一点。

在 1970 年跻身《财富》"全球 500 强"的跨国公司到 1982 年后有 1/3 都销声匿迹。另一项研究表明,在日本与欧洲,公司的平均寿命只有 12.5 年。企业短寿已经成为"全球病"。

2006 年 6 月 7 日,《胡润百富》发布了《胡润全球最古老的家族企业榜》,全球 100 家家族企业上榜。在上榜名单中,第一名是日本大阪寺庙建筑企业金刚组,它成立于公元 578 年,传到第 40 代,已有 1 400 多年的历史。第二名是日本小松市饭店管理企业粟津温泉酒店,它成立于公元 718 年,传到第 46 代,已有 1 288 年的历史。第三名是法国的古莱纳城堡,成立于公元 1000 年,经营葡萄园、博物馆、蝴蝶收藏。第一百名也有超过 225 年的历史,已经传到第 6 代,它是美国从事磨坊、农产品的企业 St. John Milling,而中国企业均无缘此份榜单(见表 7-1)。

表 7-1　全球长寿企业表(部分)

公司名称	起始年	国别	主导产业
金刚组	578	日本	寺庙建筑
粟津温泉饭店	718	日本	饭店
古莱纳城堡	1000	法国	葡萄酒
斯多拉	1288	瑞典	化工
三井住友	1390	日本	银行业
科多纽酿酒厂	1551	西班牙	酿酒
劳力士	1785	瑞士	手表
杜邦	1802	美国	化工
宝洁	1837	美国	洗涤
麦当劳	1845	美国	快餐业
格雷斯	1854	秘鲁	化工
奔驰	1870	德国	汽车
AT&T	1885	美国	通信
强生	1886	美国	医药
希尔斯	1886	美国	百货
可口可乐	1886	美国	饮料
壳牌	1890	荷兰/英国	石油
吉列	1901	美国	日用品
通用汽车	1902	美国	汽车
福特	1903	美国	汽车
IBM	1911	美国	计算机
丰田	1918	日本	汽车
松下	1918	日本	家电

在此次排行评选中,100 家长寿企业主要集中在欧洲、美国和日本。这些国家的共同点在于,它们都有较为稳定的商业环境和保护私有财产的政策。尽管这些国家都有

过很多战争或动乱,像法国拿破仑战争,英国工业革命,日本明治维新,美国独立战争,以及后来很多国家都经历的第二次世界大战,但这些家族企业还是在历史的剧变中幸存下来。

归纳上榜企业的特点可以看出,在这份100家长寿企业排行榜中,从规模上来说大多属于中小企业,排在第一名的金刚组,2005年的销售额才不过1亿美元。就从事的行业来看,24家从事手工制作;18家从事酒类制造;5家从事酒店行业;4家茶叶企业(其中一家是世界上最古老的茶叶家族企业);还有2家葬礼企业。这些企业有一些共同点:通过家族联姻是做强做大的捷径;很早就尝试运用所有权与经营权分离的管理方法;在风险管理方面都非常优秀;重视人才培养;当然还有好运气。

在中国,据国家统计局的数据显示,2005年民营经济在GDP中的比重约为49.7%,而家族企业占到民营经济的95%,可以肯定的是,家族企业会有更广阔的发展前景。

目前,企业的生命周期已成为企业管理研究的重点领域。面对近年来一个个如日中天的企业转瞬即逝的残酷现实,如何让企业活得更长,如何实现基业常青,已经成为亟待研究的课题。尽管答案并非很明确,但我们却可以从长寿企业特征研究中,探求出突破企业生命周期的一些值得参考的规律。

国内外很多学者对长寿企业的特征做过大量研究,综合分析发现,长寿企业的特征主要是在危机管理方面都做得很好,他们对自己周围的环境都非常敏感。

美国康奈尔大学曾经做过一个有名的"青蛙试验"。试验人员把一只健壮的青蛙投入热水锅中,青蛙马上就感到了危险,拼命一纵便跳出了锅子。试验人员又把该青蛙投入冷水锅中,然后开始慢慢加热水锅。开始时,青蛙自然优哉游哉,毫无戒备。一段时间以后,锅里水的温度逐渐升高,而青蛙在缓慢的变化中却没有感受到危险,最后,一只活蹦乱跳的健壮的青蛙竟活活地给煮死了。

"蛙未死于沸水而灭顶于温水"的情况不仅发生在动物界,也常常发生在我们企业身上。

20世纪50年代末期,在美国的汽车制造商身上就曾发生过这样的失败案例。当时,在底特律的汽车制造商眼中,买外国车的只不过是一些爱表现的名校大学生而已。因而,美国的汽车制造商们依旧闭门造车,轻视外国车的设计、制造品质以及对消费者的吸引力。而这时他们的竞争对手,却通过创新不断壮大,开创了汽车行业的新格局,为此底特律丧失了汽车业的盟主宝座。现在看来,当时美国汽车工业和温水中的青蛙没有什么两样。

又如,当年上海的"上菱"冰箱销售得红红火火,上海市民为能购得一台"上菱"冰箱而庆幸,所以,当青岛的"海尔"开始登陆上海滩时,上菱冰箱并不把它放在眼里,但没过多久,上海的冰箱就被"海尔"彻底打败。又如,上海生产的空调在全国起步较早,牌子老,信誉也不错,但由于它缺乏应有的市场敏感性,没过几年它的领地就被地处泰州的春兰空调给占领了。

"蛙死温水"现象和上面的两个例子道出了缺少危机感的危害性,说明了在一种渐变的环境中,即使你已经很成功,已经很强大,但如果不能保持清醒的头脑和敏锐的感知力且对新变化作出快速的反应,而是贪图享受,安逸于成功的现状,那么当你感觉到环境的变化时,你也许会发现,行动的最佳时机早已错过了,所有的行动只是徒劳,等待你的只是悲哀、遗憾和无法估计的损失。

道理虽然这么说,但在现实生活中,令人感到悲哀的是,"蛙死温水"的悲剧依旧在不断上演(图7-1)。

图7-1　蛙死温水

长寿企业对危机有着一种特殊的认识。百事可乐公司的负责人韦瑟鲁普在公司蒸蒸日上的时候,反而提出了"末日管理"理论,他经常以大量令人信服的信息让员工体会到危机真的会来临,"末日"似乎不远,以此激发员工不断积极向上的斗志,并要求公司的年经济增长率必须保持在15%以上。近几年百事可乐快速追赶并超过可口可乐的业绩充分说明"末日管理"理论的实用性。比尔·盖茨同样是个危机感很强的人。当微软利润超过20%的时候,他强调利润可能会下降;当利润达到22%时,他还是说会下降;到了今天的水平,他仍然说会下降。他认为这种危机意识是微软发展的原动力。微软著名的口号"不论你的产品多棒,你距离失败永远只有18个月",正是这种危机意识的体现。

在我国,这种危机意识也正在不断被企业家们所重视,但是和西方的一些大企业相比,我们仍然稍逊一筹。"好三年,坏三年,缝缝补补又三年"正是对一些体制不健全的国有企业无危机意识的写照。之所以会这样,一部分原因是现有的体制导致经营者没有盖茨的"恐惧"心理,没有"温水中青蛙"的危机观念。现在不得不承认,在我们企业中,有着一点陶醉、一点懒散、一点无所谓想法的人很多,一再强调居安思危,反而让有些人多了一份漠然。

不过,无论思危也罢,不思危也罢,危机就真真切切地存在于我们身边。应该说,外界的危机并不是最可怕的,可怕的是我们对这种危机的麻木不仁和茫然无知。这样,我们会在已经开始走下坡路的时候还陶醉于以往的一点点成绩,当危机临头时已丧失了对抗风险的能力。

企业是一个开放系统,环境的变化必然影响其生存和发展。长寿企业始终保持对环境的敏感性,迅速感知政治、经济、技术等环境因素将要发生的重大变化,并能及早作出反应,因地制宜地与周围的世界保持和谐,充分利用环境变化产生的机遇发展自己,化解环境变化给企业带来的不利影响。这代表着企业较强的学习能力、创新能力与适应能力。

现今,企业家们对危机都有着自己独到的见解并把他们应用于企业管理中。迈克尔·戴尔对戴尔是非常有信心的,按常理,他应该是睡得比较安稳的,但他却说:"我有的时候半夜会醒,一想起事情就会怕,但如果不这样的话,那么你很快就会被人干掉。"正是这种危机意识促使戴尔形成了非常强的竞争力。

华为是一个非常优秀的民族企业,也是真正能称得上国际品牌的企业,因为他的竞争对手是思科。在华为春风得意的时候,他们没有被成绩冲昏头脑,始终如一地保持低调和危机感,正像任正非说的:冬天迟早会来,所以我现在就把棉衣准备好。

自2003年起,全球经济增长节奏放慢的大环境已经到来。在这样一个大的环境下,华为总裁任正非以清醒的头脑、敏锐的前瞻性眼光,发表了《华为的冬天》一文,号召员工居安思危,在危机来临前,研究出应对方法和措施来。

这是一篇在IT业界广泛流传的文章,许多公司的老总都向下属推荐阅读,联想集团总裁杨元庆就是该文的积极推荐者。有人认为这是任正非为IT业敲响的警钟,也有人说任正非是"作秀",还有人猜测华为是在为人事变动制造舆论。由于任正非很少和媒体打交道,因此我们无从知晓这篇文章的真实背景。但是,华为2000财年销售额达220亿元,利润以29亿元人民币位居全国电子百强首位的时候,任正非的大谈危机和失败,确实发人深省。

第八讲　变革与创新是企业唯一生存之路

> 今天的企业应该具有什么样的输入？神经输入！
>
> ——微软前任总裁　比尔·盖茨
>
> 变革从我开始。除了妻儿，一切换新。
>
> ——三星集团原会长　李健熙

我国大规模基础建设已经经历了 20 多个春秋，企业在建设发展中逐步完善了自身管理，并不断地吸收外来思想，企业在学习的同时不断地改革和发展自己，在这个产品质量趋同、管理理念趋同的年代，企业凭借什么在市场中、在众多同行中脱颖而出，独树一帜？只能是差异化，就是使自己的工程产品和服务跟其他企业做得不一样。寻求自己产品的特色和服务的特色将是未来企业的一大战略。企业产品要差异化，就必须对自己的观念进行更新，要对自己的企业管理进行变革，通过变革，才能把自己的产品和服务创新，才能有竞争优势。

1　十倍速时代

>>>> **改变以往的思维方式**

我们在进入主题之前先来做一个互动游戏。

下面是 40 道简单的小学生计算题，请你用 1 分钟的时间做好，把计算结果填入相应的空格（见表 8-1）。

表 8-1　计算题目与结果

题目	计算结果	题目	计算结果	题目	计算结果	题目	计算结果	题目	计算结果
7 + 2		8 ÷ 4		6 + 5		8 ÷ 4		6 + 11	
20 − 10		7 + 7		9 + 3		5 × 2		8 − 4	
9 × 3		2 + 2		8 × 4		6 + 6		9 + 2	
12 × 2		15 − 5		4 × 3		20 + 2		20 − 10	
6 × 5		15 − 3		16 ÷ 8		15 ÷ 5		5 ÷ 5	
10 + 2		7 × 5		9 × 2		10 − 2		5 ÷ 1	
4 − 2		15 − 3		9 ÷ 3		16 × 6		8 ÷ 8	
14 ÷ 7		12 + 6		6 + 3		18 − 2		11 × 6	

　　看到题目以后可能有的人很快就做好了,可能没有到 1 分钟,可能 40 秒甚至更少的时间就能完成。那么我们现在用新的规则再试一试这 40 道题目,也用 1 分钟时间看看能否做好。

　　新的规则是加号代表乘法;除号代表减法;乘号代表加法;减号代表除法。

　　当用新的规则计算同样 40 道题目时,我们会发现做得非常吃力,估计在 1 分钟内没有人能完成。那么我们为什么会觉得这样做题目很吃力呢? 因为我们已经习惯了以前的规则。当今世界,新鲜事物不断出现,新的规则也在变化中使世界更加色彩缤纷(当然加减乘除不可能变)。那么,在变化的规则面前,我们是不是能够快速地适应,能不能像我们过去运用旧规则一样去熟练地运用它,并能够有机地融入其中,把它带进我们现代的工作生活和学习中? 与时俱进,这便是我们取胜的根本!

　　一条铁链,怎样才能使它竖立起来? 一个工厂的大门口有一个"竖起的铁链"雕塑,猛一看,真想不通它为什么会竖起来,到跟前仔细一看,原来是把它的每个节点都用电焊焊了起来。这个造型的寓意是:**在变革的时代,一定要改变以往的思维方式,努力学习,迎头赶上,只有创新思维才能把企业引入佳境。**

　　有一商人 A 到一个小镇去推销鱼缸,尽管鱼缸工艺精细,造型精巧,但问津者寥寥。

　　于是,商人 A 在花鸟市场找了一个卖金鱼的老头,以很低的价格向他订购了 500 尾小金鱼,老头很高兴,因为他在小镇上卖金鱼多年,生意一直很惨淡。

　　商人 A 让担着金鱼的老头和他一起来到穿镇而过的水渠上游,把 500 尾金鱼全部都投进去! 他说你只管放,买鱼的钱我一分不会少给你的。

刚过半天，一条消息就传遍了小镇：水渠里，不可思议地有了一尾尾漂亮又活泼的小金鱼！镇上的人们争先恐后地拥到渠边，许多人跳到渠里，小心翼翼地寻找和捕捉小金鱼。

捕到小金鱼的人，立刻兴高采烈地去买鱼缸，那些还没有捕到的人，也纷纷拥上街头去抢购鱼缸，大家兴奋地想：既然渠里有了金鱼，虽然自己今天没有捕到，但总有一天会捕到的，那么鱼缸早晚会派上用场。

卖鱼缸的商人A把售价抬了又抬，但他的几千个鱼缸很快还是被人们抢购一空，欣喜若狂的商人想，如果不是自己灵机一动在水渠里放进区区500尾小金鱼。自己那几千个玻璃鱼缸不知要卖到何年何月呢。

商人A用他的创新思维为自己赢得了生意。那么我们再接着向下看。

说镇上另有一人B，看到人们在水渠里捞金鱼，但他自己并没有去捞鱼，而是马上购买了很多适合养小金鱼的鱼缸，而且比商人A卖的还便宜。结果使商人A不但付了买金鱼的钱，自己的鱼缸也没卖出去多少。

面对竞争者，商人A应该如何应对？

商人A这时候应该去买一些高档的金鱼回来，把金鱼装在高档鱼缸里面卖。然后把各种金鱼取个或者吉祥、或者富贵、或者招财、或者保平安的名字，宣传"好马配金鞍，好金鱼配好鱼缸"。

然后到上游放几十尾高档金鱼，让这些金鱼混在小金鱼里面。

捉到高档金鱼的人觉得自己很幸运，于是想显示自己的与众不同就买了商人A的高档鱼缸。没捉到鱼，但有钱的人也想有这么好看的金鱼，就索性在商人A那里买装着高档金鱼的鱼缸回来。

不久，人们发现还是高档的金鱼好看，而且不但可以显示自己有钱，还认为能带来吉利。于是有点钱的就都跑去买高档金鱼了，因为捉到小金鱼买廉价鱼缸的人被认为是没钱的人。

这样商人A的鱼缸不但卖光了，还比原来更赚了。因为价格高了人们反而觉得更加合理。

我国的大中型企业有很多是由原来的国有企业转制而来，它们在长期的计划经济中发展，形成了思想封闭、反应迟钝的大企业病。有的企业虽然规模很小，但也得了大企业病。这种病症如果不及时解决，企业就会被时代丢弃。IBM在总结它的三大危机时说，IBM现在有三大危机，第一是主管每天都在开会，第二是对任何外界变化反应迟钝，第三是不知道顾客在哪里。IBM总结的三大危机真是一针见血。

今天我们在工程企业引进执行力文化、精细化管理理念、工程全面品质管理理念、六西格玛理念、"5S"理念、超越顾客期望（顾客导向）理念、变革与创新理念以及学习型组织理念，我们的企业对这些思想是否能够接受并予以应用就是对我们是不是有创新的思维和变革的勇气进行考验。

变革的时代，世界格局在变，企业竞争的格局也在变。21世纪，唯一不变的就是"变化"。在变中求生,在变中求胜,只有学习和创新才会有竞争力。

>>>> 强者愈强

"凡是有的,还要给他,使他富足;但凡没有的,连他所有的,也要把他夺去。"社会学家罗伯特·莫顿将这源自于《新约·马太福音》的"贫者越贫、富者越富"的现象归纳为"马太效应"。

《圣经》中有这样一段故事:一个人要往外国去,就叫了仆人来,把他的家业交给他们。按照各人的才干,给他们银子。一个给了五千,一个给了二千,一个给了一千。那人就往外国去了。那领五千的,随即拿去做买卖,另外赚了五千。那领二千的,也照样另赚了二千。但那领一千的,去掘开地,把主人的银子埋藏了起来。过了许久,那些仆人的主人回来了,和他们算账。那领五千银子的,又带着那另外的五千来,说:主人,你交给我五千银子,请看,我又赚了五千。主人说:好,你这又良善又忠心的仆人,你在不多的事上有忠心,我把许多事派你管理,可以进来享受你主人的快乐。那领二千的也来说:主人,你交给我二千银子,请看,我又赚了二千。主人说:好,你这又良善又忠心的仆人,你在不多的事上有忠心,我把许多事派你管理,可以进来享受你主人的快乐。那领一千的,也来说:主人,我知道你是忍心的人,没有种的地方要收割,没有散的地方要聚敛,我就害怕,去把你的一千银子埋藏在地里。请看,你的原银在这里。主人回答说:你这又恶又懒的仆人,你既知道我没有种的地方要收割,没有散的地方要聚敛,就当把我的银子放给兑换银钱的人,到我来的时候,可以连本带利收回。夺过他这一千来,给那有一万的。凡有的,还要加给他。没有的,连他所有的,也要夺过来。

无论是在自然界,还是在人类社会的发展过程中,无论是在个人发展领域,还是在企业、团队的竞争中,"马太效应"都时刻存在。富有者、强大者拥有更多的资源,而这种资源的优势只能让他们比过去更强大,比过去拥有更多的资源;而贫穷者、弱小者本来占有的资源和财富就少得可怜,在资源和财富已定的情况下,他们只能越来越贫穷,最终变得一无所有。

这个时代就是这样一个看似不合理的时代,但事实终归存在着,如果你不努力,你不去拼搏,你就不可能强大,你就有可能被对手兼并。

>>>> 摩尔定律与十倍速时代

从20世纪90年代末开始,全球经济进入了一个速度时代,特别是进入21世纪以来,"地球的转速"进一步提高,科学技术革命正在以十倍速发展,人类进入了十倍速时代。在这样的速度下,在这个机会与威胁都以十倍速来临的时代,成功与失败的差距不再像过去那么遥远,既得利益者的挣扎与新生力量的搅局尽显博弈的本色。很多企业都已经意识到问题的严重,加紧了自己的改革步伐,而有的企业已经被速度转晕,继而被淘汰出局。杰克·韦尔奇说:"如果组织的变革速度比外部的环境变化还慢,这个组织就会走向末路。"

在计算机领域有一个人所共知的"摩尔定律"。英特尔公司创始人戈登·摩尔于 1965 年在总结存储器芯片的增长规律时说，单位面积半导体芯片上的晶体管数大约每 18 个月增加一倍，也就是集成度提升一倍，每隔 18 个月其性能会提升一倍。"摩尔定律"的论断在 CPU 约 40 年的发展历程中一次次地被验证。Wintel 是摩尔定律的最好例证，Wintel 是 Windows 和 Intel 二词的综合，指个人电脑采用微软的 Windows 操作系统和英特尔的 CPU。

20 世纪 90 年代，微软通过 Windows 操作系统的升级，不断提升对 CPU 性能的要求。与之有默契的是，英特尔则通过符合摩尔定律的芯片主频提升和性能改善，来满足 Windows 的不断升级，并刺激客户使用耗用资源更多、配置要求更高的操作系统和应用软件。通过几个轮次的互动，在全世界，个人电脑中采用 Windows 操作系统的占 90% 以上，采用英特尔 CPU 的占 76% 以上，均构成了产业中的垄断地位。摩尔定律确定无疑地告诉我们，**你必须淘汰自己旧的产品，以最快的速度推出新的产品，强化自己的优势，让其他人跟不上你的前进脚步，否则你就会被别人追赶上，把你淘汰出局。**

现实生活是残酷的，真实世界并没有绝对公平可言。这是一个"赢家通吃"的时代，成功和财富成为大家共同追求的目标。在激烈的竞争中，你首先要确定自己的竞争优势，也就是你的核心竞争力。然后，你就要寻找一切锻炼自己的机会，在实战中强化自己的竞争优势。任何人一生的精力都是有限的，所以不能求全。当今世界，是专业竞争的时代，全而不专的人在每个领域和别人竞争都是处于劣势的。即使是电脑业的巨无霸——微软，也只是在操作系统和配套软件这个领域具有无可比拟的竞争优势。

"摩尔定律"让我们体会到了世界优秀企业对十倍速的理解，那就是"速度与激情同在"。Microsoft 和 IBM 的终极理论中有一条就是："你永远不能休息，否则你将永远休息！"在这个经济飞速时代，比尔·盖茨更有一句经典名言："今天的企业应该具有什么样的输入？神经输入！"

上海市公安局于 1998 年禁止 1 吨以上的小货车在上海的内环线通行，日本的汽车制造商在禁令颁布两个星期后就把 0.9 吨的汽车送到上海，中国的汽车制造商作出反应是半年以后，日本人快了一步。

以前对企业兼并的说法是"大鱼吃小鱼"，按着这个说法，大鱼可以高枕无忧，然而"德隆危机"让我们想到的是什么？德隆这个长袖善舞的企业在资本市场呼风唤雨的时候，连经济学博士都出面为它的企业战略叫好。然而，不久德隆危机四起，几乎所有人都质疑德隆当初为何收购一堆并非优质的企业，并得出德隆没有从其苦心构造的产业链上得到多少好处的结论。"大鱼吃了小鱼"，但企业不能盲目地兼并，而不研究时代特征。

进入 21 世纪，"小鱼"利用了它的灵活与快速发挥了自己的优势，不但保全了自己，还可能更进一步地发展。速度时代，已经不是"大鱼吃小鱼"，转而变成了"快鱼吃慢鱼"，这依然是适者生存原则。我们知道"快鱼"比"慢鱼"能更快地适应所生存的环境，当环境在飞速变化的时候,比同类慢半拍就意味着有被吃掉的危险。企业的生存环境亦如此。如何比别的企业更能适应环境,如何使自身在竞争中处处占得先机,这是所有中国本土企业都不得不面对的问题。谁反应迟钝、动作缓慢就可能沦为牺牲品。

两个人在森林里,遇到了一只老虎。B赶紧从背后取下一双更轻便的运动鞋换上,A急死了,骂道:"你干吗呢,再换鞋也跑不过老虎啊!"B说:"我只要跑得比你快就好了。"

多么残酷的生存竞争呀!

浙江省海宁地区有个长虹皮夹厂,很长一段时间无人问津。可是,在欧盟开始统一货币的那一年,它却成了国人的焦点。因为,早在欧盟提出统一货币,并公开展示欧元的那一刻起,长虹皮夹厂就发现欧元比当时还在市场上用的马克、法郎等纸币要大一些,于是长虹皮夹厂毅然生产了40多款共计230万个适合装欧元的新皮夹销往欧洲,马上一销而空,并迅速占领了市场!这一次,中国人打败了号称有经商头脑的欧洲人!这,就是速度的力量!

面对世界飞速发展,企业应该如何在竞争中提速?

(1)速度的方向。

速度和利润永不偏离——速度的竞争必须向着响应客户能力、实现客户价值的方向提高。红高粱快餐在一阵红火后迅速败落,最关键的就是没有把握住企业发展的速度和方向之间的关系,即红高粱的扩张并没有把利润的同步增长作为前提。

(2)十倍速时代的学习。

人类正以十倍速度在发展。一个人能用十倍的时间来学习吗?一天不是学四五个小时,而是要学40~50个小时——不可能。因为一天只有24小时,所以,从数量上永远不可能;只能从学习的速度、学习的质量和学习的方法上来改善,只有善于学习才能跟上时代的发展。

日本研究出了一种速听技术,并出版了相应的图书和CD片——《让你大脑的反应速度惊人地提速》,只要每天听这张CD片12分钟,你的思维速度就会提高4~20倍。

台湾地区的一些专家在研究如何开发右脑,陈功雄先生就是其中的一位。他来上海作报告,一天三场,场场爆满。他说右脑的记忆力大于左脑,是左脑的一百万倍。我们至今只用到右脑的2%~3%,人类的整个右脑97%、98%还没被开发出来。如果我们能把右脑开发出来,我们的学习将更轻松。

企业要生存和发展,必须创建一个学习型组织,并永远记住这个公式$L \geq C$。这里L表示学习速度,C表示变化速度,也就是你的学习速度必须超过环境变化的速度。

当今世界唯一不变的就是"变化"。哈佛商学院的Davis教授的《企业推手》作了两个阐述:① 当今世界企业的竞争是学习速度的竞争;② 当内部变革速度小于外部变革速度时,结果只有等待末日。

世界发展速度快,学习也要快!

② 快速改变才能快速适应

自从我国改革开放以来,特别是 2002 年加入世界贸易组织以来,面对国外企业的冲击,中国企业生存和发展的压力不断增大。这巨大的压力迫使企业不得不寻找一种手段和用另外一种眼光来处理和关注自己的企业。

一只乌鸦坐在树上,整天无所事事。一只小兔子看见乌鸦,就问:"我能像你一样整天坐在那里,什么事也不干吗?"乌鸦答道:"当然啦,为什么不呢?"于是,兔子便坐在树下,开始休息。突然,一只狐狸出现了,扑向了兔子……

在竞争面前,如果你想安稳,你想什么都不做,你想不改变,那你必须在一定的高度上,一定要作为企业的领袖而存在。如果你的高度不够,思想不进步,理念不更新,产品不创新,质量不过关,那你只能坐以待毙。

柳传志曾经说过:在中国企业还没有成长壮大之前,各种压力已经接踵而至。比尔·盖茨也说:"微软离破产永远只有 18 个月。"企业必须居安思危,时时谋求变革,日日不断创新。如何适应经营环境的变化,发现企业经营中的问题,并及时解决这些问题,这是企业家需要时时关注的课题。为了保持企业"健康"状态,企业要定期进行综合诊断,判断企业的现状与发展瓶颈,明确课题的解决方向和优先顺序,提出早期预警与早期对策,遵循"对症下药"的原则,强化管理基础,提升经营品质。

面对变化和危机,那种墨守成规、循规蹈矩的做法必将不适应发展,必须探索出一条改革新路把企业引出"围栏"。历史经验证明,许多企业都经历过需要巨大改变才能提升到更高水平的关键时刻;如果错过,他们就会走下坡路。

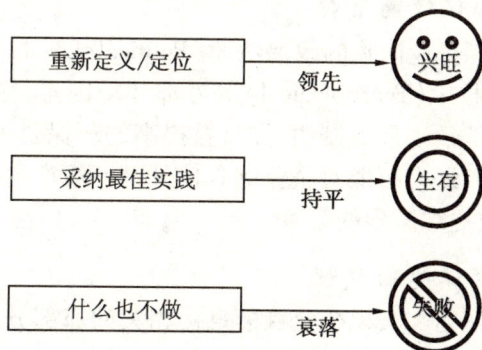

图 8-1　企业面临的挑战

美国密执安大学教授卡尔·韦克是一个著名的组织行为学者,曾著《组织的社会心理学》一书,他在书中转述了一个绝妙的实验。

他把 6 只蜜蜂和 6 只苍蝇装进一个小口玻璃瓶中,然后将瓶子平放,让瓶底朝向窗

197

户,你会看到,蜜蜂不停地想在瓶底上找到出口,一直到它们力竭倒毙;而苍蝇则会在不到两分钟之内,穿过另一端的瓶颈逃逸一空。事实上,正是由于蜜蜂对光亮的喜爱,由于它们的高智商,才灭亡了。

蜜蜂以为,囚室的出口必然在光线最明亮的地方;它们不停地重复着这种合乎逻辑的行动。对蜜蜂来说,玻璃是一种超自然的神秘之物,它们在自然界中从没遇到过这种不可穿透的物质;而它们的智力越高,这种奇怪的障碍就越显得无法接受和不可理解。

那些愚蠢的苍蝇则对事物的逻辑毫不留意,全然不顾亮光的吸引,四下乱飞,结果误打误撞地碰上了好运气;这些头脑简单者总是在智者消亡的地方顺利得救。因此,苍蝇得以最终发现那个正中下怀的出口,并获得自由和新生。

这件事说明,**实验、坚持不懈、试错、冒险、即兴发挥、最佳途径、迂回前进、混乱和随机应变**,所有这些都有助于应付变化。

卡尔·韦克说:"我从大企业中所认识到的最重要的事情,就是当每人都遵循规则时,创造力便会窒息。"这里的规则也就是瓶中蜜蜂所坚守的"逻辑",而坚守的结局是死亡。

企业生存的环境可能突然从正常状态变得不可预期、不可想象、不可理解,企业中的"蜜蜂"们随时会撞上无法理喻的"玻璃之门"。领导者的工作就是赋予这种变化以合理性,并找出带领企业走出危机的办法。

如果想成为非常成功的企业,就必须有全新的思维。这个世界变化太大,我们需要张开双臂,全身心地投入,学会用不同的方式思考问题。在这个充满变革的时代,我们要加快速度创新自己。

只有努力创新,才会有前途;墨守成规或一味模仿他人,到最后注定失败。

>>>> ## 企业变革的动因

○ 企业一般外部环境的变化

企业一般外部环境指企业面临的政治法律(Political/Legal)、经济(Economic)、社会文化(Social/Cultural)和技术(Technological)等外部环境因素,简称 PEST。企业外部环境的变化可能对企业经营活动形成制约,如日益提高的环保要求等;也可能放松原有的限制,如新技术的采用等;还有可能对企业的具体外部环境产生影响,如管制的放松,可能会降低进入壁垒,导致更加激烈的竞争。

○ 企业具体外部环境的变化

企业具体外部环境是指与实现企业目标直接相关的那部分外部环境。具体外部环境对每一个企业而言是不同的,并随着条件的改变而变化。一个企业具体外部环境的变化,取决于企业所提供的产品或服务的范围及其所服务的部分市场。哈佛大学商学院教授麦克尔·波特(Michael Porter)的"五力模型"是常用的企业具体外部环境分析工具。企业具体外部环境的变化对企业的影响特别明显和强烈,也是企业变革外部动因的主要来源。

"五力模型"由麦克尔·波特于20世纪80年代初提出,可以有效地分析客户的竞争环境,其对企业制定战略产生全球性的深远影响。

"五力模型"将大量不同的因素汇集在一个简便的模型中,以此分析一个行业的基本竞争态势。"五力模型"确定了竞争的5种主要来源,即供应商和购买者的讨价还价能力,潜在进入者的威胁,替代品的威胁,以及最后一点,来自目前在同一行业的公司间的竞争。一种可行战略的提出首先应该包括确认并评价这5种力量,不同力量的特性和重要性因行业和公司的不同而变化。

波特的"五力模型"的意义在于,5种竞争力量的抗争中蕴含着三类成功的战略思想,那就是大家熟知的:总成本领先战略、差异化战略、专一化战略。

○ 顾客需求的变化

在"五力模型"中,其中之一就是顾客,但是其含义非常狭窄,仅限于研究顾客的竞价能力,仅仅将顾客作为产品的购买者。实际上,顾客不仅是产品的购买者,满足他们的需求是企业经营活动的中心。随着顾客消费观念日益成熟以及市场上产品日益丰富,顾客的要求越来越高,顾客需求日益呈现多样化、个性化,这导致了需求的不确定性的提高,同时对产品的性能、质量、价格和交货期等的要求也日益提高,这都要求企业适应顾客需求的变化而变化,且源于这种推动力的变革会日益重要。

○ 企业内部环境的变化

企业内部环境也是处于变化之中的,有些变化对企业而言是有益的,而有些变化对企业而言是有害的,当后一种变化日益积累,成为企业发展的阻力时,变革便是必不可少的。常见的情况有:日益严重的官僚主义、业务流程不顺畅、部门之间冲突加剧、组织僵化、集体利益被严重忽视、缺乏创新和学习等。当这些情况在企业内部出现时,就必须进行变革,否则企业容易被市场淘汰。

○ 突发事件

突发事件具有发生突然和不可预知等特点,这要求企业能够迅速对突发事件进行反应。上述的变革动因,既有可能为企业发展带来威胁,也可能带来机遇。变革的实施,既可能是在动因显现后实施(这种变革是"后应式的变革"),也有可能是在这些动因尚未显现时实施(这种变革是基于对这些动因未来变化趋势的预测,是一种"先进式的变革")。

>>>> 企业变革成功的关键因素

企业变革是一个复杂的系统工程,涉及的因素很多,其中任何一个因素都可能影响到变革的成败。一般而言,企业变革的关键因素可以归纳为以下几点。

○ 变革的必要性

变革成败对企业关系重大,同时任何变革必定具有一定的风险,因此变革必须在确实需要的情况下进行,绝不能凭一时的热情或是赶时髦而盲目进行。科特(John P Koner)认为,人们在对企业实行调整中犯下的最大错误是:在公司各级管理人员心目中还未形成高度紧迫感的时候,就大刀阔斧地实施改革举措。这个错误是致命的,因为企业在众人极度自负的情况下,根本无法使改革的目标实现。只有在变革确实需要时,才能产生足够的紧迫感。

○ 企业变革金字塔

我们在提到危机管理时就说过,现代企业的寿命越来越短,究其原因是对环境的不适应。公司大了,人就越来越多,但有用的人不一定多,形成了人浮于事;公司大了,组织层次就越来越多,反应就显得迟钝;公司大了,分工越来越细,但对工作谁也不负责任;公司大了,对外界的敏感程度降低,动作反应越来越慢。

企业变革=机会

企业文化与群体共识

图 8-2 企业变革金字塔

当企业出现这种情况的时候就需要变革了。企业的变革可以看成是一次机会,企业要想变革,必须有两个基础来支承,一个是文化,一个是共识(见图8-2)。

无论是自上而下的变革,还是自下而上的变革,都必须在企业内部得到广泛的认同。如果得不到企业大多数员工的支持,变革不可能取得成功。

中日甲午战争后,中华民族危机日益严重。维新派康有为、梁启超、谭嗣同、严复等希望按照西方国家的模式,推行政治、经济改革,争取国家富强。维新派在各地组织学会,创办报刊,设立学堂,宣传变法主张,受到少数官僚资助。光绪帝接受维新派改革方案,1898 年 6 月 11 日颁布"明定国是诏",宣布变法维新。在 103 天里颁布数十条维新诏令。新政主要内容为倡办新式企业、奖励发明创造;设铁路、矿务总局,修筑铁路开采矿产;废除八股,改试策论,开设学校,提倡西学;裁汰冗员,削减旧军,重练海陆军。9 月 21 日慈禧太后囚禁光绪帝,逮捕维新派。康有为、梁启超逃亡国外,谭嗣同、康广仁、林旭、刘光第、杨锐、杨深秀等"六君子"被杀害。新政全部废除,"百日维新"失败。

同时期的日本,在 1871 年废藩置县,摧毁了所有的封建政权,成功地进行了明治维新,使日本成为亚洲强国。

中国的"百日维新"改革没有成功,使中国失去了一个良好的发展机遇,其主要原因是没有形成变革的基础:封建帝制的文化不支持;没有得到众多官员的支持。而明治维新却抓住了机会。

要使变革得到广泛的认同,必须在变革实施之前进行有效的沟通。首先,变革必须在最高领导层内部达成共识;其次,变革要得到中层管理者的支持;最后,变革需得到一般员工的支持。可以设想,最高领导层内部无法达成共识(甚至互相唱反调)的变革是不可能得到广泛支持的;如果不能得到中层管理者的支持,难以想象变革会得到他们下属的支持。在就变革进行内部沟通时,不能仅仅局限于"推销变革计划",还要就变革的

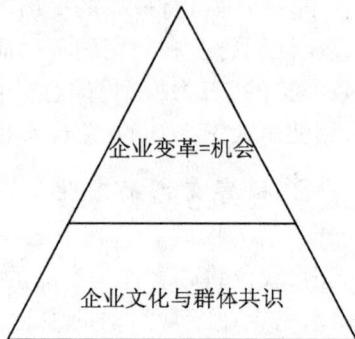

目标、范围、方法等各方面的问题进行沟通,这样既有利于确保计划内容的科学性,也能够调动员工的广泛参与,而这本身就具有激励作用。

>>>> 变革是痛苦的,但必须得变

有一位勇猛的将军,在他年轻的时候,特别喜欢宴饮。每次他都喝得酩酊大醉,一边东摇西晃,一边同女人调笑。他总是到离家较远的村里享受他的放荡生活,通常一周光顾一次,他的青春年华就这样一天天虚度,自己的武艺也渐渐荒废。

终于,有一天早上,将军的母亲狠狠地训斥了他,责怪他不应该像花花公子一样无所事事。母亲的情真意切让他猛然清醒,将军万分羞愧,发誓再不去那村子了。从此,他开始拼命训练,立志一心向善,成为一个品行优秀的人。

一天傍晚,在进行了整日野外训练之后,将军又累又乏,伏在他的爱驹上睡着了。马儿本来应该驮他回家,但这天恰好周末,也就是以前他去那个村子游玩的时间。受过主人良好调教的马儿,带他往以前的"乐土"去了。

当将军醒来时发现自己违背了对母亲所发的誓言,又到了他不该去的地方。想到自己的失信,竟忍不住掉下眼泪。他凝视着自己的马,这是他的亲密伴侣,是他除了亲人以外的至爱。经过长久的沉默,他拔出剑来杀了这匹马。

变革是痛苦的,无论一场变革能否为你带来好处,它都会使你失去一些你所熟悉的、让你感到舒服的东西。旧习惯的根除并不都那么容易。你是否能杀了自己心爱的马?

1983 年,在山西省委农工部工作的吕日周,被破格安排到山西省唯一的改革试点县原平县担任县委书记。他根据当地农民的改革实践,创造发展了一种崭新的城乡经济发展形式,即风靡一时的"政府搭台,群众唱戏"。3 年之后,他使穷困的原平县"咸鱼翻身",实现财政收入相当于周边 12 个县的总和。柯云路的成名作《新星》主人公李向南的改革经历即取材于此。作为李向南的原型,吕日周成为上世纪 80 年代的风云人物和一代改革者的缩影。他说:"改革是痛苦的,但必须搞。现在不痛苦,今后更痛苦。"

从 2000 年开始,随着我国经济体制改革的进一步深化,国有企业变革又掀起了一个高潮。在这次改革中,可以说所有企业都经历过痛苦,比如在全体员工的认同方面,可以说大多数员工是不能接受的。第一是认为自己的"铁饭碗"丢掉了;第二是国有资产的流失话题(2004 年郎咸平教授的 MBO 言论就是社会舆论的一个缩影)。但是不改革行吗?不改革必死无疑,因此变革必须承受痛苦。

>>>> 让大象也跳舞

20 世纪 80 年代,IBM 是一个几乎在所有电脑技术领域都落后的失败者。传统的大型电脑并没有在一夜之间消失,但却已经是过时的技术了。在 1991 至 1993 年间,IBM连续 3 年亏损,亏损额就高达 80 亿美元,电脑主机的年收入已经从 1990 年的 130 亿美元下滑到了 1993 年的不足 70 亿美元。如果这种态势得不到控制,一切都完了。更为

严重的是 IBM 在寻求将公司拆分成几个独立的运营单位,并且这一计划得到了当时大多数人的赞同。《华尔街日报》的记者这样说:在 IBM 重振旗鼓(如果说它还能够重振旗鼓的话)之前,其局面看来十分艰难,而且,IBM 将再也不能引领电脑行业了。种种迹象表明,IBM 获救的可能性不超过 20% 。

路易斯·郭士纳 1942 年 3 月出生于纽约市长岛,1963 年毕业于美国达特茅斯学院,获得工程技术学士学位。1993 年 4 月 1 日,郭士纳由美国最大的食品烟草公司老板转变成为 IBM 董事长兼 CEO,受命于危难之际。郭士纳以务实的态度,半年内果断裁员 45 万,彻底摧毁原有生产模式,开始削减成本,调整结构,重振大型机业务,拓展服务范围,并带领 IBM 重新向 PC 市场发动攻击。

在郭士纳为 IBM 掌舵的 9 年间,这家公司持续赢利,股价上涨了 10 倍,成为全球最赚钱的公司之一。有人评价,郭士纳的两个最突出的贡献就是:保持了 IBM 这头企业巨象的完整;让 IBM 公司成功地从生产硬件转为提供服务,成为世界上最大的一个不制造计算机的计算机公司。

郭士纳是技术的外行,但是他却通过一系列战略性的调整让一家在国际经济舞台上举足轻重的 IT 企业重振雄风。他把一个传统企业转变成了一个与世界经济接轨的、务实而灵活的现代企业,改变了大象不能跳舞的特性。以下是郭士纳让大象跳舞,拯救 IBM 的 9 个关键词。

○ 关注点

关注点对于一个机构的成功来说是一个关键性的因素。如果一个管理团队没有搞清楚公司的关注点,就很有可能误入歧途;缺乏关注点是平庸的公司中最常见的现象;找到了关注点,就等于为公司确立了方向感。初到 IBM,郭士纳为了找到蓝色巨人的关注点,为自己定下了"90 天内不作决策"的规定。

○ 现金流

公司里的现金流最能反映一个公司的经营情况。郭士纳上任 30 天,他就从公司的业绩报表上了解到公司的财务情况,并给公司财务现象下定义——"快速失血的财务"。3 个月后郭士纳大规模地削减不产生竞争力的开支,创造新的商业模式,再造公司内部流程节省开支。

○ 原则性领导

郭士纳把人分成 4 类:积极采取行动促使事件发生的人;被动接受所发生的事件的人;对事件持旁观者心态的人;什么事也不关心的人。对员工,郭士纳秉持的方法是原则性领导,因为所有高绩效的公司都是通过原则而不是通过程序来进行领导和管理的。

○ 以客户为导向

郭士纳认为,必须把市场确定为所有行动和行为的动机。为了了解客户,他开展了"热烈拥抱"计划。所谓"热烈拥抱"计划,就是要求 IBM 的高级管理班子的 50 名高级经理每一个人都要在 3 个月内,至少拜访公司的 5 个最大的客户中的一个。而高级经理属下的 200 名经理,也要执行"热烈拥抱"计划。通过"热烈拥抱"计划,郭士纳实现了 IBM 以客户为导向的企业文化转变。

○ **从现实出发**

"从现实出发"是一个十分古老的原则。哪怕这样一个古老的原则,郭士纳要执行它,也决非容易的事情。要制定一个优秀的战略,其最艰难的部分就是务实的竞争能力分析。但是,几乎所有的组织机构都会有一种自豪感,并愿意认为自己是最好的,而且,这些组织机构中的管理者也会鼓励这种荣誉感和自豪感。但事实就是事实,良好的愿望必须建立在一致和无偏见的基础上。

○ **注重营销**

在郭士纳进入 IBM 之前,营销并没有被作为一门独特的职业学问,也没有被当做一门独特的职业来实施管理。郭士纳认为一家成功的公司必须有一个以客户为导向的、强有力的营销部门。

○ **绩效工资**

郭士纳认为,人们只会做你检查的,而不会做你期望的。管理者千万不要把期望与检查混为一谈。当公司的战略确定之后,就必须让员工的奖励制度与战略相匹配。郭士纳在工资待遇方面实施了重大的改革。郭士纳认为,树立一个可测量的目标,并让员工为这一目标而承担责任,是激励员工最好的方法。

○ **执行**

执行是一套系统化的流程,包括对方法和目标的严密讨论、质疑、坚持不懈地跟进。这是理论化的执行。在郭士纳看来,执行就是把战略转化为行动,并对其结果进行检视,是促成一个战略获得成功的真正关键因素。

○ **激情**

郭士纳认为,做生意是一个具有竞争性的活动,要么成功,要么失败,没有其他的选择。他说:"我喜欢击败竞争对手,而且,我也极其、极其、极其地痛恨失败。"所以,领导的魅力在于激情——追求成功的热情。激情就如一台品质优良的机器的电源,它并不是空洞的、虚无的东西,对于管理者而言,激情就是从个人的领导能力开始的,它依附在公司的战略、文化里面,而且,激情蕴涵于每个人的心中。

>>>> **除了妻儿,一切都要变**

李健熙是三星集团前任董事长,1942 年出生于韩国庆尚南道宜宁,1965 年毕业于日本早稻田大学经济系,1966 年于美国乔治·华盛顿大学完成了经营学硕士的课程,2000 年成为汉城大学的经营学名誉博士。李健熙 1966 年进入三星工作,1987 年至 2008 年担任三星集团会长。他担任了 5 年董事长之后,就开始研究公司出了什么毛病。

李健熙以其杰出的领导力率领三星发展成为世界一流企业。1988年,就任三星会长不久,李健熙便倡导开展了三星的"二次创业",李健熙给下属企业进行"诊断":三星电子"癌症第二期";三星重工"营养失衡";三星建设"糖尿病";三星化工"先天性残废",一开始就不应该存在。1993年7月李健熙在三星集团东京会议上发言:"我们三星明显只有二流水准,简直太不像话了,为什么需要售后服务呢?为什么不将产品制造到不会发生问题呢?员工制造出不良的产品,也不会感到丢脸或者生气。"

在李健熙大刀阔斧改革之后的短短几年时间里,三星发展成为韩国第一大企业集团。骄人的成绩并没有使李健熙满足和止步不前。1993年,为了使三星实现向世界一流企业的飞跃,李健熙会长倡导了后来引起极大关注的三星"新经营"运动,他准确预见了上世纪末企业发展面临的危机,并提出"从我开始改变,除了妻儿,一切都要变",以此来敦促员工谋求变化、发展,改变现状,摈弃以数量为中心,转向以质量为中心,从而获得世界一流企业的竞争力。当时,三星的"新经营"运动在韩国的企业界甚至全社会都引起了强烈的反响,这次经营革新活动为三星向国际一流企业的发展打下了基础。

三星近十几年来的发展过程也是"新经营"的实行过程。三星进行了持续不断的结构调整,实施了"选择和集中"的业务发展战略,对未来型产业的研发进行了积极的投入,如今三星横跨电子、金融、机械、化工、贸易等诸多领域并成功实现了各个业务领域的水平整合,成为名副其实的世界一流企业。他们的目标是2010年三星电子跻身世界前三强(美国GE,日本SONY,韩国三星),而在2006年三星电子营业收入就已经超过1 000亿美元,位列全球电子行业前三强。

"一个好运当头的人不会捶胸顿足,痛苦和危机才使人去寻找所有事物的源头",这是三星电子的危机与变革理念。1997年的亚洲金融危机,将三星逼进了生死时刻:最糟糕时长期负债达到180亿美元,几乎是公司净资产的3倍;生产管理不善导致库存积压严重;拥有过多的非核心资源;那年一个月的亏损额达到1 700亿韩元(按当时的汇率计算约合2.1亿美元)。在压顶的危机中,三星掌门人李健熙与新上任的总裁尹钟龙,却发现了化危机为转机的空间,告别同质产品的价格竞争,敞开心胸,果断地迈向价值创新。

历史留下了两个耐人寻味的细节。第一个细节是三星掌门人的果决。1998年3月22日,李健熙发表悲壮的宣言:"为了克服危机,我甚至不惜抛弃生命、财产及名誉来挽救三星!"这个"除了妻儿,一切都要变"的掌门人,在1995年的时候,因为三星的一款手机品质遭到客户投诉,就带领2 000名员工,把价值5 000万美元的问题手机、传真机、无线听筒碾成碎片。危机告诉李建熙,**同质产品拼价格死路一条,唯有去创造新价值才是生路。**

第二个细节是别开生面的"生死对策大会"。1998年7月末,在新罗饭店,20多名三星电子高层为最终的结构调整改革召开了影响深远的"生死对策大会"。10多小时的会议结束时,尹钟龙和他的团队都写出了辞呈,表示如果到当年年底为止没能进行改革,或改革不成功,全体都将辞职。三星公司在1998年,共整合了包括小型家电及无线寻呼等在内的共 34 项产业、52 个品种,裁员 1/3。

<blockquote>>>>></blockquote> ## 模仿 + 改良优化 = 创新

电子表是哪个国家发明的?瑞士。但现在是日本的卡西欧电子表世界销量第一。日本人向来以模仿著称,但是他们不仅仅是模仿,还要加上改良和优化。

没有竞争就用不着创新,市场垄断不需要创新,也不需要打造品牌,而市场经济就是要打破垄断,因此你必须创新。

只要会动脑筋,其实创新没有想的那么复杂:公司如何给自己定位,答案是去看其他公司怎么定位;怎么去写好的宣传单,答案是去看很多好的宣传单;怎么去研发好的产品,答案是去看很多好的产品;怎么去打出好的广告,答案就是去看很多好的广告。模仿其他公司,然后再改良,自己就很轻松,如果凭你自己去想去发掘就很累。而且有时原创死得很惨。就像打仗一样,原创是冲在最前面去挡子弹的。所以日本人说,什么是创新?创新 = 模仿 + 改良。

《哈佛商业评论》说:主动创新的企业成功率为 11%;跟随模仿的企业成功率为45%。所以李嘉诚、松下做企业都是老二哲学,都喜欢走模仿路线,不为天下先,尤其是在做大了以后,更要谨慎。德鲁克也说:"**模仿本身就是创新,模仿是创新的前提,创新是成功的关键。**"

很多成功人士的辉煌成就都不是因为有重大的创新,而是巧妙地借用了人家的智慧。古往今来历史上很多伟人都不是遇到了千载难逢的机会,而是聪明地利用了自己身边的机会。但有很多人对这些机会充耳不闻,熟视无睹,置若罔闻。

日本索尼走的是创新路线,而松下走的却是模仿战略,松下模仿索尼的产品进行改良发展。

韩国三星也是一样,三星不是从头研发产品,而是用钱买技术,买来以后只做一点自己的设计和修改。李健熙认为,如果付出 1 亿韩元,就能以 1 周时间获得的技术,却硬要投入 10 亿韩元,还必须经过 3~5 年的开发,那是一种浪费。付 5% 的技术费用没关系,只要能知道怎么做,创造 10% 的利益就好了。这就是三星的"模仿 + 改良"策略。

一般来说,打造品牌最成功、最见成效的创新就是将你开创的概念成功地运用到完全不同的业务中去。所以无论你在阅读、旅行、收看电视广告,还是在听收音机,时刻保持对各种信息的关注和留意。如果自己公司真的想不出什么好的创新点子,建议大家就多去模仿人家的,模仿完了,关键就是改良。

人学习经验只有两个办法,一是在实践中学习自己的经验,二是在书本上学习别人的经验,当你的时间有限的时候,必须从书本上和生活中都学习别人的经验。**成功者学习别人的经验,失败者学习自己的经验。**

第一个爬上山顶的人,可能需要 24 个小时,因为,他大部分时间在探路;而第二个爬上山顶的人,可能只需要 2 个小时,因为,他只需要沿着前一个人发现的路就好了。

经营事业,向不同行业的人们学习,比向同行业的人学习更有好处。向同行业的领先者学习，顶多只是步其后尘而已。而这些领先者又是从什么地方学来的呢？答案是从不同行业的领先者学来的灵感。

唯有如此，方能在打造品牌中走出异常，超越超常，回归正常，在不断地自我否定中不断地自我超越和创造。一个企业的管理水平越高，对手对其的研究就越透彻，如果不创新，如何超越自己？只有不断地自己打倒自己，才能不被别人打倒。

>>>> 做一条反向游泳的鱼

在学习型组织的5项修炼里有"改善心智模式"和"系统思考"，就是要我们管理者对存在的问题进行超常规的思考。

人有时很难改变自己的主张，特别是一些在人们心中早已根深蒂固的想法更难改变，我们经常会听到"善良的肯德基"这个词，那肯德基为什么会被称为"善良的肯德基"呢？

这其实也有其同行竞争对手麦当劳的原因。当初，麦当劳一进入中国就刮起中国快餐业的一阵旋风，使得中国的许多快餐店纷纷倒闭，并且很快就赚走中国人的许多钱。所以，麦当劳一时被称为"可恶的麦当劳"。

而肯德基在进入中国并且站稳脚跟后，开始实行一个让人不得不佩服的政策，那就是自己花钱培训中国的快餐店员工。肯德基是这样解释他们的策略的：如果所有的中国人只吃面包、鸡腿和薯条，那会很无聊，他们还需要面条、包子、水饺等。尽管肯德基的这个策略可能是另有考虑，不过它还是因为这个策略被人称为"善良的肯德基"。肯德基的想法是跟竞争对手一起竞争，其乐无穷。

按照美国学者迈克尔·波特的竞争理论，企业战略只有两种：低成本战略和差异化战略。现在诸多企业实践已经证明了这种观点的有效性。近几年来，在竞争日趋激烈的复杂多变的市场环境中，企业面临着自己原有的竞争优势逐渐弱化乃至丧失的危险。通过积极变革和不断创新，抓住变化中的机会，是企业赢得持续竞争优势的根本途径。在低成本战略已经被大多数企业所用的同时，更多的企业转而采用了差异化策略，因为差异化也正是顾客所需要的。

所有的成功都来自于创新，这就是差异化。差异化会使企业在行业中别具一格，具有独特性，并且利用有意识形成的差异化，建立起差异竞争优势，以形成对"入侵者"的行业壁垒，并利用差异化带来的较高的边际利润补偿因追求差异化而增加的成本。

变革和创新本身就是一种差异化，就是要做到跟别人的不同，这些变革和创新又是通过与别人不同的思维来实现的。

有一年，有一个地方遭到蝗灾，庄稼颗粒无收，很多州县都遇到了困境。一些大户人家都积有存粮，还能应付。但是很多普通的老百姓平时过的就是半饥半饱的生活，现在就更没有粮食可吃了。有一个州的州官为此束手无策，不知如何才能帮助遭蝗灾的老百姓。有一个聪明的商人给这个州官出了一个主意，让米价上涨。州官一听，非常纳闷。因为照理来说，在灾荒之年应该让米价降下来才对啊，怎么反而涨价呢？商人对州官耳语了一番,州官连说好。在这个地方的其他州县贴出了告示,严禁米价上涨,违者关进大牢,如有举报,则给予重奖。米商们为了想赚钱,纷纷把米运到涨米价的那个州县。一时间,米价暴涨。来买米的百姓一看米价涨得那么高,都暂时观望。不久,因为很少有人来买米,米商们想把米运回去。但是一来运费太贵,二来其他州县严禁涨米价,只好把米价降了下来。因为有了足够多的米,虽然米价比平时高了一点点,但这个涨米价的县最先渡过了灾荒。聪明的商人和州官说了什么让州官涨米价呢? 商人说:"物多价贱,物少价贵。这是商业规律。米商们都是想要赚钱的人,看到可以涨价,必定会蜂拥而至。但是吃米的人就这么多,如果很少有人买米,米价怎么会不降下来呢?"

采用逆向思维是人的灵感源泉,我们遇到问题的时候不妨从反面去思考。当别人都向前的时候,我们为什么不做一条反向游泳的鱼? 也许我们会看见另一种完全不同的风景。以反向思维的方式,容易发现在生活、工作、思想中的问题,启发人们要善于学会变换或调整思维方式,敢于挑战传统经验,打破思维定式,学会逆风飞扬,寻求不断创新,找到处理问题的最佳方法,做到激活个性、升华思想、彰显才华、增添智慧,进而使企业在竞争中更加信心百倍。

第四部分

PART FOUR

理念震撼世界

第九讲　品质就是超越

> 你要变成质量问题的疯子，否则质量问题将把你变成疯子。
>
> ——通用电气前 CEO　杰克·韦尔奇

近年来，随着公路建设里程的逐年增加，公路质量问题也不断出现，桥梁垮塌、公路路面早期破坏、公路设计缺陷等新闻报道经常出现于报纸、网络，这说明我们公路施工质量确实存在缺陷。

我国高速公路质量控制采取企业自检、监理抽检、政府监督等方式，甚至有的省份业主也投入了巨大的财力和精力进行工程质量检测检查，在这样层层的监督下，为什么还出现质量问题？原因有 3 个：第一是现行的公路工程质量标准和规范不适应业主，对公路质量的要求，标准已经落后，解决的方法是重新对标准进行修订；第二是地质条件复杂导致质量问题，解决的方法是加强前期的设计勘测，引进设计监理制度，严把设计质量关；第三是施工企业对自己的要求不高，这也是质量控制的难题和重点，不管检查的次数有多少，监督得有多严格，施工企业自身不重视质量或把质量管理当成一种口号，质量监督只能是一种形式，因为工程质量是施工单位做出来的，不是监理、业主和政府部门监督出来的。

工程质量管理习惯于最终的质量评定结果而忽视施工过程控制，在施工中不按规范施工的现象普遍存在，这就给工程质量留下了隐患。

在这个对质量要求越来越高的年代里，很多施工企业还停留在工程质量管理的初级阶段，部分企业已经意识到工程质量对企业带来的不可估量的巨大效益，他们纷纷引入了全面品质管理（贯彻 ISO9000 标准）、六西格玛管理、零缺陷管理等质量管理理念和管理方法，用以规范企业行为，提高企业管理水平和工程质量，这些企业在工程产品质量提高的同时，也获得了巨大的经济效益和社会效益。

1　什么是产品的品质

　　超越顾客的期望

　　企业管理的目标什么？当然是获得利润，利润从什么地方来，当然是从产品中来。今天我们不管是讲精细化管理也好，讲执行力也好，还是讲团队、学习型组织也好，这些归根到底就是讲如何把企业管理好，管理好企业的目的就是产生利润。我们经常说以顾客为核心，所以管理好企业也就是为了赢得顾客的信赖。那么站在顾客的角度，他关心的是什么？关心你的企业管理方法？你的人才优势？还是你的先进理念？都不是，他唯一关注的是你产品的品质。因此，**企业管理的最终目的，也是产生效益和利润的东西，就是产品的质量。**

　　企业的质量目标到底应该是什么？应该把产品的质量做到什么程度？以前我们都讲"让顾客满意"，但随着时代的发展，人们对产品质量的需求越来越高，几近于苛刻。就拿交通行业来说，最初老百姓只要有路走就行了，起先公路是土路面，道路坑洼、积水，没有几个人会在乎路难走，因为大家都知道政府没有钱修路。后来土路面逐渐不能满足行车和行人的需要了，要铺筑砂石路面，再后来是沥青罩面、沥青混凝土、水泥路面。以前道路都是二级、一级，后来是高速，尽管公路已经达到很高的标准，但还是不能满足人的需求，人们还要环境、绿化的配套，还要 GBM 工程，光是景色美丽还不够，还需要高速公路完美的服务质量……这就是时代在进步，顾客的需求在提高的结果。

　　因此，当今的企业产品，光让"顾客满意"是远远不够的，这种理念已经过时了。现在的观点是"超出顾客的期望，让顾客感动"，说得幽默一点就是当顾客使用了你的产品后让他"感激涕零"，这样的产品和服务才有竞争力。

　　要超越顾客的期望，就必须知道如何做好质量管理工作。以前我们讲质量好就是产品满足要求的标准就行，拿公路工程来说，就是要满足评定标准的要求。但现在不一样了，仅满足评定标准还不够，你在施工过程中还必须按规范施工，按规范管理，要求每一道工序都要合格并尽量做得精细，不是认真地做工程，而是要用心做工程。工程施工结束了，通车以后还需要有一个非常完美的服务系统。

　　中国的语言内涵丰富。近几年，国内很多理念先进的企业已经不把产品的质量用"质量"这个词来表述了，而是用"品质"来表述。那么什么叫质量？什么叫品质呢？

　　美国的汽车质量好，德国的汽车质量好，日本的汽车质量也好。那么他们有什么区别吗？美国的汽车质量好，但它笨重，耗油量大。德国的汽车质量好，他们的技术一直都领先，加上德国人严谨和实在的民族性格，使得他们对汽车制造技术一直都在孜孜不倦地追求，他们比较欣赏技术含量高、安全性高的产品，但往往就忽视了市场的需求。

日本的汽车质量好,就是非常重视市场,市场需要什么,就做什么,客户要求技术、品质达到什么程度,就做到什么程度,把产品的寿命设计得非常精准,使用寿命范围内基本没问题,到期就报废,一点都不浪费。正是这种精益求精的态度,不但使得产品的质量有保证,得到市场青睐,还大大节省了成本。

用一句话简单概括,美国的汽车是凭借成熟技术占领市场;德国汽车是用技术领先来带动市场;而日本是用市场来推动技术和品质,不做最领先的,只做最适合的。

那么我们可以说,美国和德国的汽车质量好,而日本的汽车品质好。

通用电气前 CEO 杰克·韦尔奇说:"你要变成质量问题的疯子,否则质量问题将把你变成疯子。"这体现了杰克·韦尔奇对质量问题的重视。在我国,张瑞敏是中国企业品质经营的领军人物,用质量与品牌两大制胜法宝,创造了海尔神话。张瑞敏曾说过,质量无止境,企业无边界,名牌无国界。在他的带领下,海尔实施全面质量战略,通过强化质量检测,时刻与全球用户和市场保持零距离,追求零缺陷的符合性和零抱怨的适用性。通过建立整合型的品质经营管理体系,海尔追求零差错的全方位市场链质量,把创新的基因植入每一个海尔员工的心中,实现产品高增值前提下的高增长,以卓越的全球经营品质打造百年海尔。

张瑞敏在创业初期就开始抓品质管理,上任初就提出:"有缺陷的产品就是废品。"在这样的指导思想下,1985 年,张瑞敏带头把 76 台有质量缺陷的冰箱全部砸烂。如今,在海尔科技馆里的那把闻名遐迩的大铁锤,向人们诉说着质量与品牌的故事。这一锤砸出的不仅是质量意识,砸出的还是一种崭新的观念,从此,质量意识像烙印一样印在海尔人的心中。

当其他企业忙于抓产品质量时,张瑞敏的质量理念又有了升华——从抓产品本身的质量这种狭义的质量意识提升到一种广义的延伸到服务的质量意识。他认为,从生产线下来的产品质量再好,也不是完整的质量,要把产品的质量延伸到用户的家里去,海尔当时在全国第一家提出了星级服务的概念。

有一个案例,说明服务的重要性。一用户在洗衣时被某品牌洗衣机内部一个毛刺划破了手指,这完全是用户自己没注意造成的,而顾客本人也没有把这件事放在心上。有一次用户在跟该洗衣机公司的技术人员唠家常的时候无意中说了这件事,这名技术人员回去就把这件事告诉给经理。经理听说这件事后,查到这台洗衣机的生产责任人,罚了 100 块钱,特意买了水果到用户家里赔礼道歉,这个用户非常感动。从那以后,该厂增加了几道工序,就是专门用来打磨配件上的毛刺。这就是一切为顾客着想。

某高速公路两个相邻标段工程验收评分都是 95 分,其中一个标段在施工过程中管理规范,工期适合,没有出现任何安全问题,施工单位在施工过程中服务到位,虚心接受业主、监理的指导,不弄虚作假,施工精细,这个标段施工的公路就是工程品质好;而另一标段施工单位,施工过程不按规范操作,不注重施工资料的管理,施工人员不听取监理和业主的意见,精细化管理不到位,那么他的产品质量虽然没什么问题,但谈不上好。

因此,**超越顾客的期望,就是要我们在产品质量上多做一点**。顾客有需求,我们就要去满足和超越,他们的需求不断地提高,我们也要不断地超越。

什么是品质?我们从上边的案例中可以得到解释,品质其实就是质量的延续和不断的超越。品质是一种高雅的产品和服务质量。品质是产品内在的一种修养,是企业内在的对产品的想象力、原创力、生命力的一种追求。产品品质的公式为:

产品品质 = 产品质量 + 完美的生产过程 + 优质的服务 + 满足产品生产的优质人力资源 + 企业自身卓越的管理。

离开服务的产品已经不是好质量的产品了。

为了让企业生产的产品具有核心竞争力,超越顾客的期望,我们可以把以上公式适当修改,修改后的公式为:

产品品质 = 产品质量 × 完美的生产过程 × 优质的服务 × 满足产品生产的优质人力资源 × 企业自身卓越的管理 × 1.01。

公式中任何一项都不能为 0,如果一项为 0,产品的品质就为 0,而 1.01 的意思就是多做一点,超越期望。

以后,当我们再谈论工程质量的时候,你就会想了,我的施工过程让顾客满意吗?我按规范施工了吗?我的服务被业主认可吗?而不是只看最后的评分。

我们的产品要质量,更要品质。以后我们要把工程质量称为"工程品质"了。

>>>> 不要把工程品质、进度、成本和安全独立谈论

未来的建设工程,必将是一个精工细作的系统工程,这种精工细作体现在工程的每一道工序。只有这样才能得到高品质的工程。

在施工中,常常有技术人员把工程的品质、进度、成本和安全管理独立开来,他们会说:

"我们施工的质量虽然不如其他标段,但进度是最快的";

"进度跟不上的原因就是你们监理在质量上管理太严格";

"我们的路基石灰土灰剂量都达不到 5%,是因为报价太低";

"按照安全操作规程做要投入很多的资金";

于是,忽视质量求快,忽视安全求省等成了最合理的借口。

实际上,这种说法是错误的。这里有两个问题,让施工管理人员来体会。

第一,修路是做什么的?有人回答,是供车辆行驶的,是供人们使用的。对!但试想,公路施工完成后,通车没多久就出现损坏,那施工速度再快又有什么用?所以修路的最终目的就是得到一个好的工程品质,忽视了最终目的做什么都没有意义。因此品质是企业活动的核心。

那么有人又提出了异议。如果大量的投入致使公司亏损,我们不是成傻瓜了吗?是的,一个公司,它运营的目的是获得利润,但获得利润是建立在诚信的基础上,公司赚了钱但不能损害业主的利益。高速公路施工项目目前都是通过公开招标进行的,投标报价不认真而最终想通过其他手段补偿这种想法是不对的。

第二,施工工人工作的目的是什么? 有人回答说,是为了生存或生活得更好。对! 但如果我们施工不顾及生命财产的安全,还能生活得好吗? 生命都没有了,还谈什么生活? 因此安全对工人来说比什么都重要。近几年企业都在讲以人为本,那么对于施工企业首先应该把工人的安全工作做好。

从这两个问题中明白什么更重要了吗? 安全和质量。既然安全和质量最重要,那么就可以理解进度和成本的概念了。

○ 进度

进度是指在合理的施工组织和确保安全的条件下,生产质量合格的工程产品所经历的合理时间多少。如果一个施工单位,不顾安全,不顾质量,拼命加快施工速度,能说这个单位进度控制得好吗? 因加快施工速度,忽视了安全,频繁地出安全事故;因加快施工速度,忽视质量,生产出众多的不合格产品甚至是豆腐渣工程,那么这种施工还有存在的意义吗? 在这种条件下还能谈进度吗? 盲目求快不是真正的进度快,往往会引发质量问题。

也就是说,只有在保证安全和质量的情况下谈进度才有意义。工程没有了质量就好像你花了很多钱买了一个根本不熟的西瓜。

○ 工程品质

关于品质的概念我们已经讲过了,在精细化管理时代,只重视结果而忽视过程的思想已经不那么理智了。经常听见有人说:"我不管过程,我只要结果。"这句话听起来是够潇洒,但喜欢说这种话的人不知道有没有想过,如果过程不对,能有一个好的结果吗? 对工程质量也是一样,如果施工过程都不满足要求,能说工程品质好吗?

比如说,一个桥梁墩柱的水泥混凝土设计强度为C30,混凝土浇筑完成后经检测,28天强度达38MPa甚至更高,那么我们可以下结论说这个构件质量好吗? 假如这个墩柱在施工过程中,存在如下问题:① 在施工前,没有切实可行的浇筑方案;② 施工前没有经监理报验就进行施工;③ 墩柱钢筋偏位严重,没有作相应处理,且钢筋绑扎间距不符合图纸的要求,甚至箍筋数量不够;④ 混凝土在浇筑前,没有对原材料进行施工配合比调整;⑤ 经试验检测,水泥安定性不合格,砂石材料含泥量超标,碎石级配不好;⑥ 在混凝土浇筑过程中,没有按施工技术规范的要求采用串筒或其他缓冲装置;⑦ 构件养生不及时;⑧ 混凝土表面气孔多;⑨ 技术人员伪造试验检测数据。这个构件还是不是一个合格构件呢?

所以,工程质量应该这样定义:在一定的质量保证体系下,按施工技术规范和规程,生产一项工程产品的好坏程度。那么工程品质,就应该是在质量保证体系健全的条件下,在施工过程中,严格按照施工技术规范、图纸、规程以及各类技术文件操作,施工后的工程经外观、实体质量等检测合格,评分达到优质工程评定的要求,且资料齐全。

我国《公路工程质量检验评定标准》(JTG F80/1—2004)关于工程质量评分的条文明确规定,只有在分项工程使用的原材料、半成品、产品及施工工艺符合基本要求,且无严重外观缺陷和质量保证资料真实并基本齐全时,才能对分项工程质量进行检验评定。可见,施工过程的规范性是基本要求,一个合格或优良的施工过程加上一个完美的结果才是一项真正的合格工程。

○ 成本和利润

一个施工企业效益好坏的直观体现就是工程所获得的利润。一个管理良好、讲求诚信的企业,其利润应该来源于严格的管理和诚信施工,这些利润的取得是合理合法的,是全体施工人员努力工作的成果。而通过偷工减料、弄虚作假等舞弊行为所得到的经济收益,并不是严格意义上的利润,它的取得是不合法的,是通过不诚信的手段得到的非法收入。

公路施工企业成本控制应该是通过正当的手段进行的。一方面,通过严格的管理和全体人员的努力工作,来节约成本;另一方面,诚信施工,不偷工减料,不弄虚作假,对工程项目进行合理的投入,这些因合理投入所增加的成本是必要的,也是保证工程质量和进度的要求。因此,成本是施工单位用于施工所必需的费用,不能肆意削减必需的成本,这也是诚信施工的规则。

某些施工单位为了节约管理费用,减少施工管理人员,造成施工质量控制不力;也有些施工单位,为节约成本,购买质量不符合要求的原材料;还有单位在施工过程中偷工减料,以达到低成本高效益的目的。这些都是不可取的,并且都是应该严格制止的涉及工程质量的严肃问题。

○ 对立与统一

进度、质量、成本、安全作为工程控制的主要内容,应该值得我们去认真理解和体会。试想,一个质量上经常出问题的单位,把时间都用在整改、返工上了,它的进度能快吗?只有把质量做好,每项施工任务、每个施工人员都按照一定的程序开展,才有可能保证工程进度。也就是说,工程质量做得好的施工单位,它的工程进度也肯定会快。反过来也应该是这样:工程进度有保证的单位,工程质量也要做得好。质量好,进度快,避免了返工损失和时间的停顿,它的工程成本也会降低;安全工作做得好,反过来也保障了施工的进度和工程的质量。

这些关系都是良性互动的。只有认识到这些关系,并且能正确运用的管理者,才能管理好他的企业,才能使他的企业进步。

深刻理解这几个概念并处理好它们之间的关系,就不会为施工中控制质量会影响进度、会增加成本而担心。因为工程项目实施的实质就是将进度、质量、费用成本和安全有机地融合在一起,只有这样才能把它们之间的矛盾对立关系转化为相互依存、相互促进的依赖关系。控制质量的过程,其实就是控制进度、控制成本和确保安全生产的过程。

因此,可以这样理解:工程质量好了,进度才会快,成本才会低,利润才会有;安全工作做好了,进度才会快,成本才会低,利润才会有(见图9-1)。

进度
成本
↓
质量

转化

质量
↓
进度
成本

牺牲进度保证质量　　　高质量促进快进度

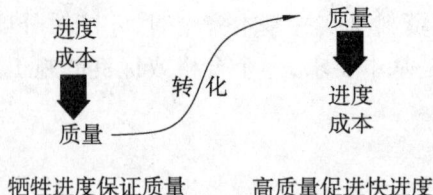

图 9-1　以质量为中心提高速度并降低成本的对立统一关系

2 全面品质管理理念

>>>> **全面品质管理的含义**

二战后的一段时期,是以生产为导向的年代。当时美国人强调的是产品数量,也就是说公司做什么产品,顾客就要买什么样的产品,公司主要考虑的是怎样扩大生产规模,比如说福特汽车,它发明了大规模的生产线,其主要目的是提高生产率。那时的观点是"高质量,高成本",就是客户要买高质量的产品就必须出高价格,因为公司的成本高。当美国制造业还在这种观念中洋洋自得的时候,突然有一天,他们发现街上跑的是日本丰田车,商店里卖的是索尼的产品。这时候,日本的产品正在以其低成本、低价格和高质量逐步蚕食和抢占美国原有的市场。直到这时,美国制造业才开始反思是什么原因让日本企业提高了国际市场竞争力。他们发现日本企业在实施一个名为全面品质管理的战略,正是这一战略使其产品具有了强大的生命力和竞争力。

全面品质管理是企业管理现代化、科学化的一项重要内容。它于 20 世纪 60 年代产生于美国,后来在西欧与日本逐渐得到推广与发展。

1960 年美国通用的高级质量主管、被称为全面品质管理之父的哈罗德·费根堡姆在其著作《全面品质管理》中首先提出了"全面品质控制"(Total Quality Control,TQC)概念。在这本著作里,他给全面品质管理下的定义是:为了能够在最经济的水平上,并考虑到充分满足顾客要求的条件,进行市场研究、设计、制造和售后服务,把企业内各部门的研制质量、维持质量和提高质量的活动构成为一体的有效的体系。而 ISO8402 对全面品质管理的定义是:一个组织以质量为中心,以全员参与为基础,目的在于通过让顾客满意和本组织所有成员及社会受益而达到长期成功的管理途径。从以上两个定义不难看出,费根堡姆更倾向于对质量的控制,而 ISO 则更注重于以顾客满意度与社会受益为目标。20 世纪 80 年代后期以来,全面品质管理得到了进一步的扩展和深化,逐渐由早期的 TQC 演化成为 TQM(Total Quality Management,TQM),其含义远远超出了一般意义上的品质管理的领域,而成为一种综合的、全面的经营管理方式和理念。它是一种由顾客的需要和期望驱动的管理哲学。TQM 是以质量为中心,建立在全员参与基础上的一种管理方法,其目的在于长期获得顾客满意及组织成员和社会的利益。

TQM 的核心观点是:

(1)强烈地关注顾客,以顾客为导向。"顾客要什么,我们就要做什么。"以前美国的数量年代对应的是生产导向。从现在和未来的角度来看,顾客已成为企业的衣食父母。"以顾客为中心"的管理模式正逐渐受到企业的高度重视。全面品质管理注重顾客价值,其主导思想就是"顾客的满意和认同是长久赢得市场、创造价值的关键"。为此,全面品质管理要求必须把以顾客为中心的思想贯穿到企业业务流程的管理中,即从市场调查、产品设计、试制、生产、检验、仓储、销售到售后服务的各个环节都应该牢固树立"顾客第一"的思想,不但要生产物美价廉的产品,而且要为顾客做好服务工作,最终让顾客放心满意。

(2)坚持不断地改进。TQM 是一种永远不能满足的承诺,"非常好"还是不够,质量总能得到改进,"没有最好,只有更好"。在这种观念的指导下,企业持续不断地改进产品或服务的质量和可靠性,确保企业获取对手难以模仿的竞争优势。

(3)向员工授权,鼓励员工参与。TQM 吸收生产线上的工人加入改进过程,广泛地采用团队形式作为授权的载体,依靠团队发现和解决问题。

>>>> 施工企业推行 TQM 的意义

全面品质管理在国外已经推行很久了,在国内这种理念引入也有 20 多年历史了,但至今还没有被大多数企业重视,即使应用了,也不知道所以然。20 世纪 90 年代末,施工企业纷纷进行国际质量体系认证,但走形式的比较多,真正施行的比较少,因此,全面品质管理在施工企业的实施就显得非常必要了。

TQM 为什么能够在全球获得广泛的应用与发展,与其自身所实现的功能是密不可分的。总的来说,TQM 可以为施工企业带来如下益处:

(1)使施工服务对象完全满意,可以得到很好的口碑。工程品质良好,可以赢得业主的信任。如高速公路产品不同于其他产品,它的社会影响比较大,如果实施了全面品质管理,工程质量好,必然会赢得社会的好评。

(2)能最大限度地获得利润。全面品质管理方法严密,在品质管理中做到一丝不苟,工程品质好,不返工;品质好,口碑好,工程就可以接连不断;品质好,施工进度快。这些都可以为企业降低成本,赢得利润。

(3)追求企业的利益和成功。全面品质管理其实就是施工企业通向成功的一把钥匙。没有了这把钥匙,企业就不能有更大的进步。

(4)可以改善服务,也有助于提升企业在各方面的管理水平。全面品质管理可以提升员工的素质并改进工作态度,从而从根本上改善服务,企业在这样的理念指导下,其他方面的管理也会提升。

(5)提高劳动生产率。

（6）实施全面品质管理,可以有助于确保施工进度,能改善施工进度慢的问题。

（7）降低质量成本,减少浪费。全面品质管理可以优化资源的利用,降低各个环节的生产成本。

（8）可以有计划地供应材料,减少库存,提高资金的周转效率。

（9）能够为施工企业带来持久的竞争优势。全面品质管理能够给企业组织结构、技术、人员和管理者带来变革,而企业则通过这些相应的变革来获得竞争优势。

质量改善既是一种流程的改变,又可以作为企业员工的共同愿景,这有助于施工企业形成一种持续品质改进的文化,塑造不断学习、改进与提高的文化氛围。

>>>> 建设工程全面品质管理的内容

全面品质管理过程的全面性,决定了全面品质管理的内容应当包括设计过程、施工过程、辅助过程、使用过程等4个过程的品质管理。

（1）工程设计过程的品质管理是全面品质管理的首要环节。以公路工程为例,这个过程品质管理的要点有:路线的选择、路线的设计、路基及小型结构物设计、桥梁设计等。在这个过程中的每一个环节都应该制订质量目标,然后进行分解实施。

例如,顾客买了一台燃气热水器,刚买来就发现很多的问题,如对水压力的要求特别高,只要是用水高峰时段,就不能点火;经常熄火,只要是温度超过60摄氏度就熄火;调温极其不方便……找售后服务人员来修理,他们说这款热水器没问题,它设计就是这个样子。可见,设计缺陷会给使用者带来不便。

南京长江大桥在通车40年后的1999年才大修,说明这座桥施工质量很好。但其设计也存在缺陷,第一是线形,最初设计时北引桥的终点是到泰山新村,比现在的终点要长近1公里,可当时由于资金问题对原设计进行了修改,缩短了桥长,这样北引桥纵坡就显得偏大了。另外设计时通航高度考虑欠佳,大型船只无法通过,在长江航道上形成瓶颈。

（2）施工过程的品质管理的内容是加强工序的控制。从施工技术方案、原材料控制、标准的确定到工艺控制都应该进行详尽的施工控制管理。

（3）辅助过程品质管理的内容包括物资采购供应,施工设备的安装、维护和拆除,施工便道的施工,临时设施的选址等等,都需要全面品质管理。

（4）使用过程品质管理是考验工程实际品质的过程,是品质管理的继续,也是全面品质管理的出发点和落脚点。这一过程品质管理的基本任务是提高服务质量,保证实际使用效果。在公路养护管理过程中,针对相关问题不断地向设计和施工企业反馈,以改进公路产品品质。比如,江苏省高速公路管理公司将在高速公路运营过程中发现的橡胶支座脱空、板梁铰缝渗水、湿接缝脱落、桥面沥青混凝土坑槽等质量通病及时地反馈给省高速公路建设指挥部,在后续的施工中业主就重视了这些部位的质量控制。

>>>> **戴明和戴明学说**

戴明(W. Edwards Deming)博士是世界著名的质量管理专家,他因对世界质量管理发展作出的卓越贡献而享誉全球。以戴明命名的"戴明品质奖",至今仍是日本品质管理的最高荣誉。作为质量管理研究的先驱者,戴明学说对国际质量管理理论和方法始终产生着异常重要的影响。他认为:"质量是一种以最经济的手段,制造出市场上最有用的产品。一旦改进了产品质量,生产率就会自动提高。"

1950 年,戴明对日本工业振兴提出了"以较低的价格和较好的质量占领市场"的战略思想。20 世纪 80 年代初,他来到底特律,受命于福特汽车公司首席执行官唐纳德·彼得森(Donald Peterson),那时的福特汽车公司由于日本竞争对手的冲击而"内出血"。戴明提出长期的生产程序改进方案、严格的生产纪律以及进行体制改革。戴明博士将一系列统计学方法引入美国产业界,以检验和改进多种生产模式,从而为后来杰克·韦尔奇等人的六西格玛管理法奠定了基础。

与当今许多质量管理法不同的是,戴明不仅仅是在科学的层面来改进生产程序。戴明用他特有的夸张语言强调:"质量管理 98% 的挑战在于发掘公司上下的知识诀窍。"他推崇团队精神、跨部门合作,严格的培训以及同供应商的紧密合作、这些观念远远超前于 80 年代被奉为经典的"能动性培养"。

然而,戴明一直自觉地保持着一个局外人的身份。正因为如此,他的观念和方法才那么有效,同时又富有争议。个头很高的戴明往往会不假思索地在大庭广众对业界大腕出言不逊,可工人和工程师们却对他崇敬有加。他赢得了众多首席执行官的爱戴,但也常遭白眼。

戴明学说简洁易明,其关于质量管理的 14 条原则成为 21 世纪全面品质管理的重要理论基础。

质量管理 14 条原则

第一条　确定一个倾向于改善产品和服务的持久不变的目标,制订一个使公司具有竞争实力、永久生存的计划。决定高层管理的负责对象。

企业最高管理层必须从短期目标的迷途中归返,转回到长远建设的正确方向。也就是把改进工程质量和服务作为恒久的目标,坚持经营,这需要在所有领域加以改革和创新。

第二条　采纳新的理念。我们处于一个新的经济时代,必须坚决抵制粗劣的原料、不良的操作、有瑕疵的产品和松散的服务。如果像过去那样,延迟、错误、材料不合格和工艺水平欠佳,不能改善,我们便不能够继续生存。

第三条　不是依靠大量的检查,而是要提供质量得以确认的统计数据(防止不合格而不是检查不合格)。检查其实是等于准备有次品,检验出来已经是太迟,且成本高而效益低。正确的做法是改良生产过程。

工程质量是施工得到的,不是检查出来的。如果施工单位不重视质量,再有本事的

219

监理和业主也没有任何办法。现今我们对施工单位的质量检测只能作为一项督促而不能把它作为控制质量的唯一方法,控制质量的唯一方法只能是让施工单位有全面质量控制理念。

第四条　停止依据价格差异奖励公司的行为,转而依靠有实际意义的质量测定并参考价格水平来实施奖励。把不能提供有关质量统计证据的公司淘汰掉。

废除"价低者得"的做法。价格本身并无意义,只是相对于质量才有意义。因此,只有管理部门重新界定原则,工作才会改善。公司一定要与材料供应商及分包队伍建立长远的关系,并减少供应商和分包商的数目。技术部门必须采用统计工具来判断原材料供应商和分包商及其产品的质量。

在工程招标过程中恶性竞争的结果只能是牺牲质量。

第五条　发现问题。管理工作就是持续对公司施加影响(施工方案、原材料采购、原材料质量、维护和更新设备、培训、监督、再培训),不断地改进施工及服务系统。在每一次活动中,必须降低浪费和提高质量,无论是施工方案、施工工艺、原材料控制,还是设备维修、顾客服务及生产制造。

第六条　采取现代方法培训员工。培训必须是有计划的,且必须是建立于可接受的工作标准之上,必须使用统计方法来衡量培训工作是否奏效。加强员工质量管理和技术方法的培训有助于提高员工思想素质。

第七条　班组长的责任必须得到加强。不能回避质量问题。好的质量可以提高生产率,班组长应对经常出现的工序不合格、设备没有得到维修、工序不适用和操作步骤不清楚等情况作出反应,督导人员必须要让高层知道这些需要改善的地方。当知道情况之后,管理部门必须采取行动。

第八条　力避恐吓,以便每个人都能为公司有效工作。所有员工必须有胆量去发现问题,提出问题,表达意见。

第九条　消除部门间的障碍,打破部门之间的围墙。工程、试验、安全和材料部门人员必须协同工作,以便预见可能的生产问题。每一部门都不应只顾独善其身,而需要发挥团队精神。跨部门的质量"圆桌会议"有助于改善设计、服务、质量及成本。

第十条　去掉针对工人的数字目标、标语、口号。即使在没有提供新方法的情况下,也要不断追求新的生产率目标,比如今天施工800立方合格土方,明天能不能达到900立方、1 000立方的合格土方,这样不断地追求,不设定一个上限。公司本身要有这样的一个目标:永不停歇地改进。

第十一条　去掉规定数量定额的工作标准。定额把焦点放在数量上,而非质量上。计件工作制更不好,因为它鼓励制造次品。二战以后美国以数量为生产基准的年代讲究的是"高质量,高成本",即你要想买好的产品就必须出高的价格,因为好的产品投入大,因此产生了定额。

施工企业的目标管理应该予以改进,把目标跟质量结合起来。

第十二条　排除临时工的自卑感,增强他们工作的自豪感。

第十三条　实施强有力的教育和培训工程。由于质量和生产效率的改善会导致部分工作岗位数目的改变,因此所有员工都要不断接受训练及再培训。

第十四条　在高层管理中采取措施,以促进每天的工作都符合上面的13条原则。

戴明14条原则的核心是:目标不变,持续改善,知识渊博。每天进步一点点,每次改进一点点,每天创新一点点。知识渊博包括:①以所在的公司为荣;②掌握质量波动的原理;③知识体系;④心理学原理。戴明的知识渊博概念使得日本人的好学信条和价值观更加具体化了。日本人非常好学,日本人也以公司为荣。以自己的公司为荣是一个起点,公司的每个人都努力地工作以取得最优的成绩。

从戴明博士的质量观念和他的14条原则,我们可以看到,全面品质管理是一种由顾客的需要和期望驱动的管理哲学。它以质量为中心,建立在全员参与的基础上,是一种全面性、全过程性、科学性和预防性的管理方法,其目的在于长期获得顾客满意及兼顾组织成员和社会的利益。

戴明学说反映了全面品质管理的全面性,说明了品质管理与改善并不是个别部门的事,而是需要由最高管理层领导组织和推动才可奏效。

戴明博士有一句颇富哲理的名言:"质量无需惊人之举。"他平实的见解和骄人的成就受到企业界的重视和尊重,企业若能有系统地、持久地将这些观念付诸行动,几乎可以肯定将会在全面品质管理方面取得突破。

>>>> 全面品质管理的方法

全面品质管理的方法可以概括为1个过程、4个阶段、8个步骤和7种工具。

一个过程就是工程设计——→工程材料的采购——→工程施工——→工程辅助施工——→使用服务和质量反馈。在这个过程中必须制定措施以保证其中的任意一个环节都为下一个环节做好质量的保证工作,同时,下一个环节也要通过特定的途径向上一个环节进行精确的反馈,从而形成一个有机的质量循环体系。

4个阶段即戴明在全面品质管理中创造的PDCA质量循环法,即通过计划(Plan)、实施(Do)、检查(Check)、处理(Action)4个阶段来提高质量。

第一个阶段是计划阶段(也叫P阶段)。这一阶段的主要工作内容是分析现状,找出存在的质量问题与原因,针对主要原因,拟定对策和措施,提出计划,预计效果。

第二个阶段是实施阶段(也叫D阶段)。这一阶段的工作内容是按计划去实施、执行,使措施得以落实。

第三个阶段是检查阶段(也叫C阶段)。这是对执行的结果进行必要的检查和测量,将执行的实际结果与预定目标对比,检查执行情况。

第四个阶段是处理阶段(也叫A阶段)。对检查出来的各种问题进行处理,正确的加以肯定,总结成文,编制标准;不能解决的问题则移到下一循环作进一步研究。即巩固成绩,使效果明显的措施标准化,并把遗留问题移到下一循环。如图9-2所示。

图 9-2　PDCA循环图

在运用 PDCA 循环时应注意:

(1) 一定要按顺序形成一个循环,不断地让它运转起来,如图 9-3 所示。

(2) 整个企业是个大循环,各级、各部门管理都有各自的 PDCA 循环,依此又有更小的 PDCA 循环,直到每个人。通过大循环套小循环,大小一起转,一层一层解决问题。如图 9-3 所示。

(3) 4 个阶段要周而复始,而每一次 PDCA 循环到达 A 阶段都要及时总结,提出新的内容和目标,再进入第二次循环。即循环一次,改善一次,提高一步,如同爬楼梯一样。如图 9-4 所示。

(4) 在计划阶段必须明确以下几个方面:

① 必要性(Why)——为什么要有计划;② 目的(What)——计划要达到什么目的;③ 地点(Where)——计划要落实到哪些部门;④ 期限(When)——计划什么时候完成;⑤ 承担者(Who)——计划具体由谁来执行;⑥ 方法(How)——如何执行计划。

(5) 循环的关键在于 A(处理)阶段。处理就是总结经验、肯定成绩、纠正错误。对成绩要加以标准化、制度化,对错误要采取纠正措施,避免再犯。

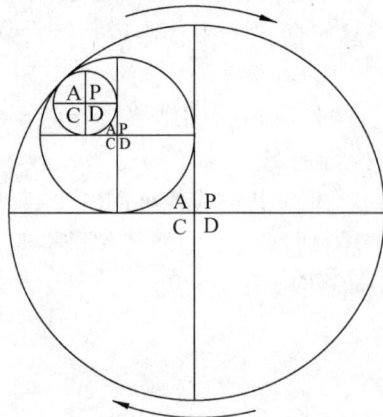

图 9-3　PDCA循环的关键在于A

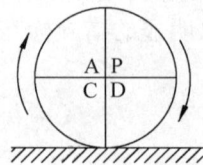

图 9-4　PDCA循环图

PDCA 循环有以下 4 个明显特点：

周而复始。PDCA 循环的 4 个过程不是运行一次就完结，而是周而复始地进行。一个循环结束了，解决了一部分问题，可能还有问题没有解决，或者又出现了新的问题，再进行下一个 PDCA 循环，依此类推。

大环带小环。类似行星轮系，一个公司或组织的整体运行体系与其内部各子体系的关系，是大环带动小环的有机逻辑组合体。

阶梯式上升。PDCA 循环不是停留在一个水平上的循环，不断解决问题的过程就是管理水平逐步上升的过程。

统计的工具。PDCA 循环应用了科学的统计观念和处理方法。

作为推动工作、发现问题和解决问题的有效工具，解决和改进质量问题的 8 个步骤在 P 阶段有 4 个，在 D 阶段有 1 个，在 C 阶段有 1 个，在 A 阶段有 2 个。

P 阶段的 4 个步骤：

（1）分析现状，找出生产中存在的质量问题，尤其是关键工艺、关键项目、关键部位；

（2）分析存在问题的原因或影响因素；

（3）找出影响质量的主要因素；

（4）针对影响质量的主要因素，制定措施，提出行动计划，并预计效果。

D 阶段的 1 个步骤：

（5）根据 P 阶段的计划和要求，执行措施或计划。根据部门、科室之间的不同分工，把任务落实到单位或个人，并监督和协调，严格按计划要求完成任务。

C 阶段的 1 个步骤：

（6）检查执行情况，分析实施效果。以品质管理部门为主，组织有关部门及时对计划执行情况进行检查，并和计划目标对比，找出问题及其原因。

A 阶段的 2 个步骤：

（7）总结经验，通过标准化的办法，巩固成果，对问题提出改进办法。

（8）提出尚未解决的问题，对下一个循环提出建议。

任何企业只有将质量置于战略的核心地位，才有可能获得长期成功。这是麦肯锡公司在美国、欧洲和日本的分公司与德国达姆斯塔特工科大学对汽车配件工业进行联合研究所得出的重要结论。麦肯锡公司东京分公司总经理、高级董事京特·隆美尔与其他多名高级管理者在《质量烁金：企业竞争制胜的武器》一书中，描述了全面品质管理必然经历的 4 个循序渐进的等级，即检查、保证、预防和完美。

全面品质管理的统计方法有 7 种，称为 7 种工具。它们属于一般统计方法的有：排列图、因果分析图、分层法、调查表法；属于数理统计方法的有：直方图、管理图、相关图。

>>>> 质量的等级

麦肯锡公司曾针对汽车制造行业中质量管理方面的情况做过一个调查。通过调查日本、欧洲和美国的汽车行业来研究质量管理在这些公司的差别以及对公司造成的影响。调查发现:质量管理与公司的盈利密切相关,质量管理好的公司的盈利状况也相应良好,而且客户对公司也较为满意。

根据质量管理水平的高低,麦肯锡公司将这些公司分为4个档次:一级水平称为检查,二级水平称为保证,三级水平称为预防,四级水平称为完美。如图9-5所示。

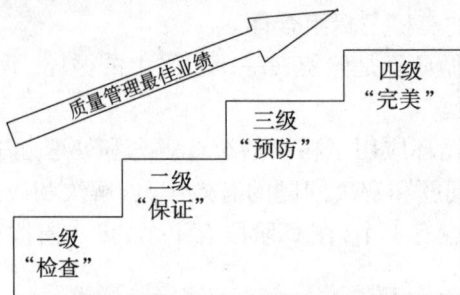

图9-5 质量管理的4个等级

第一级别: 检查

检查就是指仅仅通过检验等程序来保证产品的质量。产品生产出来以后,由专职的检验员根据既定的规范核查产品是否满足要求。这一级别的公司将质量的好坏完全交给了质量控制部门,产品的工艺过程怎么样不知道,原材料怎么样也不知道,管理水平很低。

第二级别: 保证

保证是指早在产品生产过程中就已开始注意保证产品的质量,质量目标由生产部门来实现。在生产过程中就开始关注工艺和流程,质量管理的着重点放在制造领域。

第三级别: 预防

实际上,产品设计与生产工艺是相互影响的。这一级别的企业在产品设计时,就已经考虑到设计对生产的影响,出现了面向客户的特征。第三级别由于加强了工序的控制,生产过程处于受控状态,因而能相应地大幅度降低成本并提高了产品的质量。

第四级别: 完美

在第四级别的企业中,质量受到极大的关注。质量是每一位员工的责任,每位员工都在竭尽全力地寻求提高质量的途径,并且产品始终如一地面向外部客户,最大限度地优化了产品生产的各个流程。

第四级开始靠近全面质量管理所提出的要求,每位员工对质量都负有责任。

在检查、保证、预防和完美4个级别中,处于检查级别的企业质量管理水平最低,处于完美级别的企业质量管理水平最高。在最高的级别中,企业的生产完全以客户需求为导向,全员参与,不断地追求产品和服务质量的提高(见表9-1)。

表 9-1　质量管理水平的各级别比较

等级	特　　点	层次高低
检查	通过生产后的检查来保证质量,质量控制完全交托质量检查部门。设计产品和生产过程中没有考虑质量,研发与生产完全脱节。质量控制方式完全被动,质量无法保证。	水平很低
保证	质量目标主要通过生产部门来实现。开始测量生产工艺流程的稳定性,质量的着重控制点在制造领域。没有考虑产品设计与生产工艺之间的影响,这一级别的产品质量还是难以更好地得到保证。	水平较低
预防	早在产品设计的时候,就已考虑对生产工艺的影响,开始出现面向客户的特征,生产过程处于受控状态。与供应商紧密配合,从半成品层次就开始严格地控制产品的质量。成本大幅度降低,质量提高。	水平一般
完美	全员参与,质量好坏与每一位员工的责任都紧密地互相联系:人力资源部门为人才的质量负责;销售人员为销售质量负责;生产部门为产品质量负责;服务部门为服务质量负责。追求卓越,每位员工都寻求提高质量的途径,以使客户满意。完全面向外部客户,最大限度地优化流程,根据客户的需要来提供优质的产品和服务,主动地提高质量。	水平较高

3　六西格玛品质管理理念

一种理念的形成,对企业发展的促进作用是难以用数据估量的,理念其实就是一种文化信仰,它规模大、范围广、普及性强,能抓住所有的人。一种理念就应当有长久的生命力,能够改变公司的基础框架。

在世界 500 强企业中,一种理念一旦形成,他们便不遗余力地去实现它。杰克·韦尔奇说:"我总是热情洋溢地追随着每一种理念,几乎到了发疯的地步。"自 20 世纪 90 年代,通用电气主要追寻的是四大理念:全球化、服务、六西格玛和电子商务。通用电气的四大理念将其推向了世界先进管理的前沿,现在已经成为企业制定管理标准的领头羊。

中国的企业要发展,需要更新观念,树立科学持久的发展理念,从思想上、技术上和管理上找差距。

全面品质管理有 3 个核心内容,即:客户导向、持续改进和全员参与。随着全面品质管理大师对这些理念基础的确定,所有的公司都在做一件事情,那就是用什么方法去实现这些理念。

1987 年摩托罗拉公司在制造业为了减少废品,降低成本,率先实施六西格玛战略,由此为公司带来了数十亿美元的收入。1988 年美国德州仪器公司也采用了六西格玛战略。1992 年霍尼韦尔公司（联信公司）把六西格玛作为它主要的运营战略之一，使得公司的股票在近十几年内成倍地增长，而且大大提高了公司的生产率。特别是在 1995 年的通用电气公司，因为杰克·韦尔奇不支持 TQM，他认为 TQM 好像都是口号，跟公司业绩的关系不大，另外更重要的一点，他发现公司的质量不能用数字来描述，不能很好地量化。在这种情况下，他开始在公司内部全面地推广六西格玛战略，改变公司的企业文化，不仅使公司得到上百亿美元的回报，而且为通用电气公司向新世纪迈进奠定了一个坚实的基础。用杰克·韦尔奇的话说："六西格玛是通用电气公司有史以来一项最重要和影响最深远的战略举措，它的实施比上哈佛的 MBA，比在通用电气的克伦威尔学院进修更为重要，因为它教会了通用电气的工作人员一种重新思考的方式。"现在越来越多的企业开始实施六西格玛战略，尤其是一些世界 500 强企业，像花旗、柯达、西门子，特别是索尼、松下这些日本公司也加入到六西格玛管理的行列，六西格玛的实施，为这些公司带来了丰厚的利润和更高的效率。

通用电气实施的六西格玛把全面品质管理方法演变成为一个高度有效的企业流程设计、改善和优化技术，并提供了一系列适用于设计、生产和服务的新产品开发工具，继而与全球化、产品服务、电子商务等战略齐头并进，成为全世界追求管理卓越性的企业最为重要的战略举措。六西格玛逐步发展成为以顾客为主体来确定企业战略目标和产品开发设计的标尺，成为追求持续进步的一种品质管理哲学。

在 20 世纪人类取得的巨大成就是生产力高度发展，产品和服务质量不断提高。正如美国著名质量管理专家朱兰（J. M. Juran）1994 年在美国质量管理学会年会上所说，20 世纪将以"生产率的世纪"载入史册，21 世纪将是"品质的世纪"。品质必将成为新世纪的主题，它正在向我们挑战。

由于 20 世纪生产力的不断发展，特别是少数新兴经济大国的崛起，使得国际市场的竞争日益激烈。而今已有流行"世界级品质"之说，所谓"世界级品质"也就是世界最高水准的质量。任何企业的产品和服务，如果达不到世界级品质的水准，就难以在国际市场的竞争中取胜；世界贸易组织国家的企业，在无法采用关税壁垒等保护方式的情况下，甚至难以在国内站稳脚跟。

基于六西格玛理念，质量可以分成产品、服务、人员和管理等各种质量。其中，产品质量是指满足产品规范要求的程度；服务质量是指满足客户对服务要求的程度；人员质量是指满足公司对人员素质要求的程度。评价质量的优劣，主要是依据符合要求的程度来判断。

过去对质量的定义强调服从于标准，所以公司都努力使产品符合一定的规格限制。另外，这种对质量的定义往往忽略了一个事实，就是产品或服务不只由单个元素组成。即使一个产品或服务只由很少的 5 个元素组合而成，而且每种元素都服从于标准，但当它们合为一体时也可能很难协调。

六西格玛战略拓宽了质量的定义。不论对于公司还是用户，质量还包括经济利益和实际效用。人们认为质量是一种状态，在这种状态下，供求双方被赋予了能对交易关系的任何方面都进行评估的权力。对质量的新定义的关键在于获得"评估权力"。在六西格玛的世界里,这种权力是相互的。对公司而言,它意味着公司能合理地期望在利润最大的基础上向客户提供高质量的产品;对客户而言,它意味着用户能够合理地期望以最低的代价来购买最优异的产品和服务。

>>>> **质量特征值分布的总体标准差(σ)**

评价一项工作的好坏,我们通常需要进行若干次检验,我们最希望这些检验结果跟我们的意愿很贴近。如图9-6所示,我们把小黑点的散布程度叫波动(用σ表示),把小黑点偏离圆心的程度叫偏移(用μ或$\overline{X}$表示)。我们希望一项工作检验的结果是波动较小而又没有偏移。

σ是一个统计学术语,即质量特性值分布的总体标准差。

$$\sigma = \sqrt{\frac{\sum (X - \overline{X})^2}{n-1}}$$

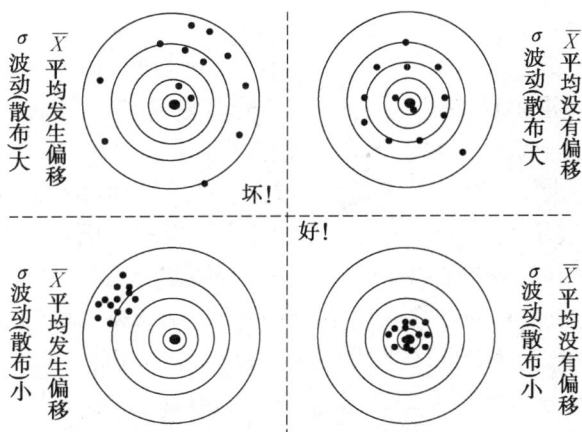

图9-6　数据的波动和偏移图

其中

$$\overline{X} = \frac{X_1 + X_2 + X_3 + X_4 + \cdots + X_n}{n}$$

X_n为试验数据,n是数据个数。

假设数据点满足一个正态分布的规律,则

$$f(x) = \frac{1}{\sigma \sqrt{2\pi}} e^{-\frac{x^2}{2\sigma^2}}$$

这些点都分布在$f(x)$曲线的下方,如图9-7所示。

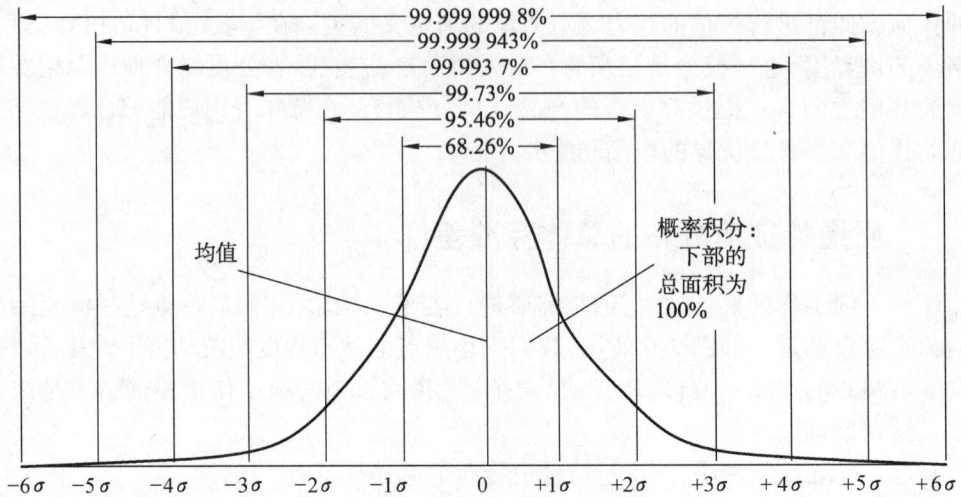

图9-7　正态分布曲线

　　设 $c=1,2,\cdots,6$，那么 $c\sigma$ 就称为置信限，而 $-c\sigma\sim c\sigma$ 称为置信区间（统计假设正确的可接受区间）。

　　如果说一个公司的质量管理水平是在 $-3\sigma\sim3\sigma$ 之间，那么我们就称这个公司的质量管理水平处在三西格玛水平，如果这个公司的质量管理水平在 $-6\sigma\sim6\sigma$ 之间，那么我们就称这个公司的质量管理水平处在六西格玛水平。

　　根据正态分布表格，我们可以查到当一个公司处于三西格玛质量水平时，它的产品合格率为 99.73%（表示在 $-3\sigma\sim3\sigma$ 之间曲线的面积占总面积的 99.73%），也就是次品率为 0.27%，即每百万个产品中出现缺陷的产品数量为 2 700 个；如果该公司处于六西格玛质量管理状态时，它的产品合格率为 99.999 999 8%，即次品率为 0.000 000 2%，即每 10 亿个产品中出现缺陷的产品数量只有 2 个，接近于零缺陷。

　　σ 这个表示正态分布的标准差，经过摩托罗拉、GE 公司的诠释，用来表示质量上的无缺陷程度。将 6σ 作为全面品质管理的颠覆性升级，开始应用于各行各业。

　　目前，大多数企业，都处于 $2\sigma\sim3\sigma$ 的品质管理水平，质量成本可能要达到销售额的 15% 甚至更高；达到 5σ，质量成本为 5% 左右；达到 6σ，质量成本要小于 1%。

　　σ 值目前有两套体系，一是原始的数值，可以从正态分布表中查得（上边我们列举的合格率就是原始数值）；另一套则是由通用等企业出于实用的目的，将 6σ 的原始值向左偏移了 1.5 个 σ，其他值则相应作一定比例的偏移。对此学术界颇有争议，但目前的主流思想认为：原始值代表了一次性的、短期的能力表现；而偏移值则更能体现长期无缺陷能力。

　　现将两种体系的 σ 值进行对比（σ_0 表示原始值，σ 表示偏移值，c 表示置信限水平）。

表 9-2　两种体系数据的比较表

	c	1	2	3	4	5	6
σ_0	合格率(%)	68.27	95.45	99.73	99.993 7	99.999 943	99.999 999 8
	缺陷率(%)	31.73	4.55	0.27	0.006 3	0.000 057	0.000 000 2
	每百万个产品中出现缺陷的产品数量(DPMO)	317 300	45 500	2 700	63	0.57	0.002
σ	合格率(%)	30.85	69.15	93.32	99.38	99.977	99.999 66
	缺陷率(%)	69.15	30.85	6.68	0.62	0.023	0.000 34
	每百万个产品中出现缺陷的产品数量(DPMO)	691 500	308 537	66 807	6 210	233	3.4

目前,我们用的西格玛水平是指偏移值。因此,我们把 6σ 定义为 DPMO = 3.4。

表 9-3 给出的是美国企业 4σ 质量水平和 6σ 质量水平的对比,可以看出从 4σ 质量提高到 6σ 质量的意义。

表 9-3　4σ 质量水平和 6σ 质量水平的对比表

99% 的良率(4σ 水平,DPMO = 6 210)	99.999 66% 的良率(6σ 水平,DPMO = 3.4)
每小时有 2 万件邮件送错	每小时有 7 件邮件送错
每天有 15 分钟供水不安全	每 7 个月有 1 次供水不安全
每周有 5 000 个不正确的手术	每周有 1.7 个不正确的手术
每月有 7 小时停电	每 34 年有 1 小时停电
每年有 20 万次错误处方	每年有 68 次错误处方
每天大多数机场有 2 起超时或提前降落	每 5 年大多数机场有 1 起超时或提前降落

表 9-4　企业西格玛水平与企业管理的关系表

西格玛水平	DPMO	企业特征
1 个西格玛	691 500	意味着每天有 2/3 的事情做错的企业无法生存
2 个西格玛	308 537	意味着企业资源每天都有 1/3 的浪费
3 个西格玛	66 807	意味着平平常常的管理,缺乏竞争力
4 个西格玛	6 210	意味着较好的管理、运营能力和客户的满意度
5 个西格玛	233	意味着优秀的管理、很强的竞争力和比较忠诚的客户
6 个西格玛	3.4	意味着卓越的管理,强大的竞争力和忠诚的客户

作为眼下最时髦的企业管理理念，六西格玛的含义是指：通过设计、监督每一道生产工序和业务流程，以最少的投入和损耗赢得最大的客户满意度，从而提高企业的利润。六西格玛是一项以数据为基础，追求几乎完美的管理方法和理念。六西格玛是帮助企业集中于开发和提供近乎完美产品和服务的一个高度规范化的过程。测量一个指定的过程偏离完美有多远。六西格玛的中心思想是，如果你能"测量"一个过程有多少个缺陷，你便能系统地分析出怎样消除它们和尽可能地接近"零缺陷"。

举一个航空公司的例子。如果某一航班的预计到达时间是下午5点，由于各种原因，真正在5点准时到达的情况是极少的。假如我们允许在5点半之前到达都算准点到达，一年里该航班共运营了200次，显然到达时间是个变量。如果其中的55次超过5点半到达，从品质管理的角度来说，这就是不良品质，航空公司这一航班的合格品率为72.5%，大约为2.1σ。如果该航班的准点率要达到6σ，这意味着每一百万次飞行中仅有3.4次超过5点半到达，如果该航班每天运行一次，这相当于每805年才出现一次晚点到达的现象。所以六西格玛的业务流程几乎是完美的。对于制造性业务流程来说，在有均值漂移1.5σ的情况下，六西格玛意味着每一百万次加工只有3.4个不良品，这个水平也叫流程的长期的西格玛值。

>>>> 六西格玛的几个名词解释

○ 流程

六西格玛的管理方法重点是将所有的工作作为一种流程，采用量化的方法分析流程中影响品质的因素，找出最关键的因素加以改进从而达到更高的客户满意度。

在六西格码里，"流程"是一个很重要的概念。举一个例子来说明，一个人去银行开账户，从他进银行开始，到结束办理开户叫一个"流程"。而在这个流程里面还套着一个"流程"，即银行职员会协助你填写开户表，然后把这个单据拿给主管去审核，这是银行的一个标准的程序。去银行开户的人是一线员工的"顾客"，这叫"外在的顾客"，而同时一线员工要把资料给主管审核，所以一线员工也是一定意义上的"顾客"，这叫"内在的顾客"。我们高速公路施工程序与这个案例很像，即上一道工序是下一道工序的"顾客"。

比如，箱梁的预制可以大致分为以下几道工序：场地准备──→原材料的准备──→箱梁底板模板的布设──→腹板钢筋的加工与安装──→预应力波纹管的安设──→内模的安设──→侧模及翼板模板的安装──→箱梁顶板钢筋的安装──→混凝土的拌和与浇筑──→混凝土的养生等，这个过程我们也称之为"流程"。

○ "规格"和"机会"

客户去银行办账户，时间是很宝贵的。办账户需要多长时间就是客户的"规格"。客户要求在10分钟内办完，10分钟就是这个客户的规格。而如果银行一线职员要用13~14分钟才能做完，那么，这就叫做"缺陷"。假如职员要在一张单子5个地方打字，有一个地方打错了,这就叫做一个"缺陷",而整张纸叫一个单元。

高速公路和一级公路石灰稳定土底基层压实度要求不得低于97%,这个97%就叫规格,一段公路路面底基层的压实度检测点数的代表值结果都应该大于97%,如果有压实度代表值小于97%,就叫做缺陷点。

"机会",指的就是缺陷的机会。如果一项分项工程需要经过6道工序施工,那么在这个分项工程的单元中缺陷机会就是6个。一座桥梁共有500根钻孔灌注桩,那么在钻孔灌注桩这个单元中缺陷的机会就是500个。

○ DPMO 的计算

一项工作的DPMO是评价我们产品质量、服务质量和工作质量的最直观的数据。一项分部工程有 n 项分项工程,一个分项工程有 m 道工序,每道工序都可能会出现瑕疵或错误,那么我们称这些工序为一个"机会",那么这个分部工程就有 $n \times m$ 个机会。又如,我们每天收发 x 份文件,而这些文件处理都有可能会出现差错,如果一份文件可能出现3种差错(分发错误、延迟、遗失),那么每天收发文件就有 $3x$ 个机会。

我们检测路基压实度,每一分部工程检测60个点,就称为60个机会,如果我们检测5个这样路基分部工程共发现15个点不合格,则每个机会的平均缺陷数定义为

$$DPO = \frac{不合格数}{机会总数} = \frac{15}{60 \times 5} = 0.05$$

则每百万个机会的缺陷数(DPMO)为

$$DPMO = 0.05 \times 10^6 = 50\ 000$$

大家知道,说一个公司好与不好有很多衡量标准,这个数据是通过对企业的各个重要评估参数进行评估的结果。例如公路工程施工中分项工程或工序的缺陷率,财务部门发放工资出错率,原材料采购不合格率等。比如说,我们对发放工资出错情况进行统计,发现在两个月共发出工资条10 000张,其中有3个人的工资发生错误,则财务工资发放的DPMO就是300。大家对照表9-2可以看出,这种水平是处在四西格玛与五西格玛之间,接近于五西格玛。

>>>> 六西格玛管理的6个主题

六西格玛管理作为以经济性为原则的现代全面品质管理,已经逐渐引起人们的关注和重视。理解六西格玛不需要很深的统计学技术或背景,事实上"六西格玛是什么"能以各种不同的方式回答:

（1）过程或产品业绩的一个统计度量;

（2）业绩改进趋于完美的一个目标;

（3）能实现持续领先和卓越业绩的一个管理系统。

我们可以把六西格玛的关键因素提炼成6个主题。这些主题可以被多种六西格玛工具和方法所支撑。

主题一：真正关注顾客

尽管全面品质管理也十分强调以顾客为中心（或关注焦点），但是许多已经具有TQM经验的公司在推行六西格玛时经常惊骇地发现，对顾客真正的理解少得可怜。

在六西格玛中，以顾客关注的焦点最为重要。举例来说，对六西格玛业绩的测量从顾客开始，通过对SIPOC（供方、输入、过程、输出、顾客）模型分析，来确定六西格玛项目。因此，六西格玛改进和设计是以对顾客满意所产生的影响来确定，六西格玛管理比TQM更加真正关注顾客。

主题二：以数据和事实驱动管理

六西格玛把"以数据和事实为管理依据"的概念提升到一个新的、更高的水平。虽然全面品质管理在改进信息系统、知识管理等方面投入了很多注意力，但很多经营决策仍然是以主观意志和假设为基础。六西格玛原理则是从分辨什么指标对测量经营业绩是关键开始，然后收集数据并分析关键变量。这时问题能够被更加有效地发现、分析和解决——永久的解决。

说得更加实际一些，六西格玛支持以数据为基础的决策和解决方案，帮助管理者回答两个重要问题：

（1）我真正需要什么数据/信息？

（2）我们如何利用这些数据/信息以使利益最大化？

主题三：采取的措施应针对过程

无论把重点放在产品和服务的设计、业绩的测量、效率和顾客满意度的提高上，还是业务经营上，六西格玛都把过程视为成功的关键载体。六西格玛活动的最显著突破之一是使得领导们和管理者（特别是服务部门和服务行业中的）确信过程是构建向顾客传递价值的途径。而全面品质管理虽然是要求全过程管理，但是缺乏重点突出。

主题四：预防性的管理

非常简单，预防即意味着在事件发生之前采取行动，而不是事后作出反应。在六西格玛管理中，预防性的管理意味着对那些常常被忽略的经营活动养成正确的良好的习惯：制定有雄心的目标并经常进行评审，设定清楚的优先级，重视问题的预防而非事后补救，询问做事的理由而不是因为惯例就盲目地遵循。

真正做到预防性的管理是创造性和有效变革的起点，而绝不会令人厌烦或觉得分析过度。六西格玛，正如我们将会看到的，将综合利用工具和方法，以动态的、积极的、预防性的管理风格取代被动的管理习惯。

主题五：无边界的合作

"无边界"是GE公司的杰克·韦尔奇经营成功的口号之一。在推行六西格玛之前，GE的总裁们一直致力于打破障碍，但是效果仍没有使杰克·韦尔奇满意。

六西格玛的推行，加强了自上而下、自下而上和跨部门的团队工作，改进了公司内部的协作以及与供方和顾客的合作，这种合作机会很多。而以前每天有大量的资金浪费在组织间缺乏沟通及相互竞争上面，而这些组织本该有共同的目标：为顾客提供价值。

主题六:力求完美,容忍失败

你怎样能在力求完美的同时还能够容忍失败?从本质上讲,这两方面是互补的。不推行新的观念和方法,没有哪个公司能够接近六西格玛水平,而新的观念和方法通常包括一些风险。如果人们看到了接近完美的可能方法,但又太害怕随之而来的错误,他们将永远不会尝试。

幸运的是,我们将要讨论的业绩改进技术中,包括大量的风险管理方法,这样挫折或失败的范围就会有所限制。虽然每个以六西格玛为目标的公司都必须力求使其经营结果趋于完美,但同时也应该能够接受并控制偶然的挫折。这些理论和实践使全面品质管理一直追求的零缺陷和最佳效益的目标得以实现。

六西格玛管理是一个渐进过程,它从一个梦想或一个远景开始,以接近完美的产品和服务以及极高的顾客满意度为目标。这给传统的全面品质管理注入新的动力,也使依靠品质取得效益成为现实。

第十讲　导入先进理念

> 企业要把"超越顾客期望"这种服务意识当做未来企业发展的永恒主题。
>
> ——笔者

在大多数世界 500 强企业中,它们克敌制胜的法宝就是先进的管理理念,它们把每一种适合自己企业特色的管理理念进行解读分析并适时实施,用理念指导管理,为企业赢得顾客,让顾客的满意为自己创造效益。本讲中提出的"5S"管理理念、海尔管理理念、JIT 管理方法、超越顾客期望理念以及企业社会责任理念为工程施工企业管理提供了一个新的思路。用先进的企业理论,谱写施工企业管理的新篇章;用先进的管理思想,构筑施工企业的核心竞争力! 先进理念的导入,将是工程施工企业管理的创新之举。

1　导入"5S"管理迫在眉睫

海尔集团有一个观点,他们把一个企业比作一个斜坡上的球。要想使企业维持稳定,首先应该有个能够阻止它向下滑的力,这个力称为"止动力"。在一般的企业里这个止动力可以是企业雄厚的后备力量和过去的成就。但光有止动力还不够,今天企业如果不往上走,那么它肯定会滑下来。企业还要发展,球还需要向上走,因为有更高层次的追求,这时,还需要一个向上的牵引力,这个力叫"5S 拉力"(见图 10-1)。

21 世纪,在全球信息化、网络化和一体化的大趋势之下,科学技术日新月异,经济生活瞬息万变,每一个企业和企业管理者,都应该学会用世界的眼光,高瞻远瞩,随时发现自己的缺点和弱点,通过新的理念的引进和企业的变革,迅速加以克服和纠正,以求赶上和超越,否则随时都有被淘汰的可能。有言道:思路决定出路,不谋全局者,不足谋一隅,不谋万事者,不足谋一时。我国自加入 WTO 以来,企业广泛参与国际市场的竞争,

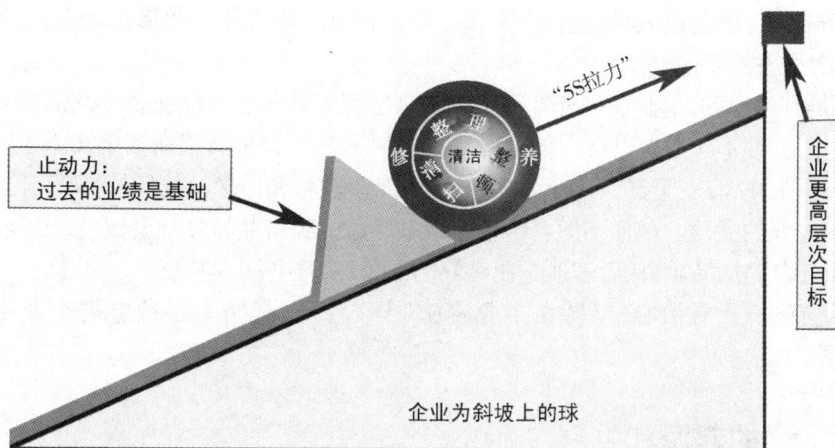

图 10-1　"5S"的作用

这一切给国内企业带来的既有巨大的压力,又有新的发展机遇。在激烈竞争的市场环境之中,企业所面临的最大挑战者是谁? 当然是自己。在管理中,如何降低成本,如何提升企业形象,减少浪费,提高品质,已经成为每一个企业最关注的问题。企业生产体系,只有解决好这些问题,才能不断发展壮大。企业追求的目标是要创造利润,创造利润又必须建立在高效率、高品质以及低成本的基础上,品质的好坏,是企业生存和发展的根源。选择"5S"之路,就是选择通向企业目标的拉动力。

"5S"管理是对生产现场的人员、物资、方法等生产要素进行有效管理的管理方法。大家可能都注意过一些管理出色的企业,进入他们的工厂,看到的是整洁、干净,有一种赏心悦目的感觉。各种成品、半成品、合格品、缺陷品、原材料、工具摆放整齐,甚至摆放方向都一致,要找任何物件都可以立刻拿到。这里的工人已经养成了这种习惯。

跟这些工厂相比,我们的施工企业虽然有野外工作的特殊性,但就整体印象来说,很少有一个文明施工形象非常好的施工单位,有些施工现场可以用一片狼藉来形容。虽然近几年业主和各个施工企业已经意识到了文明施工的重要性,但从效果来看工作最多只能算是刚起步。

我们可以看国外的施工单位,不管是公路施工还是建筑施工现场,都那么井井有条,临时设施的搭建、施工平面布置、施工便道的修建、材料的临时堆放都经过精细设计,就连一把锤子这样的小工具都管理得相当到位。在江阴大桥施工时,有一家国外的施工单位,他们连小钢锯条这样的消耗品都登记编号。

如果说公路施工很难做到"5S",那么国外企业为什么能做到? 如果你说野外施工不好搞文明施工,那么为什么大庆油田整个集团都能把"5S"做到极致?

所以不是能不能做到的问题,而是做不做的问题。

面对竞争,我们的施工企业如何选择? 当然要练"内功",通过练"内功"来提升企业形象。未来的竞争,不一定是同行的竞争,跨行业也存在竞争,因为顾客会横向比较,他会比较你的服务与其他企业之间的区别。不仅会把公路施工企业的服务跟房屋建筑企业的服务比较,还会跟其他行业的服务比较。因此,要提升企业形象,树立品牌,施工企业必须导入"5S"管理理念。

人,都是有理想的,企业也一样。我们的施工企业,谁不希望自己企业的品牌形象在同行中有口皆碑?谁不希望自己做出的工程品质独树一帜?如果员工在一个实施了"5S"管理理念的工地上工作,有安全感,有舒适、明亮的工作环境,有和谐融洽的气氛,那种工作的热情肯定会得到充分的激发。这样不但会给企业带来巨大的经济效益和社会效益,还会提升企业全体员工真、善、美的品质,从而塑造企业良好的形象,实现共同的梦想。

只要是有决心,有信心,坚持在企业实施"5S"管理,其结果必然会把企业带向一个更高的境界。

>>>> **"5S"的起源和发展**

"5S"起源于日本,是指在生产现场中对人员、机器、材料、方法等生产要素进行有效的管理,这是日本企业的一种独特管理办法。

"5S"就是指整理(Seiri)、整顿(Seiton)、清扫(Seiso)、清洁(Setketsu)、素养(Shit-suke)5个项目,因日语的罗马拼音均以"S"开头,简称为"5S"。过去,工厂没有实施"5S",触目可及地就可感受到工厂的脏乱,例如地板粘着垃圾、油渍或切屑等,日久就形成污黑的一层;零件与箱子乱摆放,起重机或台车在狭窄的空间里游走;好不容易引进的最新式设备也未加维护,经过数月之后,也变成了不良的机械;要使用的工夹具、计测工具也不知道放在何处等等,到处显现了脏污与凌乱的景象。员工在作业中显得松松垮垮,规定的事项,也只有起初两三天遵守而已。改变这样工厂的面貌,实施"5S"管理最为适合。

1955年,日本关于的"5S"的宣传口号为"安全始于整理,终于整理整顿"。当时只推行了前两个"S",其目的仅为了确保作业空间和安全。后因生产和品质控制的需要而又逐步提出了"3S",也就是清扫、清洁、修养,从而使应用空间及适用范围进一步拓展。到了1986年,日本关于"5S"的著作逐渐问世,从而对整个现场管理模式造成了冲击,并由此掀起了"5S"的热潮。

日本企业将"5S"运动作为管理工作的基础,推行各种品质的管理手法。第二次世界大战后,日本产品品质得以迅速地提升,奠定了经济大国的地位。而在丰田公司的倡导推行下,"5S"对于塑造企业的形象、降低成本、准时交货、安全生产、高度的标准化、创造令人心旷神怡的工作场所、现场改善等方面发挥了巨大作用,逐渐被各国的管理界所认同。随着世界经济的发展,"5S"已经成为工厂管理的一股新潮流。

根据企业进一步发展的需要,有的公司在原来"5S"的基础上又增加了节约(Save)及安全(Safety)这两个要素,形成了"7S";也有的企业加上习惯化(Shiukanka)、服务(Service)及坚持(Shikoku),形成了"10S"。但是万变不离其宗,所谓"7S"、"10S"都是从"5S"里衍生出来的。

"5S"管理的核心是素养,外在表现是清洁。

>>>> **"5S"的含义**

（1）整理：将工作场所的所有物品分成必要的和不必要的，必要的留下，不必要的清除掉。

生产过程中经常有一些残余物料、待修品、待返品、报废品等滞留在现场，如一些已无法使用的工夹具、量具、机器设备，既占据地方又阻碍生产，如果不及时清除，这些滞留物会使现场变得凌乱，也容易成为安全隐患。

生产现场摆放不必要的物品是一种浪费：即使宽敞的工作场所，将会变得窄小；棚架、橱柜等被杂物占据而减少使用价值；增加了寻找工具、零件等物品的困难，浪费时间；物品杂乱无章的摆放，增加盘点的困难，使成本核算失准。

整理的目的：腾出空间，空间活用；防止误用、误送；塑造清爽的工作场所。

整理的注意点：要有决心，不必要的物品应断然地加以处置。

实施要领：

　　① 在自己的工作场所（范围）全面检查，包括看得到和看不到的；

　　② 制定"要"和"不要"的判别基准；

　　③ 将不必要物品清除出工作场所；

　　④ 对需要的物品调查使用频度，决定日常用量及放置位置；

　　⑤ 制定废弃物处理方法；

　　⑥ 每日自我检查。

（2）整顿：把留下的东西依据规定的位置放置，并明确标识；能在 30 秒内找到所要找的东西，将寻找必需品的时间减少为零。

整顿的含义即对整理之后留在现场的必要物品分门别类地放置，排列整齐，明确数量，并进行有效的标识。

整顿的目的：工作场所一目了然；整齐的工作环境；消除找寻物品的时间；消除过多的积压物品。

整顿的注意点：整顿的结果要达到任何人都能立即取出所需要的物品的状态；要站在新人、其他岗位的人的立场来看，使得什么物品该放在什么地方更为明确；要想办法使物品能立即取出使用；另外，使用后要能容易恢复到原位，没有恢复或误放时能马上知道。

实施要领：

　　① 前一步骤整理的工作要落实；

　　② 布置流程，确定放置场所；

　　③ 规定放置方法、明确数量；

　　④ 画线定位；

　　⑤ 场所、物品要有标识。

整顿的"三要素"：场所、方法、标识。

放置场所:物品的放置场所原则上要100%设定;物品的保管要定点、定容、定量;生产线附近只能放真正需要的物品。

放置方法:不超出所规定的范围;在放置方法上多下工夫。

标识方法:放置场所和物品原则上一对一标识;物品的标识和放置场所的标识相区别;某些标识方法全公司要统一;在标识方法上多下工夫。

整顿的"三定"原则:定点(放在哪里合适);定容(用什么容器、颜色);定量(规定合适的数量)。

(3)清扫:将工作场所打扫干净。

清扫的目的:消除脏污,保持场地内干净、明亮;稳定品质;减少工业伤害。

清扫的注意点:清扫就是使工作场地达到没有垃圾、没有脏污的状态。虽然已经过整理、整顿,需要的东西马上就能取得,但是被取出的东西要处于能被正常使用的状态中,而达成这样的状态就是清扫的第一目的。目前尤其强调高品质、高附加价值产品的制造,更不容许因垃圾或灰尘的污染而造成产品的不良。

实施要领:

① 建立清扫责任区(室内、外);

② 执行例行扫除,清理脏污;

③ 调查污染源,予以杜绝或隔离;

④ 建立清扫基准,作为规范。

(4)清洁:保持工作场所干净、亮丽,维持前"3S"的成果,将前"3S"实施制度化、规范化,并贯彻执行及维持提升。

清洁的目的:维持前"3S"的成果。

清洁的注意点:"5S"活动一旦开始,不可在中途变得含糊不清。如果不能贯彻到底,又会形成另外一个污点,而这个污点也会在公司内造成负面影响。"我们公司做什么事都是半途而废"、"反正不会成功"、"应付应付算了",这种保守、僵化的思想一旦形成,要花费更长时间才能改正。

实施要领:

① 落实前面"3S"工作;

② 制定考评方法;

③ 制定奖惩制度,加强执行;

④ 高层主管经常带头巡查,以表明重视。

(5)素养:通过各种手段,提高全员文明礼貌水准。培养每位成员养成良好的习惯,并遵守规则。开展"5S"容易,长时间的维持必须靠素养的提升。

提升素养的目的:培养具有好习惯、遵守规则的员工;提高员工文明礼貌水准;营造团体精神。

提升素养的注意点:长期坚持,才能养成良好的习惯。

实施要领:
  ① 制定服装、仪容、识别证标准;
  ② 制定共同遵守的有关规则、规定;
  ③ 制定礼仪守则;
  ④ 教育训练(新进人员强化"5S"教育、实践);
  ⑤ 推行各种精神提升活动 (晨会、礼貌运动等)。

>>>> 施工企业导入"5S"的效用

施工企业导入"5S"管理,是在激烈竞争环境下提升企业形象的最佳选择,它的实施,直接反映的是公司精细化管理到位和人员素质的提升。

(1)"5S"是施工企业最好的广告投入。

被业主、监理等称赞施工场地干净整洁的企业,企业形象好,业主对这样的企业有信心,施工质量肯定不会差,业主愿意选择这样的企业参加工程建设。其他的同行或业务单位也会前来参观学习,使企业名声在外。另外良好的工作环境也能够吸引和留住人才。

(2)"5S"能为施工企业带来经济效益,是节约专家。

在施工现场,很多浪费的现象将通过"5S"得以解决:在材料管理上,根据施工进度有计划地进行材料的采购,合理进行资金周转;在施工现场,不再看到抛洒滴漏等现象,节约了材料;维修、检查设备随时进行,避免因使用中出现问题而影响工期,提高了生产效率。

(3)"5S"是施工企业的安全卫士。

不实施"5S"的工地,随时可能看到高空作业乱丢乱弃;员工防范意识不强,不戴安全帽,不穿软底鞋,不系安全带,甚至酒后登高。而工作场所干净整洁,没有多余和杂乱的钢筋、模板、水泥混凝土等废弃材料,材料堆放整齐,各类材料分开堆放,现场不会有安全隐患,员工不会担心高空掉下来杂物,也不会担心脚下踩进泥浆池……安全有保证,施工形象佳。

(4)"5S"是施工企业的环保专家。

建设工程施工对环境的影响非常大,噪音、污染、水土流失等很难避免。实施了"5S"管理的施工单位,会非常注意对环境的保护,他们会从临时设施的选择开始就考虑对环境减少影响。比如,选择废弃的土地放置临时设施会减少耕地的占用;施工中材料的保存应注重对环境的保护(沥青、水泥、石灰等对环境有污染的材料应着重保管);施工垃圾会及时处理;钻孔泥浆会有计划地排放和处理;生活垃圾会妥善处理……

(5)"5S"是标准化的推动者。

"三定"、"三要素"原则规范了现场作业,大家都正确地按照规定执行任务,稳定规范的程序,带来了施工质量的稳定,也带来了施工成本和利润的稳定。

施工企业推行了"5S"后,不仅施工现场有了标准化的形象,在施工单位的各项内部管理工作上也起着积极的推动作用,大家都会按照"5S"的要求去工作,形成了一整套的标准。

(6)"5S"能提升员工的归属感。

工地实施了"5S"管理,使文明施工形象大大改观,清洁的工作场地不仅使员工自己有成就感,业主也会非常满意,甚至连周边的老百姓也会满意。

企业推动整理、整顿、清扫、清洁程序,会使每个员工的素质都有所提高。修养提升了,他就会有尊严,他会认为留在这样的企业里有一种优越感和成就感,这样的企业对员工会产生一种凝聚力。当企业出现问题,他会主动地指出问题并积极寻找问题的起因和解决办法;他还会主动、积极、自发、负责地为本企业的不断发展壮大付出自己的全部心血和精力;爱他的岗位就像爱他自己一样,他会献出他的热情,会安心地在这个企业工作,从而提升了员工的归属感。

(7)"5S"能提升效率。

一个人在良好的工作环境中工作,自然就能相应地提升工作情绪。提升了工作情绪;再加上有好的工作环境、工作气氛,士气自然也能相应地得到提高了;素质的提升促进了工作伙伴彼此之间的团队合作,时间不会有丝毫的浪费,所以效率必然也就提升了。

(8)"5S"是品质的保障。

良好的工作环境、气氛,良好的工作素养,这些是使产品的品质获得保证的基础。

有"5S"做基础,通过整理、整顿、清扫、清洁、修养,施工企业必然能迅速变革,企业生产的效能、形象都会提升,而浪费大为减少,安全会更有保证,员工的归属感更强烈,产品的品质就会更加有保障。

>>>> 做施工企业的"8 零工厂"

推行"5S"可以使施工企业亏损、不良、浪费、故障、工序切换时间、事故、投诉、缺勤等 8 个方面都为零,有人称之为"8 零工厂"。

(1)亏损为零——"5S"是施工企业最佳的推销员。

在日本有这么一句话:"5S"是最佳的推销员。施工企业实施"5S"管理做得好,在同行内的知名度会有效提高,会被称为"最干净、最整洁和最优秀"的代表。

施工品质优良,跟业主配合非常好,口碑在施工企业和业主之间相传,施工业务量就会越来越多。

(2)不良为零——"5S"是工程品质零缺陷的护航者。

员工对标准形成了一种习惯,严格地按规范进行施工。干净整洁的施工场所可以有效地提高员工的品质意识。员工应明了并事先就能预防将要发生的品质问题,而不能仅盯在出现问题后的处理上,员工已经形成"第一次就把事情做好"的工作意识。

(3)浪费为零——"5S"是节约能手。

通过实施"5S",员工素质提高,施工技术人员会把材料计算得很精确,在现场也没有材料浪费的现象发生,设备也没有闲置的情况,形成了一个节约氛围。

（4）故障为零——"5S"是工期的保证。

设备及时维护,不出现故障,保证每天都完成施工计划,以每天计划保证每周计划,以每周计划保证每旬计划,以每旬计划保证每月计划,以每月计划保证年度计划的实施。

（5）工序切换的时间为零——"5S"是高效率的前提。

计划编排周密,人员工作积极性高,工序之间衔接及时自然,没有不良构件或分项工程发生,节约了等待、交接工序的时间,提高了效率。

（6）事故为零——"5S"是安全的软件装备。

实施了整理、整顿和清扫后,现场存留的都是有用并有序的物品和材料,没有安全隐患,消除了事故的源头,杜绝了事故的发生。设备得到及时维护,不会因故障产生安全事故。消防设施齐备,灭火器放置定位,逃生路线明确,万一发生灾害,员工的生命安全必然会有所保障。

（7）投诉为零——"5S"是标准化的推动者。

海尔有这么一句话:日事日毕,日清日高。我们能正确地执行各种规章制度,任何岗位都能规范地作业,明白工作该怎么做;工作既方便又舒适,而且每天都有所改善,都有所进步,业主和监理对工程满意,也就没有了指责和批评。

（8）缺勤为零——"5S"可以创造出快乐的工作岗位。

一目了然的工作场所,没有浪费,没有勉强,没有拘束,岗位整洁,没有垃圾,工作已成为一种乐趣,员工不会无缘无故旷工。

通过"5S",企业能健康而稳定地发展,逐渐发展成为对社会有贡献的企业。这种贡献至少要达到4个相关的满意(见图10-2)。

（1）公司(股东)满意。即通过"5S",使企业的项目管理达到更高的生产及管理境界,公司可以获得更大的回报。

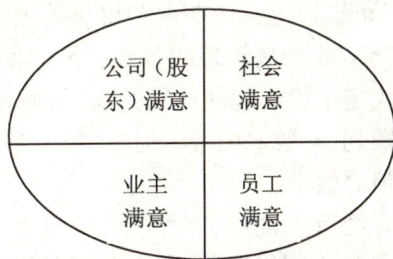

图10-2 企业贡献的4个相关满意

（2）业主满意。施工的工程表现为高质量、低成本、工期适合、服务到位等特点,业主当然满意。

（3）员工满意。效益好,员工生活富裕,人性化管理使每一个员工都可获得安全、尊重和成就感。

（4）社会满意。施工企业注重形象,支持环境保护,给社会留下优秀工程成果同时,也给百姓留下了很好的社会形象。

>>>> "5S"与其他管理活动的关系

"5S"是现场管理的基础,是TPM(全面生产管理)的前提,是TQM(全面品质管理)

的第一步,也是 ISO9000 有效推行的保证(图 10-3)。

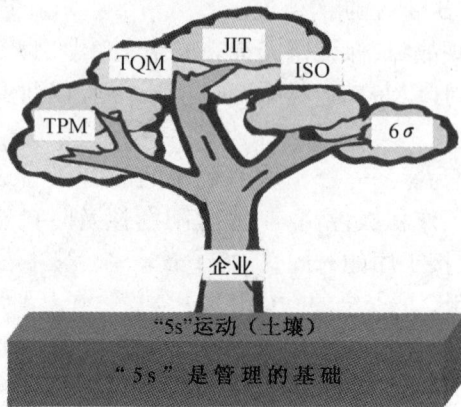

图 10-3 "5S"管理与其他管理的关系

"5S"能够营造一种"人人积极参与,事事遵守标准"的良好氛围。有了这种氛围,推行 ISO、TQM、TPM 就更容易获得员工的支持和配合,有利于调动员工的积极性,形成强大的推动力。

实施 ISO、TQM、TPM 等活动的效果是隐性的、长期的,一时难以看到显著的效果。而"5S"活动的效果是立竿见影。如果在推行 ISO、TQM、TPM 等活动的过程中导入"5S",可以通过在短期内获得显著效果来增强企业员工的信心。

"5S"是现场管理的基础,"5S"水平的高低,代表着管理者对现场管理认识的高低,这又决定了现场管理水平的高低,而现场管理水平的高低,影响着 ISO、TPM、TQM 活动能否顺利、有效地推行。通过"5S"活动,从现场管理着手改进企业"体质",则能起到事半功倍的效果。

曾经有人说过:"'5S'本身没有问题,问题在于我们的做法。"许多企业领导认为"5S"管理系统很简单,那么我们可以肯定这个企业推行"5S"不会成功,因为"5S"的核心部分就是从小事做起,认真严谨地做好每一件事,并通过这种手段,达到管理的最终目的,即提升人的品质。如果实施几个月下来只是在地上画了几条线,简单地做了一些标识,就认为已经导入了"5S",这样的想法低估了"5S"管理的功效。之所以有企业领导认为"5S"简单,恐怕是他没有到真正认识到"5S"管理的本质意义。只有真正地理解了"5S"的精华所在,才能认真地从身边的细小之处做起,认真对待每一件小事,进而培养出每一位员工良好的工作作风,共同提升企业的核心竞争力。

② 海尔的理念

>>>> **海尔文化的核心是创新**

海尔文化的核心是创新,它是在海尔 20 多年发展历程中产生和逐渐形成的特色文化体系。**海尔文化以观念创新为先导、以战略创新为方向、以组织创新为保障、以技术创新为手段、以市场创新为目标**,伴随着海尔从无到有、从小到大、从大到强、从中国走向世界,海尔文化本身也在不断创新、发展。员工的普遍认同、主动参与是海尔文化的最大特色。海尔的目标是创中国的世界名牌,为民族争光。这个目标把海尔的发展与海尔员工个人的价值追求完美地结合在一起,每一位海尔员工将在实现海尔世界名牌大目标的过程中,充分实现个人的价值与追求。

海尔认为,在企业里,无形的东西比有形的东西更重要,而这些无形的东西就是全体员工对企业的认知。许多企业的领导的看重的是有形东西,而很少关注无形的东西,一般总是问产量多少、利润多少,没有看到文化观念、氛围更重要。**一个企业没有文化,就是没有灵魂。**

>>>> **海尔 13 条**

观点一:有缺陷的产品就是废品

1985 年,张瑞敏刚到海尔。一天,一位朋友要买一台冰箱,结果挑了很多台都有毛病,最后勉强拉走了一台。朋友走后,张瑞敏派人把库房里的 400 多台冰箱全部检查了一遍,发现共有 76 台存在各种各样的缺陷。张瑞敏把职工们叫到车间,问大家怎么办?多数人提出,也不影响使用,便宜点儿处理给职工算了。当时一台冰箱的价格 800 多元,相当于一名职工两年的收入。张瑞敏说:"我要是允许把这 76 台冰箱卖了,就等于允许你们明天再生产 760 台这样的冰箱。"他宣布,这些冰箱要全部砸掉,谁装配的谁来砸,并抡起大锤亲手砸了第一锤! 很多职工砸冰箱时流下了眼泪。张瑞敏告诉大家:有缺陷的产品就是废品。3 年以后,海尔人捧回了我国冰箱行业的第一块国家质量金奖。

观点二:东方亮了再亮西方

"东方不亮西方亮"是国内不少企业多元化经营的美好初衷。从 1984 年到 1991 年,张瑞敏把这 7 年叫做海尔的名牌战略阶段。7 年时间里,海尔只做了冰箱一个产品。到 1991 年,海尔冰箱产量突破 30 万台,产值突破 5 个亿。全国 100 多家冰箱企业,海尔是唯一产品无积压、销售无降价、企业无三角债的企业。海尔商标在全国家电企业中唯

ZHUO YUE YUAN YU LI NIAN

一入选"中国十大驰名商标"。1992年起,海尔开始多元化发展阶段。如今海尔产品有58个系列,9 200多个品种,既有白色家电,又有黑色家电和米色家电,其中冰箱、冷柜、洗衣机、空调等的市场占有率在全国名列前茅。张瑞敏把海尔的这种多元化战略概括为"东方亮了再亮西方"。

观点三:海尔精神不能走

在海尔兼并的18家企业中,有一家是1997年12月进来的拥有4 000员工的国营黄山电视机厂。1998年6月2日,该厂部分员工"罢工",原因是接受不了海尔的管理,把海尔派去的孙部长也打了。张瑞敏一看闹到这种地步,不是你愿不愿意干的问题,而是我让不让你干的问题,下令无限期停产整顿。其实也没有无限期,只两天,大家就想明白了:海尔不这么做,企业在市场上就站不住脚;企业站不住,员工也就没地方开工资了。当孙部长正给职工代表宣布明天可以复工的时候,手机突然响了,他爱人要来合肥接"卖力不讨好"的丈夫回去。孙部长气道:看你们把事情闹的!这时,一位职工代表喊了3句口号:孙部长不能走!海尔不能走!海尔精神不能走!到1999年,该厂一个月电视机的产量相当于过去一年半的产量。

观点四:只有淡季的思想,没有淡季的市场

一般来讲,每年的6～8月是洗衣机销售的淡季。每到这段时间,很多厂家就把商场里的促销员撤回去了。张瑞敏纳闷了:天气越热出汗越多,老百姓反而越不洗衣裳?调查发现,不是老百姓不洗衣裳,而是夏天5公斤容量的洗衣机不实用,既浪费水又浪费电。于是,海尔的科研人员很快设计出一款洗衣量只有1.5公斤的洗衣机——"小小神童"。"小小神童"投产后先在上海试销,因为张瑞敏认为上海人消费水平高又爱挑剔。结果,上海人马上认可了这种世界上最小的洗衣机。上海热销之后,很快又风靡全国。到如今,海尔的"小小神童"在全国卖了100多万台,并出口到日本和韩国。张瑞敏告诫员工说:"只有淡季的思想,没有淡季的市场。"

观点五:用户的难题就是我们的课题

1997年10月,张瑞敏到四川出差。有用户跟他抱怨说,海尔的洗衣机不好,下水管老堵。经过了解,原来是有些农民朋友用洗衣机来洗地瓜,有时泥沙会堵塞下水管。回来后,张瑞敏把这事讲给大家听,一些人觉得像是笑话,说重要的问题是教育农民怎么使用洗衣机。但张瑞敏不这么看,他说:用户的难题就是我们的课题。后来,海尔专门开发出一种下水管加粗的可以用来洗地瓜的"大地瓜"洗衣机。这事见诸报端后,有人不以为然,说我们的农民富裕到用洗衣机洗地瓜了吗?张瑞敏的想法是,既然用户有需求,我们就该去满足。

观点六:下道工序就是用户

一件电器产品,从设计、生产到销售,要经过若干道工序最终才到达用户的手里。但张瑞敏告诉每一道工序的员工:"你的下道工序就是用户。"什么意思?就是说什么问题都得在这儿解决好,留给后边人家不饶你。为此,海尔提出:人人都有一个市场,人人都是一个市场——下道工序是你的市场,你又是上道工序的市场。如果你为上道工序遗留的问题付出了劳动,你有权力向他索赔;同样,如果你把问题留给了下道工序,人家也有权力向你索赔。张瑞敏把这叫做市场链,就是一道一道工序像锁链一样咬合在一起,谁那儿"掉链子",谁就得从兜儿里掏钱。此招一出,各种问题立马大幅减少,企业效益大幅提高。这事被一位叫菲希尔的外国教授知道了,到海尔跟张瑞敏谈了8个小时,拿回去做了个 MBA 的教学案例。

观点七:企业就像斜坡上的球

张瑞敏有一个著名的"斜坡球体论",是说企业好比斜坡上的球体,向下滑落是它的本性;要想使它往上移动,需要两个作用力,一个是止动力,保证它不向下滑,这好比企业的基础工作;一个是拉力,促使它往上移动,这好比企业的创新力。这两个力缺一不可。

观点八:"赛马不相马"

人才缺乏,是国内企业的共同呼声。但张瑞敏认为,我们最缺乏的不是人才,而是出人才的机制。海尔在人力资源方面的一个基本做法是"赛马",而非传统的"相马"。海尔"赛马不相马"的人才机制就是给海尔的每一位员工创造一个发挥才能的机会和公平竞争的环境,从而使企业整体充满活力。海尔的"赛马不相马"应用下至普通员工,上至集团副总裁。1999 年 9 月,在海尔全球市场产品交易会上,记者们通过嘉宾介绍得知海尔新近任命了两位见习副总裁,颇觉新鲜。会后,有记者问张瑞敏"见习"副总裁是怎么回事? 张瑞敏道:所谓"见习副总裁"就是把他们放在副总裁的位置上干干,看行不行。"赛马"赛到这份儿上,什么马见了不得奋蹄?

观点九:企业要长"第三只眼"

按照张瑞敏的说法,计划经济下,企业长一只眼盯住领导就够了。市场经济下,企业要长两只眼,一只盯住员工,达到员工满意度的最大化;一只盯住用户,达到用户满意度的最大化。但在计划经济向市场经济过渡时期,企业还要再长第三只眼睛,用来盯住国家政策。

观点十:先有市场,再建工厂

这是一种典型的以市场为导向的经营思路,不仅适用于进入国际市场也适用于开拓国内市场。

观点十一:出口创牌而不仅仅是创汇

海尔刚刚打入德国市场时,举步维艰。大家都知道,德国企业以其精细而著称,而今中国的海尔要占领德国市场,让德国人不相信。没办法海尔就把运过去的 4 台冰箱跟德国冰箱放在一起,然后都把商标揭掉,让用户认哪些是海尔的,哪些是德国的。结果,没发现任何问题的,大都是海尔的。一下子,德国人服气了,纷纷订货。不久,又碰上德国检测机构对市场上的冰箱进行质量检测,海尔 5 个项目共拿了 8 个加号,排在第一位。现在,据德国海关统计,在他们从中国进口的冰箱中海尔占了 98%,另外在美国市场,海尔占中国出口白色家电的 53%,所有产品,都是打海尔自己的牌子。

观点十二:国际化就是本土化

作为中国企业国际化的先行者,海尔"国际化即本土化"的做法是,当地设计、当地制造、当地销售,以及当地融资、当地融智。比如在美国,海尔在洛杉矶建立了设计中心,在南卡州建立了生产工厂,在纽约建立了营销公司,三位一体,以形成本土化的海尔,其雇员也主要是美国人。张瑞敏说,什么时候,美国人不再认为海尔是中国的海尔,而是美国的海尔,海尔在美国就算成功了。

观点十三:现金流比利润更重要

企业以赢利为目的,是尽人皆知的道理。但张瑞敏说:"现金流比利润更重要。"这是张瑞敏总结了近年来国内外一些名声显赫的企业为什么突然死亡的原因后得出的结论。1999 年上海"财富论坛"上张瑞敏提出这个观点,台下有人问跟张瑞敏对话的宝洁公司的老总:"您是否同意张先生的观点。"宝洁的老总说:"张先生观点是对的。过去人们看利润,现在人们看现金流之于企业,犹如氧气之于人体一样。"张瑞敏说:"现在的市场竞争,不是说资不抵债才叫破产,你失去了现金支付能力就叫破产!"

>>>> **海尔的 OEC 管理**

企业在市场上的地位犹如斜坡上的小球,要不断向上发展需要有上升力即企业创新;还需要有止动力——企业基础管理,防止小球下滑。

海尔认为,企业发展的加速度与企业发展动力与阻力的差值成正比,与企业的规模成反比,即

$$A = (F_{动} - F_{阻}) / M$$

式中 A 代表企业发展的加速度;$F_{动}$ 代表企业发展的动力;$F_{阻}$ 代表企业发展的所有阻力;M 代表企业的规模。这就是著名的斜坡球体定律公式(见图 10-4)。

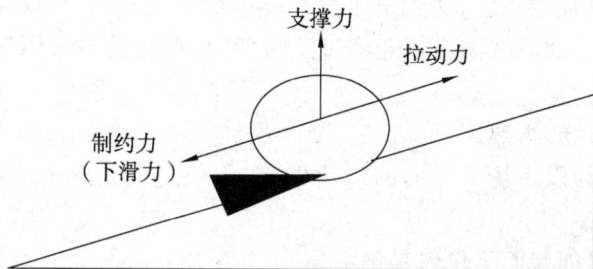

图 10-4 海尔的斜坡球体理论

斜坡球体论对企业有 3 点启示:

第一,基础管理是企业成功的必要条件;

第二,抓管理要持之以恒;

第三,管理是动态的、永无止境的。

OEC 是海尔最成功最基础的一项管理工作,它解决企业从斜坡下滑的问题。"O"代表 Overall,意为全面的;"E"代表 Everyone、Everything、Everyday,意为每个人、每件事、每一天;"C"代表 Control 和 Clear,意为控制与清理。OEC 整体意思就是,全方位地对每个人每一天所做的每一件事情进行控制和清理,做到"日事日毕,日清日高",每天的工

作每天完成,而且每天的工作质量都有一点儿提高。

企业每天所有的事都有人管,所有人均有管理、控制的内容,并依据工作标准对各自控制的事项,按规定的计划执行,每日把实施结果与计划指标对照、总结、纠偏,达到对事物发展过程日日控制、事事控制的目的,确保事物向预定目标发展。海尔从1989年开始搞"日清日高"管理,主要针对当时企业管理上普遍存在的一个问题,即管理对过程控制不细的问题,生产制造过程中到处是"金",生产的投入产出比不合理,造成严重浪费。海尔自实施OEC管理至今,为企业的基础管理打下了坚实的基础并创造了巨大效益。OEC管理,1995年获"国家级企业管理现代化创新成果"一等奖,受到了党和国家领导人的高度评价并在全国推广。如今,OEC管理方法给国内企业以至于国际企业提供了一套全新的管理思路,并且已经被美国哈佛大学收录为研究课题。

当美国管理学家彼得·德鲁克的MBO(目标管理)被越来越多的企业怀疑的时候,海尔却利用OEC管理把目标管理发挥得淋漓尽致。海尔的成功是因为目标管理被OEC有效地推动,管理界称其为"海尔之剑"。

3　丰田管理方式

丰田是日本企业的杰出代表,也是世界企业的杰出代表,丰田精神代表着日本精神,丰田代表着日本。

20世纪50年代,10个日本人相当于1个美国人的生产率。

20世纪70年代后期,2个美国人才顶一个日本人。

20世纪80年代,汽车研发,通用需要60个月,丰田仅需30个月。

美国汽车平均库存是2周,丰田是2小时。

美国企业资金周转6~7次/年,丰田100次/年。

1982~1990年,美国车型从36个增加到53个,丰田车型从47个增加到84个。

2008年,丰田汽车年产量超过900万辆,销量为897.2万辆,对应通用汽车的销量为836万辆。

上述事实展现了丰田汽车公司由弱到强的经过。丰田公司创建于1933年,二战后,通过引进欧美技术并在美国汽车技术专家和管理专家的指导下,公司掌握了先进的汽车生产和管理技术,并结合日本民族的特点,创造了著名的丰田生产管理模式,通过不断地完善提高,大大降低了产品成本,提高了生产效率和产品质量。2008年,丰田汽车公司在世界财富500强排名中列居第5位,营业收入达2 302.01亿美元。丰田被称为世界汽车工业中的一个巨无霸,多年来一直长盛不衰。为了运作一整套的体系,需要一整套完整成熟的管理思想和方法。我们可以从丰田公司的经验中,了解它的精益管理思想并学习细节管理的工具。

精益生产(Lean Production,LP),又称精良生产,是美国麻省理工学院在一项名为"国际汽车计划"的研究项目中提出来的。他们在做了大量的调查和对比后,认为日本**丰田汽车公司的生产方式是最适用于现代制造企业的一种生产组织管理方式;其核心思想就是及时制造,消灭故障,消除一切浪费,向零缺陷、零库存进军。**

由丰田汽车公司创立发展起来的精益管理是以精益生产为主的一整套精益管理思想,其主旨是最大限度地简化,消除浪费,消除一切非增值活动,维持高水准的品质,保持企业持续改进的活力。对丰田生产思想加以概括,可以说其精髓就是彻底消除浪费。丰田总结的浪费形式有7种:

(1)过多制造造成的浪费;

(2)库存造成的浪费;

(3)品质不良的浪费;

(4)等待造成的浪费;

(5)搬运造成的浪费;

(6)加工造成的浪费;

(7)无增值动作造成的浪费。

由此可见,丰田对细节的管理尤其体现在对浪费的控制上。丰田也以此为核心,衍生出丰田管理方式,实现了公司的飞跃。

丰田生产方式(TPS)是提高企业生命力的一整套概念和方法的体系。它是丰田公司通用的制造方法,其基本思想是"彻底杜绝浪费",通过生产的整体化,追求产品制造的合理性以及品质至上的成本节约。丰田汽车公司前副社长大野耐一所创造的丰田生产方式,是对曾经统治全球工业的福特式生产方式的重大突破,在全世界产生了深远的影响。

丰田生产方式涵盖了适时管理(JIT)、自动化、看板方式、标准作业、精益化等生产管理的各种理念。其中适时管理和自动化是杜绝浪费的两大支柱。

1973年世界石油危机爆发,这场危机对企业的影响非常大。1974年,日本经济一落千丈,经济增长率降为零。各家公司一筹莫展。这时丰田盈利虽然有所减少,却仍较其他公司多,所以颇引人注意。人们说,丰田这家企业的结构是经得起冲击的。石油危机之后,1975~1977年,丰田的盈利逐年增加,逐渐拉大了同其他公司的差距。于是,丰田生产方式便开始引起了注意。

>>>> JIT 生产方式

为消除浪费,丰田推行了 JIT(Just In Time,即适时管理)管理方式。丰田认为库存是企业的"万恶之源",由于有了不必要的库存,积压了企业的资金,增加了资金成本;更主要的是由于有了库存,生产线上即使出现了不合格品,工人也可以从容返修,而放松了对"零返修率"的追求。JIT 是需求拉动式的生产与供货流程。

丰田在经营过程中,始终强调要通过降低成本来提高生产效率,所以它的生产方式是以彻底杜绝浪费这一思想为基础的。丰田公司的创始人丰田喜一郎所提倡的"恰好准时制"的想法,就是这一思想的出发点。

丰田喜一郎曾说:"像汽车生产这种综合工业,最好把每个必要的零部件非常准时地集中到装配线上。"如果把它应用到今天的生产现场,就是在通过流水作业组装一辆汽车的过程中,所需要的零件、在需要的时候、按需要的数量不多不少地供给各工序,也就是所谓的"三及时",即必要的东西在必要的时间只生产必要的数量。其实就是当组装需要用到 A 零件时,A 零件才送达组装地,这样就避免产生库存了。

而要做到使所有这些工序的生产计划都达到一丝不苟的"三及时"状态是一项相当艰巨的工作。这就要求员工在工作过程中不仅要有团队精神,更重要的是对其中的每一个环节都要做到彻底的标准化,来不得半点马虎,如果其中的一个环节出了问题,那么整个流程就会失败,这个时候,细节就显示出了它的重要性。丰田对生产的内容、顺序、时间控制和结果等所有工作细节都制定了严格的规范,比如装轮胎和引擎需要几分几秒等等。

○ JIT 核心思想

在 JIT 生产方式倡导以前,世界汽车生产企业包括丰田公司均采取福特式的"总动员生产方式",即一半时间人员、设备和流水线等待零件,另一半时间等零件一运到,全体人员总动员,紧急生产产品。这种方式造成了生产过程中的物流不合理现象,尤以库存积压和短缺为特征,生产线或者不开机,或者开机后就大量生产,这种模式导致了严重的资源浪费。丰田公司的 JIT 采取的是多品种、少批量、短周期的生产方式,达到了消除库存,优化生产物流,减少浪费的目的。

丰田公司为此而开发了包括"看板"在内的一系列具体方法,并逐渐形成了一套独具特色的生产经营体系。JIT 生产方式以适时生产为出发点,首先解决生产过量和其他方面浪费的问题,然后对设备、人员等进行淘汰、调整,达到降低成本、简化计划和有效控制的目的。在生产现场控制技术方面,JIT 的基本原则是在正确的时间,生产正确数量的零件或产品。它将传统生产过程中前道工序向后道工序送货,改为后道工序根据"看板"向前道工序取货,看板系统是 JIT 生产现场控制技术的核心,但 JIT 不仅仅是"看板"管理。

○ JIT 目标

JIT 生产方式将"获取最大利润"作为企业经营的最终目标,将"降低成本"作为基本目标。在福特时代,降低成本主要是依靠单一品种的规模生产来实现的。但是在多品种小批量生产的情况下,这一方法是行不通的。因此,JIT 生产方式力图通过"彻底消除浪费"来达到这一目标。所谓浪费,在 JIT 生产方式的起源地丰田汽车公司,被定义为"只使成本增加的生产诸因素",也就是说,不会带来任何附加价值的诸因素。任何活动对于产出没有直接的效益就被视为浪费。这其中,最主要的有生产过剩(即库存)所引起的浪费。搬运的动作、机器准备、存货、不良品的重新加工等都被看做浪费。同时,在

JIT 的生产方式下,浪费的产生通常被认为是由于不良的管理所造成的。比如,大量原物料的存在可能是由于供应商管理不良所造成的。因此,为了排除这些浪费,JIT 生产方式就相应地产生了适量生产、弹性配置作业人数以及保证质量这样 3 个子目标。JIT 的目标是彻底消除无效劳动和浪费,具体要达到以下目标:

质量目标:废品量最低。JIT 要求消除各种引起不合理现象的原因,在加工过程中每一道工序都要求达到最高水平。

生产目标:库存量最低。JIT 认为,库存是生产系统设计不合理、生产过程不协调、生产操作不良的证明。

零件搬运目标:搬运量最低。零件搬运是非增值操作,如果能使零件和装配件运送量减少,搬运次数减少,可以节约装配时间,减少装配中可能出现的问题,从而实现机器损坏降低,批量尽量小的目的。

时间目标:准备时间最短。准备时间长短与批量选择相联系,如果准备时间趋于零,准备成本也趋于零,就有可能采用极小批量。

生产提前期目标:生产提前期最短。短的生产提前期与小批量相结合的系统,应变能力强,柔性好。

当然,不同目标的实现具有显著的相关性。

○ 删除非增值环节

在生产管理中,丰田一直尽一切可能削减成本。1995 年以来,丰田多赚的钱,不是靠多卖车取得的,而是通过降低成本实现的。

在价值链中要考虑的内容是价值活动部分的每一个环节、每一个步骤是否都有各自价值的增加;在支持活动部分的每一个岗位、每一个人是否都有其存在的价值。考虑这些的最终目的是要消除任何无增值的动作、环节和步骤。

丰田"省"出来的钱几乎是卖车收入的两倍,这样卓有成效地降低成本,主要通过设计、生产、采购和固定费用 4 个方面来实现。

>>>> 看板管理

看板管理,常写为"Kanban 管理"(Kanban 来自"看板"的日语罗马拼写),是丰田生产模式中的重要概念,是指为了达到适时生产(JIT)方式控制现场生产流程的工具。适时生产方式中的拉动式(Push)生产系统可以使信息的流程缩短,并配合定量、固定装货容器等方式,而使生产过程中的物料流动顺畅。

适时生产方式的看板旨在传达信息:"何物,何时,生产多少数量,以何方式生产、搬运。"

○ 什么是看板管理

JIT 生产方式是以降低成本为基本目的,在生产系统的各个环节全面展开的一种使生产有效进行的新型生产方式。JIT 采用了看板管理工具,看板犹如巧妙连接各道工序的神经而发挥着重要作用。

看板管理方法是在同一道工序或者前后工序之间进行物流或信息流的传递。JIT是一种拉动式的管理方式,它需要从最后一道工序向上一道工序传递信息,这种传递信息的载体就是看板。没有看板,JIT 是无法进行的。因此,JIT 生产方式有时也被称作看板生产方式。

一旦主生产计划确定以后,就会向各个生产车间下达生产指令,然后每一个生产车间又向前面的各道工序下达生产指令,最后再向仓库管理部门、采购部门下达相应的指令。这些生产指令的传递都是通过看板来完成的。

○ **看板的功能**

看板最初是丰田汽车公司于 20 世纪 50 年代从超级市场的运行机制中得到启示,作为一种生产、运送指令的传递工具而被创造出来的。经过 50 多年的发展和完善,目前已经在很多方面都发挥着重要的作用。

（1）生产及运送工作指令。

生产及运送工作指令是看板最基本的职能。公司总部的生产管理部门根据市场预测及订货而制定的生产指令只下达到总装配线,各前道工序的生产都根据看板来进行。看板中记载着生产和运送的数量、时间、目的地、放置场所、搬运工具等信息,从装配工序逐次向前工序追溯。

在装配线将所使用的零部件上所带的看板取下,以此再去前一道工序领取。前工序则只生产被这些看板所领走的量,"后工序领取"及"适时适量生产"就是通过这些看板来实现的。

（2）防止过量生产和过量运送。

看板必须按照既定的运用规则来使用。其中的规则之一是:没有看板不能生产,也不能运送。根据这一规则,各工序如果没有看板,就既不进行生产,也不进行运送;看板数量减少,则生产量也相应减少。由于看板所标示的只是必要的量,因此运用看板能够做到自动防止过量生产、过量运送。

（3）进行"目视管理"的工具。

看板的另一条运用规则是看板必须附在实物上存放、前工序按照看板取下的顺序进行生产。根据这一规则,作业现场的管理人员对生产的优先顺序能够一目了然,很容易管理。只要通过看板所表示的信息,就可知道后工序的作业进展情况、本工序的生产能力利用情况、库存情况以及人员的配置情况等。

（4）改善的工具。

看板的改善功能主要通过减少看板的数量来实现。看板数量的减少意味着工序间在制品库存量的减少。如果在制品存量较高,即使设备出现故障、不良产品数目增加,也不会影响到后工序的生产,所以容易掩盖问题。在 JIT 生产方式中,通过不断减少数量来减少在制品库存,就使得上述问题不可能被忽视。这样通过改善活动不仅解决了问题,还使生产线的"体质"得到了加强。

JIT 生产方式说到底是一种生产管理理念,而看板只不过是一种管理工具。看板只有在工序一体化、生产均衡化、生产同步化的前提下,才有可能发挥作用。如果错误地认为 JIT 生产方式就是看板方式,不对现有的生产管理方式作任何变动就单纯地引进看板方式的话,是对企业发展起不到任何作用的。

4 超越顾客的期望

以前企业强调的"让顾客满意"理念随着顾客消费方式的进一步成熟已经变得落后了。**现代企业的观点是一切以顾客为关注焦点,多做一点,超越顾客的期望,让顾客感动。**

>>>> 服务是永恒的主题——把施工行业看做服务行业

工程施工要体现出卓越的服务质量。在我国现今的施工行业中,引进服务理念的企业并不多,因为面对的顾客很复杂。例如我国高速公路建设市场还没有完全放开,投资者基本都是政府,就这一点上,虽然采用了招标方式选择施工企业,并实施监理制度,但对待国家的工程毕竟不像对待自己的房屋装修一样挑剔和认真,因此企业在施工中管理粗放,最终的工程质量虽然满足规范的要求,但是过程并不完美,特别是在服务上还属于落后于其他行业的状态。比如说,在遵守合同承诺这一细节上,很多企业其实是做不到的。

服务理念在计划经济环境下是不存在的,我国大部分施工企业都是老国有企业改制来的,缺乏服务意识。随着社会的发展,工程建设不仅有业主在管理,老百姓对质量问题也是异常关注。因此,你做不好,就会有人来过问。

因为缺少了服务意识,工程做得不精细,问题频频发生。

如今,服务领域已经成为施工企业竞争的主战场,企业想要生存,服务意识是必不可少的。所以,只要你的企业存在一天,就必须为业主、为老百姓服务一天。身处于这个企业的员工,就必须把服务当成自己永恒的主题。

服务无处不在,建设项目也是产品,有产品就应该有服务。虽然我们面对的顾客是政府而不是个人,但真正的顾客是一个巨大的消费群体——老百姓。因此,工程项目的服务跟其他行业的服务一样重要,服务理念就是一个永恒的主题。不论在何时在何地施工,都不能缺少服务意识。服务过程将成为施工企业施工过程中不可或缺的一个重要环节。所以,永远都要有服务的心态,否则,你将会被淘汰。

海南航空股份有限公司提出"服务的创新永无止境,满足旅客的需求是海航人永远追求的目标"。为此,他们制定了一系列的措施,尤其是以 3 个"一路"所诠释的服务宗旨,即"一路春风,微笑服务;一路清洁,高雅服务;一路关怀,全程服务"的"至诚、至善、至精、至美"的服务宗旨,更是赢得了许多消费者的青睐。不仅如此,在海航公司的客舱里你还能看到许多戴着"亲善使者"、"爱心使者"、"微笑天使"、"我会海南话"等工作牌的空中乘务员,这样的细微服务让乘客们觉得十分贴心。"我们的服务无处不在",海航公司的"无缝隙"服务得到了旅客的高度评价和喜爱,也为他们赢得了广阔的市场。**服务赢天下,服务无止境,这已经成为一种趋势**。当今,不但企业必须依靠服务取得竞争力,连一些事业部门都逐渐融入更加开放的市场,实现向以服务为中心的理念转变,希望为更多的群体提供服务,获得相应的回报使其进一步得以发展。

从这点看来,大服务时代的确是到来了。施工企业能否在竞争中获得一席之地,服务理念至关重要。面对业主和监理对工程质量的把关,施工单位用什么样的服务态度来对待,是谦虚地接受意见并改正还是置之不理、我行我素?有一部分施工单位内心是不愿意接受监理单位对其在质量方面的帮助的。如果一个监理工程师不管施工质量,任由施工单位按自己的想法做,那么这个监理工程师是受欢迎的,但却是不负责任的。态度恶劣,在我国施工单位中普遍存在。因此,改变施工单位的思想观念,是摆在面前的迫在眉睫的问题。

>>>> 站在顾客的立场上思考

站在顾客的立场考虑问题,了解顾客的需求,以客户的标准为标准,我们的服务才能获得成功。由此也可以看出,优秀服务和普通服务的差别就是看你有没有站在顾客的立场上,有没有注重顾客的需求,把工作做到点子上。而这恰恰是我们经常忽略的。

在美国佛罗里达州洲际大酒店卡拉迪蒙俱乐部的会员资料中,每个人的家庭成员、兴趣爱好、工作性质都会被详细记录。每个会员在消费的过程中喜欢哪种饮食,喝咖啡还是果汁,喜欢住套房还是两人间,对门卫、洗衣员和侍从服务都有什么样的要求,该俱乐部全都了如指掌。每当客人带领家人或是朋友来到酒店度周末或是假日时,他们会针对不同会员的特点提供最适当的服务。俱乐部对每一个会员需要什么样的服务做到了提前掌握,正是基于这一点,这家酒店俱乐部的会员人数一直在不断增加,生意越来越好。

这家酒店是如何去发掘并满足客人的一些个性化需求的呢?有这方面的制度和规定吗?没有。但是他们已经完全理解了"顾客需要什么我们就提供什么"这个简单的道理。有一家著名的公司提出:"公司中的每一个人都要寻找自己的服务对象并真诚为其服务,如果你找不到你的服务对象,那就意味着你该离开公司。"作为员工,如果能做到"顾客需要什么我们就提供什么",那么你绝对是一名当之无愧的"优秀服务员"。

想要获得别人的好感,让他们满意你的行为,最重要的是什么?只要站在对方的角度考虑问题。也就是我们常说的将心比心,换位思考。

员工在和顾客打交道的时候,同时也就是一个和他人交际的过程。所以,如果你想要获得顾客的认同,让顾客得到满意的服务,就必须懂得换位思考。只有站在顾客的立场上来考虑问题才能打消对方的一切顾虑，让他找不到任何拒绝你的理由。

据美国汽车业的调查，一个满意的顾客能够引来80%的生意，其中至少有一笔成交；而一个不满意的顾客会影响25个人的购买意愿。另外，争取一名新顾客所花的成本是保住一名老顾客的6倍。美国《商业周刊》主编卢·杨认为："最重要的、最基本的经营管理原则乃是接近顾客，同顾客保持接触，时刻以顾客为中心，从而满足他们今天的需要，并预见他们明天的需要。"可见，顾客满意与否，实在是与个人、企业的成败有着密切的联系的。

日本经营之神松下幸之助曾经说过，无论多么好的商品，如果服务不完善，客户便无法得到真正的满足。在服务方面有缺陷时，就会引起顾客的不满，甚至丧失商品自身的信誉。在松下幸之助的名言中，他提到了要设身处地地为顾客服务，这就是我们所应该学习的。

一个年轻人要在银行建立一个账户。按照规定，银行营业员让他填写一份表格。但是这个小伙子只愿意填写里面的一部分内容，另一部分内容则拒绝填写。这时候，如果银行的营业员公事公办地告诉他，如果不填写这些内容，银行就不会给他开户，那么银行就会失去一个顾客。

但是，营业员没有这么去做，而是对年轻人说，自己同意他的看法，如果自己作为顾客，也不想填那些表格。然后，营业员又说："假设你的存款在银行里存一辈子，在你去世后是不是希望银行把钱送给你的亲属继承？"年轻人回答说"是"。营业员又问："将你最亲近的亲属的姓名告诉我们，我们寻找起来是不是很方便、更容易找到？"年轻人回答说"是"。

这时候，年轻人的态度已经缓和下来了，因为他知道了表格中的那些资料，不是银行所需要的，而是他个人所需要的，最后他就很自觉地填写了这些内容，满意地办理了一个账户。谁都希望能够得到满意的服务，相信你也不例外。所以将心比心、换位思考很重要。通过换位思考，可以让你突破原有的思维习惯，学会变通；通过换位思考，可以让你了解到顾客的心理需求，将沟通进行到底；通过换位思考，可以让你揣摩到顾客的心理，达到说服对方的目的；通过换位思考，可以让你给予顾客真诚的帮助，让他们得到满意的服务……

只要学会了换位思考，就可以从平庸的人群中走出来，让自己变得出类拔萃。

>>>> **面对顾客的抱怨，要勇于承认错误和担当责任**

当业主对工作质量和工程质量不满意时，作为施工单位的员工你该是什么样的态度？是承认错误并尽快整改还是推诿责任、不认错误？

面对业主的批评，作为一个施工企业的员工，要学会经常说"这是我的失误，我立即整改"，而不是说"这个小小的错误不影响全局"、"这不怪我，都是下边的人做的"、"我们不可能出错，是你弄错了吧"……

认识到自己的错误是改正错误的一半，一个从不认错的人是做不好工作的。

有时,我们可能认为有些要求是无理的,但当你站在业主的角度想想,业主就是正确的。当初有顾客抱怨洗衣机不能洗地瓜,张瑞敏立即生产了能洗地瓜的洗衣机。现在是以顾客为中心的社会,"顾客需要什么样的服务我们就必须给什么样的服务",面对抱怨,我们首先想的不应该是顾客的抱怨是不是有道理,而应该是如何解决顾客的问题。

听到顾客的抱怨要想压住对方的火气就应先说"对不起",这是解决顾客不满的第一步。

沃尔玛有两条克敌制胜的黄金法则:第一条是"顾客永远是对的";第二条是"如果顾客有错,请参照第一条"。这真的让人为它高声叫好。说到底,顾客还是没有错。和顾客理论,最终吃亏受损的还是企业。所以,道歉就成了一门必须要学的学问。

有一位美国妇女,每周都固定到一家杂货店购买日用品。但是,有一次因为一位服务员对她的态度不好,而且拒绝向她道歉,于是,她从此不再光顾这家杂货店。12 年后,这位妇女重新来到这家杂货店,告诉了杂货店老板自己当初放弃来这家店购物的原因。之后,杂货店老板算了一笔账,假设这位妇女每周在杂货店里消费 50 美元的话,那么 12 年间,他损失了 3.12 万美元的生意。

高速公路是一个特殊的产品,不仅施工单位、设计单位和监理单位在为业主服务,业主同时也在为政府和老百姓服务。因此,不管是施工单位还是业主,都要有服务理念,解决工程管理和工程质量中存在的各种问题,特别是要主动地解决好这些问题,不要出了事故再解决。

面对公路、桥梁出现的诸多问题,我们看看各方的反应是什么。表 10-1 列出了1998～2007 年我国曝光的公路桥梁质量问题。

表 10-1 1998～2007 年公路桥梁质量问题表

桥梁名称	所在地区	建成时间	事故时间	后果
青洋河大桥	辽宁	1998 年 8 月	1998 年 10 月	局部塌陷
綦江彩虹桥	重庆	1996 年	1999 年 1 月 4 日	垮塌
漳州大桥	福建	1975 年	2000 年 4 月 12 日	拆除时垮塌
文尉坊大桥	广西合浦	1997 年	2001 年 6 月 23 日	引桥塌陷
金沙江大桥	四川宜宾	1990 年 6 月	2001 年 11 月 7 日	垮塌
万沟大桥	河南内乡	事故时在建	2002 年 8 月 16 日	合龙时发生倒塌
钟祥汉江大桥	湖北	1993 年	2004 年	主桥面下沉、箱梁裂缝
田庄台大桥	辽宁盘锦	1977 年	2004 年 6 月 10 日	悬臂梁端突然断裂,桥板脱落
弘济桥	江苏徐州	2004 年 6 月	2004 年 6 月 28 日	突然塌陷
京杭大运河亭子桥	江苏苏州	1992 年	2004 年 9 月 1 日	倒塌

续表

桥梁名称	所在地区	建成时间	事故时间	后果
武江大桥	湖北	1968 年	2005 年 7 月 14 日	洪水冲垮
南杂木大桥	辽宁抚顺	1976 年	2005 年 8 月 13 日	暴雨后倒塌
珍珠大桥	贵州遵义	事故时在建	2005 年 11 月 5 日	垮塌
小尖山大桥	贵州开阳	事故时在建	2005 年 12 月 14 日	坍塌
白马溢洪大桥	湖南娄底	1987 年	2006 年 4 月 29 日	倒塌
洮河大桥	甘肃岷县	1974	2006 年 5 月 16 日	车辆压垮
同安湾大桥	福建厦门	事故时在建	2006 年 8 月 29 日	模架垮塌
冷水河大桥	陕西安康	1985 年	2006 年 11 月 25 日	垮塌
减河悬索桥	北京顺义	2006 年	2006 年 12 月 9 日	倒塌
修水大桥	江西	事故时在建	2007 年 3 月 23 日	倒塌
常州运河大桥	江苏	1997 年	2007 年 5 月 13 日	半幅垮塌
九江大桥	广东佛山	1988 年	2007 年 6 月 15 日	船误撞而塌
堤溪大桥	湖南凤凰	事故时在建	2007 年 8 月 13 日	垮塌

　　这么多桥梁出现事故,很少有人承认是设计、施工中的问题,出了问题都说是外界因素导致的,就拿宜宾小南门金沙江大桥事故的调查报告举例说,"2001 年 11 月 7 日凌晨 4 时左右,宜宾市金沙江南门大桥发生断裂,造成重大事故。该桥由四川省桥梁工程公司承建(该单位 1998 年改组进入四川公路桥梁建设集团有限公司)。事件发生后,宜宾市政府与四川省交通厅、省监察厅、省安办成立调查技术鉴定组。技术专家组经检测、分析和鉴定后认为南门大桥桥面局部垮塌事故属桥梁结构因应力腐蚀破坏的典型事故。调查组认为,该事故的发生主要是由于在当时的条件下,人们对客观事物的规律性尚未完全认识,已有的技术和经验对此类事故的发生难以准确预见和有效防范所致。该事故的性质应为非责任事故"。而对于广东佛山九江大桥为何如此不堪一撞,中国 10 名桥梁专家查验后鉴定说:"九江大桥的设计和质量均没有问题。"

　　出了问题,我们的态度是想方设法地免责,推卸责任,从来没有人为损失埋单,到头来还是由纳税人自己的钱来补偿。

　　某些高速公路近几年也是问题不断,当然路面的损坏可能与超载车有关,但问题是,全部责任都在超载车吗? 对于这样的问题,作为公路的建设者首先应该问问自己,施工有问题吗? 设计有问题吗?

　　如果确实不是施工和设计的问题,那么既然路面坏了,桥倒了,大吨位车辆不能杜绝,站在顾客的角度,我们是不是应该解决一下这个问题? 面对中国超载车辆和大吨位车辆的问题,单单凭借交通系统,是否可以将其取缔? 如果不能取缔,现行的设计规范是否还可行? "顾客要什么,我们就生产什么",这样的理念能否被投资部门所重视,这是问题的关键。

>>>> 超越顾客的期望

沃尔玛每天都会收到许多顾客来信,表扬他们员工的杰出服务。在这些来信中,有些顾客因为一个微笑,或名字被记住,或在购物的时候得到帮助而表示谢意,还有一些为沃尔玛的员工在某些突发事件中所表现出的英勇行为而感动。例如,塞拉冒着生命危险冲到汽车前勇救一个小男孩;菲力斯为一位在商场内突发心脏病的顾客采取了CPR 急救措施;卓艾斯为让一位年轻妈妈相信一套餐具是摔不破的,而将一个盘子扔到了地上;安妮特为让一位顾客能给自己的儿子买到称心的生日礼物而放弃了为自己儿子所买的电动骑兵玩具……许多年过去了,山姆·沃尔顿所倡导的"超越顾客的期望"的服务,依然激励着所有沃尔玛人为之不懈努力。他说:"为顾客提供更好的服务——超越顾客的期望。我们没有理由不这样做。我们的员工是如此的出色、细心周到,他们可以做到,他们可以比世界上任何一家零售公司做得更好。超越顾客的期望,如果你做到了,你的顾客将会一次又一次地光临你的商场。"

(1)让顾客满意远远不够,更重要的是为顾客感到惊喜,让顾客感动。

作为一个施工企业的员工,你必须知道仅仅按平时的要求是不够的,你必须竭尽全力、细致入微地去施工,去服务业主。

在服务已经成为所有企业的竞争标准的今天,如果是仅仅让顾客满意,你的服务还远远不够,更重要的是为顾客感到惊喜。施工企业只有这样服务业主,才能在同行中有竞争力,才会让人们对你的施工质量放心,才能使你的企业成为品牌和标杆,才能为你的企业创造更大的利润。

余世维博士讲过他的一次经历。有一次他到泰国出差,下榻于曼谷东方饭店。第二天早上,他到楼下准备用餐的时候,服务员小姐热情地问他:"余先生还是要老位子吗?"他非常吃惊,因为距离他上次在这儿吃饭已经有一年多了,而且,他也仅仅是第二次住这家酒店。当服务员小姐将他领到靠近第二个窗口的位子时说:"这是您去年 6 月 9 日用早餐时坐的位子。"当他坐下来的时候,服务小姐又问他:"余先生是要老菜单吗?一个三明治,一杯咖啡,一个鸡蛋?"后来的 3 年多里,余先生因为业务调整再也没有去过泰国,但是,在他生日的那天,突然收到了一封来自东方饭店的生日贺卡,上面写着:"亲爱的余先生,今天是您的生日,祝您生日快乐。"

其实,面对这样的服务,你已经不仅仅是惊喜那么简单了,更多的是感动。服务中的惊喜为顾客带来的更多的是感动,而不是简单的喜悦。在服务中偶尔出现的特殊行为所传达的不应只是服务顾客的愿望,还应该表露出吸引顾客的热情。而惊喜的另外一层含义是指:别人没有做到的、忽略的,你做到了,这样你的服务就可以让客人感到惊喜。很多人对于卫生间的问题都觉得不值一提,但是,在青岛海信广场里,它却成为一个备受关注的焦点。海信广场建成于 1997 年 7 月 1 日,总投资近 2 亿元,占地面积 2 万多平方米,是专营中高档国际品牌的大型高级百货商店。店内设施齐全、环境幽雅。但是极受消费者称赞的却是海信广场内部的"极品公共卫生间"。为了创造这一"极品公共卫生间",海信广场花了近百万元资金进行改造,不仅配备了专门的化妆台,还有智能化的冲洗设备等。与此类似,在深圳的吉之岛商场里的卫生间除了一般设备外,还专门设置了一个残疾人卫生间和一个婴儿台,以方便特殊顾客。

所有企业存在的目的,都是为顾客提供产品或服务并以此获得利益。如果一家企业能在其生产经营的全部过程中,始终以顾客为关注的焦点,全心全意为顾客服务,努力超越顾客的期望值,为顾客带去惊喜,**在关注顾客、了解顾客、满足顾客、超越顾客这些方面永远比竞争对手行动快一点,服务好一点,它就能把握竞争的先机,取得竞争的主动,赢得竞争的胜利。**

(2)多走一步,超前服务。

要想超越顾客的期望,最简单的就是要超前服务。但是,说起来简单,做起来难。在国内很多的商家那里,经常可以看到这样的信函(它们大都是打印出来的):"尊敬的XX先生/女士:对于我们给您造成的不便,我们深感抱歉,您的建议我们已经移交给有关责任部门研究改善了,谢谢您的建议,并欢迎您再次惠顾。"然而,当你第二次再去的时候,很快就会发现,其实什么都没有改变,还是原来的样子。这个时候,我相信,你不会再有第三次前往的兴趣了。

所以,很多人、很多企业都在抱怨,认为自己已经做到了比别人"多走一步",他们会说:"我不是已经设置了顾客信息反馈机制吗?其他人连给顾客的回复也没有呢。"但是,为什么业绩还是没有提高呢?是啊,为什么呢?不妨先看看在国外,人家是怎么做"多走一步,超前服务"的吧。

美国有这么一家旅馆,在他的仓储间里有很多样式的枕头。你也许会奇怪,为什么要准备这么多的枕头呢?难道他们还附带着卖枕头吗?当然不是。这些枕头都是为客人准备的,因为每一个客人都有他的习惯,有的人可能喜欢高枕,有的人可能喜欢低枕,有的可能喜欢软一点的枕头,有的就喜欢硬一点的枕头,还有一些小孩子也需要专门的儿童枕头。所以就准备了许多、各种各样的枕头了。这就叫多走一步,顾客想到的,你要想到,顾客没有想到的,你更要想到。这样你的服务才能比顾客的期望值更高,让他们更满意。不仅仅是要比顾客多走一步,多想一点。对于竞争对手,你也要比他们多走一步。这样才能真正地做到有备无患。超前服务很重要,做到这一点,你已经成功了一半。

5 企业应该承担社会责任

企业作为一种组织存在,必然要承担与其地位相应的社会责任。

首先,企业是为满足社会需要而产生的,是为不断适应和满足人的发展需要而发展进化的。"需要"既决定责任的发生,也赋予责任以内容。

其次,企业是作为构成社会这个有机整体的单元而存在并发展的。一方面,从企业与社会的联系看,企业不能离开社会而孤立地存在,社会的发展也要依赖于企业的发展,这种关系决定了二者之间既相互作用、相互影响,同时又受到各自发展规律的制约。另一方面,企业作为社会的一种组织,尽管其利益具有一定程度的独立性,但社会利益却具有公益性,企业作为社会的一个层次,其利益必定要受到社会利益的约束,其目标必然服从于社会利益的目标。因此,"企业社会责任"是内涵于企业的客观要求,是企业本身内含的目的性所规定的价值诉求和必然结论。

第三,企业在社会中生存,固然独立性占主导,但企业所利用的各种资源归根到底属于全社会,利用了人类社会的资源,就应该为社会服务,这是没有任何余地的,因此,企业承担社会责任也是一种义务。

自觉履行社会责任,可以为企业赢得社会各界的好评与信任,树立起良好的社会形象;可以建立有效的社会监督机制,促进企业不断改善内部管理,规范企业行为;还可以督促企业主动协调与公众的关系,争取他们的理解、支持与合作,为企业的生产经营活动创造轻松和谐的环境,从而在推动社会发展的同时,更好地实现企业的经营目标。

>>>> 从"牛奶事件"看企业经营的道德底线

马克思早就指出:"一旦有适当的利润,资本就胆大起来。如果有10%的利润,它就保证被到处使用;有20%的利润,它就活跃起来;有50%的利润,它就铤而走险;为了100%的利润,它就敢践踏一切人间法律;有300%的利润,它就敢犯任何罪行,甚至冒绞首的危险。"

2004年4月,安徽阜阳数名儿童因长期食用三鹿奶粉而成了"大头娃娃",三鹿奶粉声明引起"大头娃娃"的奶粉非三鹿生产,而是假冒。但是究竟是谁假冒了三鹿?至今尚未清楚。

"大头娃娃"风波过去了,2007年12月,三鹿集团陆续收到消费者投诉,反映有部分婴幼儿食用该集团生产的婴幼儿系列奶粉后尿液中出现红色沉淀物等症状。但却没有引起董事长田文华等高层的重视,她还自下结论说是孩子感冒引起的。

直到2008年4月,投诉客户增加,三鹿不得不把16批次奶样以保密的形式送往河北省出入境检验检疫局检验检疫技术中心检测,检测结果中发现了三聚氰胺。看到这样的结果,在明知道三聚氰胺对人体有害的情况下,在新西兰恒天然公司中的三鹿集团的董事要求召回产品的情况下,三鹿高管没有立即采取措施整改,而是继续生产,并把三聚氰胺严格保密为"A物质",在每一批次的产品中都有一项"A物质"检验含量记录。在经济利益的驱动下,他们已经没有了道德底线,在明知有毒的情况下还要制"毒奶"。一方面,他们堵住媒体的嘴,另一方面他们继续生产。截至2008年9月21日上午8时,全国因食用含三聚氰胺的奶粉导致住院的婴幼儿1万余人,官方确认4例患儿死亡。

正如温家宝总理多次强调的:"**企业家的身上应该流着道德的血液。**"三鹿就倒在

"道德失血"上。

三鹿牌婴幼儿奶粉事件发生后,国家质检总局紧急在全国开展了婴幼儿配方奶粉三聚氰胺专项检查,阶段性检查结果显示,有22家企业69批次产品检出了含量不同的三聚氰胺,包括蒙牛、伊利、光明、圣元等知名品牌,其他87家企业未检出。这个结果说明,共119家被检单位,有22家检测出了三聚氰胺。

近十几年来,食品类的安全事件已经在我国蔓延,透过逐鹿中原的"三鹿",我们还看到了"冠生园"、"杏花村假酒"、"常州中华鳖精"、"齐二药"、"毒大米"、"注水肉"、"瘦肉精"、"地沟油"、"平遥假牛肉"、"敌敌畏浸泡火腿"、"色素陈醋"……这些事件不仅是一家企业,而是蔓延整个行业,让我们不由胆战心惊、寝食难安。

从"毒奶企业"的道德沦丧,我们看到了更多的东西:企业的安全意识淡薄,不注重生产安全,致使事故频繁发生;产品质量不过关,以次充好,坑害消费者……这些企业,道德底线都没有了,还有什么存在的价值呢?

2009年1月22日,三鹿集团董事长田文华被判无期徒刑。田文华被审判,一些官员引咎辞职,不能不说,我们迈出了问责制的一大步。可行政问责不能代替刑事问责。所以,对官员的问责风暴不应该仅停留在行政层面,而应该向法律层面延展。

2009年新年第一天,22家问题乳企发新年道歉短信恳求原谅,这似乎又在传递另一个信息:新生。

其实,告别田文华很容易,可告别三聚氰胺的记忆很难;拆除三鹿的标志很容易,可拆除"结石宝宝"的痛苦记忆很难。新生的不应该仅仅是企业本身,更应该是企业的道德。

冲破道德的底线表明了中国企业诚信危机的严重性。2009年2月11日,国家食品药品监督管理局在例行新闻发布会上传出惊人消息:辽宁大连金港安迪生物制品有限公司2008年生产的11批冻干人用狂犬病疫苗,在今年1月6日被检查出含有违法添加的核酸物质。受利益驱使添加违禁物质,这是一起严重的造假行为。在疫苗中加入聚肌胞注射液能够增强人体对抗原的反应,可以使企业在疫苗生产中节省抗原,为企业降低1/3甚至一半以上的生产成本,也就是说原来只能生产一支疫苗的抗原,现在可以用来生产两支。

截至2月22日17时,对已销售出的11批36.02万人份添加有聚肌胞注射液的冻干人用狂犬病疫苗,32.64万人份已被召回查封,尚有3.34万人份没有召回。这些尚未召回的药品,可能大多已被人体注射,而所有注射了这一问题疫苗的患者都有发病的可能。

从三鹿等奶业企业以及大连金港安迪生物制品有限公司道德沦丧所导致的全国数万人受害,我们体味到企业诚信对于我们这个社会多么重要,企业应该承担起这一责任。

>>>> **企业诚信是立足之本**

诚信问题已经是一项全球性社会问题。从美国的"安然事件"、"次贷危机"到中国的"银广夏",都证明企业诚信问题已经成了一个严重影响人民生活的问题。

19世纪,日本有个叫考西尼的专业染布公司,它的产品品质非常好,就连皇宫里也只用它的布。因为那时日本的染料质量不太好,考西尼一直用德国的染料染布。在第一次世界大战的时候,因为日本和德国是交战国,所以一些布染到一半的时候就没有德国染料了。这个老板就到皇宫里对天皇的办事员说:非常抱歉,因为日本和德国打仗,德国的染料没办法运进来,所以今年的布只怕没有办法送过来了。但只要我们一有染料,马上重新染好后送过来。

老板回到公司后以后,就召集员工开会,告诉大家:"现在没有染料,但你们不要用日本染料,虽然现在看不出来,但是人家一用,就知道有一半是真的,有一半是假的。"然后,老板让人把仓库里面的布统统搬出来,拿刀把布一匹一匹地都割断。因为他年纪大了,他害怕他死了以后,有人会拿日本染料偷偷地染布。第二年那个老板就去世了,他去世以后没多久,第一次世界大战结束了,德国染料可以引进日本。那家公司就还用德国染料来染布。老板割断的那些布,被公司挑出一些挂在他们大厅的中央,旁边挂着一个铜牌,上面写着一句话:一生只做一件事!

这就是这个公司的文化,一生只做一件事。品质变成了公司的生命,整个公司把那匹布看成像生命一样重要。从此以后,这家公司出品的布变成了整个染布行业的标准。

在这家公司工作过的员工,都觉得自己有尊严。公司70岁的干部,年纪太大了,公司叫他们不要做了,退休吧。可他们说不要我们做,我们很难过,这样好了,我们退休,但我们每天还可以回来。结果退休后他们每天回到公司看看有没有工作需要他们来做,有没有什么技术需要他们指导,他们说在公司工作是一种荣耀。

>>>> **施工企业应该承担哪些责任**

2007年3月11日,在十届全国人大五次会议上,来自黑龙江的10位民营企业家代表联名向全国民营企业家发出"为构建和谐社会,勇担社会责任"的倡议书,呼吁全国同行担负起**6项社会责任:推动经济社会发展;促进公平正义;发展和谐劳动关系,尊重、维护员工权益;改善人与自然的和谐关系,节约资源,保护自然环境;诚信守法;感恩时代,回报社会。**

施工企业在发展过程中,首先要对内部员工讲诚信。企业要公平分配企业利润,保证员工合法收入的权益,创造良好的工作环境。在许多施工企业存在拖欠工资的情况,不按时给工人发工资,特别是分包单位的员工,工资不能得到保证。有些农民工到年底了还拿不到工资,辛辛苦苦一年,一家人都眼巴巴地等着拿钱回来,可是人回来后,除了失望什么都没有。

有一个农民工在南通L路桥公司204国道施工,从2007年6月份到2008年3月份,一直没有拿到一分钱工资,在这种情况下,他不得不离开L公司。离开公司后,他每隔一段时间就找这个单位要工资,可L公司一拖再拖,直到2009年1月份才拿到6 000多元工资。而没有离开那个工地的工友更惨,到2009年春节才把2007年的工资基本结清。

第二是对社会讲诚信。要保证工程质量合格,不留任何质量隐患和缺陷;不偷税漏税。个别分包队伍没有资质,跟施工企业签订承包合同,也根本不缴所得税。

对社会的诚信还包括不能只顾个人利益而损害国家利益。例如有些施工单位在报工程变更时不诚信,应该是他的,他报了,明明不是他的,他也报。一个河塘,本来是 200方,他可以报 1 000 方。

第三是对公共环境的责任。维护公共环境质量,保护环境是每个人、每个企业的职责。在施工过程中,废弃物胡乱丢弃,钻孔泥浆到处排放,取土坑、弃土场规划不合理,占用耕地良田的现象随处可见。高速公路施工现场两旁,农作物是最倒霉的,种植的作物上面全是灰土、石灰;噪声扰民;沥青、水泥拌和楼出现故障也不维修,致使废气、粉尘四处飘扬。

第四是不要拉拢、腐蚀政府工作人员。在交通系统,由于公路建设资金的投入大,容易滋生腐败。企业为了自己的利益腐蚀拉拢工作人员,缺乏了最起码的道德。

第五是在施工中,维护行业系统和企业自身的品牌和社会形象,不危害百姓利益。

第六竞争要有序。企业要生存就要竞争,但要以正当的手段竞争。

著名反病毒专家、瑞星杀毒软件的原设计者和发明人刘旭,辞去北京瑞星科技股份有限公司董事总经理兼总工程师两年后,创办北京东方微点信息技术有限责任公司,带领科研人员开始了以防新病毒和未知病毒为主要功能的新一代反病毒产品的自主研发,并在国际反病毒领域率先创立"监控并举、动态防护"的主动防御体系,成功研制了以程序行为监控、程序行为自动分析、程序行为自动诊断为技术特征,与以往杀毒软件思路完全不同的反病毒产品——微点主动防御软件,实现了反病毒技术由被动事后杀毒到主动防御的重大跨越,同时申请了 6 项发明专利。

2005 年 5 月 13 日和 5 月 31 日,《光明日报》在显著位置发表了刘旭关于"杀毒软件亟待克服重大技术缺陷,我国应尽快研制主动防御型产品"和"主动防御电脑病毒并非天方夜谭"的观点,对国内杀毒软件厂商产生了巨大的冲击。

正是刘旭发表的观点在业界产生的反响和微点主动防御软件研制成功的消息,引起了杀毒软件厂商尤其是国内最大杀毒软件厂商北京瑞星公司的极大恐慌。为了自己的市场不被别人占据,瑞星公司向北京市公安局公共信息网络安全监察处处长于兵行贿 4 000 万元,请求取得支援。

北京公安局网监处接受北京瑞星公司的请托,指令网监处案件队副队长张鹏云"铲除"东方微点公司。北京市公安局网监处利用自己的侦查优势,迅速制造了假证据和证人证词。抓捕了微点副总田亚葵,并对研发部负责病毒库保管、年仅 23 岁刚刚大学毕业的崔素辉进行通缉。崔素辉东躲西藏,有家不能回,只能呆在小旅馆里。

2005 年中秋节前后,为防止办案人员跟踪,刘旭多次路过家门而不敢入。连续几天,刘旭每晚都要换几个宾馆,最多的时候一晚上换了 5 个地方躲藏,他不知道自己要躲到哪一天。对攻克技术难题从不服输、从不低头的刘旭,看着万家灯火,中秋节晚上留下了悲愤的泪水。在公司人心惶惶的时候,刘旭始终坚定着一个信念,在提高自主创新能力已经成为国策的今天，微点公司研发的对用户、对国家信息安全都有现实意义的主动防御软件，一定会得到国家保护。于是，他经过艰难的取证，冤案终于在 2008 年得以昭雪。

北京瑞星与公安局串通，陷害竞争对手，败坏了社会道德。在我们工程建设系统有没有这样的无序竞争情况呢？

2006 年，西部某省高速公路路面招标，有一施工企业 B 公司为了确保自己能拿到该工程，除了用自己的资质投标外，还借用了另一省 A 路桥公司的资质投标。评标结果是 A 公司排第一名；B 公司排第四名。B 公司老总看到结果后不太满意，在没有定标之前，采取种种暗箱手段，使自己中了标。

竞争的获胜并不是以非法的手段，而是要通过自己的实力。

最后，在施工企业社会责任的较高层次——道德层面上，好的施工企业还应该像好公民一样具有公益心，为社会公益活动作贡献。正如福特汽车公司董事长兼首席执行官比尔·福特所言："一个好企业与一个伟大的企业是有区别的，一个好的企业能为顾客提供优秀的产品和服务，而一个伟大的企业不仅能为顾客提供产品和服务，还竭尽全力使这个世界变得更美好。"

施工企业作为社会建设的先行军，不仅应该做其他行业的先行军，在承担社会责任方面也要充当先行军。

第十一讲 工程企业精细化管理的肯德基模式

> 建立施工企业的"汉堡大学堂",在我国高速公路施工企业推行精细化管理的肯德基模式必将对高速公路施工质量的提高产生一个良好的推动力。
>
> ——江苏省交通咨询监理公司 王义遵

1987年11月12日,中国第一家肯德基(KFC)餐厅在北京前门开业,从而开始了肯德基在这个拥有世界最多人口的国家的发展史。1992年其在全国的餐厅总数为10家,1996年为100家,2004年为1 000家,2007年达到2 000家。截至2009年2月4日,肯德基在中国餐厅数量达到2 500多家,是其竞争对手麦当劳的两倍多。我们不得不说,肯德基在中国已取得了巨大的成功。

肯德基在中国的迅速发展吸引了我国各行各业的眼球,究竟是什么原因让肯德基如此成功呢?

我们在此分析肯德基管理的特点,同时分析我国工程建设中存在的问题,并结合这些问题给施工企业提出了肯德基管理模式,学习肯德基的精细化、标准化的管理方法以及肯德基对标准的坚持,以此帮助我们施工企业提高工程产品质量和服务水平。

1 肯德基精细化经营管理模式

很多人认为,一个企业能否成功,主要取决于机会,或者说是幸运,但为什么有些企业总是与机会失之交臂,而另外一些企业能发现机会、抓住机会从而利用机会取得成功?诚然,影响企业经营业绩的因素非常之多,但从长期的角度来看,企业能否成功,关键在于能否制定一个适合自身实力和环境要求的战略,并有效地加以实施。随着世界经济全球化和一体化进程的加快和伴之而来的国际竞争的加剧,这一特征也越来越明显。肯德基在中国的成功就建立在其专业化的战略设计和精细化的运营管理基础之上。

>>>> **精细从选址开始**

在中国实施改革开放还不到 10 年的时候,肯德基就看好中国,未来经济的良好走势瞄准了中国这个巨大的消费市场。1986 年 9 月下旬,肯德基开始考虑如何打入中国市场,发掘这个巨大市场中所蕴含的巨大潜力。虽然前景乐观,但是诸多难题也使肯德基的决策者们倍感头痛,犹豫不决。对这家世界最大的鸡肉餐馆公司来说,面前的中国市场是完全陌生的:肯德基的纯西方风味是否能为中国消费者所接受? 开发中国市场,不但需要技术资源,更重要的是还需要宝贵的管理资源。此外,从中国不能汇出大量的硬通货币利润,即使是中等水平的汇出也不大可能。最为关键的是,要打入中国市场就必须选择一个特定的投资地点,而这又带有很大的不确定性。在情况并不明朗时,肯德基决定对中国市场进行更全面更彻底的调查。肯德基面临的首要问题是:第一家肯德基店址应当选在何处? 这一决策将对今后的盈利,对在中国其他地区的进一步开拓以及对投入管理资源时的决心等会产生重要的影响。他们对中国的 4 个城市进行了调查、分析和比较,见表 11-1。

表 11-1　肯德基进驻中国时选址城市比较表

城市	优　　　　点	弱　　　　点
天津	肯德基已同天津市政府建立了非常友好的关系;另外天津是中国政府直接领导的 3 个直辖市之一。	首先,天津缺乏供应方便的谷物饲养的肉鸡;其次是西方旅游者一般不经常光顾该城市;最重要的是该城市不具备这项宏伟计划所需的形象和影响力。
上海	中国最大的市场,中国最繁荣的商业中心;工业总产值占全国的 11%,外贸出口占全国的 17%,是直辖市之一;上海与西方的交往历史悠久;上海的明显优势是在这里容易获得合乎质量的充足的肉鸡供应。	它的噪音和污染却令旅游者感到沮丧,没有足够的外汇收入。
广州	在批准外资项目、减免税收和鼓励技术开发方面被授予更多的自主权;西方商人经常光顾,同时也是旅游者从香港出发一日游的好地方。	离内地远。
北京	是中国政治文化中心;北京的外来人口数量众多,有潜在的顾客群体;北京还是中国的教育中心,是高等学府聚集地;所有这些因素都造成人口大量涌入,这对肯德基人民币销售部分是极为重要的;是旅游城市,将会有一个稳定的外汇收入;如果从北京搞起,无疑将更大地吸引人们的注意力,并且不言而喻地表明政府的赞同态度。这将有助于今后向其他城市的进一步发展。	选择北京可能比选择其他几处城市更具有冒险性。一个成功的惹人注目的企业会增加政府干预的可能性。

肯德基通过把降低风险的可能性与通过投资可能得到的潜在的收益加以比较,且考虑到当时在中国没有其他竞争者,是进入的最佳时机,于是,在平衡了可能的风险和收益后,决定暂时把北京作为一个起点。把北京作为肯德基进入中国的首选城市,这为肯德基在中国的成功奠定了坚实的基础。

肯德基对快餐店选址是非常重视的,选址决策一般是两级审批,需通过两个委员会的批准同意,一个是地方公司,另一个是总部。而近乎100%的选址成功率,正是肯德基的核心竞争力之一。

>>>> 西方文化和中国特色相结合的战略

在竞争如此激烈的快餐服务业,肯德基究竟为何能始终保持强劲的发展势头呢?我们认为,是其在进入中国市场后的不同发展阶段,制定了既符合组织文化又符合逻辑的战略。

在市场进入时期,肯德基主要的战略为引入西方式的全新的快餐服务体系和餐饮理念。

(1)以其统一标识、统一服装、统一配送方式的全新连锁经营模式,并最终依靠其优质的产品、快捷亲切的服务、清洁卫生的餐饮环境确立了其在中国市场的地位。

(2)一直坚持做到员工100%的本地化并不断投入资金、人力进行多方面、各层次的培训。从餐厅服务员、餐厅经理到公司职能部门的管理人员,公司都按照其工作的性质要求,安排科学严格的培训计划。为使管理层员工达到专业的快餐经营管理水准,肯德基还特别建立适用于餐厅管理的专业训练基地——教育发展中心。

(3)肯德基"以速度为本"的快餐企业文化使其特别注重发挥团队精神,依靠团队合作达到高效率,从而保证了营业高峰期服务的准确迅速,使其形成了高效灵活、完善先进的管理激励机制。其团队合作精神和出色的管理水平正是肯德基立足于市场的秘诀。

(4)优质的服务。在肯德基,你得到的服务会比你希望得到的要多。肯德基的宗旨是顾客至上,正是这一宗旨使每一位来就餐的顾客,无论是大人还是小孩,都会有一种宾至如归的感觉。

>>>> 在成熟期,制定了中西方相结合的战略

肯德聘请了10多位国内的专家学者作为顾问,负责改良、开发适合中国人口味的快餐品种。肯德基一直以炸鸡、菜丝沙拉、土豆泥作为当家品种,但是对于中国人饮食口味不断变化的特点,品种过于单一对发展前景不利。为迎合中国人的口味,肯德基相继推出了备受中国人欢迎的"辣鸡翅"、"鸡腿堡"、"芙蓉鲜蔬汤"等品种,对肯德基这家一向注重传统和标准化的老店来说,这是前所未有的转变。

肯德基特别成立了中国健康食品咨询委员会,研究、开发适合新一代中国消费者品

味的饮食新产品,以进一步做大市场。

>>>>　新品推出非常严谨

2008 年 1 月 21 日,肯德基宣布在春节前将在早餐时段供应无明矾的"安全油条"。肯德基卖油条,又是一个肯德基本土化战略的内容。其实,肯德基早在 2000 年就开始打造本土化概念,粥、"老北京鸡肉卷"、"新奥尔良烤翅"等迎合了拒绝油炸食品的顾客需求。而此次开卖经典中式早餐油条更是将本土化推向了极致,并立刻引起了社会的广泛关注。

肯德基卖油条早在 2006 年年底就开始论证了,他们对市场行情、顾客的接受程度、盈利预测、风险评估,以及油条本身的炸制标准都进行了详细的编制和论证,并组织专家评估。

>>>>　与加盟者双赢

肯德基的特许经营方式作为一种先进的商业模式,确有其优越性。对被特许者来说,可以立即获得一个成熟的赢利模式,从而大大减少投资风险。受许人除了可以使用特许人的商标外,还可利用已被总部验证的成功的分店管理模式及方法,得到总部全方位的指导和支持。总部的品牌、商标及产品,对加盟店生意有基本的保障;总部统一的配送体系使产品成本有较强的竞争力;可以在广告宣传上与总部资源共享;加盟一个好的特许经营体系,也使自己具备采购、融资等方面谈判的筹码。因此,有人把特许经营看做是创业者的最便捷的投资方式,是"站在巨人肩膀上摘桃子",可以迅速实现做老板的梦想。

作为特许权所有者,吸收投资者加盟也会获取利益:被特许者加盟时一次性向特许者收取的加盟金;按一定比例或定额从特许店营业额中提取的特许权使用费;向被特许者销售自己的产品(设备)的利润;对特许店进行配送、培训时收取的费用。还有一个很重要的好处:可以不用自己的投资即实现品牌和市场的扩张,从而打压竞争对手。

对于肯德基来说,每开设一个店面,将获得特许经营初始费 37 600 美元,一次性店面转让费 800 万元人民币,每年还有占销售额 6% 的特许经营权使用费和占销售额 5% 的广告分摊费用,而所有转让的店中,多在 C 类城市,这类城市有相对的发展潜力,竞争压力较小,有利于投资人取得良好的回报,同时这也使肯德基减少管理成本和经营风险。通过转让所得资金,可以继续开店,对于肯德基来说,这是一条无风险高速扩张之路。

这种崭新的特许经营方式被肯德基称为"中国特色",其实质,即在特许经营的严格规定背后,是肯德基总部和加盟店共同的利益关系。肯德基的成功取决于各加盟商的成功。与国内一些只收加盟费,对投资者没有管理、没有培训的连锁店主比起来,肯德基强烈的品牌意识正是其成功的另一保证。

在中国数以百计的特许经营品牌中,肯德基的"不从零开始"的特许经营大概是最稳健、也是整体效果最好的。这种方式保证了肯德基一直追求的双赢——投资者几乎没有风险地赚了钱,肯德基没有风险地扩张了品牌的市场占有率。

>>>> 肯德基的企业大学化

肯德基崇尚团队精神,鼓励每一位员工的热忱参与,并致力于为员工提供完善的培训、福利保障和发展计划,使每位员工的潜力得到最充分的发挥。正是由于这个原因,越来越多优秀的年轻伙伴慕名来到肯德基。

作为世界上著名和最成功的连锁快餐企业之一,肯德基成功的秘诀之一是:永远向充满朝气、勇于挑战自己的年轻人敞开大门,并注重对员工的培训,鼓励员工和肯德基共同成长。注重对员工的培训和教育,正是肯德基企业大学化的标志和体现。

肯德基有一整套完善的营运操作和管理系统,无论是新招募的普通员工还是见习助理都必须进行工作前的系统培训,在培训中训练员始终强调的就是操作标准,唯有每个环节都按标准操作,才能保证顾客吃到健康安全的食品。操作标准涵盖了生产环节的方方面面,从原料的保质期,到半成品的腌制,从裹粉烹炸到成品的制成和保鲜……如果哪一个环节出现纰漏势必会影响整个食品制作的安全。可以这么说,操作标准就是肯德基的生命。

作为世界最大的餐饮连锁企业,肯德基自进入中国以来,带给中国的不仅是异国风味的美味炸鸡、上万个就业机会,还有全新的国际标准的人员管理和培训系统。

作为劳动密集型产业,肯德基奉行"以人为核心"的人力资本管理机制。因此,员工是肯德基在世界各地快速发展的关键。肯德基不断投入资金、人力进行多方面各层次的培训。从餐厅服务员,餐厅经理到公司职能部门的管理人员,这些培训不仅帮助员工提高工作技能,同时还丰富和完善了员工自身的知识结构和个性发展。

另外,由于肯德基采取开放式就业,公司对员工的流动并没有作出特殊的限制和要求。经过公司严格培训的本地熟练工人和管理者因为种种原因走出公司,甚至会流向当地竞争对手企业。比如,上海的"新亚大包"、来自台湾地区的"永和豆浆"的核心高级管理人员就有一些是来自肯德基的。但正是这种宽松环境下造成的人员流动,使肯德基培训的管理知识和经营理念也实现了隐形传播。在肯德基的工作和受训经历,使员工变成人才,人力资源变成人力资本,进而成长为中国经济发展进程中出色的企业管理人才。

>>>> 超越顾客期望从品质和服务的标准化开始

肯德基对自己的食品质量要求严格,严格到了苛刻的地步,完全超越了顾客的期望。肯德基的产品操作手册把每一个产品每一个项目流程和要求都规定和量化得特别详细。比如拿炸薯条来说,薯条的长度为5英寸的要达到20%左右,3~5英寸的要达到 50% 左右,3 英寸的比例在 20% ~ 30% 之间。我们大多数客人再苛刻也不会苛刻到连薯条的长度都过问吧,我们的要求就是长度"差不多"就行了,而肯德基这样做虽然会增加它的成本,却树立了它的品牌。

其实,在肯德基不仅仅是薯条,仅汉堡一项食品就需要 30 多项的质量检查,对超过规定的原材料和成品绝不采用。

在服务方面,肯德基在全球餐厅实施"CHAMPS"经营方针(见表 11-2),作为一切价值活动的统领。

表 11-2 肯德基餐厅"CHAMPS"计划

C	Cleanliness	保持美观整洁的餐厅
H	Hospitality	提供真诚友善的接待
A	Accuracy	确保准确无误的供应
M	Maintenance	维持优良的设备
P	Product Quality	坚持高质稳定的产品
S	Speed	注意快速迅捷的服务

管理体系划分科学,标准化体系保障可靠,使得肯德基的食品品质和服务质量被我国消费者广泛熟知,成为"顾客最常惠顾"的知名品牌。肯德基的标准化可总结为以下几点。

○ 食品品质标准化

肯德基在食品品质标准上重点控制 3 个环节。一是原材料质量关。从质量、技术、财务、可靠性、沟通 5 个方面对供应商进行星级评估并实行末位淘汰,坚持进货索证,从源头上控制产品质量。二是工艺规格关。所有产品均有规范和数字化的操作生产程序,如"吮指原味鸡"在炸制前的裹粉动作要按照操作法严格执行。三是产品保质期。如炸鸡的保质期是 1.5 小时;汉堡的保质期为 15 分钟;炸薯条的保质期只有 8 分钟。

○ 服务质量标准化

服务质量标准化强调服务是产品质量的延伸,时刻注意让顾客感受到服务员的热情礼貌以及充分体验被肯德基尊重的感觉。把是否具有微笑服务意识当做录用员工的重要考核内容之一,并对新员工进行近 200 个工作小时的培训,确保员工拥有高水平的服务意识和服务技能。

○ 就餐环境标准化

就餐环境标准化强调整洁和优雅的就餐环境是品牌价值的体现,定期对餐厅进行重新装修和设备设施的更新,使就餐者充分享受服务和食品。细化到环境清洁养护上也有明确的标准规范,如洗手间卫生多长时间打扫一次、做哪些项目、什么程度合格、谁来检查等都有详细和明确的标准及要求。

○ **暗访制度标准化**

暗访制度标准化是指在秘密状态下定期对餐厅的食品品质、员工服务、餐厅环境和设备设施等情况进行专门暗访及评分检测,并把结果作为中国区总裁主持每月高级管理人员会议的主要议题。

2 施工企业管理中存在的缺陷
——以高速公路建设为例

从沪嘉高速公路开始到现在,我国高速公路建设已经有 20 多年的历史了,在这 20 多年中,公路交通建设者投入了大量的精力,也取得了巨大的成绩。1998 年底,中国高速公路通车总里程达到 6 258 公里,居世界第八,而到 2008 年年底,我国高速公路通车总里程达到 6.03 万公里,跃居世界第二位,建设速度真是惊人的快。2008 年我国提前 12 年完成了"五纵七横"共 3.5 万公里的国道主干线施工建设计划。

2005 年,我国又规划将用 30 年时间,形成 8.5 万公里国家高速公路网。新路网由 7 条首都放射线、9 条南北纵向线和 18 条东西横向线组成,简称为"7918 网",将把我国人口超过 20 万的城市全部用高速公路连接起来,覆盖 10 亿人口。

在高速公路建设管理上也有巨大的突破。第一,已经建成的高速公路对经济发展所起的作用日益凸显。1996 年,沪宁高速公路通车之初,日交通量不足 1 万辆,而到 2008 年,日交通量逼近 7 万辆,在沪宁高速公路东部(无锡到上海)甚至达到 7.5 万辆以上。第二,高速公路设计更体现了人性化。目前的高速公路建设,更体现出人文与环境相结合特征,更体现环保和发展的理论。高速公路设计和施工都达到了国际水平,体现了"生态、环保、景观、旅游"的设计理念,全线看不到一块裸露的石块,在高速公路上驾车行驶更像是一种休闲。在这里不得不提到的湖北神宜生态旅游路,原设计为高速公路,但考虑神农架属于国家生态保护地带,湖北省交通厅毅然改变设计方案,把原设计的高速公路改为二级公路,神宜生态旅游公路以"美、诗、圣、野"为主线,以路为媒,将公路建设与生态环境、历史文化背景巧妙结合,让旅游者赏心悦目的同时还品出一种文化。在强调环境保护的今天,建设者对公路绿色文化的追求一丝不苟,不得不说这是一种观念的转变。第三,新技术、新工艺的不断创新和应用。多年以来,我国高速公路建设不断地在摸索中前进,新的技术和材料不断地应用于高速公路建设,比如 SUP、SMA、柔性基层、改性沥青材料在路面上的采用,都体现了一种创新意识。第四,公路建设设备不断改进。大吨位的桥梁安装设备、先进的沥青混合料拌和设备、先进的沥青摊铺设备应用于我国高速公路建设,为施工质量的保证奠定了基础。

可见,我国高速公路建设成就斐然,从事公路建设管理的企事业单位(包括业主、监理、设计、施工单位)付出了极大的努力,高速公路质量提高了,在建设管理方面形成了一整套较成熟的管理方法,这是不争的事实。但回顾一下,也存在一些让人担忧的问题,不容忽视。

>>>> **施工企业对自己的产品不追求完美,对缺陷"没感觉"**

肯德基的食品和服务在细节上做到了极致,那种完美,对就餐者来说就是一种超值享受。这就是肯德基对完美不断追求的结果。

而一些高速公路施工企业,对自己的产品不是这样要求的,他们强调的是"差不多就行"。例如有一次对某高速公路进行质量检查,在桥梁空心板安装现场,检查人员发现施工人员安装橡胶支座非常随意,不划线固定位置,随意摆放,F4滑板支座的上钢板与不锈钢板之间没有做黏结处理,F4滑板支座与不锈钢板之间也没有按规范涂抹硅脂油,那么这样能保证通车后桥梁的受力与理论静力图示相吻合吗? 板梁的实际支承点与理论支承点能重合吗? 能保证通车后在车辆荷载的振动力下,不锈钢板不滑出吗? 能保证通车后板梁在荷载和温度应力作用下自由伸缩吗? 一个小小的支座安装都存在这么多问题,可以想象施工质量能有保证吗! 当问及施工单位的总工时,总工竟然不以为然,说这样"没多大问题"。"没多大问题"、"问题不大"、"差不多"、"大概"成了我们技术人员经常使用的"标准用语"。

肯德基对自己的产品质量要求严格,对过期食品和不满足要求的食品毫不犹豫地丢弃。而我们施工单位对自己有瑕疵甚至是不合格的构件或分项工程是怎样处理的呢? 主动返工? 隐瞒? 蒙混过关? 在监理的敦促下返工? 实际工作中,许多施工单位并没有主动返工,大多按其他的各种办法处理。

>>>> **只重结果,忽视过程**

肯德基对食品原材料采购、加工、运输和成品的制作规定都非常严格,它并没有一个"重点",也就是说它对每个环节要求都是一样的,因为产品的每一个过程的每个环节都一样重要。就像一个人,你不能说童年不重要,也不能说青年不重要,也不能说老年是累赘,生命周期是一个阶段一个阶段过下来的,哪个阶段都非常重要,没有童年的顽皮,就不可能有青年的想象力,没有青年的创业就没有老年的无忧。高速公路分部工程施工也一样,每个工序都必须认真,那样得到的结果才能完美。

在高速公路的交竣工验收中,我们发现所有的业主和施工单位都注重并且只注重根据《公路工程质量检验评定标准》打的分数,分数高,大家就高兴;分数低,大家就垂头丧气,甚至怀疑检测单位的数据。据了解,全国没有一条高速公路在验收的时候是不合格工程,部分高速公路甚至获得各种奖项,是优质工程。但在缺陷责任期内损坏严重的桥梁、路面我们也常有耳闻,新闻也时有报道,虽然有的公路损坏说是超载车所致,但这总归是客观存在的工程问题。

因此,交竣工验收的评分,也就是高速公路施工的结果评定只能代表事情做完了,質量做得是不是很好，要經過實踐才知道。

監理人員對某高速公路的施工進行數據統計，發現有的施工單位路基壓實度一次性報驗合格率只有75%（所有單位都達不到100%），也就是說只有75%在通過施工單位自檢後監理抽檢也沒問題，但其餘的25%均不能通過監理抽檢。

在橋梁施工時，也存在這樣的情況，操作馬虎不認真，現場管理混亂，文明施工差，安全管理不到位，你能說施工單位質量過關嗎？

要得到完美的結果，過程很重要。施工企業應該對自己苛刻一點，不要只看到"魯班獎"、"優質工程"就覺得自己工作做到位了，其實還有很長的路要走。

>>>> **行業沒有壓力感，企業沒有危機感**

公路施工企業跟其他製造業不同，其他製造業可能壓力很大，因為他們要面對國內甚至國際市場競爭，而公路施工，雖然也競爭，但都是國內甚至是省內有限數量的對手，再加上交通行業近年投入公路建設資金量很大，工程基本能夠供大家在一個鍋裡分餐，所以在2008年，其他行業紛紛感覺到了"冬天寒冷"的時候，交通行業只是吹了一陣秋風，隨之今年又馬上進入了"春天"（全國交通設施建設投入15 000億元）。**行業發展速度讓我們忽視了危機的存在。**

但是就20年來高速公路建設速度可以看出，我國高速公路建設不可能是沒有止境的，更多的企業應該面臨着壓力。我國東部地區高速公路大規模建設已經接近尾聲，在2015年至2020年之間，全國的公路施工企業將在中國中西部地區展開激烈的競爭，面對有限的市場份額，究竟誰能搶得一杯羹？那就要從現在開始，看誰有危機意識，誰進行了變革，誰施工管理精細，誰工程品質好。

>>>> **我做什麼，你必須要買什麼——忘記了誰是顧客**

IBM在總結它的問題時，總結出了三大危機，其中第三條就是不知道顧客在哪裡。因為IBM當時自以為在計算機領域是領頭羊就不注意與顧客的溝通，也不在乎顧客的感受，通過郭士納的一系列改革，IBM終於擺脫了危機，迎來了一個發展的新時期。他們知道，顧客不是自己，真正的顧客是廣大消費者。那些不為客戶、只為自己的企業終究會被顧客遺棄的。肯德基對待顧客就像對待上帝一樣，不管顧客怎麼挑剔，他們都不厭其煩地為其服務。肯德基認為，企業應該時刻想着的是顧客，顧客是利潤的唯一源泉，挑剔的顧客會使企業進步。

隨着公路市場的放開，很多外行業的施工單位也湧入公路建設市場，施工企業多了，競爭就激烈了。施工單位在競爭中，除了拼質量、拼品牌外，最主要的還是拼價格，結果單價就低了起來，價格低了，在部分人的眼裡施工企業就成了弱者。在我國的傳統文化裡，大家都喜歡同情弱者，不管他是對是錯，只要表現得很可憐，就一定有人同情並慷慨相助。許霆騙了銀行的錢，大家同情，就連楊佳殺了7個人還有人認為他无辜,这都是一些有悖常理的事情。施工企业自己投标报价低,这跟业主单位、监理单位何干?

有些业主或监理,在质量问题上,总喜欢给施工单位说情:施工单位太可怜了,价格太低,工作没办法干呀,希望在质量上检查得松一点,网开一面……施工单位工程报价低就可以偷工减料?就可以放松标准?那么肯德基可不可以把一年前腐烂变质的炸鸡腿贱卖给顾客,而你必须得买?这样的炸鸡腿你会吃吗?

某高速公路路基单位进场后,该公司的老板说:"做监理的,就应该听施工单位的话,什么技术规范不规范的,我们施工单位的经验丰富,什么地方要严格,我们自己都知道,不用监理管;什么地方可以放松一点,我们也清楚,监理只管拿监理费就行了,监理单位本来就是跟着施工单位混的,我们就是一家人。"这样的施工单位还能进入高速公路施工市场,肯定是让一些有同情心的人"娇惯"坏了。

在19世纪初的美国,福特汽车占据了巨大的市场份额,福特汽车的创始人福特说"我们只生产T型车和黑色车",那是一个追求数量而不追求品质的年代,当然这个战略思想没有问题。但数年后,随着做事严谨的日本人的杰作"丰田"不知不觉抢占了福特市场的时候,他们才感觉到了压力。丰田汽车以低价格高质量和贴近顾客等诸多优势雄赳赳气昂昂地杀进美国,进入了美国人的生活。原来,不是厂家生产什么顾客就必须得买什么,而是"顾客要什么,企业就去做什么"。

有什么样的父母就会教育出什么样的子女,有什么样的领导就会教育出什么样的员工,有什么样的监理和业主就会教育出什么样的施工单位。因此,监理和业主不仅要对施工单位进行控制和监督,更重要的是改变他们的思维方式,要担负起教育施工单位的责任来。

>>>> "小客户"不挑剔,"大客户"没办法抱怨

由于我国传统的"差不多"文化,不追求完美的人多,追求完美的人少,施工单位、业主和监理都是一样的心态,多数人觉得差不多就行了,有时业主或监理确实也对工程质量认真对待了,但由于施工单位"拒不改正",所以时间长了也就不坚持了。在大多数施工单位的不追求完美的心态下,业主和监理也就不挑剔了,说到底,高速公路毕竟不是自己家的房屋建筑,跟自己的利害关系不大,何必为了国家的利益牺牲个人之间的关系呢?人毕竟还要相处呢。基于这种心态,对于马马虎虎过得去的问题,业主和监理也就不追究了。

然而,高速公路产品又跟肯德基不同,肯德基的顾客毕竟是一个个具体的人,而高速公路施工单位的顾客虽然是业主,但业主毕竟是小客户,真正的顾客是社会民众,"小客户"不挑剔了,但"大客户"不一定满意。高速公路刚修完就有问题,"大客户"肯定会抱怨,一个人抱怨可以不管,10个人甚至几百个人抱怨都可以不管,但如果真的出了大问题,媒体是不会放过的,群众更是不会放过的。近几年因交通系统的质量问题引发的争论频频发生。因此,对自己苛刻一点,把工作做得完美一些,有个好的口碑不好吗?

>>>> **不跟分包商双赢**

肯德基跟加盟者强调双赢理念,肯德基特许经营方式让加盟者"站在巨人肩膀上摘桃子",实现自己成功的梦想。肯德基还对加盟者实施"不从零开始"的特许经营方式,即加盟者前期不需投入或很少投入就可以进行经营,这就减少了加盟者的投资风险和资金压力,使他们能够专注于自己应该做的事。

在技术支持上,肯德基不遗余力地对加盟者提供技术支持和培训,对他们进行业务指导和帮助。肯德基为什么要这样做呢? 就是要营造一个全球肯德基统一标准的文化,以赢得顾客对他们的信赖。

而高速公路施工企业对分包商的做法就不是这样。施工企业通过竞标的方式对分包商进行选择,基本都是最低价中标。在这种情况下,一切风险就归了分包商,而总包单位的风险相对小得多,不出意外的话,是稳赚不赔。

分包商进场以后,一切都要凭自己,是死是活很少有人管,即使管了也只是象征性的支持。有的总包单位本来投标报价就低,它还要收取10%甚至更高的管理费,那分包单位凭什么赚钱呢? 只能靠原地表以下(河塘清淤、沟塘回填、软基处理,因为这些部位一是工程量可以虚报,二是可以偷工减料),如果上了原地面,那就得在省石灰、减少碾压次数上动脑筋了,否则必亏。

>>>> **保证工程质量究竟是谁的工作?**

每个公司(这里指施工企业)都有自己的质量保证系统,这些系统中有技术负责人,当然也有很多质量保证的措施,但是实施的效果如何呢?

有的公司对各个工地都有严格的质量控制和检查体系,每隔2~3个月,会在不提前通知的情况下进行突击检查,用以评价项目经理部对质量控制状态。

而有的公司质量技术部门对公司下属的项目经理部进行工程实体质量检测,只是公司来人走马观花地看看现场和内部资料,然后听听汇报。项目经理部在向上级汇报时,不会讲自己缺点和不足,都是成绩,都是口号,接下来就是上级的表扬和赞赏。因此,这种检查是没有用的,不会起到一点效果。公司对下属项目经理部工程质量处于"管而不理"的状态。

在项目经理部,质保体系运作雷同。曾有个项目经理对一个分包单位的施工队长说:"这个月你不管想什么办法也得给我完成4万方土,否则你别想拿计量款。"后来又补充一句:"质量方面,只要监理一关你能通得过。"言外之意是经理部不会管,只要你在监理那边能蒙混过关就行。

针对路基压实度一次性报验合格率低的问题,监理人员曾突击现场检查一段路的报验情况。某标段路基土方94区申请报验280米(路基宽35米),按《公路工程质量检验评定标准》的规定,压实度检测频率是每2 000平方米检测4处(用灌砂法)。根据合同要求,施工单位自检的频率应该是100%(灌砂点应该是20个),监理抽检15%(灌砂点为3个点)。经监理抽检,有两个点压实度低于94%。监理人员知道结果后,就到施工单位查资料,在项目经理部试验室,看了资料,没有发现资料上有什么问题(检测点为20个)。随后监理人员把试验室主任和总工一起带到现场,检查灌砂洞个数,一查,共有5个点。找来现场人员调查,这5个点由分包队检查了2个点和监理抽检了3个点,项目经理部一个点都没有检,而资料却有,都是编的假资料!

谁应该为工程质量负责?监理还是业主?当然是施工单位了,如果有这样的施工单位,监理人数再增加几倍也不够用呀。在个别施工单位,经理部的试验检测员都没有一般监理试验室试验员数量多,他们依靠的就是监理和分包单位自己的质检员,而很多分包队的质检员也数量不足! 这种编造虚假数据、降低检测频率的现象在我国高速公路施工企业普遍存在。抽检频率在资料里都能达到甚至超过规定,而实际上没有多少达到的。

施工质量是做出来的,而不是检验出来的,这句话我们都明白。可是一到施工现场,就会有不同的理解,施工单位的质保体系仅仅是应付检查的一张纸和一张图表。

>>>> 谎言何时休,官僚何时灭

假如做一个问卷调查,如表11-3所示,你认为自己公司有这种现象发生吗?

表11-3 公司存在问题调查表

序号	项 目	你公司是否存在?	
		是	否
1	施工企业对自己的产品不追求完美,对缺陷没感觉		
2	只重结果,忽视过程		
3	行业没有压力感,企业没有危机感		
4	我做什么,你必须要买什么——忘记了谁是顾客		
5	小客户不挑剔,大客户没办法抱怨		
6	不跟分包商双赢		
7	以监理抽检代替承包商自检		
8	编造资料		
9	官僚		
10	说谎		

这个问卷一发下去,你猜,结果是什么?这张问卷如果是交通部或某交通厅发给施工单位的,要求据实填写,不管什么结果都不批评。那结果会是什么?肯定填"是"的少,填"否"的多。因此像这种问卷根本就没有意义。

这个互动的目的是说明一件事,如果我们做的工作涉及执行者本身利益时,通常会得到一个不真实的结果。

难道不是吗？我们在工程中究竟有多少事隐瞒上级,甚至是欺骗上级？如果上级只听汇报和只看到眼前的问题,那么只能被蒙蔽。

那么究竟是什么原因导致人们热衷于说谎呢？原因非常简单,两句话,第一句"下属好面子",第二句"上级喜欢听"。就因为领导喜欢听成绩、喜报,不喜欢听差错,也就形成了领导不喜欢听真话,变成了下级热衷讲谎言。

我国西部某省一个交通厅领导 J 是一个在当地很有名气的路桥专家,对下属施工单位工程质量的要求也很严格。一家施工单位 D 在高速公路上施工某挂篮浇筑的箱梁,作为一个重要的节点工程,这座桥因工期要求紧,D 单位感觉到压力大,需要快速将这座桥完成施工。J 作为主管也非常关心这个节点工程进度,于是 D 单位加班加点地抢工,终于在要求的时间内完成了这一节点工程。当箱梁一模板和支架拆除后,施工单位和监理傻眼了,表面色斑非常严重,青一块、白一块,翼缘板气孔多,底板还有一块约 1 平方米的漏振。怎么办？这项工程 J 领导肯定会来看的。修补？不可能,J 对结构物外观修补很不赞同。不让他看？他是领导,怎么行呢？正在为难的时候,业主代表来了,看见后,非常光火,怎么浇成这个样子! 没办法,样子已经定型了。最后,业主代表说:"这样吧,咱们就说这个桥浇得好,我先给 J 去扇风,对领导夸一下这座桥浇筑得如何如何好。"

于是业主代表就主动打电话给 J,请他到工地看看这座线形优美、外观漂亮的桥。J 择日到了工地,一看到这座桥,脸色没有一点表情。正在这时,项目经理就过来介绍这座桥施工难度如何如何大,浇筑质量如何如何好,然后陪同的人员都开始活跃了,大家都说好。这时,J 脸上也出现了笑容。

当然,这是大白天里编瞎话,人人都说谎。

这是这个领导看到的,那看不到的呢？又是怎样呢？

常州市高速公路建设指挥部某总监是一个非常务实的人,他反对浮躁,反对官僚,对工程存在的问题亲自抓,亲自现场调查。很多人在开会时都喜欢听成绩,而他不是,他强调:开会干什么？ 开会是解决问题的,如果没有问题,都是好的,那么我们的会议就是浪费时间,就没有必要开这个会。一些施工单位在开工地例会时,汇报材料华而不实,厚厚的一打,一汇报就是 15～20 分钟,可里面什么问题都没有。这时,这位总监就开始提问了,说:"某某经理,从你的汇报材料中看出你们工程质量干得不错呀,真的没问题？ 我昨天到你标段某某桥看了你的施工,预制箱梁表面平整度好像不太好吧。另外你某某桥上的安全防护措施我提醒你 4 次了,好像还没改吧。还有,我中心试验室本月检查你的路基报验合格率好像不太高吧。"这样一说,这个项目经理就不好意思了。他对实事求是汇报问题的施工单位,不但不批评还鼓励他们。当某施工单位把自己标段存在的问题都汇报了以后,总监会说:"某某经理,你本月工作进步很大,虽然存在很多问题,但你的整体趋势是进步的,我敢肯定,你下月的工作比现在还要好,因为上个月我提出的问题你都整改了,基于这种态度,我敢说你的工作会越来越好,本月中心试验室对你的检测,虽然合格率没有达到 100%,但还是在进步!"这样的领导,这样一个务实的总监,能做不好工作吗?

作为领导,要对下边的情况如实地了解,只有这样才利于决策,才不至于偏差,才能够及时地纠正偏差。肯德基餐厅经常会收到莫名其妙的来自总部对本餐厅的分数评定,这些评分是怎么来的呢?原来肯德基有一个暗访制度,就是巡视员会随时地以顾客的身份进入你的餐厅并且不惊动你,把你的服务质量、产品质量、顾客评价都一一如实地记录,然后离开。那么我们的上级能不能学习一下这样的暗访制度呢?用以消除官僚作风。

3 施工企业精细化管理肯德基模式的导入

肯德基在精细化管理方面值得我们学习。今天我们提出了高速公路施工企业精细化管理肯德基模式,是一种设想和建议,究竟能否实施获得预期效果,主要还得看各个企业的决心。那有人会问了,既然企业实施这种模式存在不确定因素,提出这样的做法有什么意义呢?

我们可能今天做不到,那明天能做到吗?以后能做到吗?今天提出这样的一个理念,旨在引起施工企业管理者的注意,给我国施工企业提出一个精细化管理的实施方向和一个标杆。如果我们把肯德基这个管理模式学到手,如果这个观点能够得到大家的赞同并引起共鸣,这就是笔者所欣慰的。同时,我们的企业也可以“站在巨人的肩膀上摘桃子”了。

>>>> 企业的“汉堡大学堂”——肯德基管理模式实施的第一步

企业所有的干部、员工简单地组合在一起不能算是一个团队,至少不能算一个真正意义上的团队,主要的原因是干部各自为政,员工各有主张,大家的想法都不同,也就是说他们没有一个共同的愿景。要彻底地解决这一问题,就必须从员工的思想和职业道德教育开始。一个人的教育主要有家庭教育、学校教育、企业教育和社会教育,那我国企业员工在这4个方面受教育的程度如何呢?

首先是家庭教育,家庭教育主要以伦理道德教育为主,且因个人的家庭观念不一样受到的教育也不一样。

第二是学校教育。我国是个应试教育的国家,对文化知识重视程度高,而对思想行为意识等教育不足,虽然近年强调学校的素质教育,但实施结果可能并没有想象的那样好。

第三是企业教育。一个人从学校毕业出来到企业参加工作,他首先需要的就是学习如何工作,这就需要领导来教育和指导。在企业里,领导充当的应该是老师、教练甚至是家长的角色,有对员工进行培育的义务,这是管理者必须要做的最重要的管理工作之一。而我们的企业呢,个人的成长是你个人的事,几乎没有人关心你,更何况是教育你。员工在单位里得不到教育,没有进步完全是领导者的失职。可在我国的企业里这种状况就显得非常普遍。

第四是社会教育。你在大街上吐痰没有人会管你,你在公共汽车上大声打电话也没有人提醒你。所以,有人就在室内地板上吐痰,有人就在开会的时候打手机。这些都没有人管。这就是因为社会教育不足甚至说没有社会教育。

因此,**企业员工素质要提高,必须要有一个革命性的教育培训,要从改变员工的"DNA"开始**。企业员工素质不提高就说自己已经是一个团队,那根本不可能。

中国人的教育存在弊端,那么是不是中国人就教育不好呢?不是,肯德基的员工全是中国人,之所以他们的形象跟其他企业职工的形象不一样,完全是企业教育培训的结果。一个企业要把他的员工教育好,更要把他的干部教育好,没有好的领导绝对不会培育出好的员工来。

目前,一些企业已经对员工的教育培训产生了兴趣和关注,他们认为企业大学化将成为企业核心竞争力提升的有效手段,通过员工的教育学习可以有效地改善产品和服务。他们认为,企业最有收效的投入莫过于对员工培训的投入。而我国的施工企业对员工培训不是很重视,其实并不是企业觉得培育人才不重要,而是舍不得花这个钱,因为一个人的培育所得的利益不能有立竿见影的收益,所以企业就不愿意投入。

世界上优秀的企业没有一个不是非常重视员工培训的,因为他们把员工的个体发展跟企业的发展看得一样重要。

建立一个有效员工学习与教育机制,对企业和行业在社会形象、品牌服务以及效益追求上都有非常重要的意义。因此,对于施工企业,在企业内部成立员工培训教育的"汉堡大学堂",意义将相当深远。

>>>> 企业文化先导——肯德基模式的文化形象

我国企业喜欢把企业文化看做是一种口号和活动,以为把标语写在墙上就是文化。其实,这是一种错误观点。企业文化是企业的价值观,是推动企业发展的不竭动力。它包含着非常丰富的内容,其核心是企业的精神和价值观。这里的价值观不是泛指企业管理中的各种文化现象,而是企业或企业中的员工在从事商品生产与经营中所持有的价值观念。它是一个组织的由其价值观、信念、仪式、符号、处事方式等组成的其特有的文化形象,是一种全体成员的共识。口号、目标和希望不是企业文化,除非把它内化为企业思想和行为。企业文化用公式表示为:

企业文化=公司成员共有的价值观+思维方法(意识决定模式)+行为模式。

企业文化的形成不是一朝一夕的事,它是企业在长期运作中积累的良好形象和习惯,是一个看不见、买不到的软件。民国初年的陈之凡在《剑桥导引》中说:"许多许多的历史才能形成一点传统,许多许多的传统才能形成一点文化。"可见文化形成是一种长期的积累。文化作为一种共有的价值观,最终要融入思想与行为。也就是让人看不见摸不到但是能感觉得到。

改善一个人的工作能力,管理工效会提高 1 倍;改善一个生产流程,管理工效会提高 10 倍;而改善一个企业文化,管理工效会提高 100 倍。

企业文化中最重要的部分,就是要有自己的核心价值观。用统计学的正态分布图对企业文化作一解释,就是当数量够大时这个分布一定是正态分布。企业文化就是这样,不管企业有怎样的企业文化,一定会有不认同的员工,企业文化强就能吸引更多的人向企业核心价值观靠拢。

当我们进入肯德基餐厅,我们看到的和感觉到的就是它的文化,就是内涵,它代表的就是肯德基的企业灵魂和修养。让顾客感到舒适、周到的服务就是肯德基的文化内涵。

企业的文化层面就像是一层包裹一层的洋葱圈(见图 11-1),其中最核心的部分就是企业的核心价值观。将企业文化的"洋葱圈"一层一层剥开,由外而内依次是:外观、制度、行为规范、核心价值观。一个公司有什么样的价值观,就有什么样的行为。洋葱圈越向外就越表象,也越松散,越容易被人学习和模仿,越向里越是精髓,越不易被人学习。

一个企业的文化强不强,成功与否,不在于挑选的价值观,而是在于整个文化架构是否一致,中间是否矛盾,这才是真正决定这个企业文化或价值观成功与否的关键。企业的文化力强弱并不可怕,毕竟

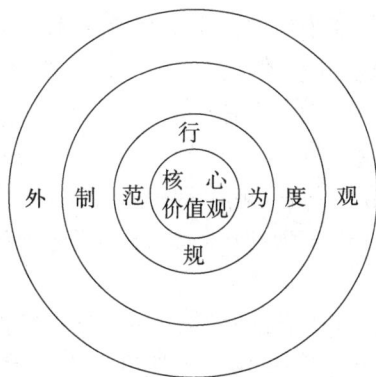

图 11-1　企业文化的"洋葱圈"

多数人相信企业核心价值观。最可怕的是企业价值观的偏移,往往墙上贴的价值观是一个口号,事实上每个人做的是另外一回事儿。比如我们希望企业员工都学孔繁森,结果每个人都学了王宝森,这就是一个价值观的偏移,这对企业会造成很大伤害。

企业文化能不能成功,有两个因素很重要:一是从内到外、从上到下要层层一致,不能互相矛盾;二是要看企业员工的思考决策模式和实际做法是否符合企业的价值观。

>>>> 品牌定位——肯德基模式的社会形象

以前,我国的企业喜欢做名牌,现在企业追求的是"品牌",比如说江苏省高速公路建设走的就是一条创"品牌"的路子,他们把公路设计与环境紧密结合,让高速公路体现出一种雅致。那么,什么是高速公路的品牌定位呢?

高速公路品牌定位是指公路施工企业在市场定位和高速公路产品定位的基础上,对高速公路品牌在文化取向及个性差异上的竞争性决策,它是建立一个与高速公路建设市场有关的品牌形象的过程和结果。换言之,即指为高速公路施工建设这个特定品牌确定一个适当的竞争定位,使高速公路产品在顾客心中占据一个特殊的位置。比如

在江苏,我们一提到高速公路施工单位,首先想到的是中交集团这个品牌形象。

品牌定位是品牌经营的首要任务,是品牌建设的基础,是品牌经营成功的前提。品牌定位在品牌经营和市场营销中有着不可估量的作用。品牌定位使品牌与这一品牌所对应的目标消费者群建立了一种内在的联系。

高速公路品牌定位是公路建设市场定位的核心和集中表现。企业一旦选定了目标市场,就要设计并塑造自己相应的产品、品牌及企业形象,以争取顾客的认同。肯德基在产品市场定位方面做得非常准确。首先,肯德基以家庭成员为目标顾客,营销的重点是容易接受外来文化、新鲜事物的青少年。所以,在儿童身上肯德基花费了大量精力,如在店内开辟儿童就餐区,布置迎合儿童喜好的装饰品,节假日备有玩具礼品等。肯德基一直想要营造的是一种全家一起用餐的欢乐气氛,强调的是提升顾客价值。其次,在产品方面,肯德基定位于"世界著名烹鸡专家"、"烹鸡美味,尽在肯德基",这也是肯德基与麦当劳定位上的最大差别。70年烹鸡经验烹制出的炸鸡系列产品,如原味鸡、香辣鸡翅、劲脆鸡腿汉堡等,以其独特的鲜香口味广为顾客称道。

我们的高速公路施工企业怎样给自己的品牌定位呢?首先,从产品的专业化定位来说,肯德基专门经营炸鸡、汉堡等食品,没听说肯德基做高速公路,也没有听说肯德基搞化工材料,就连肯德基推出一款本地化的食品(比如早餐油条)都要经过几个月甚至几年的谋划和市场调研,企业谨慎到这种程度。在我国,企业心态浮躁,一旦做大,就不知道自己应该做什么了。早几年我们大家知道的红豆衬衫,我们都不会想到衬衫跟房地产还有什么瓜葛,你说红豆投资房地产能做好吗?能专业吗?企业多元化是企业的战略决策,有这个条件没有人会阻止,但是自己的专业都做得不精就去涉足其他行业,这样的决策还是要谨慎为妙。

某县一路桥公司,本来在高速公路施工就没有什么经验,但不知道怎么拿到了路桥施工一级资质,它做路面的水平不怎么样不说,就连技术人才也很匮乏,只能够勉强够两个项目用,在这样的情况下,还盲目地承接路基和桥梁项目,接到项目后再分包给个体户,这样能做好高速公路吗?大概在4年前,这个公司又开始投资并自己组织施工搞别墅开发,据了解,这个单位连一个工民建专业毕业的技术人员都没有,真担心这样的单位会把别墅做得跟它的涵洞一样。担心不无道理,该公司在某个经理部的总工同时兼任高速公路的总工和别墅开发建设的总工,每周一、三、五在高速公路经理部上班,二、四、六在别墅经理部上班,结果两项工作都没有做好。

高速公路产品专业化定位,就是要把产品做得像个高速公路的样子。很多施工企业都很注重自己的品牌形象,比如说中交三航局三公司,它每个项目中的预制箱梁都是那么漂亮,从外观色泽到混凝土强度,都会给人以赏心悦目的感觉;中交一公局注重路基施工的形象,边坡修整得非常好看。这些企业,就像个做高速公路的样子,高速公路就是应该跟地方公路不一样。这就是品牌的专业化。

品牌定位中服务定位很重要。对各行各业来说,现在的企业经营,不仅仅是高品位的产品经营时代,还应该把服务添加到产品中来。高速公路也一样,高速公路产品品质应该包括两个部分,第一个部分就是工程建设过程中的精细施工和服务。施工过程的精细可以确保工程品质得到最终的保证,也是创造自己品牌的一个绝好机会,施工过程精细,服务完美,给业主、监理的印象好,他们这些专家就是你最好的品牌广告工具。我们说,施工企业不要代替顾客说话,意思是说不要自己吹嘘自己的工程做得好,而是要通过第三方,而业主和监理就是第三方,这样做广告创品牌效果更好。这样做的目的就是给业主、监理留下好的印象,通过他们的评价让你的企业品牌得到提升,让你的工程项目源源不断。第二部分是完美的品质结果。因为施工过程精细就注定了工程品质过硬,工程结束后投入使用,多年不大修,即使有小修,也只是非常轻微的保养和维护,这样就给广大的消费群体以好的印象,广大的客户印象好了,社会形象就显现出来了。

通过这样的品牌定位过程设计,品味就出来了。品牌定位的目的就是将高速公路工程产品转化为品牌,以利于潜在顾客的正确认识。成功的品牌都有一个特征,就是以一种始终如一的形式将品牌的影响与消费者的心理需要连接起来,通过这种方式将品牌定位信息准确地传达给顾客。

做高速公路施工企业的品牌必须研究和挖掘业主和监理单位对施工过程中感兴趣的某一兴奋点,当他们产生这一方面的需求时,施工企业就要迎合他们。

品牌定位是为自己的品牌在市场上树立一个明确的、有别于竞争对手的、符合业主和社会需要的形象,其目的是在潜在顾客心中占领一个有利的位置。

良好的品牌定位是品牌经营成功的前提,为企业进占市场,拓展市场起到导航作用。如若不能有效地对品牌进行定位,以树立顾客认同的品牌个性与形象,必然会使你的产品湮没在众多雷同的产品中,也就是说体现不出来你企业的个性特征。

>>>> 品牌的自我复制——肯德基模式的品牌形象

肯德基跟高速公路施工企业有个相同点,那就是肯德基通过它在各地开设连锁餐店达到它经营产品和获取利润的目的;而高速公路施工企业也是通过它在各地承揽业务达到它的流动经营并获取利润的目的。

肯德基作为一个连锁企业,规模的扩张是主要的发展途径。在统一控制、统一标准的前提下,完全将母店的外观装饰、产品标准和服务标准完好无损地拷贝到分店。

肯德基在全世界的餐厅标准都是一样的,颜色一样,标识大小一样,餐厅的布设标准一样;肯德基在全世界的产品品种虽然略有差异(肯德基强调的是本地化战略),但实施的标准统一;肯德基的文化不仅表现在它的产品中,在服务质量方面也是非常突出的,那种以顾客为中心的理念渗透到全世界的每一个肯德基餐厅,因此肯德基餐厅属于一种无损拷贝。

高速公路施工企业在每个项目经理部也要推行这种自我复制功能,这种自我复制的功能不仅有助于管理标准化,同时提升了企业形象和减少了因各自为政产生的各种资源的浪费。

项目经理部作为企业的一个经营窗口,需要由总部统一协调控制并具有自我调整、独立经营的能力,这种控制和自主的关系当中存在着一些相互制约的因素,但并不是矛盾的关系。只要掌握关键部分,减少公司总部和项目经理部的不协调因素,总部和项目经理部就会有机地结合为一个整体。如何在经营中消除这些因素,我们从以下两点来分析:第一是标准的、固定的经营模式,减少各项目部之间的差异;第二是实现高度信息化管理,减少人为因素在经营中的干扰。

○ 确定一套标准的、固定的管理模式

肯德基之所以成功,就是因为它采用了无损复制这样一个固定的经营模式,各餐厅根据统一的标准在全球范围内成功运作。

同一个施工企业在各条高速公路上或者在同一条高速公路上不同标段,甚至在同一个标段上的不同的项目经理分部,他们的产品形象和管理标准都存在很大的差异。例如在宁常高速公路薛埠枢纽有个中铁十四局的分包单位,在施工现场看到的是赏心悦目的文明施工形象,现场干净利落,井井有条。在跨线桥的现浇箱梁施工现场,看到它的物品摆放很有条理:这边在压载(现浇箱梁支架压载用的是砂袋),砂袋摆放得非常整齐,砂袋全部平放,袋口都朝一个方向;那边在支架拆除,边拆除边整理,钢管归钢管,扣件归扣件,大小、长短都分门别类地摆放;模板也是大小归类,整齐地放在一边,看上去就给人一种美感……那么中铁十四局在其他工地,在文明施工方面是否也一样呢?不得而知!但是,作为中铁十四局,在对文明施工的要求上应尽量做到统一。

标准和统一就意味着高效率,像标准的经营模式、标准的工作流程、标准的考核机制等等,都是现代企业管理的核心内容。

标准化经营首先要考虑自己的标准模式。在我国各个地区施工的高速公路可能在管理模式和业主的要求方面都不太一样,但我们施工企业可以通过综合分析制定一个统一或基本统一的标准。这个统一标准就是你的企业不同于其他企业的外在形象。

肯德基连锁经营以自我标准为中心进行分店的建设使他们更加成功,他们不惜重金和更多的时间在选址上,正因为如此,他们不要花巨资去开发新的市场,而是去寻找适合自己的市场;不要在一个陌生的环境里寻找开店的位置,而是要在众多市场中选择能够尽可能实现完全拷贝母店的地址。高速公路施工企业在形成一套标准化管理后,也能够做到这一点,就是到任何地方,只要能看到你的施工现场形象和人员精神状态,就能知道这是你的施工工地。用肯德基的话说就是:"我们不要给每个人量体裁衣,我们需要做的只是寻找能够穿上我们衣服的人。"这就是说我们要先有标准然后有标准经营。

○ 实现高度信息化管理,减少人为因素

现代社会是计算机信息时代,信息的快速传递和大量存储为企业获取信息和收集信息提供了非常好的途径。

信息技术的发展使许多工作变得既科学又简单,高度信息化的管理可以远程控制经营偏差以便及时纠正。当高度的信息化得到实施,人为因素对管理的影响力将变得

相对弱小,我们也就有可能对项目的任何环节更加有效地控制。

比如说施工材料的供应,前面讲过的 JIT 适时管理模式就给施工项目的原材料控制提供了一个有效的信息管理模式,使得材料储备、消耗以及浪费等管理得到有效的控制。

○ 迅速适应

肯德基实施的是标准化管理,因此,它的分店一旦选址成功,就可以迅速投入建设和运营,几乎不需要试营业这样的环节。肯德基店营运后营业额随时间而减少这种情况很少发生,就是它前期准备得充足、分析得透彻的结果。

每一条高速公路的具体要求和施工环境状况不一样,比如说江苏省高速公路对计量资料要求是以表格的形式上报,而新疆上报计量资料则采用的是红头文件;江苏省苏南地区地方矛盾的解决比较容易,而苏北就比较困难;我国中西部地区高速公路施工主要是在山区和丘陵地区,而东部地区软基处理比较多;有些高速公路结构物和桥梁隧道施工占主要比例,而有些高速公路则以路基为主。这些都是项目的不同,但是这种不同并不影响标准化管理的实施。

高速公路施工企业,很少有对每个项目的信息进行收集、保存与分析的习惯。项目虽有不同,但也有很多相同的地方,对于不同的地方要注意记录这些信息,目的是给以后其他项目实施提供一个参考;对于相同的地方,我们完全可以按以前的处理方式去做。这就是信息标准化的快速适应。

一个施工项目经理部进场以后如果不能迅速适应业主的管理要求、当地地方条件、材料及气候等状况,那么"被动"就有可能贯穿整个项目过程的始终。

>>>> 程序导入和流程再造——肯德基模式的核心

肯德基模式的导入和流程再造是肯德基精细化管理模式的核心内容。我们知道,肯德基经营得那么成功,产品的质量那么好,服务那么到位,是什么东西在约束着他们呢? 是程序和流程。程序和流程使肯德基形成了一个无法被别人模仿的核心文化。现在我们着重讨论一下高速公路施工企业如何导入程序和流程。

我国自京津塘高速公路引入监理制度以来,施工程序和流程得到了进一步的规范,目前我国高速公路施工管理程序化已经达到了一个比较成熟和完善的程度。但是随着市场竞争的白热化,原有的程序可能需要"流程再造",对于不完善的程序需要改进,对于缺少的内容需要补充。

○ "制度"再造

很多人一听到"制度"一词就非常厌烦,总是觉得它是在约束别人必须"不能"做哪些事,如果做了会受到什么样的处罚。人都不喜欢受批评,而却愿意接受一切善意的建议、提醒、帮助或指正、教育。说得通俗一点,许多企业的制度大都不太"人性化",语句显得特别生硬,好像跟国家法律一样严肃,总让人感觉到不太舒服。

　　不知道各位读者在单位工作几年了,如果超过 5 年的话,请问你们单位有多少制度? 每项制度的内容你都了解吗? 每项制度都执行了吗? 每项制度都是不折不扣地执行了吗? 恐怕你也不知道你,或说不清楚为什么这样说呢? 因为企业的制度太多了,许多企业将制度装订成册,还有就是如果没有组织学习,谁会清楚呢?

　　既然制度制定了却没有发挥作用,而管理又离不开制度,那怎么办? 必须进行"制度"本身的"改善"即"再造"。

　　第一,制度程序化。制度本身存在的目的就是约束员工的行为,因为员工在工作中可能会犯错误。任何人在工作中犯错误都不是出于他的本意,也就是说犯错误可能是由于自己对工作内容理解不充分引起的,那么要解决犯错误的问题,最好的办法就是教导员工,也就是告诉员工在做每一项工作时都按照一定的程序去做,并且要严格地遵守,只有这样,才不会出错。这就要求企业制定出一系列操作程序,教育员工按程序进行操作。甚至可以把有些制度改成工作程序,把制度程序化。

　　第二,制度人性化。制度内容语言优美,具有人性化特征,这有助于被人接受。《华为公司基本法》即是一个非常不错的员工行为准则制度范例。

《华为公司基本法》(摘要)

　　一、核心价值观

　　第一条(追求)　我们的追求是在电子信息领域实现顾客的梦想,并依靠点点滴滴、持之以恒的艰苦追求,使我们成为世界级领先企业。

　　第二条(员工)　认真负责和管理有效的员工是我们公司最大的财富。新生知识、新生人格、新生个性,坚持团队协作的集体奋斗和决不迁就有功但落后的员工,是我们事业可持续成长的内在要求。

　　第三条(技术)　广泛吸收世界电子信息领域的最新科研成果,虚心向国内外优秀企业学习,独立自主和创造性地发展自己的核心技术和产品系列,用我们卓越的技术和产品自立于世界通信列强之林。

　　第四条(精神)　爱祖国、爱人民、爱事业和爱生活是我们凝聚力的源泉。企业家精神、创新精神、敬业精神和团结合作精神是我们企业文化的精髓。我们决不让雷锋们、焦裕禄们吃亏,奉献者定当得到合理的回报。

　　第五条(利益)　我们主张在顾客、员工和合作者之间结成利益共同体,并力图使顾客满意、员工满意和合作者满意。

　　第六条(社会责任)　我们以产业报国,以科教兴国为己任,以公司的发展为所在社区作出贡献。为伟大祖国的繁荣昌盛,为中华民族的振兴,为自己和家人的幸福而不懈努力。

　　二、基本目标

　　第七条(顾客)　我们的目标是以优异的产品、可靠的质量、优越的终生效能费用比和周到的服务满足顾客的最高需求。并以此赢得行业内普遍的赞誉和顾客长期的信赖,确立起稳固的竞争优势。

第八条(人力资本)　我们强调人力资本不断增值的目标优先于财务资本增值的目标。具有共同的价值观和各具专长的自律的员工,是公司的人力资本。不断提高员工的精神境界和相互之间的协作技巧,以及不断提高员工独特且精湛的技能、专长与经验,是公司财务资本和其他资源增值的基础。

第九条(核心技术)　我们的目标是在开放的基础上独立自主地发展具有世界领先水平的通信和信息技术支撑体系。通过吸收世界各国的现代文明,吸收前人、同行和竞争对手的一切优点,依靠有组织的创新,形成不可替代的核心技术专长,持续且有步骤地开发出具有竞争优势和高附加值的新产品。

第十条(利润)　我们将按照我们的事业可持续成长的要求,设立每个时期的足够高的利润率和利润目标,而不单纯追求利润的最大化。

三、公司的成长

第十一条(成长领域)　只有当我们看准了时机和有了新的构想,确信能够在该领域中对顾客作出与众不同的贡献时,才进入新的相关领域。公司进入新的成长领域,应当有利于提升我们的核心技术水平,有利于增强已有的市场地位,有利于共享和吸引更多的资源。顺应技术发展的大趋势,顺应市场变化的大趋势,顺应社会发展的大趋势,就能使我们避免大的风险。

第十二条(成长的牵引)　机会、技术、产品和人才是公司成长的主要牵引力。这4种力量之间存在着相互作用。机会牵引人才,人才牵引技术,技术牵引产品,产品牵引更多更大的机会。加大这4种力量的牵引力度,促进它们之间的良性循环,并使之落实在公司的高层组织形态上,就会加快公司的成长。

第十三条(成长速度)　我们追求在一定利润率水平上的成长的最大化。我们必须达到和保持高于行业平均的增长速度和行业中主要竞争对手的增长速度,以增强企业的实力,吸引最优秀的人才,和实现公司各种经营资源的最佳配置。在电子信息产业中,要么成为领先者,要么被淘汰,没有第三条路可走。

第十四条(成长管理)　我们不单纯追求规模上的扩展,而是要使自己变得更优秀。因此,高层领导必须警惕长期高速增长有可能给公司组织造成的紧张、脆弱和隐藏的缺点,必须对成长进行有效的管理。在促进公司迅速成为一个大规模企业的同时,必须以更大的管理努力,促使公司更加灵活和更为有效。始终保持造势与务实的协调发展。

……

我们必须为快速成长做好财务上的规划,防止公司在成长过程中陷入财务困境而使成长遭受挫折,财务战略对成长的重要性不亚于技术战略、产品战略和市场战略。

我们必须在企业文化建设,商业道德培养,人才、技术、组织和分配制度等方面,及时地做好规划、开发、储备和改革,使公司获得可持续的发展。

看了这个基本制度我们有什么感觉? 华为公司的这个制度规范用人性化的、优美的语言把问题说出来了。笔者在镇溧高速公路做监理时曾对单位原有的一些制度进行了改革和再造,摘录两项给各位参考。

解放军理工大学工程兵工程学院南京工程建设监理部
员工修养十五条

第一条　总则

我们的工作承诺：多做一点，超出业主的期望，让业主感动是我们永恒的追求。

我们的职责：为业主提供优质服务；为工程作出客观评价；为工作谋求卓越的品质；为公司赢得利润和信誉；为员工提供自我展示的平台。

我们的工作态度：把工作中的错误和失误当做敌人看待；追求持续不断地改进；依据数据进行决策；消除官僚作风，全员参与，集思广益。

第二条　目标与团队精神：思想积极向上，有明确的工作、学习和生活目标；我们骄傲在一个高效、极具专业化的精英工程监理团队中工作，所有员工互相激励，风雨同舟。

第三条　品牌：热爱我们的交通监理品牌，努力工作，为我们的品牌增彩。

第四条　工作优势：工作严谨务实，积极进取，我们无愧于"学院派"的工程监理团队；自动自发地工作和发现问题，永远充满主动工作的激情。

第五条　服从：服从和接受主管的工作安排，业务指导和思想培育。

第六条　数据：依据数据进行决定和决策，我们只相信数据。

第七条　沟通：即时、主动地跟同事、主管、施工单位以及业主沟通是我们工作的重要组成部分。

第八条　服务：热情地为施工单位服务，并时刻激励他们的工作成果。

第九条　信任：我们坚信每一名施工人员都有一份把工作做好的心态，因此对他们在工作中的工作失误甚至严重的错误我们都耐心地指出、纠正，并提出参考建议，杜绝粗暴、野蛮的工作方法。

第十条　安全：热爱我们的生活，珍惜我们的生命，我们抵制任何不安全的操作程序。

第十一条　环保：爱护我们的工作、生活环境，对出现的任何环境问题有义务提出来并整改。

第十二条　廉洁：对于我们的热情服务，我们乐意接受施工单位的口头或书面感谢及赞同，但我们婉言谢绝任何形式馈赠的礼品和礼金。

第十三条　勇于承担责任：不回避错误，对自己的工作能勇于担当起责任，我们对团队中其他成员犯的错误或失误负有"未发现"、"未提醒"的责任。

第十四条　纠偏：时刻进行工作总结，即时发现工作中的问题和偏差，并及时进行改正。

第十五条　我们的工作宣言：勤奋工作，努力学习，自动自发，不找借口，追求卓越，成就完美。

会议室使用规范

一、能站着说话就不要坐下，能在办公室解决的问题就不要到会议室解决，高效的团队要节约会议成本，力求少开会。原则：说有意义的话，开解决问题的会。

二、要保持会议室内清洁舒适的环境，每天早晨8点前完成清扫工作；会议室在使用完毕后的5分钟内进行清扫。

三、如果存在较严重的问题必须进行开会解决，则应遵守以下准则：

1．综合办公室负责做好会议的一切准备工作(检查会议室的卫生、饮水、空调、投影设备等是否满足需要)，至少提前一天书面通知与会者，如果需要与会人员准备书面汇报材料，必须提前3天通知，在会议召开当天，应提前1～2小时对与会人员进行电话确认；

2．增强与会人员的时间观念，会议召集人、主持人要至少提前5分钟进入会议室，其他人员必须提前或准时进入会议室，不得迟到，对于任何原因的迟到者进入会议室后请自觉到会议室的后排就座；

3．进入会议室要关闭所有的通讯工具，而不是把手机调到震动或静音；

4．在会议进行中不得接打电话，随意出入会场，认真聆听任何人的会议发言，不得交头接耳；

5．会议发言或汇报不得长篇大论，只谈出现的问题和存在的不足，讨论解决方案，不谈常规的工作方法；

6．与会人员必须认真领会会议精神，会后必须不折不扣地执行并不折不扣地转达给其他相关人员执行；

7．为节约时间，所有的会议必须力求省时高效；

8．会议结束后，各与会人员签到，对会议内容进行确认。

○ 程序和流程再造从机构设置着手

在工作中，不少的错误和失误都是由沟通不及时或没有沟通引起的。例如在某施工单位，有一次灌注桩的钻孔工序已经结束，由于现场施工技术人员与材料部门没有事先有效沟通，不知道水泥数量够不够，待钻杆拆除了，导管安放好了，准备灌注水下混凝土时，后台传来消息说水泥数量不够……

有时，由于没有事先沟通好，项目经理部有些决定传达下去后可能就会变味，或者不被认可；还有，领导班子不团结；领导班子里会存在着不同的声音，还有一种现象，施工单位很认真地把工作做好了，当交付给监理和业主时，却发现辛辛苦苦做的工作并不满足业主和监理的要求……这些都是制度建设不健全引起的。因此，我们主张建立一个易于沟通和有着先进理念的组织机构。

（1）组织机构设置。

组织机构设置是一切管理工作的基础，企业的组织机构有很多种，比如工作队式、职能式、直线式、矩阵式、事业部制、直线-职能式等。

在高速公路施工企业，通常使用的是一种直线-职能式的组织机构，如图11-2所示。这种组织机构的优点是能够充分体现领导者的价值和权威；缺点是，在这样的组织里各部门之间好像都在按预定的规矩办事，部门之间表现为不配合，凡事都由主管来协调，不允许同级之间的水平沟通，信息传递的速度慢，看似在按程序办事，但办事的效率低下，不利于发挥下属的主动性，不利于改革和创新，因此我们把这样的组织称之为"停顿型组织"。

在传统的停顿型组织里，我们看不到部门之间的沟通协作，看不到企业运营流程中信息的加工和反馈，也看不到企业对顾客和供应商的态度。

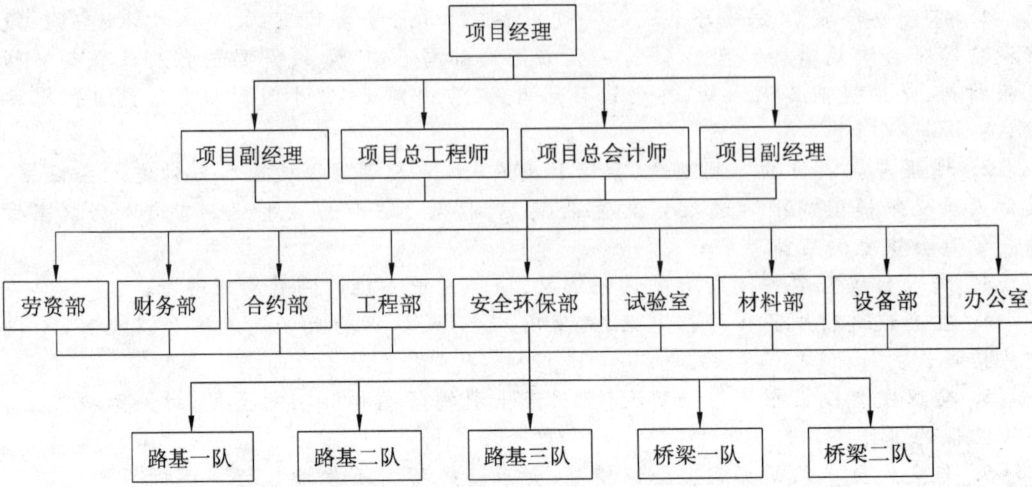

图 11-2　某高速公路项目经理部直线-职能式组织机构图

肯德基的组织机构虽然在形式上与停顿型组织没有什么不同,但是在管理的风格和管理的理念上却有着很大的区别,他们的组织机构强调的是团队沟通、程序先导、利于执行、流程至上和顾客导向。

在施工企业学习肯德基管理模式、实施全面的精细化管理前,必须首先改进组织机构。2006 年,笔者为一家民营企业设计了一套肯德基模式的组织机构,两年运营下来,效果良好,现在把它引入到高速公路施工项目经理部(见图 11-3)。

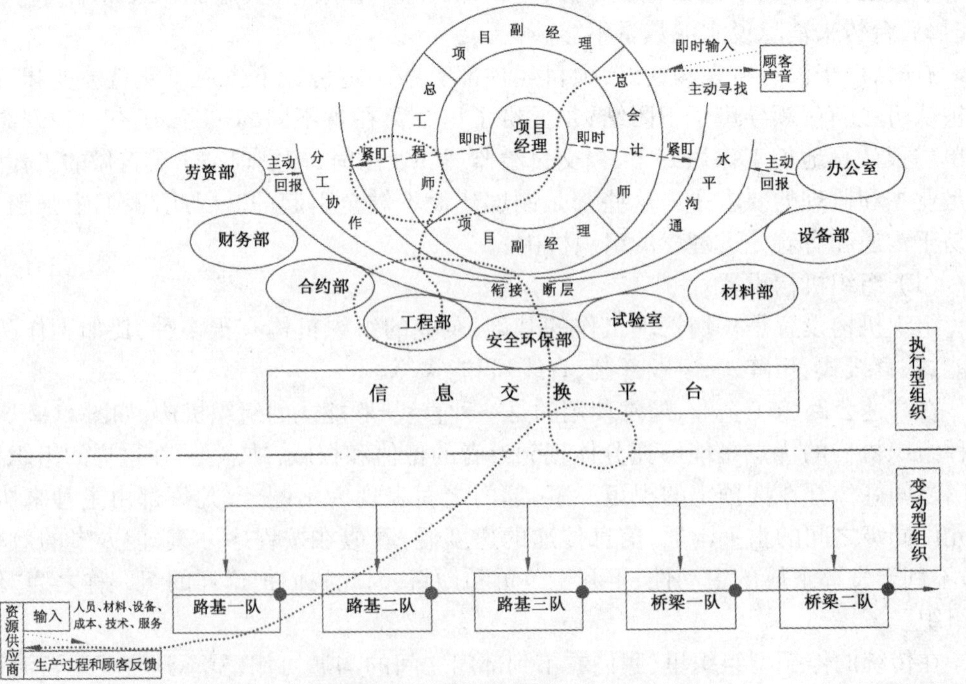

图 11-3　以顾客导向为联系链的组织机构形式

传统直线-职能式的组织机构形式属于一种停顿型组织,停顿型组织的全职能式已经不适合目前企业的发展了,因为停顿型组织中大家的眼光看的是纵向的,即下属盯着上级,上级盯着下属,这种纵向思维在以前的数量管理年代是可行的,但如今的社会消费群体已经非常成熟,消费者关心的是产品的品质。因此,企业中所有部门和员工不能只有纵向思维,还要再添加横向思维,即眼光要紧盯顾客。组织里每一个部门和每一个人都密切注意顾客的动向,看他们需要什么。**面对顾客,企业要对以往的思维形式进行一次根本转变,把部门的视角转变为客户导向的系统思维;把传统停顿型组织的职能战略转化为业务战略;把传统的威严的方桌思维**(图 11-3 中的部门用方框表示的就是方桌,即谈判、批评、检讨责任、推卸责任)**转化成气氛更加和谐融洽的圆桌思维**(图 11-3 中的部门用圆形和椭圆形表示的就是圆桌,即解决问题,不再注重追究个人的责任,而是寻求一种快速解决的办法,公司成立不是为了惩罚别人,而是为了解决问题让公司更好)。

肯德基模式的组织机构可以从以下几个方面予以详解:

① 高效率的组织机构

传统的停顿型组织机构看似等级威严而实际上却存在诸多弊端,比如,信息下达失真或打折,没有横向沟通或横向沟通困难,部门之间不主动协调,解决问题的时间长,下属的工作不主动,才能得不到发挥,官僚作风严重。

经过改变后的组织机构由两部分构成,第一部分叫执行型组织机构,它是以项目经理为核心构成的团队,团队的核心是项目经理,决策层是由项目副经理、项目总工程师和总会计师组成,管理层(中层)就是各职能部门。执行型组织中,决策层对布置的工作即时紧盯中层部门的实施过程,而中层主动汇报工作执行的进度和出现的问题。中层各部门之间密切配合,分工协作,各部门之间存在的问题水平沟通,各部门之间实施无缝隙沟通,衔接组织断层。

第二部分叫变动型组织机构。执行型组织是非常高效的组织,但在项目实施中,由于项目的参与人员很多,而每个人的思想都彼此有差异,因此,团队不可能很庞大。一个团队的人数超过 20 个人可能就会出现沟通困难或目标不统一,在项目经理部不可能设置一个庞大的执行型组织,所以,在基层施工队就需要设置成变动型组织。所谓变动型组织就是随着环境的变化而变化的组织,比如说人员可能会出现横向调动,信息可能会横向传递等。变动型组织跟停顿型组织有区别,但它也强调水平沟通,衔接断层。

为了使上下两部分组织机构形式能够很好地衔接,在这两部分之间设置一个信息交换平台,这个信息交换平台是对上下信息的一个总的集结,所有的信息都在这里处理。

② 以顾客为导向

传统的组织机构中把组织看成是一个独立存在的系统,随着消费者消费选择方式的改变,消费者对产品的需求更加苛刻。比如说江苏省高速公路近年来强调的是一种品牌理念,高速公路要形成品牌就必须保证在施工过程中精细,每一道工序都要力求完美。因此在江苏省高速公路建设的施工单位就必须要知道江苏省对高速公路施工的要求,就必须改变以往的粗放管理的做法,这样才能快速适应江苏省高速公路施工的管理模式。

有了顾客之间的差异,企业就应该有不同的思考,这时,施工企业的组织机构就不是一个独立的系统了,而变成了一个大的公路工程建设中的一个小系统,施工企业本身的组织机构就必须考虑顾客、考虑供应商。

当顾客的需要作为一个信息链穿越于供应商、施工企业基层、中层和高层每个领导、每个员工的时候,大家看到的不仅仅是上下级,而应加上了顾客。部门之间不再拖延、推诿、攀比,而更多地看准顾客,主动寻找顾客的声音,主动发现顾客对产品的反映和要求,然后把这些信息与其他的各个部门和员工共享,甚至传递给供应商。

顾客的声音在传递过程中被每一个工作人员解析,员工寻找与自己工作有关的产品质量的疏漏,然后加以克服和改正。

③ 组织机构中体现出了"流程"的重要性

关于流程的概念本书中已经讲了很多,"流程"一词在现代的制造业中是一个非常时髦的名词,因为好的运营流程确实能给企业创造出效益。

在以顾客导向为联系链的组织机构形式中,顾客声音信息链贯穿于组织机构中的每一个角落,它在检验着施工企业施工中的每一个流程,使其通过设计、改善和监督每一道施工工序和业务流程,以最少的投入和损耗赢得最大的客户满意度,从而提高企业的利润。因此,很多企业在品质管理中都提出了"流程至上"的理念。

框图改变,不仅仅是形式的改变,而更是一种沟通方式的强化,是一种融入市场系统的顾客导向理念的转变,也是一种流程的再造基础。

这样的组织结构设计有很多的优点:

超强的团队合作精神;强调分工协作和水平沟通,管理宽度和管理层次都很小,是一种扁平化的结构,增强了项目经理部的活力,提高了组织的反应速度;即时紧盯和主动汇报提高了工作效率,也改善了员工的工作习惯;由于实施了无缝隙管理,有利于流程再造;消除了官僚作风,强调精细化管理;把顾客声音纳入组织机构管理的流程中,有利于持续改善。

(2)质量体系构建。

作为检查组成员,笔者每年都参加江苏省交通厅工程质量监督站组织的全省高速公路质保体系检查工作,但从来没有见过任何一个单位把质量工作作为一种体系去管理,至少资料上没有反映出来。即使有些单位已经通过了 ISO9000 国际质量认证,但质量工作还是离标准很远。这些问题主要表现在:

一是没有一个科学的质量管理系统。质量工作是一个系统,质量体系不只是一个管理框图和工作责任表,质量工作是企业管理的一项最基本的管理工作,它应该是被精心设计出来的指导原则。

二是质量工作没有一个量化的目标或者根本没有目标。有的施工单位质量工作目标是"满足规范要求"、"满足业主要求"、"满足监理要求",这些目标都没有量化,满足规范的要求是什么样的质量程度?为什么同样的两个施工标段施工的不同段落在施工结束后质量都满足了业主的要求,但通车以后,一段路面先期破坏了而另一段却经几年不大修?这就是质量目标没有量化产生的后果。还有些施工单位,把质量管理目标当成口号,比如某单位的质量管理目标是:"分项工程的合格率为100%,分部工程的合格率为100%,工程的优良率为98%,顾客满意度为100%。"这些目标确实做了量化,但量化后的目标可信度不高,因为在施工现场,施工单位对明显的质量问题视而不见,结果这样的质量目标就变成了口号。

三是空洞的质量保证体系。质量体系框图中每个人都有质量管理的责任,但是很少有人认真地管理,片面地强调进度使质量管理成为管理的附属内容。质量工作可能确实做了,但做得不认真;质量问题可能是管了,但管理的不完善;工程质量是合格了,但不够完美……

正是因为这些问题的存在,质量体系运作才会不正常,质量出现问题。

为了能够使质量控制更加有效,笔者根据联想电脑的质量体系设计了一套以六西格玛管理理念为质量管理核心及技术方法的质量体系,如图11-4所示。

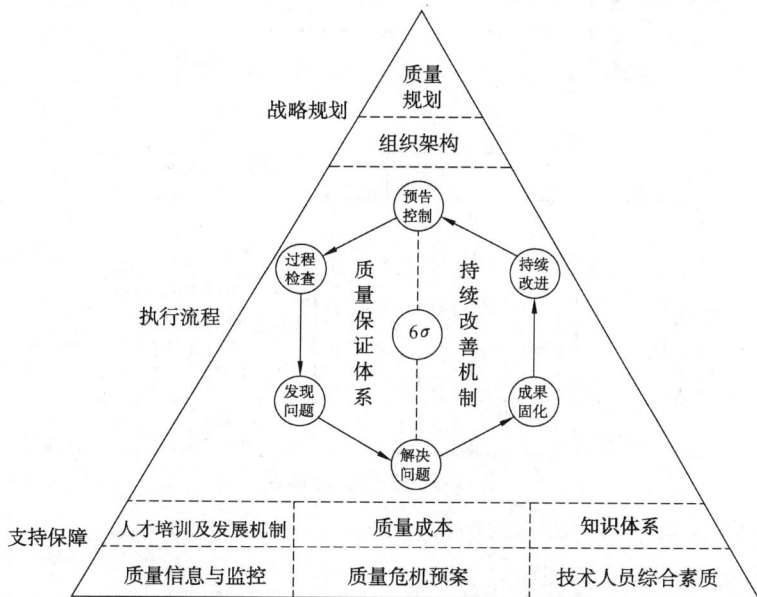

图11-4　以六西格玛为核心的质量管理体系

这套质量管理体系由3个部分组成:

① 战略规划:这一部分是质量目标,是组织的质量管理愿景。这一部分又包含两个方面的内容。第一是质量规划,要以数据来规划;第二是质量保证体系的组织架构,就是质量管理的责任人配备。

② 执行流程:这部分是质量管理工作的核心,它是以全面品质管理的思维方式进行质量管理的动态控制,以六西格玛为中心,持续改善工程品质,执行流程的方法主要是以 PDCA 循环来完成的。

③ 支持保障系统:这部分是质量管理工作的基础,主要包括人才培训和发展机制、质

量成本、知识体系、质量信息与监控、质量危机预案、技术人员综合素质等6部分组成。

（3）安全体系构建。

施工安全管理和质量管理一样，是所有管理中的重点，这项管理贯穿于企业管理的始终。安全管理实施分成了两大系统，一个是执行系统，一个是监督系统。在执行系统里，安全事故隐患多并难控制，因此必须有一个高层领导参与，在一个高速公路施工项目经理部中，执行系统包括了高层、中层和每一位员工。而监督系统，则由专职安全员负责日常检查，如图11-5所示。

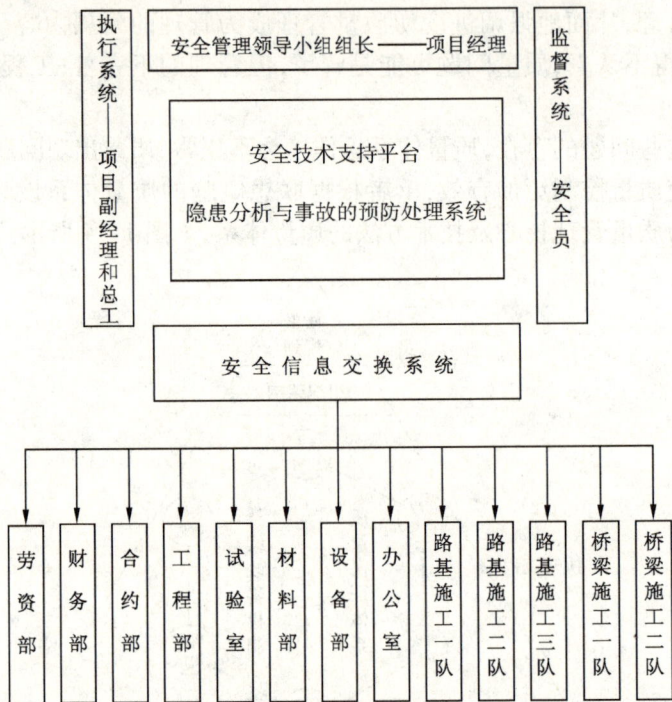

图11-5　安全管理体系

在安全管理体系中设置安全技术支持平台和安全信息交换系统，目的是对安全生产工作进行有效的技术支持和信息交流。

○ **程序的建立和流程再造**

什么是程序？工作程序是企业运作的模块，是被固化的工作步骤，表示事情的先后次序，如行政工作程序是：提升、调动、奖励、惩罚……

工作程序的要素包括程序名称（通常由主管部门拟定）、程序代号、主管部门、岗位框（任何一项具体工作，都是由某一具体岗位完成，因此在工作程序图中，通常不出现部门的名称）、方向线、工作行为、所用工具、工作节点等。

流程是近年来企业管理中非常时髦的一个词，特别是企业实施六西格玛管理以来，已经把流程管理上升到企业管理的最高高度了。那么，什么是流程呢？工作程序是模块，组合起来就成为了流程。如原材采购工作流程包括申请采购程序、比价程序、采购申请审批程序、采购程序和收货程序组成。

程序是教人如何把事情做好的文件,因此,对程序的要求是必须要细化并切实可行。做高速公路项目,需要实施一套标准作业程序,即 SOP。施工企业可能大部分都已经通过 ISO9000 的等系列的标准认证,那么我们就要严格地遵循这其中的 SOP 标准程序进行工作,而有时候,标准中有些 SOP 并不适合我们的项目,这时就必须实施"流程再造"。

流程再造就是对原有的流程进行资源重组或完善。作为管理人员,对流程进行改造时,要从程序着手,不要认为某分项工程中的某道工序简单我们在编制程序时就可以简化。其实当你觉得简单时工人不一定觉得简单,因此一定要详细。

下面,让我们看看肯德基的作业程序。

肯德基柜台操作程序

1. 欢迎顾客

a) 顾客到达柜台 5 秒钟内被招呼和接待;注意招呼儿童,亲切且尊重地招呼儿童;确保备有足够数量的儿童椅,提供给有需要的顾客;

b) 目光注视——目光的注视表示你专心关怀顾客;

c) 真诚微笑——呈现出真诚的微笑或表现出热情;

d) 友善欢迎——应用友善的话语或欢迎词;

e) 避免采用重复及机械式的欢迎词。

2. 点餐

a) 目光注视,专注倾听顾客的点餐内容;

b) 快速正确的为顾客点餐,顾客点餐时请不要打断他们;

c) 询问顾客堂食或外带;

d) 将餐点的内容打入收银机;

e) 协助解答顾客对餐点的疑问;

f) 告诉顾客我们正在促销的产品。

3. 建议销售

a) 至少一次,建议顾客购买现在正在促销的产品,配套或更大包装的饮料、甜点等餐饮。应用判断取决正确的时机做建议销售,例如:目前促销或主力产品。饮料:如未点购任何饮料。配餐类:以搭配饮料,主餐类为一套完整的组合餐。当顾客未指明产品规格时,可以做"大包的好吗"的建议。

b) 在点餐过程中适当的时间进行。

c) 对建议的产品描述的方式来进行建议销售。

d) 在适当的时间对适当的产品进行建议销售。以下为可以做和不可以做的提示,可帮助改进建议销售的技巧,从而有助于提供优质友善的服务。

可以做:

销售大份产品:当顾客未指明规格,很自然地说:"是大杯饮料吗?"

建议漏点的产品:点餐内容通常由几个基本内容组成,如顾客未点其中的某项,请自然简单地建议漏点项目。

建议销售产品:正在促销的产品及玩具是非常容易进行建议销售的项目。

倾听顾客:如果顾客说"就这些了或就这样了"的话的时候,就不要再向顾客建议销售了。

不可以做:

直接向儿童建议销售:这样父母会不悦。

如果顾客说"就这些了",还建议销售,这样会让顾客留下我们强迫促销的印象。

4. 确认点餐内容

a) 与顾客确认正确的点餐内容;

b) 确认点餐内容以被打入收银机;

c) 确定点餐后,累积总额并告诉顾客。

5. 包装产品

a) 确保产品规格,种类,配料及数量正确;

b) 提供顾客所必需的佐料,必须指引他们到指定的位置依需要拿取餐巾及吸管,并依需要提供适量的调味料,酱包或糖包;

c) 可以用以下方法确保点餐正确性及餐饮的随时供应:保证餐牌上的产品随时都有供应,否则,顾客就不能得到希望点膳的产品;提供正确的产品,规格,了解产品的内容及包装标准,并确认点餐内容;以正确的方式呈现产品,呈递产品给顾客时,要用正确的包装,佐料与配套产品;要向顾客重复/确认点餐内容,这样可以确保餐点的正确性,并修正任何可发生的错误。

6. 找零(确认点餐内容)

a) 以明确清晰的语调,告诉顾客产品的金额,以及顾客支付的金额;

b) 如果顾客付了大钞,把大钞横放在抽屉的横隔上;

c) 校对找零;

d) 清楚告知找给顾客的零钱数额,将硬币递给顾客,当着顾客的面清点纸币的数额,并放在顾客手中。如果顾客对找零有疑问而你无法解决时,立即通知当班经理;

e) 将正确的找零交给顾客,且无任何问题时,将纸币放入抽屉中相应的隔槽中,关闭抽屉,没有任何理由使抽屉敞开;

f) 向顾客确认点餐内容,并在交给顾客时大声地重复一遍;

g) 配餐并包装产品,并感谢顾客的光临(全过程60秒完成)。

7. 呈递餐饮(并感谢顾客)

a) 向顾客重复点餐内容,并呈递产品;

b) 向顾客致结束语时,微笑并说"谢谢";

c) 结束语应有礼貌,并表示敬意;

d) 顾客排队5分钟内,将完整的餐饮交给顾客;

e) 如果顾客有任何问题,应立即协助他们,并能够解释菜单上的所有产品;

f) 立即有效地处理顾客所有的抱怨,并让顾客满意;

g) 随时保持警觉,去注意那些不满意但未提出抱怨的顾客,诸如:皱眉,产品未吃完,说一些讽刺的话语,向其他的顾客抱怨等情形,都表示顾客的不满意;

h) 确认这些不满意的现象,运用启发式的问题询问顾客,了解顾客在产品、服务、清洁等哪一方面不满意,并进行处理。

一个柜台操作的程序竟然精细到这种地步,精细就避免了很多错误的产生,高速公路施工企业在编制技术交底文件时,也要详细到这种程度。

现在施工单位编制的实施性施工组织设计文件的内容越来越多,但真正有用的东西很少;虽然在形式上显得内容很多,但却并不全面。2004年,根据这种情况,笔者曾下发了一份文件,详列了各施工单位在编制施工组织设计时应该注意的一些问题。

关于编制实施性施工组织设计文件的几点意见:

(1)实施性施工组织设计是施工阶段的施工指导性文件,应以深入、具体、切实、可行为原则进行编制,并作为合同的一部分,各标段在编制过程中应保证其内容齐全,重点突出。

(2)实施性施工组织设计编制的目的是:确定合理的施工顺序;选择合理的施工方法和施工机械,确定合理的施工调配方案;确定合理的进度;拟定技术措施。

(3)施工组织设计是在施工前的总体方案,经审批后必须严格执行。如果在后续施工中发现需要修改、补充的,需征得总监的同意,并将修改后的内容作为附件说明完善到原施工组织设计文件中。

实施性施工组织设计方案(要点)

1 工程概况

不仅要说明设计概况,还要说明施工概况。临时工程情况、施工准备工作情况等。

2 施工组织体系的建立

2.1 组织管理体系

2.2 质量保证体系

2.3 安全生产体系

2.4 环境保护体系

对这4项基本体系,不仅要画出管理框图,更重要的是文字说明,说明为什么要这样建立,以及这样建立组织体系有什么好处。

3 施工的空间组织方法

3.1 施工段落的划分情况以及相应队伍的落实情况

3.2 施工总平面图设计:包括文字说明

4 施工的时间组织方法

4.1 工期安排:包括总工期、分部工程工期、关键线路中的节点工期等

4.2 开工时间的确定:包括各分部工程的最早、最迟开工时间以及对应的完成时间

4.3 施工组织的方法:采用平行作业、流水作业还是综合方法

4.4 确保工期的措施、工期压力的预测

以上4项必须有文字说明。

4.5 施工计划图表:甘特图、网络图、斜线图等

5 施工中人员、材料、设备的组织调配方案

6 资金流向计划:文字说明、图表、S曲线图

7 详细的施工方法

7.1 一般的技术方法

7.2 重点工程控制措施、技术组织措施、计划或工艺设计

7.3 特殊技术的施工设计

7.4 新方法、新设备、新材料

8 质量保证措施

9 安全技术方案和文明施工、环境保护措施

10 施工放样报验、建筑材料报验、进场设备报验

11 附图、附表、计算书等

12 施工组织设计修改记录:在后续施工中如果某方案、方法修改,则应该及时补充,并说明修改的原因。

　　江苏省高速公路实施"首件工程认可"制度,这一项制度对工程工艺的控制很有帮助,但很多单位对"首件认可"实施程序并不太清楚,这项工作就应该在施工单位进场后由监理尽快予以规范。下面摘录某监理单位对路基、桥梁工程首件实施程序的要求。

各标段需实行首件工程认可的项目及实施程序说明

根据省高速公路管理局文件,各标段以下项目必须实施首件工程认可制度:

1. 发件对象为总监的分项工程

① 墩柱;

② 台身;

③ 横梁、盖梁、台帽;

④ 上部结构的预制安装;

⑤ 上部结构现浇;

⑥ 桥面铺装;

⑦ 底基层;

⑧ 通道;

⑨ 伸缩缝安装。

2. 发件对象为驻地监理工程师的分项工程

① 河塘回填;

② 湿喷桩;

③ 塑排板、砂垫层;

④ 结构物回填;

⑤ 路基不同压实层填筑;

⑥ 浆砌片石、预制块铺砌;

⑦ 涵洞;

⑧ 钻孔桩;

⑨ 防撞墙。

首件工程必须按以下程序实施:

1. 承包人上报标段总体工程开工申请,并批复;

2．承包人上报分部工程开工申请，并批复；

3．承包人以《施工技术方案报审表》的形式上报分项工程的首件实施方案；

4．监理批复后承包人经详细的技术交底（技术交底到每一个工人），然后实施，在实施期间，承包人的技术人员和监理技术人员要全过程旁站；

5．首件工程实施完成后，承包人根据取得的数据（包括工艺、方法）进行首件工程总结和自我评价，并以《首件工程认可申请表》的形式上报给监理；

6．监理根据旁站、抽检数据进行认可，并进行评定和批准；

7．承包人根据批复，召开首件工程总结会，总结经验和不足；

8．承包人批量大规模施工，并在施工中不断地改进。

"首件工程实施方案"应包括以下内容：

1．该分项工程的概况；

2．首件工程实施的目的和需取得的数据；

3．首件工程选择的地点、位置；

4．拟采用的详细的施工方法、采取的技术措施；

5．拟采用的机械设备和施工人员情况；

6．质量保证体系和安全、环保措施。

"首件工程总结"应包括以下内容：

1．首件工程施工过程的详细施工方法和控制方法；

2．首件工程实施的机械、人员及调整情况；

3．首件工程实施的效果、取得的经验；

4．尚存在的问题或需要改进的方面；

5．施工单位评价意见；

6．质量保证资料。

对于施工单位需要上报的计划，也要有一个统一和详细的规定，某监理单位对施工单位上报的计划书的编制要求作了以下详细的规定。

施工计划编制要求

1　计划编制说明

1.1　工程计划的概况，全年及本期工作的概况（包括形象进度）

1.2　本期计划编制依据

1.3　上期工作量完成情况、上期计划与实际完成情况的比较分析以及存在问题（本期计划编制时应充分考虑上一期计划完成情况）

1.4　本期计划完成情况与存在问题的预测

2　人工、材料、机械投放计划

2.1　本期计划、人员投入情况：每个作业队如何安排人员计划（包括技术管理人员以及生产工人）

2.2　材料投放计划：根据本期形象进度确定各种材料用量，以及如何保证供应

2.3　机械投放计划：各施工队（班组）机械组织情况，投入计划

3　进度控制措施,所采用的施工组织方法

3.1　计划控制措施

① 人员、材料、机械的保证;

② 组织管理的保证。

3.2　为完成本期作业计划,所采用的合理的施工组织方法(主要叙述如何进行施工组织以及如何安排施工顺序)

4　计划图、计划表

《月进度计划表》、网络图或甘特图、资金流向曲线。

对于桥梁梁板预制、安装中出现的问题,某监理单位做出如表11-4的表格。

表11-4　桥梁梁板预制安装中易出现的问题、原因及处理方法

序号	项目	易出现的问题	原因或后果	处理方法
1	先张法梁板预制安装	放张不采用两端放张的方法或者采用骤然放张。	后果:①梁体外的钢绞线预应力还存在或未完全消退;②不能确保安全;③钢绞线骤然放松时,对梁体产生巨大的冲击力,钢绞线散开,甚至造成梁端砼松散。	采用两端放张,两片梁之间的钢绞线必须等两端钢绞线放张至少1天以后切断,这样可以减小钢绞线内力。
2		板梁上拱值不符合设计。	原因:①砼弹模过小;②张拉力过大。后果:可引起桥面铺装层减薄。	①控制好施工配合比;②对上拱值超过设计的建议不用于本工程。
3		安装间距不符合设计。	后果:板梁之间、板梁与防震挡块、板梁与桥台背墙间若间距过小,会在夏季砼膨胀后造成这些部位力集中,甚至砼构件破损。	调整间距至规范要求。
4		安装时边角破损。	后果:造成这些破损部位的砼裸露在大气中进一步剥落,影响结构的耐久性和安全。	必须用环氧砂浆修补封闭上述部位。
5		安装后桥面没有形成整体前即承受车辆等荷载。	后果:可能会对预应力结构耐久性和结构安全造成影响。	在梁板未形成整体前禁止任何车辆通行或停留,如必须通行或停留车辆,要经计算。
6		桥面进行铺装前未对梁顶进行清洗、凿毛。	后果:造成铺装层与梁体脱离,在高温下铺装层翘起。	桥面铺装施工前,应对梁体顶面进行清洗润湿必要时应凿毛。
7	后张法梁板预制安装	箱梁箱内因拆模使局部砼剥落。	后果:会使砼表面加速碳化造成更大面积砼剥落,甚至露筋,在通车后,在车辆荷载重复作用下,更加速砼剥落破坏,影响结构安全和构件耐久。	必须用环氧水泥浆进行封闭处理。
8		梁体振捣不密实或漏浆、漏振。	后果:将使该部分(特别是锚垫板处砼)强度不足,加速该部分砼碳化速度,影响结构强度和耐久性。	应进行加固处理或用环氧水泥浆封闭空隙。

续表

序号	项目	易出现的问题	原因或后果	处理方法
9		压浆不密实。	后果:可能会使钢铰线因锈蚀而断裂,影响桥梁安全和耐久性。	①尽量采用较大稠度的水泥浆;②压浆时当出浆口流出水泥浆后,堵塞出浆口并继续保持压力压浆,此时水泥浆中的清水会从锚口中的钢铰线缝隙里被压出,直至压出的水变稠为止。
10		上拱值偏小。	原因:①可能是因为预制后未及时张拉,混凝土强度过高;②张拉力不足。	经常对千斤顶、油压表进行标定。
11	后张法板梁预制安装	梁的人孔封闭前对箱室不进行清理。	后果:箱室内不清洁,使梁的自重增大。	人孔封闭前应进行清理。
12		湿接缝施工质量差。	后果:湿接缝与原梁体新旧混凝土接合不好,通车后造成湿接缝在重复荷载作用下破损。	①梁体湿接缝处凿毛必须彻底;②湿接缝施工前,应对结合面进行湿润并涂抹水泥净浆;③湿接缝的底模应做密封处理,确保不漏浆;④尽量用表面振捣器振捣;⑤现浇湿接缝高程应略低于梁体使该部分铺装层厚度略大,从而该部分混凝土强度得到加强。
13		支座垫石质量差。	原因:支座垫石养生不好;垫石平整度差或高程不符合规范。后果:支座垫石出现裂缝与墩台顶剥离。	①加强养生;②对出现问题的垫石必须凿除重做;③对于厚度较小的垫石应加环氧树脂黏结剂,对高程不符合规定的垫石可根据具体情况进行处理。
14		支座出现受剪或偏压现象。	后果:造成支座过早破坏影响耐久性。	出现受剪和偏压必须重新将梁板吊起放松支座。
15	支座安装	支座脱空或同一块板上支座受力不均匀。	后果:同一块板梁上的支座受力分摊不均匀。	若出现脱空,必须加垫钢板,并且:①同一块支座加垫的钢板数量不得过多(不得超过3层),否则应对支座垫石高程进行调整;②加垫的钢板尺寸不得小于支座的尺寸;③加垫的钢板必须保证支座全面积受力,不得使支座部分面积受力;④加垫的钢板必须于支座上下钢板进行有效黏结,避免通车后震动脱落;⑤加垫的钢板尽量放在支座的下面。

续表

序号	项目	易出现的问题	原因或后果	处理方法
16	支座安装	支座处不清洁。	后果：将影响支座的自由转动和滑动。	支座安装前,应对支座部位进行清理,不得有杂物和尘土,特别是 F4 支座,更应保持清洁。
17		F4 支座的不锈钢板与 A3 钢板无黏结。	后果：通车后在荷载震动下不锈钢板会脱落,造成 F4 支座失去滑动的功效。	应采用雁尾槽连接或采用环氧树脂黏结。
18		F4 支座所采用的不锈钢板质量差、尺寸不符合要求。	后果：因 F4 支座的原理是利用聚四氟乙稀板和不锈钢板相对摩擦系数小使支座滑动,因此不锈钢板必须是优质的,保证有一定的平整度、抗变形能力、硬度等,否则会失去滑动支座的功效。	①必须为精轧不锈钢板,优先选用的型号次序是 $0Cr19Ni13Mo3$、$0Cr17Ni12Mo2$、$1Cr18Ni9Ti$;②不锈钢板表面硬度应为 $HV50 \sim HV200$;③当支座尺寸小于 15cm 时,不锈钢板的厚度应为 2mm,当支座尺寸大于 15cm 时,不锈钢板厚度应为 3mm;④表面粗糙度不大于 $1\mu m$;⑤不锈钢板表面不得有划痕和翘曲。
19		F4 支座的聚四氟乙烯板的储油槽内不涂硅脂油。	后果：F4 支座摩擦系数增大。	①必须采用 5201-2 硅脂润滑剂;②5201-2 硅脂必须经过检验,应保证支座在使用温度范围内不会干涸,对滑移面材料不得有害,并具有良好的抗臭氧、耐腐蚀及防水性能。
20		支座偏位较大。	后果：不符合梁板设计时的静力图式,使梁体实际支承线与理论支承线不重合。	吊起重新安装。
21		支座的有效高度减小。	后果：为使支座在安装过程中不移位,将支座周围以砂浆或混凝土浇筑,造成混凝土和砂浆凝固后将支座紧紧包裹,从而影响支座的移动和减小支座剪切变形量。	将砂浆和混凝土凿除。
22		支座固定不好。	后果：为使支座不脱空,用新拌砂浆固定支座,梁板安装后砂浆失水风干,强度急剧降低,通车后在动荷载作用下砂浆慢慢脱落。	重新安装支座,加垫钢板。
23		梁板底预埋钢板表面水泥浆未清除。	后果：在车辆荷载重复作用下,水泥浆层会很快脱落,造成支座在使用过程中脱空。	在梁板安装前凿除水泥浆层。

　　程序可以有很多的模块组成,对于高速公路施工企业项目实施的程序模块可以分成品质管理模块、安全与环境管理模块、材料供应模块、财务管理模块、进度管理模块、合同与计量管理模块等主模块,在主模块下还可以有若干分模块,比如分包管理分模

块、路基质量管理分模块、桥梁质量管理分模块等。

　　总之,高速公路精细化管理要上个台阶,必须要把 SOP 做好,要细化,这些细化了的SOP 就是肯德基管理模式的核心。

　　把企业 SOP 进行整合是企业流程管理的核心内容。流程再造是上世纪 90 年代由美国 MIT 学院教授哈默和 CSC 管理顾问公司的董事长钱皮提出的。他们认为,为了快速地改善成本、质量、服务、速度等现代企业的主要运营基础,必须对工作流程进行重新思考和彻底改革。企业流程再造(Business Process Re-engineering,BPR),是指由程序出发,从根本上思考每一个活动的价值贡献,然后运用现代的资讯科技,将人力及工作过程彻底改变,重新架构组织内之间关系。流程再造的核心是面向顾客满意度的业务流程,而核心思想是要打破企业按职能设置部门的管理方式,代之以业务流程为中心,重新设计企业管理过程,从整体上确认企业的作业流程,追求全局最优,而不是个别最优。

　　流程再造是对经营模式的再造,企业能够继续发展,很关键的一条标准,就是看它还能否创利,或者说还能否将创利水平维持在成长所需的发展规模内。如果企业赖以生存的经营模式已经不能给企业带来所需的赢利水平,不能维持企业发展,这样的经营模式就必须变革,必须贴近客户需求,紧跟市场变化,而这种变革是离不开流程再造的。因为,如果不变革企业运营的具体模式,不对流程进行调整,经营模式不可能实现根本性的变革。就是那些声称已完成的经营模式变革的企业,如果支撑经营模式的运营模式没有相应完成变革,这种变革很可能是换汤不换药。

　　企业的管理应该是流程驱动的管理,一贯实施流程管理,而且管理得比较得当的企业,确实可以在日常的管理过程中,适时对流程进行修正、调整,所以,这种企业的流程往往适应性比较强,流程的设置和运行也要科学得多,但这并不意味着,它们就不需要对流程进行再造。如果客户的需求和市场发生了巨大的变化,企业的经营模式要实现根本性的变革,流程就必须再造。例如,戴尔公司推行的直销模式,如果在 IBM 公司的传统流程上套用,恐怕就难以产生预期效果,但是 IBM 公司的传统流程对于自身奉行的经营模式却是有效的。另外,流程再造的目的也是要通过对企业和产业流程的梳理、精简,来实施流程化管理。也只有在流程经过优化的企业里,实现流程导向,推行流程管理,才可能成为现实。

　　目前,企业流程再造已为国内外许多企业所广泛采用。管理专家认为,企业流程再造是 21 世纪企业管理方式中最有效的管理方式之一,它的产生被称之为管理的第三次革命,通过对企业原有的管理流程不断的理顺、改造、更新,可以极大地提高企业的运营效率和经济效益。目前国内的一些企业,尽管有着各自不同的历史背景,其管理内涵也各不相同,但就企业内部的管理方式和管理流程而言,大多数企业的组织结构都建立在职能和等级的基础之上,基础管理薄弱,业务流程不规范,企业的程序化、制度化管理水平较低。随着市场日趋规范化,对于今天日益激烈的市场竞争环境,原有的管理模式已明显落后,企业的综合竞争力被落后的管理所削弱。因此加强管理流程再造的工作已成为目前企业的重点工作。管理流程设计工作应本着科学性、实效性、系统性、可操作性的原则,力争通过规范、科学的管理流程系统的建立,解决企业动态运行过程中的有效管理和控制问题,从而使企业高效、合理地运行。

○ 避免进入肯德基管理模式的误区

肯德基管理模式的实施,标志着施工企业精细化管理已经形成了一套系统的管理模式和方法。然而,过去的经验告诉我们,近年来林林总总的管理理论和管理模式,如全面品质管理、ISO9000、流程再造、JIT、精益管理等,每一种模式都掀起过一阵热潮,但热潮过后往往留下更多的沉寂和思考。所以,要将肯德基管理模式开展下去并给企业带来效益,就必须避免把肯德基模式引向误区。

误区一:是口号和目标

肯德基管理模式是一个永恒的管理过程,要把它当成一种常态式管理。它不是口号,也不是目标,而是一套实施细节和对运营流程的改进。

如果把肯德基模式当成一种口号,那必然是一种短暂的管理,如果把这样一个好的管理模式变成了一场运动,对企业实际上是一种损失。在这场运动一开始,大家都激动、感动,可运动一过去,就都没有了行动。我国企业的领导者经常就会犯下这样的毛病,对任何事都盲目决策而不能坚持,肯德基之所以成功,主要的原因就是它能坚持自己的管理模式。

肯德基管理模式不是目标,而是一种通向目标的手段和方法,这个模式使企业的管理更加有效。

误区二:繁琐和面面俱到的管理

推进肯德基管理模式要避免将它变成一种繁琐哲学。固然,肯德基管理模式的特点是要求服务管理的每一个步骤都要精心,每一个环节都要精细。但是肯德基管理模式不等于繁琐。管理规范化不等于将操作程序搞得纷繁复杂,将规章制度演化成繁文缛节,成为一种僵化的教条,使它变成创新的对立面。实施肯德基管理模式的目的就是要减少不必要的工序和环节,从而达到资源效益最优化。

肯德基管理模式不是面面俱到的管理,肯德基管理模式要求的是在某一层次的精细而非跨层次精细。一个电焊操作工人焊接钢筋长度不满足规范的要求,不应该说是项目经理没有管好,你不能要求一个项目经理整天检查这些工程细节,因此,肯德基管理模式要求的是在职责范围内的精细。为了使管理能够没有盲区,就必须采取分层负责的方法,肯德基管理模式就是落实管理责任。而将管理责任具体化、明确化,恰恰需要充分发挥每一位管理者的主观能动性,要求每一个管理者都要管理到位、尽心尽职。

细而不精地过分注意细节,容易陷入钻"牛角尖"的境地。每一个细节都刻意地追求完美,不分时间、地点、场合,工作中无重点、要点,不分轻重缓急,平均用力,眉毛胡子一把抓,10个手指弹钢琴,结果会出现"面面俱到、面面不到"的现象,导致工作出现不到位、力度不够,造成因小失大的不良后果。

误区三:肯德基模式不能实施都是员工的错

我国很多大型施工企业实施了精细化管理,面对精细化管理在实施过程中的偏移,多数管理者把责任推给了员工,认为是员工的执行力不强。

实际上,一项管理措施不能够在你的企业里贯彻实施,你要认真地分析一下原因。通过观察发现,大多数管理举措的实施失败都与领导者有关,比如领导者实施方案的制定、实施过程的检查和总结,特别是持之以恒的态度。

不要总认为自己的员工不好,肯德基餐厅的员工之所以优秀都是领导培育出来的。同样在中国,为什么我国的企业培养不出那样的员工呢? 是领导方法的问题。

在实施肯德基管理模式时,一定要注意员工的思想引导,不要只控制不引导。

中国高速公路建设正向着世界一流的水平大步迈进,肯德基管理模式就是迈向目标的推进器。只要全体员工以精心的态度,精细管理全过程,"精品工程"、"品牌企业"等成绩和荣誉自然会迎面扑来。

主要参考文献

［1］汪中求. 细节决定成败. 北京:新华出版社,2004.

［2］余世维. 赢在执行. 北京:中国社会科学出版社,2005.

［3］彼得·圣吉. 第五项修炼——学习型组织的艺术与实务. 郭进隆,译. 上海:上海三联书店,1998.

［4］王微."围魏"方能"救赵"——企业危机管理策略系列"9 + 1"原则之一. http://blog.sina.com.cn/s/blog_49fdbfd40100053v.html.

［5］墨客. 肯德基的管理. http://www.17xie.com/book - 35012087.html.

后　记

9 年前,新世纪的大门敞开,时代在热情地迎接着我们,当我们步入了 21 世纪的殿堂,会猛然发现,在色彩斑斓中,其实我们还缺少一种能力——叫做快速适应。一个自然人是这样,一个企业也是这样。

新时代就是一个加速器,美国英特尔公司董事长葛洛夫用一句经典的话概括了当今世界的变化:“现代社会,唯一不变的就是变化。”为此他还提出了“十倍速变化”理论,就是说外界环境以超乎寻常的速度在变化,企业要快速应变并快速适应,而如果你的企业具有超常的前瞻性,高瞻远瞩,以十倍速提前发展,发展速度超过外界环境的变化速度,那么你的企业将会成为行业领袖。

在这个竞争已经成为企业生存法则的主旋律时代,先进的管理理念在企业管理中的突出地位已经凸显。理念领先的企业在竞争中获取了绝对的优势。

2005 年,我有幸聆听了细节管理专家汪中求先生的一场精彩演讲。同年,江苏省高速公路建设指挥部在镇溧高速公路建设中提出精细化管理的要求,我作为镇溧高速公路的监理工程师,在工作实践中对这种理念不断地贯彻和推进,同时在自我学习中不断地进步,到 2007 年,已经逐步形成了较为成熟的施工企业精细化管理思路和一系列先进的管理技术。自 2007 年年底,开始酝酿写一本书,目的是把我学来的这套管理理念推广到公路施工企业乃至全交通行业,以便提高施工企业的工程质量和工作质量,创造出更好的公路工程产品和其他产品。这本书自 2008 年 9 月开始着手,到 2009 年 3 月完成初稿。

在本书的写作过程中,得到了很多领导、同事和朋友的支持。首先感谢镇江市交通工程建设管理处处长、镇江市交通城市建设指挥部副总指挥、研究员级高级工程师戴嘉平先生和常州市交通局计划处副处长、高级工程师董毅先生,他们在百忙之中为我的书作序;同时感谢江苏省交通工程建设局副局长黄健先生、常州市公路管理处处长顾小安先生,我在镇溧高速公路工作期间,是他们对我工作的支持才使我有了今天的成绩和进步,并对黄局长对本书提出的中肯意见表示感谢。

下列领导、同事和朋友在本书的写作过程中给予了我无私的帮助,在此深表谢意:江苏省交通工程有限公司南京分公司副总经理邹军民先生;江苏省交通技师学院副院长纪玉国先生;江苏省交通厅工程质量监督站检测中心主任周海江先生;江苏省镇江市扬子交通工程监理咨询有限公司总经理韩才林先生;江苏省镇江市润通工程监理咨询有限公司总监盈小林先生;江苏大学机械学院副教授吴伟光先生;

江苏省常州市高速公路建设指挥部工程科科长薛华先生;江苏省交通技师学院路桥系副主任杨延华先生;江苏省交通厅工程质量监督站检测中心工程师赵蔚蔚先生;江苏省交通技师学院路桥系讲师汪军伟先生;江苏省交通工程有限公司南京分公司总经理付玉罗先生;江苏省交通工程有限公司南京分公司副总经理童金槽先生;江苏省镇江市扬子交通工程监理咨询有限公司工程师章学金先生。江苏大学出版社的编辑老师为本书的顺利出版付出了辛勤的汗水,在此一并感谢!

在本书即将付梓之际,我不能不感激先父王坤先生和母亲王秀英女士,是他们赋予了我生命,养育和教育了我,并让我拥有了这一切!谨以此书献给我的父母亲,以表深深的感恩之情。

由于水平有限,书中可能存在一些疏漏和谬误,敬请广大读者提出宝贵意见,以便进一步完善。

王芮文

2009 年 6 月